大学生心理健康素养提升工程系列丛书

向阳而生的力量

100 篇朋辈心理咨询员的心灵成长故事

丁闽江 主编

华夏出版社
HUAXIA PUBLISHING HOUSE

图书在版编目（CIP）数据

向阳而生的力量：100篇朋辈心理咨询员的心灵成长故事 / 丁闽江主编. --北京：华夏出版社有限公司,2021.12
（大学生心理健康素养提升工程系列丛书）
ISBN 978-7-5222-0245-7

Ⅰ. ①向… Ⅱ. ①丁… Ⅲ. ①大学生－心理健康－健康教育 Ⅳ. ①G444

中国版本图书馆CIP数据核字(2021)第261060号

向阳而生的力量：100篇朋辈心理咨询员的心灵成长故事

| 主　　编 | 丁闽江 |
| 责任编辑 | 陈　迪 |

出版发行	华夏出版社有限公司
经　　销	新华书店
印　　刷	三河市万龙印装有限公司
装　　订	三河市万龙印装有限公司
版　　次	2021年12月北京第1版　2021年12月北京第1次印刷
开　　本	710×1000　1/16
印　　张	25
字　　数	450千字
定　　价	69.00元

华夏出版社有限公司　网址：www.hxph.com.cn　地址：北京市东直门外香河园北里4号　邮编：100028
若发现本版图书有印装质量问题，请与我社营销中心联系调换。电话：（010）64663331（转）

编委会名单

主　编：丁闽江

副主编：王凯旋　杨筱蓁

编　委：

艾　鑫	鲍中元	蔡诗婧	蔡艺娴	曾毅虹	陈　彪	陈建薪
陈浚哲	陈倩玢	陈淑萍	陈玉婷	刀　瑞	郭康悦	何仟仟
侯婷婷	胡倩倩	黄嘉慧	黄久军	黄莉珠	黄玲珑	黄燕琳
何　简	黄哲儒	柯小玲	赖华盈	李冰枝	李　东	李　洋
李荧荧	栗建欣	林凡越	林薇妮	刘炳焕	刘心语	刘　鑫
刘鑫文	刘亚如	陆　婳	罗林芯	罗同诗	毛泽林	莫静瑶
穆　然	南睿铭	南睿星	聂夏平	匿　名	彭新怡	秦佳媛
沈敏楠	沈赟涛	司静宇	宋丽真	孙鑫锦	拓雨欣	涂雪灵
王冬敏	王雅棋	魏　威	伍吉欣	武泽滢	徐　鑫	许仕英
许煜婷	薛　丹	闫芹荷	杨　丹	杨雅端	袁　爽	张博宇
张国欣	张丽雯	张　榕	张雅雯	张煜晨	甄玥琳	郑雅琳
郑泽林	钟　滨	周　懿				

向阳而生

作者：杨筱蓁

煨一盏汤剂
添入杏林学子的文字柔情
种一株葵花
跟随它的脚步向阳而生

向阳而生
是承重万斤长大的恩
向阳而生
是植于困境挣脱的根

是家人垂垂老矣的发缝
是爱人青涩虔诚的拥吻
是朋友漫步春日的风筝
是学校墙角不停攀登的藤
是图书馆里彻夜长明的灯

尝试着俯冲
不用惧怕山顶的风
享受自由与烂漫
做个纯粹的美梦

我们正历经成长的困惑
也在摸索人生的落泊
归停处，在摆渡
我们同你一样
寻找着属于自我的幸福

序

收到福建中医药大学丁闽江老师发给我的新书《向阳而生的力量》电子稿，丁老师非常客气地让我写一篇序。

与其说是写序，更不如说是我的读后感与体会。

全书开篇是本书作者之一（即朋辈心理咨询员之一）杨筱蓁的诗文"向阳而生"，其中第一句是"煨一盅汤剂，添入杏林学子的文字柔情；种一株葵花，跟随它的脚步向阳而生"，此文句非常优美，既突出了在中医药大学开展心理健康工作的特征，又展示了朋辈心理咨询员为高校学生同伴进行心理健康服务的行动与目标。

全书在丁闽江老师的精心组织下，由82位朋辈心理咨询员及其指导教师共同组成编委会，撰写了100篇朋辈心理咨询员的生命故事。细读每篇故事，可以看到每一个朋辈心理咨询员自身成长的历程。透过其成长的历程，既可以感受到日常生活之平凡，也能感悟每一个生命故事后面的独特，家庭的变故、成绩的起伏、误解的形成、冲突的发生……都影响着每一个朋辈心理咨询员的成长。但正是经历过的这些坎坷、艰难、困苦、伤感……促进了朋辈心理咨询员自身经历的丰富与思想的成熟。

朋辈心理咨询员除了同样会经历焦虑、抑郁等情绪外，还会经历孤独、经历寂寞等。多位心理委员对孤独的深邃思考等，对于他们日后做好同伴心理服务同样是有启发意义的。

在心理助人行为中，有一句很流行的话语：用生命影响生命。每一位助人者都是带着自身独特的成长经历，伴用自己的独特人生故事与人生经历来与人交流。朋辈心理咨询员作为心理助人角色扮演者，同样是伴有自身的独特生命故事来积极影响同伴，促进彼此心理的成长与成熟。

其实我也与各位助人者相似，每天同样都在经历自己的生命故事，任何个体的成长都是终身的，就在我应丁闽江老师之邀写序期间（2021年11月25日至12月5日），我正好经历了心理委员督导（朋辈督导）培训专家组讨论确定2022年1月1-3日举办第二期全国高校心理委员督导（朋辈督导）培训（11月26日）、心理委员人际信任培育项目的启动（11月28日）、教育部召开全国高校学生心理健康教育工作推进会并且首次有教育部部长（怀进鹏）出席和讲话（11月29日）、《心理委员倾听能力评估与训练》在清华大学出版社出版（12月1日）、中国内观疗法重要开拓者与奠基人李振涛逝世（12月2日）、同中央电视台《心理访谈》节目主持人阿果等三位老师举行线上会议以策划一个关于心理委员的专题节目（12月2日）、天津大学心理研究所创建18周年纪念（12月3日）、目前正处于太空的航天员王亚平的博士生导师苏彦捷当选中国心理学会候任理事长（12月4日）……这里的每一件事都与心理委员（朋辈）工作有一定关系，我也在用自己的生命故事争取不断助力并推进各位朋辈心理咨询员的相关事务。

这同时也使我想起了2014-2017年间我先后到纽约市立大学、哥伦比亚大学以及哈佛大学等访学、交流的情况。美国的朋辈心理咨询有很多值得我们学习的地方，其中在朋辈心理咨询员自身成长与朋辈心理咨询员助人技能关系处理上，更强调对朋辈心理咨询员自身成长的训练，而《向阳而生的力量》正好体现了此处理方式。

心理委员的角色，落实到每一个个体身上也都是新角色，新角色需要新学习，需要塑造助人新技能。学会从关注心理委员（朋辈）自身成长开始，培育好心理委员（朋辈）自身良好的综合素质，再朝着助人事务工作迈进。而丁闽江老师主编的《向阳而生的力量》正好实现了这样一种助人理念的建构。

最后，期待《向阳而生的力量》这部著作能有效提升心理委员与朋辈心理咨询员的自助功能与助人技能，也感谢丁闽江老师为主编的编委会为心理委员与朋辈心理咨询员所做出的贡献！

詹启生

天津大学心理研究所创始所长
中国心理学会心理危机干预工作委员会副主任
全国高校心理委员研究协作组首任组长与常务理事

前 言

进入新时代,随着社会发展,大学生心理健康问题受到党和国家的高度重视。习近平总书记在党的十九大报告中提到,要加强社会心理服务体系建设,培育自尊自信、理性平和、积极向上的社会心态。他在全国高校思想政治工作会议(2016)上强调,要坚持不懈促进高校和谐稳定,培育理性平和的健康心态,加强人文关怀和心理疏导。习近平在纪念五四运动100周年大会上指出:"要主动走近青年、倾听青年,做青年朋友的知心人,要关注青年的所思、所忧、所盼。"

朋辈辅导是指非专业心理工作者或具有一定心理学知识和技能的学生,经过选拔、培训和督导,并在专业心理工作者的指导下,向年龄、地位相当的求助者进行心理教育,提供心理陪伴、心理帮扶、心理疏导的助人过程。这里的"朋辈"含有"朋友""伙伴""同辈"的意思,而"同辈"是指年龄相近者。他们具有人生观、价值观相似,生活阅历、受教育程度相当,兴趣爱好相同等特点。那些从特定群体中经过严格选拔,接受正规培训,对本群体中其他个体提供心理帮助的人,被称为朋辈心理咨询员。

国内外相关研究发现,多数学生遇到心理困扰,首先会向身边的朋友倾诉和寻找帮助,但并不是每个人都具备良好的心理辅导能力,因此,指导学生开展规范、有效的朋辈心理辅导显得尤为重要。朋辈心理辅导是实现大学生心理健康教育目标的有效工具。新时期高校开展朋辈心理辅导工作有其独特的优势,符合大学生的现实心理需求,对促进大学生"自我教育、自我管理、自我成长、互利互助"有积极意义。

福建中医药大学建立了学校心理中心的朋辈心理咨询员、学院心理辅导站的朋辈心理咨询员、班级朋辈心理咨询员、宿舍朋辈心理咨询员四个层级的朋辈心理咨询员制度，并把四个层级的朋辈心理咨询员合而为一，统一由学校心理中心培养和管理。四个层级的朋辈心理咨询员的选拔标准、培养方案、工作职责、管理方式各不相同，又有所交叉。各级朋辈心理员经过选拔、培训、培养、考核等方式，具备了一定的心理问题识别能力、心理危机发现与干预能力、心理健康知识普及能力和心理活动开展能力。他们是学校心理育人的一支重要力量。

朋辈心语是福建中医药大学大学生心理健康教育指导中心推出的一档心理特色栏目，栏目旨在分享朋辈心理员的成长经历和心灵感悟，让广大的读者理解和感悟生活的真实、生存的挑战和生命的意义。2019年10月27日，第一篇朋辈心语正式在大学生心理健康教育公众号平台推出亮相，栏目开办至今，获得了各方读者的热烈反响与一致好评，这些文章为本书的编撰奠定了坚实的文字基础与社会价值。

江山留胜迹，我辈复登临。本书收录的一百篇朋辈心理咨询员的心灵成长故事，是学生对亲情、友情、爱情的体会与反思，对当下热门主题与青春困惑的分享与解析，对学业生活尤其是大学生活的复盘与期盼，对心理问题的聚焦与探讨，对成长阶段的感悟与启示，对人生态度的追求与希望。每篇故事的构架相同，皆以第一人称的亲近口吻还原了青春期最真实的烦恼与期待，虽文字未达到专业写作水平，但真诚可感，偏口语化的文字极具特色，个中观点值得借鉴与学习。相较于文学价值，本书的社会价值使其更具有研读性。朋辈心语是对社会问题的一次回馈，有利于社会各界深入对青少年心理健康的理解和关注，有利于高校大学生用身边人的成长故事启迪自己的心智。

本书的顺利出版要感谢学校党政领导对心理育人工作的大力支持，感谢各位朋辈心理咨询员的倾心创作。感谢高校思想政治工作中青年骨干队伍建设项目提供经费支持！

丁闽江
2021 年 9 月 16 日

目 录

01 第一方 曲麦枳术丸

Hi mom　杨丹 / 002

一个父亲的爱　袁爽 / 005

我的父亲　南睿铭 / 008

简单的幸福　杨雅端 / 012

原生家庭的影响　宋丽真 / 015

叛逆的模样，有你们的功劳　陈倩玢 / 019

家，就是这样一个地方　张榕 / 022

父母对你的爱不是理所当然　彭新怡 / 026

家庭的破裂，不应是你的阻碍　孙鑫锦 / 030

阳光总在风雨后　毛泽林 / 034

陪伴是最长情的告白　侯婷婷 / 038

他对你的爱，也许你应该懂　陈淑萍 / 042

今天有爱你的舍友吗　罗同诗 / 045
舍友、恋人是你大学最重要的"亲人"　王冬敏 / 049
关于朋友,你如何定义　王雅棋 / 053
朋友一路走一路丢,温暖依旧　穆然 / 057
她或他,永远都不会是你的整个世界　毛泽林 / 061
青春啊,爱情啊　郭康悦 / 065
向来缘浅,奈何情深　胡倩倩 / 068
我也想看到你的脆弱和悲伤　郑雅琳 / 073

02　第二方　陈夏六君汤

坚持,让我们遇见更美好的明天　南睿铭 / 078
让阅读照亮我们的心灵　沈赟涛 / 082
抓住幸福的线头　罗同诗 / 086
原来你是我最想留住的幸运　许煜婷 / 089
孤独是一个人的常态　梁建欣 / 093
你的孤独光芒万丈　鲍中元 / 097
学会和孤独做伴　徐鑫 / 101
改变自己,接纳自己　蔡诗婧 / 105
疫情下"越自律越自由"　杨丹 / 109
嘿,自信点,你真的很好　何简 / 113
自律人生从减肥开始　李东 / 117
努力的分量　闫芹荷 / 120

你知道吗？负面情绪才是导致疾病的幕后黑手　莫静瑶 / 124

情绪化可以不是泡泡粉碎机　张榕 / 129

爱自己，是终身浪漫的开始　张丽雯 / 133

愿你做一辈子"坏孩子"　何仟仟 / 137

你再也不是小孩子了　罗同诗 / 141

动力与行动　张国欣 / 145

03　第三方　橘皮竹茹汤

大学，你准备好了吗？　黄嘉慧 / 150

虽然当下很难过，但是未来一定特别美好　沈敏楠 / 153

大学，应该有自己的选择　陈彪 / 157

关于内卷的那些事　刘炳焕 / 160

大玩家　杨筱寨 / 162

以梦为马，不负韶华　莫静瑶 / 166

没有什么学霸，只有不断努力的自己　聂夏平 / 170

一个医学生的寒假　涂雪灵 / 174

前路坦荡，切莫自苦　陈玉婷 / 178

即将要离开校园的日子　杨丹 / 182

告别，意味着下一次更好地遇见　侯婷婷 / 185

04 第四方
犀地清络饮

与琐碎的明朗干杯　杨筱蓁 / 190

言语就是恶魔与天使　陈倩玢 / 194

逆风的方向更适合飞翔　武泽滢 / 197

成长，是进一寸的欢喜　黄哲儒 / 201

告别过度焦虑，尝试锻炼自己　张雅雯 / 205

我也曾焦虑满怀，但我选择前进　黄哲儒 / 208

裂缝是光能照进来的地方　匿名 / 212

总有一天，你会站在最亮的地方　李洋 / 216

一个"拖延症患者"的自白与突破　秦佳媛 / 220

"压力山大"时如何给自己"解压"　闫芹荷 / 224

告别不安全感与自卑，勇敢拥抱自信　罗林芯 / 228

放下自卑和敏感，我给自己"艾鑫"　艾鑫 / 232

学习心理知识，促进自己成长　李荧荧 / 236

05 第五方
九味羌活汤

这个世界，值得你深爱　南睿星 / 240

成长旅程是我全力奔跑的岁月　曾毅虹 / 243

其实，平凡的生活也是一种幸福　刘亚如 / 246

请走慢一点，等一等灵魂　武泽滢 / 249

为梦想努力的快乐日子　黄玲珑 / 253

生活感悟三则　陈彪 / 257

只要思想不滑坡，办法总比困难多　刘鑫 / 260

并不是所有的美好都能如期而至　蔡艺娴 / 264

走出迷茫，让自己的生活更加充实　周懿 / 268

求索：不设限的人生　魏威 / 272

人生路上不需要担心　陈建薪 / 276

人生没有暂停键　郑泽林 / 280

谢谢你，在世界的角落找到我　张丽雯 / 284

用奋斗点亮幸福的灯　黄久军 / 288

成为一个能爱自己、能爱别人、快乐生活的人　陆嬛 / 292

对自己负责　钟滨 / 296

感谢岁月塑造了更好的我　司静宇 / 299

站在苦难的对岸来生活　司静宇 / 303

归零，你会发现更好的自己　刘心语 / 307

在时间流逝中等待，全世界有人爱着你　黄燕琳 / 311

06 第六方
甘草干姜汤

待人以宽，责己以严　许仕英 / 316

化缘的女孩子　张博宇 / 320

我不要"不平凡"　黄莉珠 / 324

心态积极，拥抱一缕阳光　刘鑫文 / 327

漫长的岁月里，我学会了取悦自己　柯小玲 / 330

最可怕的不是后悔，而是我本可以　　赖华盈 / 335

简简单单的生活，简简单单的快乐　　林薇妮 / 338

人生没有白走的路，每一步都算数　　李冰枝 / 342

接受不完美的自己　　刀瑞 / 347

和自己和解　　张丽雯 / 351

别再被自我否定绑架　　薛丹 / 355

请你记得爱自己　　张煜晨 / 359

认识自己，是一门终生必修课　　伍吉欣 / 362

内向没有错，美好的东西要打开门才能看到　　陈浚哲 / 366

忧虑未知，不如走好当下每一步　　林凡越 / 370

与人相处，换位是一门学问　　拓雨欣 / 374

一路向阳而生，美好终会不期而至　　侯婷婷 / 378

后　记 / 381

01

第一方

曲麦枳术丸

理气健脾，消痞化痰

理气健脾，消痞化痰，主治饮食伤脾、痰阻气滞、心腹满闷不快。亲人间的隔阂，朋友间的交往，爱人间的摩擦，都离不开情绪的牵动。正面情感是慢性良药，是年复一年的累积。如果不及时排解负面情感，容易拥堵在内心，时酸时胀。曲麦枳术丸能够有效地健脾胃，化解痰湿，消除胀满饱和的负面情感。与人的交流是一生的话题，细水长流时偶尔的不快并不是终点，以药入情，方可拥有一段段温暖与柔情。

Hi mom

杨丹

> "下辈子，还是我当你妈。"这是一句来自电影《你好，李焕英》里的台词。Hi mom 是这部电影的英文名。关于为什么要用不同意思的翻译，贾玲解释说："因为我妈妈不仅仅是我妈妈，她也是她自己。关于这部电影，我有很多的感慨，想和妈妈说很多很多话，但千言万语还是汇成一句'谢谢你，我爱你'。"

过完年从老家回来，拉着我妈去电影院看《你好，李焕英》，不出所料地在电影院哭得稀里哗啦。作为一个00后，虽然我从未见过电影里回忆的80年代的场景，但我至少看到了每个妈妈都是一样的。小的时候我们总是希望自己可以优秀一点，希望自己可以成为妈妈的骄傲。我们跌跌撞撞地长大，越想要表现得好一点，越有可能把事情搞得一团糟，而我们怕看到妈妈失望的眼神。可我的妈妈每次看过来的眼神都是充满鼓励的，她一直都觉得，我永远是她的骄傲。

电影中的贾晓玲说："我没见过我妈年轻时候，有印象起她就是中年妇女的样子。"或许因为太过悔恨，无数次在想，如果能重来就好了，一场奇迹，她有幸去到了她妈妈李焕英年轻的时候。那是她出生的前一年，那时的李焕英是她没见过的样子，漂亮、鲜活，没有被生活的重担压垮腰背，没有被岁月侵蚀风华。贾晓玲觉得这是上天给她的机会，让她可以改写妈妈的人生，让妈妈过上幸福的生活，所以她做了很多努力。她一直觉得自己是妈妈的累赘，电影里她反复说她一辈子都没让妈妈开心过。或许这是38岁的贾玲对李焕英的愧疚。我从来只觉得我是妈妈最爱的宝贝，虽然闯过很多祸，也让妈妈不省心，但我能让妈妈开心，如果能穿越到过去，我也同样想让妈妈过上比现在更好的生活。

但我没想到，电影的结尾有这样的反转。李焕英同志说："我过得很好，你咋不信我呢？"原来就算妈妈穿越回过去，也会选择一样的生活，她不觉得贾晓玲不好，她还是愿意跟贾晓玲做母女。贾晓玲和李焕英之间不会再有以后了，幸运的是，她还可以陪妈妈再走一遍从前，走一遍她没有参与过的从前，哪怕虚幻，哪怕是我们每个做孩子的都不可能做到的事情。妈妈的记忆因她的出现才开始鲜活，而实际上，生下她的时候，妈妈也一定觉得自己的生活因这个小生命的出现而变得更加幸福。

和我们一样，她也跌跌撞撞地长大，越想要表现得好一点，越有可能把事情搞得一团糟。她怕妈妈会训自己，可妈妈只会担心她摔得痛不痛，只会思考如何把裤子上的补丁缝得好看，才不会让她没面子；她希望自己可以像别人家的孩子一样优秀，如果做不到，她愿意有更优秀的小孩来成为妈妈的骄傲，可妈妈只希望她健康快乐。变得优秀很好，但如果努力过了，也没有变得和想象中一样优秀，妈妈也不会怪她，她还可以在妈妈怀里多赖一会儿。

她希望妈妈拥有更好的人生，但妈妈只想要有女儿参与的人生，妈妈珍贵的回忆里没有一刻缺失她的存在，妈妈的眼里满满都是她。她想要以自己的方式给妈妈很多很多的爱，她后悔没有在妈妈还在的时候给妈妈更多快乐，她想要来世做妈妈的妈妈，但妈妈却想要来世还做她的妈妈。母爱就是这样的，这世上不会再有人比妈妈更能包容你的一切，你可以永远依赖妈妈，你不用怀疑妈妈给你的爱，像是不用怀疑汪洋大海永远不会干涸，像是不用怀疑太阳永远会照耀世间万物，像是不用怀疑数亿星辰永远会出现在夜空当中。

泪点爆炸，因为贾晓玲那句"我们下辈子还做母女，换我当妈"。李诞在《奇葩说》里说过："我们第一次认识妈妈的时候，她就已经是妈妈了。"我也很想去看看少女时代的妈妈，看看她飞扬的裙摆和眉眼弯弯的笑脸。从我有记忆开始，妈妈就是超人一样的存在，她不怕黑，不怕虫，会帮我打死我害怕的蜘蛛，谁对我有恶意，她一定会冲到我前面，挡住一切恶意和风霜，我可以在她背后的避风港里享受安稳。因此，当她回忆起她年轻时也害怕那些东西时，我才意识到，她曾经也是什么都怕的柔弱小姑娘，是因为有了我以后，她顾虑我的害怕，才逼迫自己变得坚强。虽然她并没有在我面前抱怨过分毫，甚至总是笑呵呵地说："宝贝帮妈妈把白头发拔掉，不然别人该觉得妈妈看起来显老了。"我们一起收拾她留存的旧衣服和首饰，她总是拿起年轻时候穿过的裤子，说"你看，你妈当年的裤子也这么小，生了你以后都穿不上了"。她尝试戴上以前的戒指，一边试一边说："现在不行了，这戒指以前都戴在中指上的，现在当尾戒都不行了。"我知道她老了。贾玲经常提起那句"子欲养而亲不待"，她对妈妈怀着满腔的遗憾。我知道妈妈很少哭，最伤心的一次就是送我到福建上学，从来没离开过家的我，考上的大学离家这么远，云南到福建 2000 公里的距离，说走就走。我仍然记得那么热的天气，我在宿舍楼道里抱着爸爸妈妈，说我不读了要回去，又不懂事又好笑。

年轻人的焦虑中有一条，害怕自己成长的速度赶不上父母变老的速度。社会的发展就是这么快，我们成长的速度很快，父母变老的速度更快，与其奋力追赶成长的速度，不如放慢脚步多去陪陪父母。他们变老的速度我们无法控制，但我们可以增加陪伴父母的时间。现在就从点滴小事上关心父母，会减少很多让人感到遗憾的点。晚饭后陪爸爸妈妈散步时，他们也会有很多零星小事同你分享；看妈妈做饭打毛衣时，她会逗你快着手学起，不然以后嫁人了什么都不会被人笑话；跟爸爸看电视时，他会告诉你更多人文科学知识。每年的家庭旅游，习惯性拨出的电话，每一刻都让爸爸妈妈温暖，我也由衷地感到开心。

"听说，神无处不在，所以创造了妈妈。"《请回答1988》里的这句话概括了一切。我的妈妈最爱的人就是我，最舍不得的还是我，能成为她的女儿，是我这辈子感到最幸福的事。

一个父亲的爱

袁爽

> 在我们中国人的传统观念里,父亲似乎总是严肃的。我的爸爸也像大多数家庭中的爸爸一样,他虽然没有过多的华丽的言语,但他的一举一动都在表达着对我的关爱。我认为爱一个人的方式有很多,行动就是最好的表达。每个爸爸都是平凡又伟大的,他们的爱可能没有过多的言语和华丽的表达,但却是真切存在的。在我们成长的道路上,他们就像超人,无所不能!

　　说实话,刚得知要写朋辈心语时,我感到非常不知所措,无从下笔的顿挫感困扰了自己整整两天。直到今早,我收到一条来自爸爸的消息,好像突然知道要写什么了。我决定给大家分享一下我和我爸爸之间的故事——一个内向的女儿和一个中国传统父亲之间的故事。

　　在我们中国人的传统观念里,父亲似乎总是严肃的。他扮演着一个家庭中重要的角色,承担着这个家庭的一切。如果说母亲是一条充满爱与希望的小河,那么父亲就像深不可测的大海。我的爸爸也像大多数家庭中的爸爸一样,他虽然不会说过多华丽的言语,但他的一举一动都在表达着对我的关爱。

　　上小学前,我的生活中似乎只有爷爷奶奶,爸爸妈妈对我来说是非常陌生的。那时的他们在市里做生意,和哥哥生活在一起。我到现在也还是忘不了,和奶奶坐在爷爷的三轮车后座去找他们的情景——那时的我看来就像去探望某个亲戚一般,并没有什么特别的心情,只是会在离别时感到非常委屈,好像被人抛弃了一般,只能迫不得已又坐回到三轮车的后座,和爷爷奶奶一起回到乡下。他们放假的时候会回来,妈妈总能想办法哄我开心,给我买新衣服、想吃的零食……而爸爸就不一样了,他对我来说越来越陌生,我甚至有点惧怕他。奶奶和妈妈总在尽力拉近我和爸爸之间的关系,但都是无用功。记得有次他俩在家,奶奶让我去喊爸爸起床。对别的孩子来说这可能是再正常不过的事情了,但对于那时的我来说,就好像接到了一个极其艰巨的任务。我站在门口犹豫了许久，那声"爸爸"始终喊不出口，临到嘴边竟是锁了喉般难受。我快速走进房间，说了一句"爸爸起床了"，然后疯狂地跑到家门外，平息着刚刚的惊异。我不确定他是否听到了，我也不知道声音是大是小，我只知道自己完成了这个任务，仅仅是个任务。

再后来，妹妹出生了，他们只好回老家做生意，我们又重新住到了一起。但这种生活对我来说似乎是一种煎熬，我感觉自己时时刻刻都在想着怎么逃离，想着用什么办法、有什么借口去找奶奶。渐渐地，这种感觉越来越强烈，我甚至开始讨厌和他们待在一起。吃饭时我总是迅速解决，逃跑一般回到自己的房间。我也不喜欢和他们一起聊天，总感觉自己格格不入。他们才像是一家人，我就是一个外来人员。这种情况一直持续到我上初中，家庭的影响束缚了我社交的脚步，我越来越内向，越来越不懂得掩饰尴尬。

有些事情的转变好像就在一瞬间。那是我第一天上初中，放学时恰好下了场雨。我本以为这又是属于我一个人的雨中狂欢，却不承想，人群中一眼望去，竟会看到爸爸的身影。我站在门口愣了一下，略带僵硬地走向他。他只是说了一句"出来了"，紧接着递过来一把雨伞，我们就这样一人撑着一把伞走向车边，坐在车里也还是只有沉默。但是感觉似乎不一样了，我好像没有那么讨厌他了。接下来的三年，爸爸每天都在校门口等我，风雨无阻。我渐渐习惯在校门口看到他的身影，从慢慢地踱步，变成奔跑。我也成了同学羡慕的对象，"你的爸爸每天都在校门口等你，好羡慕你啊"，类似的话我经常听到。是变了，我们的关系就在这三年有所转变，一切都发生在回家路上的十几分钟里。我们从最开始的沉默，到后来可以聊上几句与学习相关的问题，再到约莫初三时，爸爸给我的感觉已经完全变了，我们之间好像也开始无话不谈。后来妈妈告诉我，那个时候无论多忙，爸爸都要亲自来接我，如果我在路上跟他主动讲几句话，他回去能开心好久。我突然感到很心酸，原来爸爸也一直在努力改变啊！

升入高中以后，爸爸对我的关注似乎更多了，校门口总有他的身影。不知从什么时候开始，我也可以像其他孩子对他们的父母那样坦然地说出自己的想法，也可以向爸爸撒娇获取自己想要的东西。高三那年，我压力很大，成绩不理想，经常以此为理由，冲他们发脾气，但是我得到的并不是责备，而是一次次的鼓励。高三的百日冲刺大会上，他穿了最帅气的西装陪我走过红毯。临走的时候趁着妈妈去给我买东西，爸爸突然塞给我一个信封，"晚上回去再看吧"，他这样说道。我顺手塞进口袋里。走回教室后，我始终没有勇气打开那封信，我一直在想里面会是什么样的内容。晚上回到寝室，我偷偷躲进厕所拿出那个皱巴巴的信封。上面的很多内容我都记不太清楚了，只记得信里写他一直觉得亏欠我。他说自己当时经济条件有限，没有办法给我更多，我还小，只能跟着爷爷奶奶一起生活，后来经济条件可以了，他就尽量弥补我。他还说他是第一次做爸爸，希望我能多多理解。第一次做爸爸，对啊，他是第一次当我的老爸啊。从我读到那句话开始，好像之前的东西在我心底完全释然了。我第一次做女儿，他第一次做爸爸，为什么不能相互理解一下呢？直到高考的前一天，他还在坚持给我送饭，晚上他说明天高考他就不过来了，他怕自己会给我过多的压力。高考那天我独自走向学校门口，望着校门外他经常伫立的地方，感到温暖又踏实，回过头来坚定地走向考场。

  高考结束以后，我和爸爸开始了两个人的旅行。我们一路走过很多地方，领略西安古城的风采，然后在青海湖边许下了虔诚的愿望，看到了茶卡盐湖令人心旷神怡的风景。之后我们转战重庆和成都，在繁华的夜景中感受不同地域文化的魅力和川味火锅的热情火辣。临近出成绩的日子，我着急回家，没有什么玩的心情了。爸爸也似乎看透了我的想法——就在决定回去时，爸爸突然对我说："我们不走了，我带你去一个地方！"就这样我们又来到了张家界。我们一起去爬了山。登到山顶的时候爸爸突然对我说："女儿，我对你的爱从来不少一分。来这里就是想告诉你，我就像这座山一样，永远在你身后，永远是你的后盾。所以无论你考得好坏，我在意的是你而不是所谓的分数，我知道你努力了不后悔就行……"那天在山上爸爸对我说了很多，从小到大的一幕幕情景开始在我脑海里回放。突然我发现，他一直在用自己的方式小心翼翼地爱着我。

  他让我明白了有的爱不需要言语，爱一个人的方式有很多，行动就是最好的表达。每个父亲都是平凡又伟大的，他们的爱可能没有过多的言语和华丽的表达，但却是真切存在的。在我们成长的道路上，他们就像超人，无所不能；在我们疲惫不堪的时候，爸爸永远是我们的港湾！

我的父亲
——我眼中最可爱的人
南睿铭

> 生活中我们大多人更多地和母亲交流，不太和父亲交流谈心，这就产生了一个假象：父亲给我们的印象总是那么威严且有一些让人惧怕。其实不然，他们总是用实际行动来阐释他们的爱，并且在闲暇之余也总是希望和我们聊一聊天。接下来我就带你看看我和我的父亲之间一些最真实的细节，希望我们和父亲的关系能够更加融洽。

相信在大多数人眼里，父爱和母爱是有区别的，或是爱的方式，或是爱的时间。父亲的爱深沉，同时又有挡风遮雨的效果，而母亲的爱柔和，能够更好地滋润我们的心田。

在我们国家，大多数的男人都不太擅长表达自己的情感，当进入了父亲这个角色以后，对于孩子自然有着无限的爱，只是大多数都是深沉的，也不会表现出来。但是在孩子需要帮助的时候，父亲总是会第一个站出来。还记得朱自清描写的他父亲的形象吗？他父亲的身材比较矮小，他爬上较高的月台，翻过了铁道，最后给儿子买到了橘子。虽然男人们没有过多的言语，但总是用行为来表达着一切。可以说，孩子有着父亲的爱护，就会有更多的安全感。父亲在很多时候，都会成为孩子内心的英雄，因为父亲不仅需要承担家庭的经济重任，还需要守护家人。可能父亲没有更多的时间陪伴孩子，但是我们要懂得父亲是在为了家庭奋斗。

母亲的爱会很细腻，更多的时候就好像流水，我们随时随地都能感受到。比如小时候睡觉的时候需要母亲的陪伴，吃饭更是需要母亲的叮咛，长大即使要远行，她们也会为我们提前准备好行李。虽然母亲很唠叨，容易被孩子误解，但这份爱是长远的。母亲对孩子的爱体现在生活当中的每个角落，至今还记得母亲为我做粽子、饺子，还记得她帮我打扫房间，记得她给我换上新床单和被褥。

父亲坚持让孩子上学

我最感谢我父亲,他始终坚持让孩子上学读书。我们这里的孩子能上学的不多,大都在上初中的年龄去外地跟随父母打工。当时好多人都劝说我的父母,天天让孩子去城里读书,花费那么多钱有什么用,最后还不是出去打工,还不如早日步入社会挣钱。对于这些,我的父母总是面带微笑地说:"没事,让孩子去读吧。我俩累点无所谓,读多少书都是他们的,只要他们想读就一直让他们去读书。"在读书方面,父母真的非常支持,有的家长是让爷爷奶奶带孩子,虽然支持孩子去读书,但真的很少在家里工作,无法陪着孩子去成长去读书,而我的父母则是选择自己带孩子,在家里工作。每次面对父亲黝黑的脸庞,我的内心都会有一种心痛的感觉,父亲对我说得最多的一句话就是:"孩子,你读书的成绩就是我奋斗的动力。"每天父亲都在为他的孩子努力奋斗。父亲总是起早贪黑,供我们读书,在别人的眼里这是很难理解的。用别人的话来说,他就是拿他自己的生命来投资不知道是否有结果的项目,而我和哥哥妹妹就是那个项目。面对别人的话语,父亲总是笑呵呵地就过去了。一次晚上吃饭时,父亲语重心长地对我说:"二孩你一定要好好学习,用自己的成绩来告诉周边的人,你可以。"

晚上接我回家

父爱大多数都是深沉的,不会表现出来,但是在孩子需要帮助的时候,父亲总是会第一个站出来。我的父亲就是这样。四年级时,父亲骑着电动车接我回家。我在城里上小学,住亲戚家,一周回家一次。我家距城里有 15 公里远,骑电瓶车大概要四十分钟,于是有段时间,我借住在我姨家。她的孩子同我年龄相仿,两个人难免会发生冲突。有次我们两个人发生争执,我心里也是气不过,就下楼骑着车子要回家。当时已经晚上七点多了,天色已经暗了下来,路途中货车、半挂车来来回回,我却独自一人走上了回家之路,心里有种说不出的委屈,一冲动用老式手机给妈妈打了个电话,说今晚要回家住。听到我边说边抽泣,母亲一下子急了,忙给父亲传信:"二孩要回来了,这么晚你赶紧去接他。"电瓶车在货车面前显得那么渺小,我沿着路的最旁边走着,走了一半,听到了父亲最温暖的呼喊。他气冲冲地教训我要注意安全,却一路护送我回家安眠。他笨拙地表达着爱的模样,我清晰地记得,那不是气愤,是心疼,是最好的关爱。我总在睡梦中隐约听到父亲对母亲说亏欠孩子的太多了。他总是在背后,支持我上学,做我最坚强的后盾。

父亲对我发脾气

记得有一次父亲和我发脾气,那是在我初二的时候,下半学期期末考试完,父亲去学校接我回家,在路上问我这次考得怎么样。我的回答是差不多,好像是有一门考得不好。一般父亲都是鼓励我,而那次父亲对我的态度是非常气愤的。他跟我说,这个季节(6月份)是丰收的季节,家里面的小麦都成熟了,该丰收了,这也是期末考试的时候,我的学业在这个时候也应该丰收了,学一年了也让自己看到自己的成果,而不是说问下我,我的回答是还行、差不多,我要知道到底差多少。或许是父亲在背地里真的太过于辛苦,而对我的表现太过于失望。当时我满心都是愧疚,因为我觉得真的太对不起父亲了。那次是父亲对我为数不多的一次发脾气,真的改变了我许多,也让我心中有了向前的动力。

跟着父亲下地干活

我们家的经济来源是务农,当然随时面对的是一些农事,比如浇地、除草等等。在浇地的时候父亲总是不让我下地里去,而是让我打下手,比如抬一些管子、拿绳子或帮忙提抽水泵。帮父亲把抽水泵放入井里面之后,父亲会提前在玉米地里排管(这个时候玉米已经长得比人还要高,玉米上面有一些花粉和细毛),这个过程是非常烦琐和困难的。尤其是到了晚上,天黑,这个时候父亲会在头上戴个电灯在地里继续工作。从地里出来坐在地上休息时,父亲询问我最近的学习情况,然后父亲用最朴素的道理给我最大的启示。父亲给我举的例子是玉米的生长,玉米的生长和学习是一样的,在最开始的时候打基础,扎根发芽,根系不断向四周蔓延,以让自己有足够的养分和根基来支持自己的生长,在最后的阶段迸发出绝妙的力量使自己变得足够强大。(玉米有一个阶段生长得十分迅速，我们经常说那时能听到玉米生长的声音。）我的学习也是如此，只有平时好好努力，到最后考试的时候，我的知识储备才会如这玉米的根部一样稳定。如果玉米在幼苗的时候没有充分向四周蔓延扎根，到了这个阶段，有风来的时候它会经受不住而折断。我的学习也是如此，在前期如果不打牢基础的话，我最后会被考试压弯。这些道理虽然没有那么高大上，但绝对是正解，是我在学习的路上披荆斩棘的法宝。

父亲的无奈与着急

我高考完，分数出来之后，面临的问题是如何选学校和专业。关于这个问题我向父母征求意见和寻求帮助，问我的父母想让我学哪些专业。提及这个问题时，父亲的语气夹杂一些无奈。父亲用最朴素的话语说他没有上过多少年学，这方面他真的不是太清楚，他对高校也不是特别了解。父亲给我推荐的是生活中最为常见的，如老师、医生、警察。父亲说的理由也是最为简单的，说这些岗位是较为稳定的，也不是太辛苦，不用像父亲这样天天在地里面干活。作为一名父亲，他在这些日子里打电话问亲戚，走访亲戚，让亲戚和我的哥哥为我推荐合适的专业，以及结合我自己的意愿和分数为我分析。在这几天中，父亲经常抱怨说自己读书太少了，如果多读一些书就可以安心坐下来分析当前哪个学校的专业适合我，我的分数适合上哪个专业。但在我看来我的父亲已经是一名非常非常棒的父亲，完全尽到了一名父亲应尽的责任。

在我的心里，父亲的观念（坚持让自己的孩子上学，以及自己踏实肯干）给我正确的指导，也得以让我成功进入大学。我父亲言语不多，但是一直心系孩子，并用自己的行动去感染和鼓励自己的孩子，让孩子去追逐自己想要的生活。我的父亲就是我眼中最可爱的人，也是我最敬重的人。

简单的幸福

杨雅端

> 詹姆斯曾经说过："笨人寻找远处的幸福，聪明人在脚下播种幸福。"每个人对幸福的诠释都各有不同，我很感激我的爸爸妈妈给了我最好的爱，让我拥有最简单的幸福，也让我成为更好的自己。无论我们的父母是何出身，请坚信，他们是最爱我们的人，亦是值得我们用一生去钟爱的人。

我是一个不善于表达情感的人，回首二十多年的时光，我从未用语言或文字记录过父母对我的爱，我想借此机会带大家了解一下我那简单却充满幸福的生活。

不知道大家有没有过这样的想法：抱怨自己的家境贫寒，抱怨自己的父母"拿不出手"，觉得自己的父母是农民、文化水平低，甚至因此不敢同别人谈起自己的父母；羡慕身边的同学，因为他们的父母是高级知识分子，他们从小就生活在优越的家庭环境中，他们的父母会带着他们去旅游，去吃各种新奇的东西，能给予他们丰富的学习资源。在我小的时候，我曾经有过这样的想法，还憧憬过我的父母要是是教师，那该有多好呀！但随着年龄的增长，我不再有这样幼稚的想法，因为我发现每个人对幸福的诠释都不一样，我的父母虽然很平凡、普通，但是他们已经给了我满满的爱，让我不断成长成我喜欢的自己。

从我上小学起，妈妈总是三百六十五日如一日地早起，煮好稀饭，盛起放凉，然后再把我从温暖的被窝里唤醒，让我吃完早餐去上学。冬天很冷，妈妈又是个喜欢睡懒觉的人，但是她还是每天坚持早起，为我准备早饭。我心疼她起那么早，劝她说，要不我在学校买点包子垫垫肚子就好了。她很倔，她说外面吃的哪有家里的好，一日三餐就数早餐最重要了，从小就要保护好自己的胃，不然等老了就知道惨了。正是因为妈妈的坚持，让我养成了每天早起吃早餐的好习惯。在我读小学五六年级的时候，妈妈工作的针织厂倒闭了，妈妈也因此失业了。为了家里的生计，很多和妈妈同龄的针织厂工人跑到外地去上班，把孩子托付给家里的长辈照顾。听说外面的工厂工资待遇甚是不错，妈妈也想着要不趁着年轻，出去打拼两年，但是和爸爸商量之后却放弃了这一想法。后来长大后听妈妈说起这件事情，妈妈解释说："我和你爸爸想着，没有什么比孩子的成长更重要。我要是去外地工作了，你和弟弟的生活起居就没人照顾了。我宁愿留在家里，少赚一点钱，也要好好照顾你们姐弟俩。钱是挣不完的，而你们的成长，错过可就没有了。"直到现在，爸爸和妈妈也没有过去外地工作的想法。身为父母的他们，在我和弟弟的成长过程中，从来不曾缺席过。

都说农村的父母重男轻女，特别是在我们那样的小镇上，但我的妈妈总是说爸爸最疼我了。爸爸是个在家待不住的人。他空闲的时候，就会骑上摩托车到处逛逛，这时候他就会让我当他的小跟班，带我出去耍。每到一个村庄，他就会跟导游似的跟我介绍这是哪里。所以，我现在能认清隔壁好几个镇的路，全是我爸的功劳。从上初中起，我就开始住宿，周末才能回家。爸爸担心学校的伙食太清淡了，怕我营养跟不上。家里煮了好吃的，总是惦记着我。后来，爸爸想了一个法子，算好我放学的时间，然后就在我去食堂的路上等着，拦住我，把冒着热气的饭菜带给我。特别是高三那年，都说这一年是脑力和体力的比拼，我回家的次数少了，爸爸和妈妈来学校送饭就更勤了。舍友总是带着羡慕的语气说："你妈又来给你送饭了，真好。你这一年吃的鸭子都能赶得上我这十几年来吃的了！"还记得有一次爸爸来给我送饭时，被我们年段的段长看见了。过几天开家长会的时候，段长当着所有家长的面表扬了爸爸，说应该向他学习，要多关心孩子的饮食。周末回家的时候爸爸跟我说起这件事，一脸的得意。爸爸总是把我的话放在心上，并付诸行动。有次我不经意地提了一嘴，我好像很久没有吃螃蟹了。隔天早上我就看见爸爸拎着螃蟹进厨房了。我的爸爸虽然不善于用言语去表达对孩子的爱，但他做的一切都让我倍感温暖。

看过这样一段话："幸福不是一种物质，而是一种心理状态，一种情感体验。幸福并不神秘，它原本就平平常常，实实在在地存在于日常生活中。"虽然有的父母没有能力给予孩子多么优越的物质条件，但是他们一直在尽他们所能地给孩子最好的生活。无论我们年龄多大，在父母的眼里，我们永远是个孩子，这难道不是最简单而又最美好的幸福吗？他们对孩子已经倾注了所有的爱，我们还有什么理由再去向他们奢求什么、再去抱怨什么呢？岁月无痕，却让皱纹爬满了他们的额角。他们一直在给予，不曾索取，我们也应该学着反哺。

离家数千里，当父母的总是会牵挂着自己的孩子有没有吃好穿暖，所以我每周都会抽出时间给他们打个电话，唠唠嗑，分享最近的生活，告诉他们最近有好好照顾自己，不要为我担心，也会叮嘱爸爸要少抽点烟，妈妈上班不要太累了。

看完这篇文章的你，希望也能忆起父母点点滴滴的爱，明白原来这亦是简单的幸福。不妨也抽个空给爸爸妈妈打个电话，告诉他们，说自己最近过得很好……

原生家庭的影响

宋丽真

> 原生家庭一般是说你成长的那个家庭环境。原生家庭带来的影响是很大的,它是第一个对你的人生产生影响的因素。人们甚至很难在成长过程中去除原生家庭带来的不利的一面。

最近总是刷到谈论原生家庭的视频。视频中总是描述着原生家庭对于一个人的负面影响,有的人在此条件下变得不思进取,不断否认自己。其实不然,诚然原生家庭存在负面影响,但这不能成为你不断否认自己和堕落的理由,因为原生家庭并不能代表你自己,原生家庭并不是你在这个社会上唯一接触的团体,你还会遇到朋友,遇到爱人,成就自己的家庭。

前段时间,我们学院的心理辅导站举办了一个"我是演说家"的活动,演讲主题为自我,要求分享自己的故事。其中有位同学谈到自己的家庭,并以叙说者的身份分析自己为什么会经历了这么多事情之后还有如此乐观的心态。这位同学是单亲家庭,她的妈妈拉扯她长大。她说道,她一开始并没有意识到没有父亲对她来说意味着什么,可是后来慢慢发现,别的小朋友有父亲来给他们开家长会,有父亲来接他们放学,有父亲陪他们玩耍……讲到这里时她已经哽咽了,眼眶湿润。我想她那时肯定是悲伤又释然,她肯定很感激她的母亲,也很怀念她的父亲。我惊讶于她的开朗,她的自信,她的大方。她说她也曾经怨恨为什么老天要这么对她,但是后来她发现了一件事让她对这个世界、对自己的命运产生了热爱。她申请了补贴,后来一次偶然的机会她发现她拿到的钱是正常的两倍,原来是一直资助她的那个陌生人多给她的。那个陌生人说虽然这个世界对她有很多不公,但是她要相信世界还是有美好的。我想这个陌生人给的温暖她能记住一辈子吧,这种温暖能抚慰一个人千疮百孔的心,能让一个人变得对这个世界有了期待。

高中的时候,有个女同学长得特别好看,也特别努力地读书,每天都早早地起床去教室读书，晚自习结束之后也留下来读书，成绩优异，深得老师喜爱。但是由于她对理科不敏感，她读得特别辛苦且心累。曾经有段时间她陷入深深的自卑之中，这都与她的原生家庭有一定关系。

她的原生家庭成员有父母和弟弟，她弟弟比她小八岁，是一个聪明伶俐的小男孩。她的父母是传统的重男轻女的劳动人民，在她父母眼里，即使她再怎么优秀，也不过是个女孩子，比不上她弟弟。虽然她的父母在吃的喝的上面从来没有亏待过她，但是却没有给予她感情上的慰藉，可以说是忽视她的存在。她曾告诉我说：她的父母甚至都不清楚她几岁了，她几年级了，她的班级，她的成绩，她的朋友，她的生活，她的一切……这也导致她对自己的不自信，她对自己价值的否定，对自己值得被爱的否定。但是除了原生家庭，她的生活里还有她的好朋友、她的舍友、她的圈子。所有这些的存在都可以让她变得更好，知道自己值得被爱，知道自己也是有人来保护的，知道自己也可以被肯定，知道自己还可以做得更好。她想要变得更好，想要摆脱原生家庭对自己的负面影响。我想她越长大越会发现其实原生家庭的影响是可以消除并且给自己带来不一样的经历的。

当然，我们身边也有各种各样被原生家庭所影响的人，不只是她，也不只是这种情况。我高中舍友也是被原生家庭所影响的人之一。

她的家庭关系极其复杂，她的父母亲年轻时离异，父亲又再娶了一任妻子，而继母又带了继子住进他们家，虽然继子后面没有和他们一起生活，但是后来她的父亲又领养了一个男孩子。这个小男孩既不是继母的亲生儿子，也不是父亲的亲生儿子。由于小男孩从小就被继母养大，所以继母对小男孩比较亲近，而对她却没有什么好脸色。待在家里时，她就会被继母各种说教，对她的卫生、她的学习、她的穿着、她的各方各面。所以她也不喜欢待在家里头。她也曾忍受不了和爷爷奶奶说过，可是老人家又有什么办法呢，只能劝她忍耐，只要等到高中毕业，只要等到上了大学，她就能摆脱她的家庭。所以她拼命读书，拼命证明自己的能力。她的父亲也由于老一辈的那种思想，觉得女孩子终究是会嫁出去的，终究是会离开他的，并不能为他养老，所以他也渐渐地对小男孩越来越好，并且曾经对她说要是之后这个弟弟没什么出息，记得帮助他；他是不会给她家里任何房子和土地的；她只能靠自己闯出一方天地。她的高考成绩并不理想，但是她并没有因此堕落，只是和我说她会好好读书，争取考研考到好学校去。我只能祝她继续努力，一起在最高处见。

虽然她的经历有点复杂，但是并没有打消她对生活的热情，因为她的亲戚们对她的宠爱，让她懂得了很多。她总能发现生活的美好，努力提升自己。我想她对自己的生活是有期待的，对世界是有期盼的。

网上有说法称："幸运的人，一生都被童年治愈；不幸的人，一生都在治愈童年。"一个人的原生家庭，到底有多重要？

其实，原生家庭本身并不带有任何"色彩"。从心理学的角度而言，原生家庭指的是一个人出生所在的家庭，主要成员包括父母、兄弟姐妹。杨老师介绍："在心理治疗中，通常会对患者的心理状况进行原因（动力）追溯；原生家庭是一个重要的分析指标。"

原生家庭中，若父母的人格不完善，则很容易对孩子的成长造成消极影响，造成心理上的伤害。这通常表现为两个方面：溺爱与放纵或是严苛与忽视。

溺爱与放纵的家庭不给孩子学习成长的机会，孩子的共情能力较差，缺乏真正解决问题的思维，甚至不会为自己的行为担责任，并且比较骄纵，意识不到自己的错误，永远认为自己是正确的。严苛与忽视的家庭中，孩子做什么都是错的，被批受罚。这种行为除了会影响孩子的自信外，还易让孩子因缺乏家庭的爱造成心里有阴影与扭曲，内心逐渐变得敏感自卑，缺乏自我价值感和归属感。孩子会认为自己好像没有存在的意义，甚至都无法感受到被爱，无法接受别人对自己的好。杨老师也说过，人并非一辈子都无法逃脱原生家庭的影响，过了30岁，你就是自己的原生家庭。人的发展除了受到原生家庭的影响，还会受到社会的影响，如受学校教育、社会历练、职场工作等的影响，一个人有很多机会去摆脱原生家庭的束缚。

那么我们要怎么才能减少原生家庭对我们的影响呢？我们首先要学会正确认识自己原生家庭的问题出在哪。最怕那种明明自己很痛苦，但却不知道为什么，甚至觉得是自己出了问题而一味自责的人，他们身上留下了太多父母的影子，明明有时候是父母做得不对，但他们却把自己禁锢在了父母的牢笼里。很多人在自己的意愿和父母违背的时候，会选择听父母的，因为他们觉得违背父母是不孝顺，会一直在内心挣扎。直到我看了《原生家庭》这本书，我才明白其实他们的思想很多时候都被父母绑架了。有些人不听父母的话的时候，父母会觉得他们不懂事，久而久之他们也会否定自己，对自己产生疑问。殊不知明明是父母带给他们的伤痛，他们却觉得是自己的错。这是很可悲的一件事。

找到问题之后和父母好好沟通，说明你的痛苦。但是既然都说了是原生家庭带来的伤痛，那么很有可能父母是不会觉得他们错了的，这时候就需要一个你信任的朋友或亲人带你走出伤痛，帮你客观分析整件事情，渐渐地你会感觉你在这些方面不会像以前那样痛苦了，效果还是很好的。找到原谅自己的开关，寻找自己生活的小确幸，学会分割，让它和你现在的生活分离，学会自己爱自己，去结交爱你的恋人或朋友。要知道不是所有的人都不喜欢你，只是你没有选择地拥有了原生家庭，也不要因为原生家庭去拒绝每个希望走近你的人，他们和你的过去无关。保持一颗随时接受幸福的心，接受生命当中所有的幸与不幸。努力让自己变强大，提升自己的经济实力，这样才可以远离原生家庭，不受他们的控制和安排。

希望每个被原生家庭影响的人都可以直面这个问题，并且做出改变。我相信只要你想改变，肯定是有办法的。希望你能变得越来越好！

叛逆的模样，有你们的功劳

陈倩玢

> 为什么孩子会叛逆？家长总觉得孩子不够理解自己工作的辛苦，而忽略了自己是否理解过孩子的情绪和想法。为人父母，家长总认为在物质条件上尽量满足孩子就是"爱"的表达，却不承想情感认知更为细腻的孩子更需要的是父母的理解与陪伴。同时暴露出的问题是青少年心理教育任重而道远，每个人都仍在路上。

　　近期陪妈妈和同事聚餐，听妈妈的同事说自己的儿子处在叛逆期，不肯上学，拒绝与父亲交流，不与同龄人接触，情绪不受控，喜怒无常。叛逆的起因是和父亲吵架，父亲怒骂了一声"滚出去"，于是孩子一下子逆反了，逐渐长成现在叛逆的模样。

　　但是真的仅仅只是吵的那一架的问题吗？席间，长辈家长们都觉得孩子不懂父母的苦心，过于叛逆，对吵架中的一句气话过度反应。作为家长，拥有更多的人生阅历，有更好的消化负面情绪的能力，以自己的心理情况来代入孩子，觉得孩子也能充分地自觉消化所有不良情绪。殊不知孩子经历得太少，不能良好地处理负面情绪和各种人际关系，会为伤人的话语耿耿于怀。当这种受伤的感受和不满的情绪堆积到顶点的时候，孩子就会情绪崩溃。而这在家长看来却是不可思议的：你这么大的小孩能有什么情绪？能有什么压力？有什么东西能记恨这么久？

　　而这样的想法就会造成他们与孩子之间的鸿沟越来越大：孩子觉得家长不关心、不懂自己；家长觉得孩子叛逆、不理解自己的苦心。双方在一次次争吵中磨灭了耐心和爱意，最后爆发积攒的情绪。叔叔家的儿子现在就处在一个独处时很平静，但一旦见到自己的父亲就会情绪爆发，甚至发生过拿美工刀胁迫父亲离开的情况，他平时就把自己封闭在小房间中，也不会与其他的家人进行沟通。

　　这种双方对于情绪和压力的认知差异是造成家庭中家长与子女之间隔阂

的一个重要原因，家长总认为孩子再累也不会比自己在职场上打拼赚钱累，自己工作这么辛苦、养家压力这么大都能够维持良好的状态，孩子学习能比自己工作压力更大吗？并且在与子女的交流中，家长也存在一个很大的误区，就是忽略了话语的伤人程度，常常说出对于孩子而言很伤人的话语但却不自知，更不会承认。很多人叙述自己原生家庭的问题时就常常提到来自父母的"言语暴力"。

在妈妈的同事们看来，那位叔叔对自己的孩子十分宠溺，无论孩子在物质上有什么要求都会尽全力去满足，骂孩子、和孩子吵架也只是因为太过关心孩子的学习。我不知道在此前的每一次争吵中是否都有对孩子而言伤人的话语存在，但孩子对父亲的失望和拒绝交流并非偶然或者一次争吵的结果。我的发小在中学成绩一直都是中等偏下，她的妈妈在她考试成绩并不喜人的时候很爱指责她说她是"没用的东西""垃圾""以后就是去要饭"，甚至不会顾忌责骂当时有没有其他人在场。幸好发小天生乐观，从来不会在意这些伤人自尊的话。但如若换作一个心思细腻敏感的孩子，这些话绝对会在他心上留一道疤，可能就算长大成人后也无法忘记听到这些话语时的伤害。

在席间听妈妈的同事叙述自己儿子的问题，除了家长与子女间交流的问题和对情绪压力的认知差异，我还注意到在现在这个很多心理疾病发病率都明显升高的时代，仍有很多人对于心理疾病的认识不够准确，存在抵抗心理，觉得有心理疾病的人是"疯子""要被关进精神病院"。

妈妈同事的儿子有时会与他的母亲沟通，他的母亲也曾想给他联系心理治疗，但孩子却觉得这样的行为是对他的侮辱，是家里人都觉得他是疯子，要把他关进精神病院。虽然现在高校的心理辅导已经很深入地渗透进大学生活，新生入学都会开办多场相关的心理讲座进行知识普及和测试摸底，在后续的学习和生活中也有各种各样的相关活动开展，但就整个大众的普及层面来说，心理知识科普任重道远。

不仅仅是心理疾病相关知识的科普，对于平常的压力放松和情绪排解的方式也需要更多人去了解。我的一个学妹在情绪烦躁的时候会忍不住冲着亲人发脾气，冷静后又会觉得家人对自己这么好，自己却这样暴躁是非常不对的，感到十分后悔，但在当下她就是无法合理控制自己的烦躁情绪。后来，她一有烦躁情绪就和我聊天排解或是通过运动排解，她对情绪的控制明显好了很多，烦躁情绪产生的频率也降低了。

家庭对于一个人的心理健康是至关重要的，有许多人终生都在治愈小时候在家庭中所受到的心理创伤。每一个孩子都是第一次为人子女，每一位家长也都是第一次当这个孩子的父母，双方更需要的是互相理解而非强行要求对方站在自己的立场考虑问题。因为阅历和认知层面的不同，可能大多数父母都无法真正理解孩子的心理，孩子也不太可能在学生时期就懂得父母的为难，这种时候无论是家长还是孩子都更需要学会情绪的排解控制，以求能达成更好的沟通。一味地输出情绪并不能达到有效沟通的效果，反而会造成如我妈妈同事那样的恶性结果。

现在那位叔叔也终于懂得服软，不再像此前那样"说着说着就火大"，但他儿子何时能不再执拗，何时能懂得心理咨询、心理治疗也和医院其他科室的治疗一样，是为达成机体健康的常规治疗，没有任何的特殊性，还需要他的弟弟、母亲、朋友持之以恒地劝说和开导。

其实多和长辈沟通就会发现，老一辈的人都对心理疾病抱有一种"不相信"或是"觉得是疯了"的态度，而这种态度也会影响到下一代孩子对心理疾病的看法，所以我们作为朋辈心理辅导员，平常也可以多和自己的亲人科普相关的心理知识，和他们细说如何科学控制情绪、排解情绪，引导他们要懂得述说，从身边开始普及，才能让与心理相关的一切被更多的人正确认知，让那位叔叔家的情况不再发生。

家，就是这样一个地方

张榕

> 家乡，对于很多人来说，是一个可以时时得到治愈的力量之源，因为家在那里，它牢靠的羁绊会让你牵肠挂肚、肆意嚣张。也正因如此，我们都有想逃离它的时候，它偶尔的碰撞会让你悲伤、紧张。当我们再次去翻看那本属于我们可爱的小家的回忆簿时，我们会发现，父母的爱是我们一生最大的财宝。家，也就是这样一个地方：我要从你的荆棘地逃离，远离伤痛，找寻自己；我要跌进你的温柔乡里，疗愈自己，亲近你。

我来自福建惠安崇武的一个小渔村，那是一个有着海有着港、时时治愈我的地方。对于很多人来说，家乡就是这样一个美好的存在，因为家在那里。但是，曾几何时，我也想过逃离它，因为家在那里。

在我家那个小渔村，出海捕鱼是很多家庭赖以生存的工作，我们家也是。但是唯一不同的就是，我爸爸是最厉害的那一个。小时候叔叔阿姨都是这么告诉我的，那时我可骄傲了。小时候，爸爸大部分时间都在外工作，每次爸爸回家我都非常开心。我记得有一次爸爸回家前，打电话问我想要什么礼物，我说我想吃巧克力，结果爸爸带了一大袋子的巧克力回家。爸爸总是对我们姐妹俩有求必应。现在我自己知道，我爸爸就是最厉害的。虽然我不知道在爸爸眼里，我是不是他的骄傲，但是我爸爸是我的骄傲。当然，妈妈也是。

然而，在我一年级的时候，爸爸生病了，生活的担子一下落在妈妈的肩上。爸爸是一个要强的人，看着妈妈如此操劳，自己却什么也做不了，心里难免愧疚自责，继而烦躁窝火、冲动易怒。我想任何人遇到这样的情境都会有这样的情绪。但年幼的我看到的，就是爸爸经常发脾气。记得我二年级的时候，爸爸在家养病。有一天早晨妈妈给爸爸煮了豆浆，我不知道中间是有什么冲突，我看到爸爸特别生气地将所有豆浆甩出去，盛放豆浆的容器砸在窗户上，裂开了。妈妈边流着泪边收拾着残局。而我喝着谷粒谷力，一个人坐在门墩上，不敢说话，最后一个人上学去了。

在我的脑海里，那时候大部分不快乐的记忆都被时间冲刷了去，现在回想起来，少了"为什么我们家要遭遇这样的不幸"的抱怨，更多的是对爸爸所受病痛的心疼、情绪波动的理解，以及心疼妈妈的坚强和包容。其实，爸爸在家养病的时间里，也并不都是冲动易怒的。爸爸仿佛把他所有的宽容、忍耐、疼爱都给了我们姐妹俩。三年级的时候，有一次数学考试我不及格，这真是个意外，我小学成绩还是不错的。试卷分发下来的那天中午，我拿着试卷回家，不知道怎么开口跟爸爸说让他在这张不及格的试卷上签字。爸爸吃过午饭后在看电视，我徘徊在他周围，暗中观察他的表情变化，迟迟不敢向他开口。直到眼看着我再不出发去上学就要迟到了，我拿着卷子到爸爸跟前，低下头小声说："老爸，我数学不及格。"说着我眼泪就掉下来了。我爸说"哈？"，就开始哈哈大笑。而我就号啕大哭，爸爸边签字边安慰我。现在想想，我们父女俩真是太可爱了。

都说女儿是爸爸的小情人，我爸已经有两个小情人了，我绝不容许他还有其他的大的小的情人。我唯一一次从梦中哭着醒过来，便是梦见爸妈离婚了。小时候总会有大人问我，如果爸爸妈妈离婚了，我要跟谁一起生活。我很排斥这样的问题，实在不明白他们这个问题的背后蕴藏着什么样的好奇心。以前，我很害怕这样的事情发生，以至于当爸爸去工作，把手机放在家里时，妈妈拿着爸爸的手机来问我"榕呀，这个女人是谁，为什么你爸要转钱给她"时，我的心都快要跳出来了。我拿过妈妈手里爸爸的手机，心里想着我要好好会会她，我给她发了三条消息。当时是一个周日下午，我即将启程回学校，眼看大巴即将发车，她还没回我，我就拿着爸爸的手机，不顾妈妈的阻拦上了车，回了学校。在回学校的路上，我眼眶含泪地跟姐姐发消息说："你爸好像出轨了。"姐姐跟我说："哎呀你爸不会的，别乱想。"到学校后，妈妈跟老师说我带了手机，老师就把手机没收了。这件事就这样不了了之了。之前的我会因为害怕爸妈感情破裂、离婚，会以"威胁"这样拙劣的方式试图去缓和他们紧张的关系。

我上高二的时候，爸爸妈妈想让我专心学习，就在学校对面的小区租了一套房子陪读。自然，奶奶也过来了。都说家家有本难念的经，我们家最难念的经就是婆媳关系。在婆家受的苛待、委屈是妈妈心里永远的痛，而爸爸又是一个孝子，每每提及父母，不管是他人的父母，还是自己的父母，爸爸总是会泪目。每次妈妈和奶奶有矛盾，爸爸就会和妈妈有矛盾。以至于刚搬去泉州的那段时间，他们说是三天一小吵、五天一大吵也丝毫不为过。我记得吵得最凶的一次，他们已经把"离婚"挂在嘴边了。当时临近五一劳动节，我和同学约好出去玩。我记得我出门后，给爸爸发了一条消息：如果你们怎么了，我就一个人出走。爸爸马上回我：不会的。我不知道爸爸当时是不是怕影响我学习而安慰我，但我会以这样拙劣的方式去阻止是因为我知道爸爸很爱我，而我却忽略了我该以什么方式去爱我的爸爸妈妈。现在，我会坦然地去面对父母的感情问题，会支持他们追求他们所喜欢的。自然，是以正确的、合乎道德的方式。我忘记他们是怎么和好的了，只记得他们吵完架那天晚上，我听到爸爸跟姐姐说，把奶奶接过来是不希望她总待在崇武，换个新环境，这样有来有回，希望奶奶可以开心一点。每次爸爸妈妈有矛盾，我就会因此而烦躁，就会凶、大声说话。爸爸生气的时候也是这样，果然是亲生的。但是我一凶，爸爸就会静下来。所以每次他们有矛盾，我都试图用我的大嗓门去让他们的战火平息。在我印象里，他们吵架之后，爸爸从没有这样心平气和地说过他自己的想法。那也让我再一次认识到心思缜密的爸爸，以及用我的大嗓门暂时平息战火的弊端。后来，奶奶还是回到了崇武，我们的幸福生活又拉开了帷幕。

　　婆媳关系不和是很多家庭都存在的问题。我的奶奶是一个有着重男轻女封建思想的人，由此可见，小时候我和妈妈是有多不被奶奶待见。长大后，又看着爸爸妈妈经常因为奶奶而吵架，我对奶奶实在是喜欢不起来。以至于年初知道奶奶得了肺癌，已经时日不多，我也没有丝毫的悲伤。但看到奶奶因病痛折磨而痛苦，我还是有一点心疼。直到有一天，妈妈照顾完奶奶回家，饭后跟我们姐妹俩说，前几天，奶奶把她和爸爸叫到床前，对她说，你是很伶俐的，不用听别人说什么，你想怎么做就怎么做。你没能像她们有个儿子，但是两个孙女都是乖巧聪明的，我会保佑他们以后都是顶呱呱的。爸爸妈妈哭着听完了这些话，妈妈也哭着对我们说了这些话，那时我知道，妈妈放下了。在奶奶去世的前一天晚上，我和妈妈来到奶奶床前。我有点无措。妈妈跟我说"你叫叫她呀"，我轻声叫了声"奶奶"，她没应。妈妈说"你大点声，她没听见"。我稍微提高了一点音量，又叫了声"奶奶"。妈妈问奶奶："你知道刚才是谁在叫你吗？"奶奶说"是榕啊"。妈妈又问："榕啊是谁啊？"奶奶说"是小孙女"。我的眼泪一下子便盈满了眼眶，硬是忍着没哭。奶奶已经很痛苦了，眼睛都是闭着的，时不时地翻转都很吃力，但是她还是听出了是我在唤她。那一刻，我也放下了。第二天凌晨,奶奶去世了,我们都猝不及防。家里一下安静下来,我明显地感觉到家里像是丢了什么,缺失了一块。

我忘记在什么时候了,有这样一个既搞笑又可爱温暖的夜晚。那天晚上,爸爸跟朋友出去吃饭,爸爸很少喝酒,那天喝醉了。深夜,妈妈被一阵抽泣声吵醒,翻过身问爸爸:"你在哭吗?"爸爸说:"没有啊……我在想,我要是走了,剩下你们母女三人怎么办,要是别人欺负你们怎么办……你放心,我只有你……那首《一生只有你》怎么唱来着,我怎么突然忘记了,问孩子们去,我的孩子们知道,叫孩子们帮我找……"就这样一个有无限可能的夜晚,姐姐收到了帮忙搜歌的消息,一首《一生只有你》温暖了我们一家后来的岁月。

关于我们家的回忆簿,悲伤的不止这么少,温暖快乐的不止这么多。我的爸爸妈妈都是坚强、善良、真诚、正直、宽容、有孝心、有责任心、温暖、可爱的人,他们不管经历了什么、在什么样的困境,都给我们姐妹俩很多很多的爱。我知道他们很爱我们,我们也很爱他们。

家,就是这样一个地方,它偶尔的碰撞会让你悲伤、紧张,它牢靠的羁绊会让你牵肠挂肚、肆意嚣张。我要从你的荆棘地逃离,远离伤痛,找寻自己;我要跌进你的温柔乡里,疗愈自己,亲近你。我永远爱你!

父母对你的爱不是理所当然

彭新怡

> 该怎么介绍这个叫作家的地方,是描绘狂风骤雨后父母归来的身影,还是岁月静好时瞥见白发的沉沉叹息,或是一顿埋怨后的顿悟与悔意?其实家这个字最纯粹,也没什么道理可言,来来回回,就那么一通说辞,却可以唠好多年。

担任朋辈心理咨询员以来,我总会遇到一些因与父母关系不和而产生心理问题的同学。他们总是抱怨父母对自己不够好,认为父母影响了自己的一生。的确,原生家庭对个人人格的塑造和价值观的影响是巨大的,但抛却纯粹的好与坏,更多人的家庭是带着柴米油盐、酸甜苦辣在成长的。很多时候,我们只需换个角度想问题,那些小小的纠纷与误解便可随岁月消失于光影斑驳之中,那般不承认、不甘心便顷刻化为乌有。

记得很早在公众号上看到过一个片段,记忆犹新。

它讲的是心理学上有个贝勃定律,就是强烈的、持续的、长期的爱过后,你会认为这爱理所当然,甚至会觉得这爱平淡。通俗解释为,你越亲近的人,你越看不到他的好,即使他付出得再多都有可能不被你在意。当身边人对你的优待变成习惯时,当你们彼此太过熟悉、太过亲近时,这种好,就仿佛隐身了一样。

其实这个现象很常见,特别是在父母与子女的关系上最常见。

我的家庭其实和大多数人的一样,是那种男主外、女主内的传统家庭。父亲强硬,带点大男子主义,而母亲温柔,却过度体贴。我还有个弟弟,说实话,在过去许多年里,我曾一味想把他塞回娘胎重造一番,再狠狠丢掉。当然,这个愿望是不可能实现也不正确的。

在我懂事之前,我一直认为自己的家庭不幸福。打记事起,父母不是吵架就是打架,窗外的那些家庭一派和谐,窗内的他们俩坐在天平的两端摇摇晃晃,有时情绪一激动,还会打起来,打得还很凶,连家具都砸。用我妈的气话说，就是上辈子的仇人聚在了一起，谁都不饶谁。

等我大了上高中后，他们俩之间也就从动手动脚转变成动嘴皮子。可每当他们吵完架，妈妈总会一个人躲在房间里默默地哭，爸爸则是摔门而出，要么就凌晨一两点回来，要么干脆一晚上也不回来。我比较心疼妈妈，觉得妈妈很可怜，爸爸做人很不行，脾气大，还动手打女人。因此有次他们争吵后，妈妈跟我诉委屈时，我直接气愤地脱口而出："妈妈，要不你和爸爸离婚吧？他都这样对你了，你还跟他在一起干吗？"

我没有想到的是，待我说完这句话，妈妈突然生气了。她对我说："谁都有资格说你爸的不是，但是你不行。你是他的孩子，你从小到大的吃穿，哪一样不是他辛苦赚回来的血汗钱？"我当时不服也不解，明明是为了妈妈愤愤不平，怎么还反过来骂我？那些吐槽与抱怨倒灌海水般灌满了我的耳朵，又被妈妈的怒声挤掉，来来去去，我只觉得委屈。

自那次后，妈妈也不在我面前说爸爸怎么对她不好了，而是开始引导我去理解爸爸。她开始跟我讲爸爸为这个家所做的一切，但因为爸爸脾气太坏，还动不动就凶我，骨子里叛逆的性格驱使我自动忽略，那些好话我听归听，依旧左耳进右耳出。如今一想，我还真有点像白眼狼。

那么，我又是从什么时候开始反省的呢？

我只是忽然一次发现，那位天天凶我的大人，好像憔悴了许多，身子骨也没以前那么硬朗了，气场也慢慢弱了下来，说话不似以前那般冲，不会说一两句就开始吼，不会莫名冒了火。这在以前是很少见的。他开始变得黏人，偶尔坐在电视机前，他就会坐到身边来询问我的近况；在外读书时，总会发来一两句微信消息表示关心。我无法忽略这些大的改变，正如我忽然想起那些微小的忽略。

小时候我刚出生那会儿，家里算是一贫如洗，除了房子什么都没有。爷爷那会儿好赌，在爸爸和叔叔分家时，爸爸也分到了爷爷的赌债，依稀记得是10多万元，当时的10多万元可不是一笔小钱——为了撑起小小的家，爸爸妈妈赚钱都是用生命去赌的。有次台风天，父母要出海把什么东西收回来，时间定在凌晨一两点。往常他们也在这个时间出过海，第二天中午准会回家。但次日中午我没等到，他们回来得好晚好晚啊，晚到我哭着闹着找他们，晚到天气都放晴了啊。后来我年纪稍大些，妈妈才敢把那天的经历全盘托出。是的，她和爸爸被风浪刮到了海里，两个人都做好了死的准备，可想到我和弟弟还在家里，如果他们俩没了，我们肯定没有未来，所以他们用尽了一切力气抓住身边能抓住的东西，硬是咬着牙撑到浪过了，缓了好久好久，两条命才爬回来。

  正因为爸爸妈妈这样不顾一切地赚钱，才有了我们现在算是不错的生活。我只顾埋怨爸爸脾气坏，却没想过他为了养我，一次次在生死的边缘徘徊。换位思考一下，如果是我，为了自己的亲人，拼了命赚钱，一次又一次在生死边缘徘徊，身上的担子、心底盘旋的压力定是千斤重。我的叛逆成为触怒他的导火线，我的猜忌成为压倒他的稻草。爸爸一次都没跟我说过，他有多么累，压力有多么大。我曾经一味地索取那些荒唐的东西，他暂时没有能力实现，只能拒绝我，可我一旦被拒绝，就大哭大闹没个完，换来的是爸爸无尽的凶与警告。时间久了全家竟也默契地认为凶是一种最快速的解决途径。但当他有能力实现时，他又想尽办法满足我的要求，哪怕偶尔刀子嘴豆腐心。如今，他年纪大了，脾气也越发柔和了，同妈妈吵架时，也开始让着她，让妈妈把不满发泄在他身上。只是他一直不说，而我也没有尝试走近他，也不会换位思考，把他对我的好都忽略了，只记得他对我的"坏"，所以理所当然地一直不理解他，这其实是另一种变相的伤害。

  对比爸爸，妈妈真的算是溺爱我了。都说穷人的孩子早当家，但因为妈妈小时候已经受过苦，不想自己的孩子也受同样的苦，所以她从来不要求我去做什么。小时候，若是帮她做点家务活，她夸奖归夸奖，但还是希望我不要去做，怕我伤到自己。妈妈的目光也放得很长远，她认为读书能改变一个人，所以即使在当时负债累累的情况下，她不顾任何人的反对，就算到处借钱，也一定要送我去城市里读书，从来不会遵从大姨家那种男孩子读书、女孩子无所谓的风气。可是，就像贝勃定律说的那样，越亲近越不在意，十几年的好越来越被我当作理所当然。有时候她反对我做一些事情或者做一些出发点是为我着想的事情时，可能对我来说会造成一种麻烦，但这其实也是她对我的爱，可能是因为我不理解，糖果往往一同裹挟着玻璃碴朝我砸过来。

  现在的我，明白了他们俩的良苦用心，却无法挽回那些过去造就的伤害。补偿，是我现在努力在做的事情。

  或许你会认为父母不够爱你，其实只是时代变了，我们在爱的浇灌中形成了自己的思想、自己的判断，理所当然地忽略了那些爱的细节。当你认为父母亲不爱你时，请停下来，回顾一下以往的点点滴滴，把小事放大，再想想你是否能将这一件小事坚持个十几年，如果不能，请你丢掉想当然，学会感恩。请你一定要相信，父母才是不管你做任何事情，伤其百遍都依旧爱你如初的人。

可别因为吐槽父母时朋友一句委婉的附和或鼓励，便认为没有父母也可以，还有朋友陪伴。也许朋友的确会陪着你，但请问，假设某一天你同他发生了冲突，你们还能不计前嫌愉快地玩耍吗？他还会继续陪着你吗？为什么那么多人受到委屈或遇到事情，第一时间想到的是自己的父母而不是最亲近的朋友？因为血浓于水的情缘中不存在自身利益的亏与欠，父母往往会站在你的前面为你摆平一切。

有的人甚至还会说，父母生他养他对他好只是为了养老。这个言论多少带着荒诞与可笑，不如试着想想，出生至今父母为养育你花了多少钱，投入了多少精力与心血？而这笔债务需要多少年才能够还清？另外也不要忘了，现在的你仍旧需要他们来支撑。父母的爱是无私的，但是请不要理所当然地浪费。如果你觉得自己和父母关系不好，但他们确实是爱你的，可以同他们多沟通，沟通是解决大部分情感问题的桥梁。同时也请你好好回报父母的爱，让他们也体验一下对子女的贝勃定律吧！

家庭的破裂，不应是你的阻碍

孙鑫锦

> 在生活当中，我们每个人都希望有一个完整的家庭，一家子你一句话我一句话，唠唠家常，相互陪伴，这是最大的幸福。不过生活有时候也会给你迎头一击，种种问题都可能导致家庭的破裂。你可以有短暂的失落，但是要从裂缝中看到阳光，迎面而上，活出自己的色彩！

这段时间我总是听到有人说，离异的孩子都有问题，离异的孩子性格都比较奇怪，离异的孩子烦恼多……其实，我并不认同这些观点，或许我们可以摒弃这种思维。

我们越长大，就越会发现很多烦恼的事情发生在我们身上，例如学业上的失利、与朋友关系不和、亲人生病等等，这一切仿佛在我们小的时候没有发生过一样，其实是当时的我们不在意罢了。归根结底，主要看你心里在不在意一件事情。有人说一个人在意的事情多了，那他就是变成熟了，但我想说的是一个人心事多了，那么他就容易累了。当然，不可否认的是适度的在意还是可取的。命里有时终须有，命里无时莫强求，这是我很喜欢的一句话。况且换个角度来思考一个问题，会不会轻松许多呢？接下来就给大家分享一下我的故事吧。

可能有一些同学在成长的过程中会碰到父母离异的问题，一个孩子在成长的过程中离不开父母的关爱，而离异恰恰会影响一个孩子得到的关怀。我们常说的"坏孩子"很多都是由于父母的离异所造成的，他们内心渴望爱，希望得到父母的关注。如果缺失了这一方面，他们就会把注意力转移到不好的地方，用这个方法得到他人的关注。当然，这只是我列举的一种情况。总而言之，家庭还是完整比较好。

我和很多同学情况一样，我的父母离异了。我还记得那是在我小学六年级的时候，那一天天气不太好，天空阴沉沉的，仿佛在渲染这个气氛。说实话，我刚开始从我爸口中听到这个决定的时候不是很震惊，因为我已经知道这件事迟早要降临，好像意料之中一样。我爸爸有固定的工作，平常就是朝九晚五地生活，日子过得很轻松，工资也还过得去，这样轻松的日子使他养成了爱喝酒的习惯。我还记得我爸爸几乎每一天都要搞点酒来喝，好像一天不喝酒就很难受一样。如果没人陪他喝的话，他自己一个人在家里也可以喝，所以在我的印象当中，爸爸喝酒成为一种常态。我妈妈平时就比较喜欢出去玩，她喜欢和别人打交道，不是很赞同父亲这种安逸且颓废的生活，以至于每天晚上只有我爸爸陪着我，我妈妈不见踪影。久而久之，两个人就渐行渐远了。

我其实为我的父亲感到十分惋惜，曾经的他也是一名出色的人才，拥有大专学历，如愿进入大学当一名老师，最后却回到家乡。但我也明白他的苦衷，谁都不是想喝酒，只是心里有故事。就这样，我淡然接受了妈妈再嫁，而我留在家里和爸爸一起生活。不过经过了一年左右的时间，我发现我再也不能接受离婚这件事情了，一个空荡荡的房子里只剩下我和我爸爸，很多本来应该妈妈干的活，现在全都放在了爸爸身上，而且我想要的母爱，一点点丧失了。

我之所以不接受了，一个原因是我，另一个原因是我的爸爸。先来说说我吧，妈妈虽然嫁得不是很远，依然是在我们的家乡，但毕竟不是和我住在一起了，以往的回忆渐渐由三个人转变为两个人。以前妈妈很喜欢带我去外面玩，我最喜欢的还是逛超市，因为我可以买很多好吃的东西。妈妈平时喜欢花钱，爸爸总是很抠门。逛超市时，妈妈看到我拿什么都不会阻止我，我也很懂事，不需要的东西我是不会拿的，换作爸爸就会对我挑三拣四了。妈妈走后，不用说逛超市了，我的零花钱也几乎没有了，不过我不是在意钱的问题，就是和妈妈逛超市时的那份喜悦没有了，只剩下空想。这只是其中的一件事情，让我印象最深刻的是我有一次出了意外，在和伙伴们玩耍的时候不小心把头部撞在了三轮车上，最主要的是三轮车的一根管子直击我的额头，我一下子头破血流，立马就晕倒在地面上。我爸爸马上打120送我到医院。我到现在还记得一个很模糊的画面，我躺在医生推的病床上，身边只有爸爸急切的眼神。顿时，我感到很孤单，平常我生病的时候都是妈妈整宿整宿陪我，现在换作爸爸来，有点不习惯。

再来说说我爸吧，我爸爱喝酒的习惯终究让他出了大问题。在我初中的时候，有一次他吐了血，身体不舒服，去医院看才知道多年喝酒的习惯让他的肝脏早已承受不了，几乎到了患尿毒症的地步。他不能再喝酒了，只能每天依靠腹透来过日子。对于一个常年喝酒的人来说，这无疑是一个致命的打击，这意味着这个人一辈子都和酒无缘了。我爸在医院度过了一段很艰难的日子，倒不是说他不能喝酒艰难，而是他这个病的确挺严重的，差一点进入鬼门关。我那时候由于学业不能陪伴他，也不是很了解他的情况，现在想想有点愧疚。那时候我就想到了我妈，因为我爸身边除了一个姑姑可以陪伴他，就没有谁可以照顾他了。如果我妈能够照顾我爸的话，我每天也不至于那么担心。让我爸自己一个人躺在充满死亡气息的病房里是很可怜的一件事。最后还是我姑姑陪他直至康复，事后我才知道我爸是有多么坚强。幸运的是，我爸爸终于出院了，不过他并不开心。领导还给他批了很长的病假，这下子他彻底无聊了。每天，我看我爸陪我写作业的时候，我打心底里就明白他有多么孤单，一个人没有另一半的陪伴，每天为了照顾我，放弃自己的生活，内心再强大的人也是承受不住的！

所以，我彻底堕落了，一个破裂的家庭，迟早都会带来一些你不可预估的事情。我每天不想读书，和一些同学鬼混，在该上课的时候我总是约几个人逃课在操场上打球，或者整天和一些同学往小卖部跑，你请我我请你，把零食带到课堂上偷偷吃，这似乎变成了每一天的常态。不过，打架的事情我倒是没掺和，我只是爱玩，对学习一点也没有兴趣，曾经的学霸变成了学渣。老师每次看见我只是叹气，表现出一副恨铁不成钢的样子。

我还记得我做过最出格的一件事情，那是在一次公共课的课堂上，我们几个小伙伴坐在后排，拿起事先准备好的扑克牌，打起了斗地主。这可能还不太严重，关键是我们拿自己的零花钱进行赌博，每个人都很激动，像是见钱眼开的赌徒似的。站在前面的老师觉得有点不对劲，悄悄走过来发现了我们的行为，这让我们感到很慌张。老师一下子打翻了我们的椅子，并且把这件事情告诉了班主任。最后我爸来处理我的烂摊子。

这样的日子过了很久，但是随着时间的推移，事情逐渐有了反转，我想通了。在日常的生活中，我也不是没有和妈妈接触的机会，我在周末的时候可以去妈妈的家里找她玩，妈妈给我准备了很多好吃的，虽然平常她不在我的身边，但我觉得这样已经很好了，况且在我有一些重大事情的时候，妈妈总是能够如约到场。我最喜欢的就是每次见到妈妈的时候，她总是会偷偷塞给我一点零花钱，这是让我最开心的事情。我一边可以找爸爸拿一点，一边找妈妈拿一点，感受到双重的爱，虽然有点不符合规矩，但总是乐此不疲。关于爸爸，我觉得我不能太忽略他，要关心他，多邀请爸爸一起出去玩，这样他就不会感到孤单。没了妈妈，这个家庭里还是有我，长大了我也可以照顾爸爸，不会因为妈妈的离去而让这个家庭失去存在的意义。

  和大家说了这么多，主要是想给和我有类似经历的同学一些鼓励。有时候很多事情并不是你能够控制得了的，没有一个人的人生是完美的。完美的生活存在于我们的理想里，你可以想，但你必须接受现实。你可以短暂堕落，对生活失去信心，但这不要成为你的常态，生活还是要继续，我们要做的是从另一个角度去思考问题或者是寻求解决的方法。

  家庭的破裂是每个人都不希望的，人生在世，每个人都希望拥有团团圆圆的生活，特别是越长大就会越懂得团圆的意义。不过，这种不能团圆的遗憾并不能打败你，或许会成为一种财富，不断激励你，让你更明白家庭的意义。当然，如果时间能够倒流，我想回到过去，认真和我的父母谈谈，问他们是否考虑过他们各自的生活以及我的生活，劝他们共度一段不分手的爱情，但时间已经不允许了。你要始终牢记你的父母无时无刻不在想你，你们的心是连在一起的！朋友，振作起来，一起拥抱蔚蓝的天空，人生还有很多精彩等你去发现。

阳光总在风雨后

毛泽林

> 行走于人生道路，我们时不时就会遇见荆棘与坎坷。人生道路不是一帆风顺的，这些是我们每个人都必须经历的考验。俗话说："阳光总在风雨后，不经历风雨怎能见彩虹。"但我们不能将其理解为想要获得成功，就必须经历百般磨难，而是我们在遇见困难险阻之时，要时刻做好应对的准备，主动吹散这暴风雨，让阳光穿透乌云，将彩虹悬挂在无边的天际。

  今天我想和大家分享我的成长故事，关于我所成长的家庭的故事。一切都是最好的安排，温暖的阳光总会在风雨后出现。

  我的爸爸在我3岁时就去了外地工作，只在周末或节假日回家，基本上可以说我是由妈妈和奶奶带大的。时间回溯到我上小学的时候，好像是在我上一二年级时，从这时起，我便有了关于父母吵架的鲜明记忆，如果是普通的拌嘴还好，可是偏偏就是这么不寻常。一个平凡无奇的中午，父母的房间里突然传来争吵声，随后便是什么东西被用力摔在地上的炸裂声，还有父母的扭打声。那时懦弱的我只会胆小害怕地装作什么都没有听见，一声不响地假装在客厅呆呆看着电视。最后，奶奶冲进房间，这才制止了他们。之后妈妈哭着一个人跑出了家门。奶奶问我："泽林，怎么不去劝劝他们别吵了呢？"我一句话都说不出，只记得当时手脚冰凉，也许还发着抖。那天下午，我躺在床上闭着眼睛，似乎是想要逃离这一切，幻想着这一切都不是真的，希望我一觉醒来后睁开眼，一切都会回归正常。我不停咽着口水，好像心脏要从嗓子眼里冒出来似的。我就这样躺了一下午，一下午都没有睡着。晚上，妈妈回到了家里，说是去了附近的朋友家。几天之后，父母之间的气氛变得缓和了些，两人似乎和好如初了，我大大地松了口气。之后我才知道，这次吵架的起因是妈妈好像发现爸爸和陌生女人有联系，于是看了爸爸的手机。之后爸爸竟然大打出手，还摔了妈妈的手机。那时的我便隐隐约约察觉到，这个家里有什么不对劲的东西。

时间再往后推移，父母好像时不时就吵架。我实在无法忍受他们的这种气氛，似乎压得让人喘不过气。那时我总是积极促进两人和好，真是乐此不疲。有一次因为长假爸爸正好值班，我和妈妈一起到爸爸在外地工作的地方玩。我玩着爸爸的电脑，不经意间找到了几张陌生女人的照片。我突然心里一震，这才想起这种事不是第一次发生了。回想过去，我以前也发现过这样的照片，那时爸爸赶紧删了照片，让我保密。这次爸爸还在单位值班，我麻木地叫妈妈过来看。爸爸回来之后，二人又吵了起来。最后爸爸搂着哭个不停的妈妈安慰着，事情就这样结束了，二人之后似乎重归于好。这时的我意识到了，这是叫外遇吧？

父母因为这种原因吵架的次数在我的记忆中数也数不清。终于，父母厌倦了，而我，也一样厌倦了。在一次争吵之后，妈妈问我说："如果爸妈想要离婚了，你觉得可以吗？"我回答了可以。妈妈还问那离婚以后我想和妈妈住还是想和爸爸住，我毫不犹豫地回答和妈妈住，因为在我的记忆中，爸爸的身影是如此模糊，对我来说爸爸甚至像个陌生人。这时，我下定决心要和妈妈站在一边，好似打仗一样，选好了战队。到了第二天，眼前的景象却让我大吃一惊，爸妈好像什么事都没发生一样，一起坐在餐桌前吃饭，离婚这件事就这样结束了。这时的我，竟然完全没有看到父母重归于好的喜悦之情，只有疑惑和被背叛的感觉，我十分吃惊自己会生出这样的想法。

升上了初中，随着年龄的增长，懂得的事情越来越多，我好似按下了什么启动按钮。爸爸在周末才能回家，一周没见自己的爸爸本应感到喜悦，但对我来说，我只感到烦闷。虽然以我的身份来说这些话并不合适，但是我意识到自己的父亲绝不是个正人君子，不仅以前有过外遇，而且还对妈妈家暴。这就像一颗定时炸弹，而且永远都炸不完。我快初三时，这颗定时炸弹又爆炸了。因为一点鸡毛蒜皮的小事爸爸就对妈妈大打出手，这时的我也不是以前那个只会躲在角落瑟瑟发抖的小孩了，我立刻制止了爸爸，这件事便不了了之。过了几天两人又莫名其妙地吵了起来，爸爸还想关上房门对妈妈动粗，我立刻冲进房间，血液上涌，一火大拼尽全力对着爸爸的脑袋就是一拳，好在事态没有变得更加严重。但是冷战开始了，晚上爸爸在房间看电脑，吵得妈妈睡不了觉，我便叫妈妈和我一起睡。我一直不敢睡着，时刻警觉着，胆战心惊，好似临敌一般。

距离堤坝溃堤已经不远了，一点微小震动便能摧毁一切。一天晚上睡觉时，我父母的房间传来一声巴掌声，是妈妈甩了爸爸一巴掌。不知道爸爸是开玩笑还是认真的，他竟然问妈妈说我是不是他亲生的，起因是之前一次全家出游时，有人说我长得比我爸帅，和我爸长得不像。我爸以前自己有外遇，现在竟然还能问出这种问题，就好像贼喊捉贼一般可笑。冷战又这么突如其来地开始了。当时我正值初中升高中的关键时刻，不巧定时炸弹就在这时爆炸了，我天天上课都心神不宁，想着家里的事情。还真应景，有天我听到电视里放的歌《水手》，歌词唱道："他说 风雨中 这点痛算什么 擦干泪 不要怕 至少我们还有梦 他说 风雨中 这点痛算什么 擦干泪 不要问 为什么。"我之后洗澡时在厕所偷偷哭泣。事情还没完，更可笑的是，有一天爸爸说要拔几根我的头发到寺庙里求菩萨保佑我考试顺利，我心里很清楚他要拿我的头发去做什么，你们都猜到了吗？我装作一无所知，就任由他拔去吧，不让他见到真相，这无厘头的闹剧是不会收场的。事情可不像电视剧中那样有戏剧性，我当然是他亲生的，事情就这样结束了。但是我对爸爸彻底失望了，彻底对他失去了信任。从小他就不常陪伴在我的身边，没有什么深厚感情，再加上这样一折腾，剩下的只有对他的无比厌恶。我实在是忍无可忍了，我无法忍受这样的爸爸，无法忍受这样的家庭，就算他们再重归于好也无用。因为我知道这一切都是虚假的，真情实意早已不复存在。我和他们协商，像逼着他们一般让他们离了婚。我不知道这样做到底对不对，我只是跟着心中最真实的感受走。我当然选择和妈妈一起生活。在分别前几天，爸爸从背后抱着我说道："泽林，爸爸真的很爱你。"对我来说，这空洞的话语一文不值，我不求一个多么完美的家庭，不过至少给我一个平静的家庭。之前两人一直没有离婚，自认为这是对我好，结果只引来了更多的伤痛。

　　当时我的成绩正好压在能考上市里最好高中的边缘线上，这是一个很大的分水岭，我背负了巨大的压力。之前家里的压力和学习的压力叠加在一起，真是让我"压力山大"。这时，压倒我的最后一根稻草出现了，它竟是同学的一句鼓励——"一定要考上……高中呀！"这在无形之间压垮了我。从那天晚上开始，我失眠了，同学的那句话在脑中打转，以后我便夜夜难以入眠，总是躺在床上许久，脑中一直无法控制地胡思乱想，一片混乱。第二天上课我都是没精打采的，上课前起立说"老师好"，站起来都差点向后晕倒。最后，妈妈带我去医院看了心理医生，医生诊断为焦虑，征求我的意见并给我开了药。第一次吃下药后我因为初次服用药物的副作用而蒙头大睡，头昏脑涨，作业都没法正常写了。当时缺乏心理知识的我并没有坚持服药，吃了一次就把药扔在一边。最后我只靠自己来克服失眠，尽量让自己放松，学会放下，不要再制定过于详细紧凑的时间表，这样一来失眠有所缓解了。就算睡不着我也闭着眼睛，能多躺一会儿就多躺一会儿，睡不着也没关系。这次中考我好像提前经历了一次高考前的"压力山大"。最终我达到了目标，考上了心仪的高中。尽管如此，失眠症状还是持续了两年多之久，睡眠一直到高二时才恢复正常。

高中时期是我度过的充满快乐回忆的时光。升上高中之后，我下定决心改变自己的形象，我想彻底抛开曾经那个性格内向的我。以前的同学都说我过于严肃死板，开不起玩笑，像个无趣的老头，见人害羞这点我也是数一数二。我积极参加校学生会，有幸通过了高中外联部的面试，并且成为外联部部长，和小伙伴们在校外四处寻找商家拉赞助，和许多陌生人交流，极大地锻炼了我，我因此收获良多。借助学生会，我获得了许多和陌生同学老师交流的机会，结识了许多好友。同学打趣说："你怎么走个路像领导一样，手招个不停呢？"高考对我来说也十分轻松，为什么呢？可能是因为中考已经让我提前获得了一次"高考"体验，当真正的高考来临时，我丝毫不感到紧张，发挥出了正常实力，各门考试顺畅地一路直通。俗话说："正常发挥就是超常发挥嘛！"我顺利考上了心仪的大学——福建中医药大学。

也许时间真的是治愈伤痛的最好良药吧，心中的伤痛是飞走了还是埋藏在了心底我也不得而知。到了现在，我和爸爸的关系说不上什么好坏，只能说是回归正常，但是我知道我现在很快乐，我没有被困难打倒，我不曾因挫折而停下脚步。我很庆幸我没有轻言放弃，我也很幸运成为心理中心的朋辈心理咨询员。虽然才刚开始不久，但是心理中心带给我的温暖一定会一直存留在我的心中，支撑着我勇敢前行。

不经历风雨，怎能见彩虹，阳光总在风雨后。

陪伴是最长情的告白

侯婷婷

> 每个人的人生路途都会有始终坚定不移陪伴着你的人,那些人是谁呢?对于我而言,对我影响最深的莫过于我的爸爸妈妈。一起告白最爱"你们"的人,一起把沿路的感谢活成答案。你们陪我们长大,我们陪你们变老!

第一次看这个标题,你会想到什么?陈奕迅的那首歌,还是爱情?其实写下这篇文章时正值新中国七十华诞,我便借着红色的旋律向我的父母表白,向他们二十年的酸甜苦辣表白。

我的妈妈生我时很年轻,较小的年龄差为后来我们一家的相处模式奠定了基础。青春期懵懵懂懂时,与我的朋友、同学不同,我会选择和父母讲述处于这个阶段的迷茫和困惑,他们也会及时给我指出一条光亮的路。因此,我的青春期里没有争吵,更多的是属于青春的那一份美好。换一种角度来看,正因为这种相处模式,才造就了我如今活泼外向的性格。

我的父母没有很高的文化水平,但他们给予我的建设性意见却一点也不少。老话常说"父母走过的桥都比子女走过的路来得多",当多数同龄人面临选择时,他们的父母通常会将自己的想法强加于自己的孩子,而我的父母刚好相反,如果这个选择所带来的影响较大时,他们会给我详细分析这件事的利与弊,然后让我自己来衡量。就比如高考完填报志愿时,他们不会把他们觉得什么是对的告诉我,而是到处问朋友、亲戚什么专业、学校好,一一列举出来,让我选择。就像最近热播的电视剧《遇见幸福》一样,女儿一直有一个音乐梦,但是妈妈却一直想要把她送到会计班学习,但也因后来的彼此理解,矛盾逐渐一一化解。剧中有一句台词写得非常好——"孩子们该走的歪路一条也不会少,只有走过了,才会知道歪路是长什么样的。"我的父母在我童年的时候,不会强迫我去参加各种各样的兴趣班,当时年幼的我,现在回忆起来,记得最多的回忆是和沙子一起度过的。很感谢你们,才让我拥有了一个如此完整的童年。彼此理解，遇见幸福！

《定西女儿远嫁的孤独》里说："世界上的一切都可以是假的、空的，甚至是不存在的，唯有父母亲才是真的、永恒的、不灭的。"曾经的他们也有梦想，但当我出生后，他们的梦想就变成了我的梦想。那个年代的他们，没有将我一人丢给在老家的爷爷奶奶，而是选择将我带在身边，一直陪伴着我的童年、少年，乃至成年。就如《陪你度过漫长岁月》的歌词中写道："陪你把想念的酸拥抱成温暖，陪你把彷徨写出情节来，陪你把沿路感想活出了答案，陪你把独自孤单变成了勇敢，陪伴你一直到这故事说完。"这肯定也是父母想对我说的，他们希望一直陪伴着我，陪我抒写自己的人生。

我亲爱的父母，你们从来都不会觉得别人家的孩子是最好的，你们总会用一种鼓励和激发的态度来教育我和弟弟。从小到大，你们都不会拿我和别人相比，但前提是我们尽力而为。在我怀着胆怯的心情犹豫该不该参加演讲比赛的时候，你们会推我一把，即使我没有拿到名次（你们给予我的安慰是"起码你尝试过了"）；在我想要打暑假工的时候，你们不会阻拦我，而会在幕后做好充分的后勤工作，即使没有得到丰厚的回扣（你们给我的安慰是"起码你获得了老板的欣赏和认同"）；你们也许有的时候会怪罪我不懂事，我也会不理智地顶撞你们，但我知道，你们是想让我尝试一种不一样的生活方式。谢谢你们，让我能够更早地体验生活，让我拥有一个不一样的人生。

我的家庭，不是非常富有，但你们总会把最好的留给我。我想要的东西、喜欢的东西，你们都会买给我，这一点连弟弟有时候都会很羡慕呢。你们虽然没有多高的文化水平，但你们很注重我们的见识长短，坚信着"行路多者见识广"这一说法，因此，只要你们一有空闲的时间，就会带着我和弟弟去领略祖国的大好河山，去品味祖国的壮丽宏图。起初的我，仅仅是觉得能够出去玩就是一件好事，直到前几年，才明白你们的用意——人一定要旅行，尤其是女孩子，旅行获得的远见是书本永远无法给予的。

曾在网络上看过一句话："人是一个非常复杂的动物从嘴巴里说出的最动人的言语不是情侣之间的海誓山盟，而是那一声声的'爸爸妈妈'。"你们说，当时很辛苦，但听到了那一声呢喃的"爸爸妈妈"，就觉得再辛苦都是值得的。父母总是在付出，子女们总是在不断地索取，这就是中国传统却又饱富情感的一种纽带，在不断付出与索取中代代相传。随着我不断长大，生活也让我懂得了很多，你们也变得苍老了许多。就像那首《父亲》所唱的一样，我也希望时光能够慢一些，别再让你们变老了，也希望今后你们能够岁月静好，我来替你们负重前行。

我的父母，跟大多数已婚人士一样，会因为生活中的琐事而发生争吵，但有时他们的争吵却也为生活添加了一些乐趣。尽管他们结婚快二十年了，但仍然会像情侣一样，在公园手牵着手聊天。我和弟弟在前面走着，时不时回头，还能看见父亲脸上娇羞的表情，藏不住的是他那幸福洋溢的笑容。俗话说孩子身上总会带着父母的影子，没错，我很幸福；人们又常说，父母是孩子的榜样，也没错。如果有一天我要成家了，我也一定要活得像他们一样精彩幸福。

像我们慢慢长大，父母们也逐渐变老。慢慢长大的我后来也才知道，爸爸并不是无敌的那个爸爸，妈妈也不是刚强的那个妈妈，他们也是会生病的。有一次爸爸的手实在疼得厉害，去了很多家医院都没有治好。那个时候的我，还在高一，于是暗自下了一个决心，别人治不好我的爸爸，我就来帮爸爸治。自此之后，我慢慢变得有目标了，想当一名医生的执念越来越明确。每天的努力更加有了方向。我要当一名医生，当一名好的医生，可以帮助我的爸爸。就这样，依稀记得高考前夕的那段时光，爸爸妈妈弟弟给我送了一大堆吃的、补的。想必你们也一定知道我很紧张且有一点胆怯了，就在你们要回家的时候，你们挨个拥抱我，替我加油。爸爸也一如既往，很稳重，微笑着对我讲，加油，去实现自己的梦想吧！你们的鼓励，仿佛给我吃下了一粒定心丸般。最终，我如愿以偿地考进了医学院校。

现在的我已经是一个快二十岁的大姑娘了，而且离家挺远的，好在生活在当下一个信息发展迅速的环境中，有时候会两天甚至每天都像一个三岁的小朋友一样在电话的这头跟父母撒娇、聊家常。一到节假日，我就会回家。每次回家的心情总是激动、忐忑又夹杂着满满的开心。我知道，这是对亲情的依赖，父母其实是我们最大的依赖；我们越长大，越明白亲情的可贵。你们没有缺席我人生中任何一个重要的成长环节，我也不应缺席你们逐渐衰老的岁月！

现如今的我，已经是一名大二的学姐了，也已在心理中心这个温暖的大家庭待了一年多了。想当初，刚步入大学的我在父母的陪同下认识了丁老师，慢慢学会了心理学方面的技巧。在这一年时间里，我做过一些心理咨询，发现其中有一部分同学的根源性问题来自自己的原生家庭。换句话说，如若一个家庭美满幸福，其家人的心理状况也必将是幸福的。我觉得心理中心的小伙伴们都具备一种品质，那就是积极和活泼。在我看来，每一个人都会有属于自己的家庭背景和人格特性，而我们朋辈心理咨询员所应该做的分内事就是用自己的幸福来照亮其他人的黑夜吧！

父爱无言，我的爸爸就是这样，常用他独特的沉默来承担起家庭的重担，同样，他也以这样的方式来教会我人生道理和陪我长大；母爱如水，我的妈妈就是这样，如同一个姐姐，用她独特的温暖来照亮我前行的路途。我很爱你们，我的爸爸妈妈。你养我长大，我陪你变老。

来吧，让我们彼此陪伴，学会珍惜，遇见幸福吧！

他对你的爱，也许你应该懂

陈淑萍

> 自 2013 年二胎政策放开，我身边许多同学多了弟弟妹妹，但总会听到他们抱怨，新生命到来后，自己不再是家里最受疼爱的孩子，所有的东西都要留给那个自己并不喜欢的弟弟妹妹。我也同这部分人一样，有一个我并不喜欢的弟弟，但那是上高中之前的事了。

在担任朋辈心理咨询员这段时间里，我接触了几个有心理困惑的同学，其中有个同学我印象深刻。她觉得自己不被爸爸妈妈喜欢，自从有了弟弟，她就开始做出各种行为来讨好爸妈，但是心态不断地扭曲。这是很多青春期孩子会经历的一个过程，我也不例外。反抗家长所做的决定，与家长吵架，离家出走，一切的一切都是因为弟弟的出生。

在当今时代有二胎似乎是很正常的一件事，特别是第一胎生了女儿的家庭。当父母有了想要第二胎的想法，他们就会给你灌输一种"你都喜欢跟小伙伴玩耍，那爸爸妈妈给你生一个可以一直和你玩的小伙伴"的观念。起初，我总是高兴地幻想着爸爸妈妈会带给我一个小伙伴，但当弟弟出生的那一刻，我放弃了荒唐的想法。2006 年 8 月 3 日，6 岁的我还不知道这个刚刚出生、像个小老鼠一样的小崽子会是以后最宠我的人。

在弟弟快出生时，我的爷爷奶奶、外公外婆和姑姑们在病房外焦急地等待。不同于往常对我的关爱备至，那天的他们一点都没有注意到我的情绪，只是一直询问我等下有个小弟弟或小妹妹开不开心。那一刻，我对这个即将出生的弟弟或妹妹有了一丝讨厌。妈妈被推出产房，医生告知生的是个小男孩，一家人高高兴兴地一起前往病房等待我的弟弟。护士姐姐把我弟弟抱过来的时候，爸爸高兴地笑了。在我的印象中，我的老爸总是不苟言笑的。我的心里多了一些不舒服，看着我那刚出生的弟弟又多了一丝讨厌。父亲竟然还让我抱他，我憋着怒气，不满地接了过来，哪知他直接在我身上上了个厕所，慌不择路的我差点把这个小生命给扔了。

随着日子一天天过去，弟弟也一天天长大了。他开始和我抢东西。饭桌上我喜欢吃小鸡腿，弟弟就插嘴说那是他喜欢的，让我把鸡腿让给他；看电视时，我想看综艺，弟弟就哭闹着控诉我欺负他，不让他看动画片；吃零食时，不分享给他他就告状。爷爷总是说我不懂事，作为姐姐不懂得要让着弟弟。就是他这种不分青红皂白一棍子打死的行为，导致我一度不给弟弟好脸色看，还说了一句伤他心的话——"为什么当初要生你的时候我没有极力反对？要不然就没有你了。"这话出口后，我与弟弟陷入了将近两个星期的冷战，但那时我还不懂事，庆幸着那个讨人厌的弟弟终于不来烦我了。好景不长，我们结束冷战后，几乎每天都要吵架，但最后被骂的只有我。带着这份委屈，加之青春期叛逆作祟，我开始有意无意地针对他。我会"好心"带弟弟出去玩，让他一身脏脏地回家等待挨骂；我会留下离家出走的信，信里满是不喜欢弟弟的话语；哥哥姐姐到我家来玩，总是不带他。

就在弟弟刚刚上幼儿园的年纪，妈妈离开了我们。我不清楚妈妈是不是因为我的行为感到失望难过了，那一夜后，我不再欺负弟弟，可也不愿给他好脸色，我总觉得是因为我和他的无数次不和与吵闹，妈妈才会离开，到头来也只是自欺欺人罢了。但弟弟好像一夜间长大了，每次不管我对他态度有多坏，他只是对我笑笑，也不再和我争抢，将自己的零食分给我吃。频繁的争吵停息了，我和弟弟的关系有所缓和。

过了四年，我上了高中。我去了市里上高中，离开了家，在学校住宿。或许是短暂地离开了家庭，距离产生美，我和弟弟的距离越来越近了。每次打电话回家，询问家里情况，总少不了奶奶嘴里那句"弟弟想你了"，我只是震惊，他怎么可能想我呢？奶奶说弟弟每每遇到好吃的好玩的都会乖巧地等待姐姐回家，期盼一家人早点相聚。奶奶的话显然可信度不高，然而有一次回家，我发现奶奶说的好像是真的。弟弟去找同学玩，奶奶就拉着我到厨房里念叨，"前两天杀了一只鸡，想给你弟弟补身体，你弟弟说要等你回来再炖。你看看对你多好呀！"就此我对这个熟悉的陌生人有了不同的看法。哪怕他回家后并没有如奶奶所说的那般热情，依旧是对我不理不睬。我就想，哼，装什么呢，心里面肯定想我想得紧哩！

后来，他会跑到车站等我回家，帮我提行李。邻居看到都会说："翔啊，又来接姐姐回家啦，真乖啊。"一开始我就在心里笑笑。谁知道他在打什么算盘引起我的注意？可真的不一样了，这个小男孩长大了，成男子汉了，学会了等待与照顾，我每次一下车就充满了轻松与愉悦。慢慢地，我开始同他交流，问他在学校里发生的趣事，问他需不需要添置什么新东西。高三那年，因为要全力备考，我没有再像以前那样每个月回家一趟，也没有经常打电话。

高三开学前，我正在准备行李箱，弟弟到房间来，给了我一个红包。我拿着红包说不出只言片语，他却红着脸说，那是他存的一点点钱，给我了，反正他也没什么用。问他是哪里来的钱，他没有回答我。我不信，在饭桌上问了爷爷。爷爷就笑了，说你："弟弟对你多好啊。这些都是我每个星期给他的零花钱，他都存起来给你了。"这下我没话了，鼻头酸巴巴的，眼泪堵住了双眼。弟弟扒着饭，还在安慰我："反正我才小学没什么用，先给你用。等我读大学，你应该工作了吧，你养我就好。"我从没想过，他会这么想这么做，规划自己的将来，把我也写进他的计划中，甚至是最重要的一环，一夜长大不过如此。日后的熟稔时常让我恍惚，有时候，我真觉得自己没有他一半懂事，作为姐姐好像都没有为他做过什么。

自嫌弃到陪伴，我们的关系不止归功于时间，更多的是一方对另一方的主动，另一方呈现了效果并反馈。在宿舍和舍友聊天，她们抱怨自己的弟弟找自己要钱买东西，我就会笑着说："那我弟真好，他把自己的零花钱交给我保管，需要买东西就让我帮忙参考意见。"原来弟弟也能成为我的骄傲，也能成为我炫耀的对象啊。有次炒菜我不小心烫到手，他竟然站在厨房跟奶奶学做菜，有模有样的。他那时上小学，尚未长高，竟也能踩着个小板凳炒起菜来了。拌嘴的事情也常有，虽然他存着心思学做菜，但成品并不好吃，我嫌弃他，他就会回怼，明明很好吃，是我蠢不懂得欣赏。若他想要买鞋，自己又没有钱了，就来找我。我总是给他制定标准，考到某个分数段就立刻下单。然而弟弟实诚得紧，没考到就不要了，有时候真不知道是实诚还是固执。尽管如此，鞋还是下单了。当我告知他快递到家时，他边说自己没有达到要求，边忍不住奔向自己的新鞋子。上大学前的暑假，我拉着他聊天，我疑惑于明明弟弟以前也会跟我吵架，怎么就突然对我那么好。他回答："你又不在家我跟谁吵啊，再说你在外面吃那么多，我又不买什么，有钱也没什么用，就给你好了。"

我从没想过，这个带着傲娇属性的弟弟，其实处处在为我着想，反而是我在笨拙地接受着这份关爱，不够坦然。相处是一门学问，外界强加给你的压力，或许会让你在一阵子迷失，但请别犹豫，你其实很爱你的弟弟妹妹，他们也一样爱着你，只是他们突然的降临会让你有些不知所措，只是你第一次做哥哥姐姐还不懂得什么是爱。跟弟弟妹妹打电话吧，或许他们正在想你呢！

今天有爱你的舍友吗

罗同诗

> 从只有父母的舒适圈中走出，像个初入社会的小大人，在学校中我们学习如何一点点地释放自己，将自己暴露于人前。在这个小社会中，我们将慢慢学会成长，第一步则是从离我们最近的人开始。我们都能拥有完美的舍友吗？我们真的知道怎么和室友相处吗？宿舍关系很复杂也很简单，让我们慢慢来。

知乎上有一个问题："什么时候你意识到舍友只能是舍友？"点进去能看到很多人在抱怨自己的舍友。不知道大家有没有经历过宿舍矛盾，有没有因为舍友不规律的作息饱受折磨，有没有嫌弃过舍友的不修边幅，有没有因为受到舍友的排挤而感到孤独……宿舍可以说是我们的第二个家，尤其在进入大学以后，我们没有固定的教室，没有固定的同桌，只有舍友是会真实地一直陪伴着我们的。如果每天和我朝夕相处的人相看两厌，宛如"怨侣"，我不知道要如何度过我想象中美好的大学时光。

高中时我的宿舍是一个八人间，舍友们不同的家庭条件、不同的三观和不同的生活习惯在这片小小的空间中不停地碰撞，碰撞出的火花伤人又伤己。我隔壁床的舍友，代号小一吧，小一是个胖胖的女孩子，她是我进宿舍看到的第一个人，我们自然就比其他同学要熟悉得更早一点，自然地成了同桌。八个人之中，我和她是最早熟悉的，矛盾也是最早开始并且也是最激烈的。

一般来说，胖的人会更容易出汗，而她不仅出汗，汗味儿还特别重，不仅味道重还不经常洗澡，睡在她隔壁床的我，这种折磨是从白天到黑夜的……此外，还有一个致命的问题是作息时间，她习惯早睡，而我们习惯晚上做作业。她还分别将智能机、老人机、学习机放在床上不同的位置，设置凌晨四五点的闹钟，放在不同的位置是为了她不可能一下关掉所有的闹钟。结果就是，离她最近的我是第一受害人。忍一时不可能一直忍呀，和她说了很多次没用自然就开始吵架了……也是年纪小脾气暴躁了点，嘿嘿！

当然，吵架这种行为是不可取的，因为这对于解决问题没有一点用。后来我的宿舍长出来调解了，小一把她的闹钟音量再调小一点，数量也减少一部分。我睡眠质量其实挺好的，一般都不会醒。至于她的个人卫生问题只能说也有一部分是先天问题，爱出汗也没办法，只能离她远点，就这样，大家都和她保持着不远不近的关系。

和她关系的缓和是在高二。大家相处久了，总是能看到彼此不为人知的一面。她的父母都是教师，但显然在自家孩子的教育上没有太下功夫，父母感情不和，经常吵架，对她的学习成绩要求也很高，不达标打骂也是常有的事。我们不止一次看到这个胖胖的、和我凶巴巴吵架的女孩子一个人躲被窝里哭。她还是一个很细心的人，每年都会给她的好朋友认真地准备生日礼物。她还热爱运动，擅长游泳，关注国际新闻，一直有着一个"军人梦"，曾经有一次她回来就在宿舍哭，问她也不说，后来才知道是因为她的视力检查结果显示她近视了，军人梦破碎了。那是我第一次见她哭，而这些也让我认识一个不太一样的她。

我和她的关系没有什么所谓的彼此突然良心发现的道歉，然后双方互相谅解手拉手好朋友的狗血桥段。我俩依旧这么不远不近，只是我突然看到了这个人的优点。她依旧有着奇奇怪怪的作息，偶尔爆发毫无缘由的小脾气，还有晚上阵阵的鼾声……这些，我也只能说一句，习惯就好。

不知道有没有人曾经像我这样遇到过自己不喜欢的舍友，也不知道最后你们之间相处的结局是怎么样的，但事实上，在我们宿舍的共同努力下，我们最后的关系还挺好的。我的舍长是个迷糊鬼，觉得自己脸大要剪刘海遮额头，偏偏自己手残，剪的都是斜线，还容易弄坏衣服，所以在学校她的刘海和她的缝缝补补都由我承包。当然，她也帮忙打热水、教我做作业之类的……应该说其他七个舍友都曾教过我做作业，毕竟宿舍里成绩最差的就是我了……我们总是在磕磕绊绊中不断分裂又融合。

应该说，没有完美的舍友，每个人都希望自己的舍友可以是自己想象中的模样。但是就像学医，老师会告诉我们所有的知识点都要背，病人不会按照重点来生病，同样地，舍友也不会按照我们的要求来相处。相处不仅需要对方配合，同样需要自己方付出努力。几味药的加减运用就能解决复杂的病情，同样，只需要几个小方法就能拥有和谐的宿舍关系。

首先，对我来说最重要的一条就是多角度了解别人，这是我在小一身上发现的。每个人都有自己的不足之处，如果我们一直抓着对方的缺点与对方相处，不仅对方累，自己更累。除了小一，我们宿舍有一个人喜欢在背后议论别人，例如在 A 面前说 B 的坏话，在 B 面前说 A 的坏话，不过有一天 A 和 B 相遇并且聊到这件事情，那就是翻车现场了。或许有人会因为这件事而从此与之绝交，但事实上她也是一个乐于帮助别人的人。印象最深的是有个舍友怕小虫子，有一次已经晚上两三点了，大家都睡了，舍友把她叫醒帮忙打虫子（她们俩都是上铺，所以她需要先下床然后再爬上另一张床）。如果是我的话，即使帮忙了也不会这么心平气和，毕竟睡觉真的好舒服。"金无足赤，人无完人"，大家都只是普通人，缺点的存在是被允许的。因为有缺点所以我们不是神，而是真实的人。在道德底线之内对别人多一丝包容，别人也会对我们多一丝理解。

说都会说，做却很难做。关于这一点，给大家分享一个我在网络上看到的小方法，我觉得很有用，可以与你的舍友一起试试。首先写下你最不能接受的对方的五个缺点，再写下你觉得自己可能影响到别人的五个地方，最后写下你发现的对方身上的五个优点。先揭露矛盾，再反思自己，最后用对方的优点作为润滑剂握手言和。不仅仅是舍友，与他人相处也可以用这个方法，或许也会产生不一样的化学反应！

其次就是及时沟通，每个宿舍都会有矛盾，关键是这个矛盾会不会从根源上影响你们的相处。及时沟通有利于在矛盾爆发前及时停止。宿舍本就是一个私密的小空间，我们所有在外不会表露的东西在这里都会展露无余，我们不会在意自己是否优雅、是否帅气，所有的小脾气都会在这里宣泄，没有及时地进行调解，矛盾就会像冰层一样越积越厚，坚不可摧。但有什么矛盾值得我们记一辈子呢？

此外还有一些小细节，例如注意尊重对方的隐私，不随便往宿舍带人，不随意打听别人的秘密，从心理和空间上做到维护对方的隐私；说话注意方式，不然明明是好意，却被人误解了多冤呐；注意细节，熄灯后保持安静，垃圾不要乱丢……一个良好的宿舍氛围是需要大家一起维系的，需要我们互相帮助、求同存异。现在看一地鸡毛，但在将来也许会成为我们回忆中最宝贵的财富。

高中宿舍生活已经结束了，不管当初怎么样，现在我还真的挺想她们的，不知道某人还有没有自制某绿色不知名水果酱，某人是不是还会啰里吧嗦地给人安利她看的轩辕铁牛和欧阳菜花的爱情故事，某个现在也踏上学医道路的兔子杀手还有没有人会给她打虫子……

初入大学，很多人可能在网上搜集了很多关于宿舍相处的方法，更有甚者可能有人已经在想得罪了室友要怎么避免被暗害了……你希望拥有和谐的宿舍关系，也应该知道你的舍友也是这么想的。我有三个奇葩舍友，一个是用来当"爸爸"的，一个是用来当"小宝贝"的，还有一个是用来"锤"的。这是我们相处的第三年，我每天都会求"爸爸"再爱我一次，然后和"爸爸"抢我的"小宝贝"，最后在"锤兄"出来的时候"锤回去"……好了，说正经版的，一个室友是温温柔柔的知心姐姐那款，能够充满耐心地去接受包容身边的人，从她身上我也学会淡然地去看待一些人和事。一个室友是福建女孩子，虽然她说话的声音没有满足我对福建小姐姐甜美声线的幻想，但她是陪我"戏精"了两年的女孩子。最后一个和我是隔壁省的，我们的饮食还有方言都是最接近的。

该说我运气好吗？我遇到的舍友都很好，这占一部分，更多地应该说我们都知道如何相处，我们都从心里珍惜这段缘分。我们互相尊重，相互体谅，善于理解他人，我们在两年的相处中学习成为更好的自己，学习很苦，努力让生活甜一点不好吗？每日三问：今天自己有伤害到别人吗？今天我有被别人伤到吗？明天我又要怎么做？

不八卦，不妒忌，不埋怨，不冷漠，希望这十二个字能帮助到你。祝大家都能收获一份甜甜的室友情！

舍友、恋人是你大学最重要的"亲人"

王冬敏

> 大学生的人际交往会遇到各种各样的问题。其中,最主要的人际关系是宿舍关系和恋人关系。倘若处理不当,会导致部分大学生自卑、焦虑和抑郁,进而影响学业,甚至走向极端,放弃生命。如何与舍友相处、如何处理恋人之间的矛盾……这些都是当今大学生在人际交往中的热点问题。引导大学生正确处理舍友关系与恋人关系,是学校和家庭应该重视的问题。

以下我主要想谈谈大学生涯里最重要的两段人际交往——舍友交往和恋爱交往。

我们应该是最"亲"的人

进入大学后,我们开始了自己人生新的旅程,与以往不同的是,这一次旅程的伙伴来自全国各地,有着南北不同的口味偏好、完全不同的作息时间、差距较大的家庭背景,因此也具有完全不同的性格特点。一次,在半夜十二点前后,舍友吹起了头发,吹风机那"咻咻咻"的声音把我从睡梦中吵醒,我内心非常生气,劈头盖脸对她就是一顿大骂。第二天放假各自回家,经过一个寒假的时光,当初的火气以及憋在心里的漫骂也都消失殆尽。新学期见面我们还如从前一样,依旧会相互嘘寒问暖。虽然我们再也没有提起过那次矛盾,但都明白,过去了就真的过去了,双方都有做得不对的地方,能够互相包容改正就是最好的结果。

我时常听到同学埋怨自己的舍友,不外乎都是一些鸡毛蒜皮的小事,比如,"你洗完手总把水甩在我身上。""我就看不惯你那一副做作的样子。""不就是放个歌影响到你了嘛,至于在背后讲嘛,真嘴贱。"等等。

当遇到这些情况的时候,首先,最重要的一点,是学会宽容,放宽自己的心态以及及时反思。你可以试着想想,"甩在我身上的水是干净的,又不是脏水,一会儿就干了。""在我眼里的做作可能是特殊的成长环境造就的,不能责怪她。我是不是可以尝试换一种心态来看待她的行为?也许偶尔的做作会显得她更加可爱呢?""舍友为什么会在背后讲我影响到他?有没有可能是担心当面讲会让我感到难堪和尴尬呢?最重要的是,我影响到了别人,以后要注意。"等等。事情都有双面性,在大学的宿舍关系处理中,包容和反思是最有效的灵丹妙药。我们应该从积极的角度出发,去挖掘问题背后矛盾双方最本质的需求是什么。

其次,要付出一颗真心。在大学生活里,宿舍就像是我们的第二个家。在这里,我们可以分享喜悦、吐露心声和相互依靠。在你生病的时候,打一个电话就会立马到身边的人是舍友,首先想到夜晚陪床的人是舍友。当你对他人付出真心时,多数情况下别人也会真心待你。当你给予他人的是冷嘲热讽时,别人也会回之以鄙视和难堪。

最后一点,相互尊重,积极沟通。大学宿舍总有这样一种人存在,他们被称为"柠檬精"。见不得别人好是他们最显著的特点,若你有强于他们的地方,他们总会习惯性地否定你。这个时候积极的沟通是非常重要的,帮助他们发现自己的优点与长处并多加赞美,会让宿舍关系缓和很多。

当我们无法改变他人的时候,我们可以尝试改变自己的心态和处理问题的方式。请记住,我们应该是最"亲"的人。

我是太阳,把攒了一夜的温暖和第一声问候都洒进你心里

有人说,大学里必须谈一场轰轰烈烈的恋爱,才算没有遗憾;有人说,大学里的恋爱是最美好的;也有人说,大学里的恋爱都熬不过毕业……那么,大学里我们到底应不应该恋爱,恋爱过程中又该如何交往呢?

每个年龄段的恋爱都有它的顾虑和甜蜜。比起高中的恋爱,大学会更加成熟,也更加自由,不用躲避家长、回避老师,也不用时刻担心自己的学习成绩会受到恋爱的影响而下滑,不用在意同学们的八卦。与工作后的恋爱相比,大学的恋爱时间充足,没有结婚的压力,不用考虑房贷、车贷等。但是大学生活里真的必须要谈一场恋爱吗?其实不然,关键还在于自己是否真正遇到了喜欢的人,不应该为了恋爱而恋爱。

大学的恋爱是一场双方的博弈。可以是学业上的竞争与激励，也可以是情感上的相互成长。很幸运，在大一的时候，我遇到了一位非常爱干净的男孩子。他为人热情，同学朋友有任何需要帮忙的地方，只要他能做到的就会尽自己最大的力量去帮助；心胸宽广，不会斤斤计较，更多的时候他宁愿自己吃亏也不会去占别人的便宜；聪明，在自己喜欢的领域非常专注热爱。每当我脾气很坏，和别人生气的时候，他会先默默听完我的吐槽，再安慰我，最后帮助我分析问题。三年来，每一次遇到会影响我情绪的事情的时候，我都会进步一点点，再进步一点点，直到最后我会逐渐看到事情最积极的一面。

大学里的恋爱是情感的共鸣。真正相爱的感情，往往都是平淡的。因为他们彼此信任，内心充实，所以无须过多的言行去证明。那些经常秀恩爱的、唯恐天下不知的，最终大多都会以分手为结局。当你真正喜欢一个人的时候，对方的情绪会影响你，即使你们隔着屏幕，你也能感觉到对方的内心活动和情绪上的波动。每当我不开心的时候，他总能即时察觉到。即使有时候我会将怒气撒在他身上，他也会给予我最大的包容。每一次吵架，看到他伤心难过，我会窃喜。如果你也和我一样，有相同的感受，你要知道，这不是什么变态的心理，只是简单地看到另一半对这段感情的在乎和对你的在乎，你会感到开心而已。如果你是女孩子，我不建议你用争吵的方式来试探他对你的喜欢，因为每一次争吵，曾经积攒的甜蜜感情就会被耗损一次，久而久之，当甜蜜的记忆不复存在，你们也将面临分手。真正喜欢你的人凝视你的时候，其眼里会充满着光芒。

大学里的恋爱是相互平等的。在大学里双方还没有固定收入的时候，应该共同为恋爱买单，任何一方在经济上投入过多，都是不平衡的表现。情侣一起出去吃饭、逛街，在付钱的时候，可能会有一方装"傻"，装作不知道要买单，这是很"愚蠢"的表现，你欠的最终都是要还的。恋爱中的男女双方应该像伙伴一样，仗义又势均力敌。

大学期间的恋爱会让我们在求知的路上不再孤单，让我们学会感恩与谦卑，也学会分享与聆听；会让我们重新认识自己，也会让我们逐步走向成熟。但是大学的爱情并不是生活的全部，它应该只是你生活的一小部分。不要因为恋爱冷落了舍友和朋友，忽视了家里的亲人，更不要因为恋爱迷失了自己，放弃了学业，放弃了提升自己的机会。一味地黏人和监视，只会让双方走得越来越远。谈恋爱应该是两个人性格相互磨合的过程，是两个灵魂相互交融的过程。

在任何一段恋情中，双方都应该相互理解、相互包容，去承担自己应该承担的责任，不逃避，不推卸。如果出现了双方无法解决的矛盾和摩擦，可以去寻求专业的帮助，比如心理咨询，老师会给你专业的帮助，让你豁然开朗。

最后，我想舒婷老师的《致橡树》也许是对爱情最好的描述：

> 我如果爱你——
> 绝不学痴情的鸟儿，
> 为绿荫重复单调的歌曲；
> 也不止像泉源，
> 常年送来清凉的慰藉；
> 也不止像险峰，
> 增加你的高度，衬托你的威仪。
> 甚至日光，
> 甚至春雨。
> 不，这些都还不够！
> 我必须是你近旁的一株木棉，
> 作为树的形象和你站在一起……

关于朋友，你如何定义

王雅棋

> 如何定义朋友呢？"朋友指双方的认知在一定层面上关联在一起，不分年龄、性别、地域、种族、社会角色和宗教信仰，符合双方的心理认知，可以在对方需要的时候给予帮助的人。"这是网络检索的答案。不过一千个人眼中有一千个哈姆雷特，我们心中对朋友有不同的定义，可无论如何，他们都是我们心中不可或缺的。

在各个阶段，我们对朋友的定义都不尽相同，但他们都在用不同的或好或坏的方式教会我们某些东西。

回想起来，我对于朋友的思考大概开始于小学，而对一件事情的深思往往是源于它的重要性和它的缺失。小学本应该是个乐园吧，一群懵懵懂懂的孩子正式踏入成长的大门，和同学们建立起单纯的友谊，拥抱或打闹，一起跌跌撞撞地长大，褪去些稚气；在操场上奔跑、阳光下欢笑，有彩色的花和泡泡。这些鲜艳明亮的语段和词汇，在我的记忆里却总是模模糊糊地看不清楚。那时候的我算一个好学生，却不是一个好同学。不知道是从什么时候开始，也许是因为安静得显得有些内向的性格，我开始被排挤、被孤立，不知道怎样才能和那些同学重新成为朋友。我尝试着接近、尝试着讨好，却换来了放学路上的捉弄。我心中充满疑惑和委屈，不止一次问我的姐姐："我哪里做错了？我是不是真的不会有朋友？"尽管姐姐不断地安慰我、鼓励我，但姐姐的回应总归治标不治本，因为我始终没有和那些同学交上朋友。那段时间里我越发沉默，责怪自己的内向，甚至强迫自己接受了"不会有朋友"这个"事实"。

转折发生在六年级，因为校区的整顿，我来到了一个新的学校。新的环境、新的同学让我感到紧张和有压力，却意外地没有带给我悲伤。那一天天气很好，而我也迎来了一份热烈的友情。他们接纳性格内向胆怯的我，要我不用那么小心翼翼，在生活和学习里充实自己。他们带我尝试我不擅长的游戏、活动，他们的出现让我发现了生活的有趣。某次意外地在他们的文字里发现，人们对我的描述是调皮和活泼的,我才知道原来这样生动的词也是可以用在自己身上的,自己也可以不沉闷内向,是外向开朗的女孩。我发现自己也许并没有做错什么,我也是可以拥有朋友的人。这群朋友改变了曾经的我,或者说是让我重新认识了自己。那也许是我第一次对朋友有了一个清晰的定义:朋友是鲜艳的颜色,是活泼的动词,他们可以帮助我描绘出一个生动的自己。

按照时间的走向,故事来到我的初中。

那是我最欢快的一段日子,事事顺利得像许下的生日愿望变成了现实,其中就包括我有了朋友。初中的孩子充满特别的生命力,除了个子在蹿高,性格也在往不同方向发展,像树上不同的枝丫,每个人都长出了自己的样子。可能有一部分想要弥补曾经一段时间的孤单的原因,我热衷于和这些不同性格的孩子交朋友,不管是活泼的、严肃的、可爱的、害羞的、迷糊的、认真的,我都觉得有趣。有一说一,日子的确过得很快乐。不过哪有人只有单一的一面,身处年少时光,总是有日后回想起来很难理解的苦闷。但当时的少年们,实实在在地感受着惆怅与烦恼,只顾着欣赏他们向阳的一面,自然而然地只能得到薄薄的友情。某天仔细回想起来,被称为朋友的人其实了解的又有几分呢?安静下来想能够交心的人,却想不起谁来。不过好在醒悟得及时,我突然意识到自己背离了交朋友的本心。初中的语文老师讲过这样一句话:读书不要只追求广度,更要挖掘深度。仔细想来,很多事都是如此。广交朋友固然算不上错,然而深交的朋友更值得珍惜。就是从那时候起,我开始沉淀下来,我们一起分享的不再只有快乐,还有更多,像烦恼、压力、眼泪、情绪。我慢慢发现他们不完美却更立体。当然,有一些人和我在彼此了解后,选择走散,不过很多深厚的友情也是从那时开始,一直延续至今,在我的生命里不断闪光。

前一段时间有一部热播的青春剧《风犬少年的天空》,我更喜欢它的原著小说《疯犬少年的天空》。里面有一句话我很喜欢:每当你抬头望去,你会知道同在这片广阔天空之下的,有与你失散的人,有与你分离道别的朋友,有曾与你并肩同行最终沦为陌路的伙伴,有你爱和爱你的人,有很多时光和记忆。他们有时在天空中忽隐忽现,有时藏在密云之后,但他们将在你生命中的那片天空下,永远与你同框。他们是你的一部分。

村上春树说:"我一直以为人是慢慢变老的,其实不是,人是一瞬间变老的。"其实我觉得长大也是在一瞬间发生的。如果说初中的底色是青葱的亮绿色,那么高中就是低沉的深蓝色,和初中恰恰相反,不好的事情不断地发生,像是惩罚我贪心地把运气急匆匆地用完。凭借着初中的基础，我进入了一个优秀的班级，可是我却不能适应高中的节奏，奋力追赶也远远落在后面。紧接着的是家里的变故，那是我感受到的最深的疼痛，生活将我推入深深的谷底，我遍体鳞伤、孤立无援，生活却命令我立刻长大。那段时间我过得浑浑噩噩，真的仿佛变成一个"植物人"，依靠着阳光生存，太阳出来，我就能感觉到自己恢复了一点；没有太阳的阴天，心上也蒙上一片乌云；下雨天，就和雨一起哭。假如说那片深蓝中还有一些温暖的黄色的话，那应该就是我的朋友们带给我的。

"虽然不知道发生了什么，但一定是非常非常难过的事。"这是在我崩溃大哭时，朋友看到我第一眼便抱着我说的话。她什么也没有问，安静地陪伴了我很久。我什么也没有说，但是牢牢地记住了那份温暖。朋友是即使并不了解，还是依然愿意理解你的处境的人。

"我知道很多事情过不去，但是我会一直在你身边。"陪伴是最长情的告白，不论友情还是爱情。关于悲伤的表达，有些人需要倾听，有些人需要倾吐，而有些人需要的是陪伴，我属于后者。电话的另一头也许什么都不说，也许会唱一首歌，也许会拿起吉他弹一段，他尊重我倔强的想法，什么也不劝，可是恰恰沉默的安慰让我慢慢接受很多事。"我会一直在你身边"这样的朋友好像早已经不只是朋友，而更接近家人。

"喏，鸡蛋。"她一直没有了解我的故事，没有参与我的悲伤，但是积极地拉我进入她的生活，分享她的阳光。冬天，来不及填饱肚子的早晨，我们作为学校的劝导员在寒风中瑟瑟发抖，无意中我提了一次总是来不及吃早餐，她便悄悄地记下了。之后的早晨，她会在口袋里揣上两个鸡蛋，搞怪地挑挑眉，趁着鸡蛋还热乎乎冒着白气就塞到我的手上，于是整个冬天我都被治愈了。

"因为我一直觉得你是个温暖的女孩。"那个女孩在信的结尾这样说道，这句话在阴暗的日子里给了我莫大的勇气去努力做好自己。而在毕业那年的暑假里，我才知道当时的她其实正经历着更加黑暗的时光。她坐在我的身边却没有看我，颤抖着说，她生病了，一直在吃药，但是依然睡不着，也没有力气快乐。她的眼泪仿佛砸到我的心上，我心疼得说不出话。她是如何在黑暗的日子里依然摸索着给我带来一点光亮的？她说，即使那时我们不在彼此身边，她也知道有个好朋友很温暖，我们能给对方力量。温暖的人总会有特别的运气，终于，她在慢慢地好转，慢慢地快乐得像当初的那个女孩子。我们手腕上有一样的手绳，简单但很坚韧，像我们的友情，我相信心灵感应，相信我们的生命紧紧相依。

还有很多很多的友情。无声无息，没有言语。比如被赋予奇怪的昵称，特别的爱好；比如在草稿上写下满满当当的秘密和愿望；比如在发烧时悉心地照顾；比如在课间分享一块面包；比如运动会时八百米的陪跑；再比如课桌上那朵栀子花苞……

那时的我如何定义朋友呢？

一个晚睡的夜里，打完水从走廊走过，无意间瞥见漫天星光，竟然那么美那么治愈，我恍然大悟：我确实一直在等待天亮时候的阳光，但是那些星星一闪一闪地也在发光。我们总会经历坎坷挫折，幸运的是我们在看不见太阳的日子里也有星星做伴。朋友是我们的星星，我们是彼此的星星。

大学的迷人也许不在如愿以偿，而是阴差阳错。我很庆幸自己阴差阳错又命中注定地来到了这里，中医的思想又阴差阳错地解答了我很多的疑惑，同时我也命中注定地遇上了很多值得交心的朋友。

我在大一加入了校青协，如今加入了心理中心，初衷都在于希望能够帮助到他人，无论是在身体还是心理上。但是实际上在这个过程中，我收获良多，包括能力、成长、归属感以及朋友。加入心理中心那一天听到的、后来不断回荡在脑海里的那句话是：你们也许是为着不同的原因来到这里，但是很快你会发现，这里带给你们最珍贵的是这群朋友、家人一样的朋友。

其实大学给我真实的第一印象不如想象中那般自由轻松，反而是个很奇怪的过程。大家在变为大人的过程中，做出成熟中略带冷漠的姿态，急匆匆地赶路。不过幸运的是我遇到了他们。原来啊，敲开门，里面依然会蹦出一个可爱的小孩拉你进门，然后偷吃完糖果，再换上大人的衣服，你们相视一笑，推开门，一起去做好大人。

你们如何定义朋友呢？以后的我又将如何定义朋友呢？在你决定定义朋友的过程中，脑中不自觉浮现出的一个个名字或一张张小脸，其实便是你定义这个词的标准。如果你在词典中查找，"朋友"一定有一个固定的定义，但不同的是，"你的朋友"无法拥有一个固定、唯一的解释，所幸，无论你如何去定义，朋友一直都在我们身边。

朋友一路走一路丢，温暖依旧

穆然

> 韩寒曾经说："朋友一路走一路丢……"其实人都是会变的，也许在我们有了不同的经历、进入不同的方向后，昔日的朋友有些不再联系，有些仍然形影不离。但不管怎样，我们之间共同的回忆、共同经历的苦与乐都是彼此之间的最好礼物。

在心理中心已经有两年的时间了，两年里，我接触最多的咨询是关于人际关系的。在人际关系中，与朋友的相处问题又最为多见，很多人无法释怀朋友为什么对自己不好、朋友为什么说丢就丢、友谊为什么那么经不起考验，抱怨朋友对自己不够好，抱怨自己受到伤害。不妨来听听我与我的朋友的故事，看看对你是否有所启发。

在这个人人都在思考自己幸不幸福、年年观察人均幸福指数的社会，大家都在追求着自己的幸福，也在思考什么是幸福。我看到过这样一句话：要想知道一个人幸不幸福，就看他愿不愿意回到过去，重新过一遍自己的生活。如果答案是不愿意，那么这个人就是幸福的。我很开心我是一个幸福的人，因为如果重新来过，我担心会错过他们——我可爱的朋友们。

我来自山西，小时候的我是一个标准的北方女孩，大大咧咧的性格，一言不合就打人的暴脾气。在老师和同学们的眼里，我就像是一朵太阳花，脸上永远洋溢着笑容，对任何事情似乎都有无尽的兴趣。上了初中，活泼的性格也使我认识了很多同学，交到了很多形形色色的朋友。校园霸凌这个话题最近随着《少年的我》这部电影的上映再次成为大众讨论的焦点。对于女主来说，男主对于她的意义可能不再是简单的朋友、恋人，而是属于她的太阳，永远照亮着她。在初中我也有过很黑暗的一段时期。一位曾经很交好的朋友背叛了我。在我一头雾水不明白发生了什么的时候，她开始在很多人面前有意无意地把我营造成一个"坏人"的形象，对我的言行举止都进行恶意的揣测甚至大肆宣扬。我至今都清晰地记得我私下质问她的场景和她当时所说的话："你以为你很受欢迎吗？大家都很喜欢你吗？你只不过是被你的自我感觉欺骗了，平时我都不忍心告诉你，是怕伤你的心，其实大家都不喜欢你……"这些话对我的打击很大。只记得当时我脑子里就像是炸开一样特别疼，全身很重很累，心里很难受，但是哭不出来。

放学回到家，我一个人瘫在床上，脑子里一遍又一遍回放着白天她说的话，回放着那句"大家都不喜欢你"。我仿佛在一个漩涡里，越陷越深。这句话仿佛成了一个魔咒，它不断地在我脑海中循环播放，仿佛对我产生了一种暗示：大家可能真的都不喜欢我，我可能真的有很多问题吧。有了这样的暗示，走在路上和陌生人无意的对视会让我觉得是一种审视；路过人群听到的嘀嘀咕咕的声音让我觉得格外刺耳。从此之后，我不再一下课就跑出去玩，而是老老实实地坐在教室里，因为害怕碰到那些不喜欢我的人，我不知道怎么面对他们；我上课时不再积极地和老师互动，更不敢站在人群之中，因为我担心在这些人中是不是也有很多人不喜欢我，他们是不是在用看笑话的心态来看我；我变得不再爱说话，因为我担心万一说错话大家会更不喜欢我；我更害怕大家在背后对我的议论，因为我觉得可能不会有什么褒义词出现……

所谓生活，就是起起伏伏，不可能一帆风顺但更不可能一衰到底。在这个黑暗时期，我遇到了属于我的太阳。瓜子一直以来都只是喜欢找我探讨学习问题的女生，但是当她发觉我的异常后，开始安慰我陪伴我。她组建了我们两个人的学习小组，每周末都来我家找我一起学习，也会在学习之后带我出门走走，散散心；她还带领我认识她的朋友，来壮大我们的学习小分队，经常会调动大家一起鼓励我；她记得我曾经和她说我喜欢朗诵，还会在校朗诵比赛举办时向老师主动举荐我……直到今天，瓜子一直都是我心中的太阳。这个暑假她来我们家过夜，我们一起躺着回忆起认识这么多年的往事。她说："那个时候，你就像是一只受了惊的小鹿。我知道那件事、那个人一直都是你的阴影，但我也知道你是一个很好很真诚的女生。这么多年过去，我很开心你又碰到了很多在我无法陪伴你时可以代替我的人，也很开心你逐渐走出来，又变回那个没心没肺的你。"在她的心中，我一直都是一个"小透明"。从初中到现在，我的成长都有她的见证。

在瓜子的鼓励下，我逐渐从阴影中走出来，我开始觉得我不再孤独，我不再没有人喜欢。也许这就是朋友所给予我的力量。

如今已满20岁的我，在大学的两年生活中逐渐意识到我已经到了该考虑自己之后生活出路的时候,学习的目的仿佛已不再是希望自己是一个好学生或者中考、高考有一个好成绩,而是可以在就业时多一种选择,在考研中多一分竞争优势。身为一名医学生,每日一睁眼,几百页甚至上千页的内容,复杂的护理操作,还有似乎永远考不过的英语四六级都出现在眼前,不断地提醒着我,辛苦的一天又要开始啦。纵然生活中每天都充斥着"我太难了",但我们依旧砥砺前行。上个学期,在练操作的时候,笨手笨脚的我总是做错,面临越来越近的操作考试,我愈发地感到焦虑甚至都有点自暴自弃不想练习。但队友对我的鼓励、对我耐心的观察以及中肯的意见让我逐渐进步,逐渐重拾信心。期末考试前,我很喜欢在宿舍和舍友一起背书,在背不下去感觉到很累的时候,彼此聊聊天,一起吐槽头秃的生活,憧憬一下假期,身上的疲倦仿佛也减轻了很多。我们之间还会制定一些小规则,比如谁玩手机就要发红包,当天不看完多少内容就是猪。生活虽苦,但苦中作乐,快乐也显得格外珍贵,痛苦也逐渐成为一种调侃,日子变得不再艰难。

韩寒曾经说:"朋友一路走一路丢……"其实人都是会变的,也许在我们有了不同的经历、进入不同的方向后,昔日的朋友有些不再联系,有些仍然形影不离。但不管怎样,我们之间共同的回忆,共同经历的苦与乐都是彼此之间的最好礼物。它就像是一个时间胶囊,埋藏在心灵深处,但有一天不经意间你会突然想起或是有一天你们会不经意间重逢,这个时间胶囊就会随之打开。你会发现,曾经开心的往事会成为治愈痛苦的良药,让你觉得自己原来从不孤单,而不开心的事情也都成为彼此成长的台阶,让彼此不断蜕变。这时你们还会像过去一样,默契地打闹,默契地讨论着身边的八卦,发现其实对方并未走远……

这次写朋辈心语,起初我一点头绪都没有,因为我觉得我是一个普通得不能再普通的人。成绩一般,运动方面也没有天赋,每天的生活也都千篇一律,我就像沙漠中渺小的一粒沙并不闪耀。但在上个月生日,我很意外地陆续收到了很多快递,有我超喜欢的皮卡丘,有我一直想买但奈何没钱的唐老鸭挎包,还有我心动已久的项链……原来这些都是朋友们寄给我的生日礼物。一个个拆开包裹,这些我曾经无意中说出来的自己喜欢的东西,我的朋友们竟然都记在心里。我的时间胶囊因这些礼物而一个个打开,我记得自己参加心理微课大赛时因为害怕在人群之中讲话而紧张不已时台下中心的朋友们灿烂又充满鼓励的笑容;我记得上个寒假和朋友们一起去迪士尼看花车巡演时一起尖叫的疯狂;

我记得高中舍友知道我在厕所吐了,逃了课回宿舍照顾我但想到我吐的样子后发出的魔性的笑声;我记得自己参加歌唱比赛时人群当中的朋友们向我大喊的"最棒";我记得那些在我黑暗时期一直陪伴我支持我的朋友……

  亲情就像是夏日里的大树,为我们遮风挡雨,为我们带来安全感;爱情就像是春天里的小花,美好灿烂,点缀着平凡的生活;而友情更像是寒冬里的暖阳,无声无息地融化冰雪,帮我们驱逐黑暗,带来温暖。曾经那个带给我黑暗的人在初中毕业之后和我道了歉,向我解释了为什么当时会突然那样对我。事已至此,原不原谅其实不再重要了。虽然因为那件事,我到现在还是不能很自如地在人群中表现自我,与陌生人讲话时还是会不自然,但如果重新来过,没有这些事,那我可能就不会遇到瓜子以及现在的大家,更不会成为现在一直在蜕变的自己。正是有了之后这些可可爱爱的宝藏朋友,我才变得不再普通,生活才会未来可期……

她或他,永远都不会是你的整个世界

毛泽林

> 爱情是美好的,如果爱神丘比特的箭正中你心,那就大胆地去爱吧。爱情是苦涩的,情感道路不会永远一帆风顺,失恋的苦涩滋味令你刻骨铭心。不管美好还是苦涩,它都是一段宝贵的回忆、一段宝贵的经历。但是爱情无法代替世间的万千美好,她或他,永远都不会是你的整个世界。我们在追寻美好爱情的同时,请别错过了沿途的风景,请别丢失了自己。

现在回想起过去的青涩懵懂,那不是浪漫的一见钟情,也不是甜蜜的日久生情,有的只是一场苦涩的单恋。以我的年龄和阅历,我不懂也没有资格谈论爱情,但是现在的我明白,我们绝不能错把她或他当成全世界,少了她或他,世界只是恢复了原样,什么都没少,这个世界还有万般美好等着你去发现。

那年我读初二,一切都来得那么突然,如果爱神丘比特真的存在,那么他一定是太着急也太卖力地射出他的箭了。不知不觉间有颗种子在我的心底深深地扎根发芽,我还来不及做出反应,它的根茎便缠绕成一张牢固的网,将我牢牢抓住,令我无法挣脱。我和她并不陌生,读初一的一段时间里还是同桌,这所有的一切都让我摸不着头脑。时至今日,我还清楚地记得那是一节平凡无奇的物理课,到了实训操作时间,实操总是一段富有特殊魅力的欢乐时光,学习天平和砝码的使用是这节课的主题。我们小组成员们聚在一起,我用镊子夹起一个砝码,这个砝码一定是上了岁数,它竟然头身分离,咕噜咕噜滚到地上。我们小组成员都一起大笑起来。她正好坐在我的对面,不经意间,我和她对视上了一眼,她飞快地闪开了目光,可就是因为这平凡无奇的一眼却掀起了惊涛骇浪。

回到家中,不知为何,脑中总是回忆起她的面庞,总是想起她的名字,挥之不去。我察觉到了异样,但不知该做何反应。时间就这样流逝,我心中那带着几分欣喜甜蜜又说不清的复杂感觉却并没有消逝,反而愈加深入我心。我想，我一定是喜欢上她了。我总是想和她多说几句话，总是习惯性地在穿着一样校服的人群中寻找她的身影，目光总是不经意地停留在她身上。她是个外向活泼开朗的女孩，而那时的我十分内向，话也少，和同学们一起放声说笑对我来说遥不可及，平时总是给人留下严肃无趣的印象，想见我开怀大笑更是不切实际。也许是因为她外向活泼的性格，就算是内向又无趣的我也能和她一起说笑，这成了我莫大的快乐。我突然感到万分幸运，我竟然能和自己喜欢的女孩一起欢笑。我就这样放任自己越陷越深，那时的我甚至无可救药地觉得，她是我生命中唯一的快乐，是她给我的世界带来了色彩。现在回想起来，我只是错将湖面的倒影当成了满天繁星，这真是令我哭笑不得。那时的我想在她生日那天送给她一个特别的礼物，最终也不知是如何得出的结论——送她一束折纸玫瑰花。二话不说，我腾出午睡时间，开始动工。那是她的十四岁生日，我便打算做十四支折纸玫瑰花，最后再用彩纸将其包成一束。一个中午只能做好一支。这束花花了我两周多的时间。最后大功告成之时，我看着成品感到心满意足，这么久的努力没有白费，自己也十分吃惊，我高兴得甚至想飞起来。我满心欢喜，一切准备就绪，就差把它送出去啦！要送出它的前一晚，不出所料，我因为心情激动而久久无法入眠。

殊不知，事情并没有我想象的那样顺利，怎么将这束折纸玫瑰花悄无声息地带出家门都成了一个大难题，它的体积真的不小。我心想：万一家里人发现了我该怎么解释呢？而且更重要的是，在学校里把它送出去实在是太过显眼了，经过万般纠结和思想斗争，无奈之下我最终还是放弃了送出它的想法。最后，我只好在去学校路上的蛋糕店买了一个小蛋糕，之后送给了她。这天，我心中百味杂陈，最确切的感觉就像是受了当头一棒，那束费尽心思完成的折纸玫瑰花只能永远躺在橱子的小角落里了。因为我内向的性格，我实在不敢向她表白，也不知该如何表白。也许我是害怕失败，同时我也觉得能够静静地待在她身边就很快乐了。但是随着时间推移，我不知不觉间流露出的情感被她所察觉，我们之间的气氛变得十分尴尬，想要像以前一样自如地聊天说笑变得非常困难，结果便是距离感不断加大。我不知该如何是好，我十分失落。这场恋爱甚至还没开始便结束了，我"失恋"了。那时的我绝不是个乐观坚强的人，也从未想过和父母、老师或是朋友们倾诉，我封闭了自己的内心。这样做真是大错特错。我就是个活生生的反面教材。之后我的情绪变得越来越低落，一蹶不振。我陷入了低谷，我从未觉得这么伤心，总觉得心中少了点什么，就像掉进了无底洞一样，只感到空虚，而我也甘愿待在这个无底洞里，不愿动手尝试向上爬。上课时，我经常不自觉地发起呆来，脑中想的只有她，学习成绩也因此而退步了。睡前我也总是拼命回想过去的场景，好像这样就能得到安慰。我经常听着伤感的歌在被窝里偷偷哭泣，有时想到浮现在脑中的她的面庞，便在不经意间流下眼泪。我变得暴躁易怒，常因为一些小事就大发脾气。我就这样自暴自弃地放任负面情绪在心中滋生，让自己沉浸在无尽的悲伤情绪中，始终无法自拔。日子过得浑浑噩噩，只感觉一切都变得模糊不清，我好似用尽了所有力气。

最终我还是走出了悲伤的漩涡，而这一把"助力"来得很及时。当时已是初三上学期，很快将会迎来我们人生中的第一次大考，也就是中考。当时我的成绩正处于考上理想高中的边缘，"压力山大"。只感觉所有的一切都一股脑乱成了一团，冲向了我，拨动了我脑中使我清醒起来的弦，让我明白我实在是没有多余的时间和精力去放任自己伤心了。我必须让自己振作起来。我开始伸出双手，爬出这个由自己编织成的悲伤无底洞。我很高兴我做到了。我努力保持微笑，绝不让一丁点伤心情绪涌上我的心头。每天早晨刷牙洗脸时，我对着镜子里的自己露出微笑，我下定决心要坚强起来，要乐观起来。我努力让自己变得幽默风趣，虽然其根本目的是缓和我和她之间尴尬的气氛。事实证明我很成功，我和她之间的冰墙在慢慢融化。我成功用各种笑话缓解了一切。我不知道自己是如何做到的，我没有给伤痛任何见缝插针的机会，我在短时间内就变得开朗乐观起来，笑容好似在我脸上扎了根，经常逗笑同学们。对于这样的三百六十度大转变我自己也十分吃惊，真正让我下定决心改变自己的核心契机是她，我该感谢她。距离中考只剩两个月了，我放下了过去，将全部精力放在学习上，我考上了理想的高中。

市里最好的高中不是徒有虚名，我仿佛打开了新世界的大门，各种社团和部门一应俱全。如果我的高中有颜色，那它一定是七彩斑斓的。我发现这世界依然如此美好，尽管她的身影已从我心中消散，过去的我错将她当成了我的全世界，原地踏步，忘记了该怎么前进。美好一直都存在于我的身边，但我却自己蒙蔽了双眼，完全忽视了这个世界本来的万般美好。我不再紧抓着她不放，她离开了我的心房，悄悄地走了，但还是留下了一些东西。经历了这些，我成长了许多，学到了许多，学会微笑去面对一切。我的努力没有白费，我不再是那个内向又害羞的男孩了，我在高中结识了许多新朋友。我的生活也愈发变得多彩起来，不是因为世界变得更美丽了，而是因为之前的我忽视了这万般美好。这个世界本来就是丰富多彩的，只要我睁大双眼去寻找。在社团里，我和拥有共同兴趣爱好的朋友们一起欢笑。在学生会中，我和大家一起齐心协力完成工作。我的生活变得越来越充实，笑容常挂在我的脸上。

  时至今日，转眼间好几年过去了，我从橱子的角落里翻出那束我曾经想要将其作为生日礼物送出的折纸玫瑰花，黏接用的双面胶早已失去了黏性，许多折纸玫瑰花蕾已从花枝上落下，彩纸的颜色也不如过去那样光鲜。看着它，我不禁露出微笑，想起过去的那个小男孩，真是个小傻瓜呀！也许很多人都经历过失恋。失恋带给我们的不仅仅是伤痛，它给了我们体验这种伤痛的机会，也给了我们成长的机会。是它造就了现在的你，它在不知不觉中成为你的一部分。失恋也是人生中一段宝贵的经历。但是我们要记住，她或他，永远都不是你的全世界。你失去了她或他，但你又得到了全世界。一切只是又恢复了原样，恢复到了最初的美好模样。但是请不要因为害怕失恋而对爱情丧失了信心，爱情是十分美好的。如果爱神丘比特的箭正中你心，在冷静思考后你仍然满怀热情，那就大胆地去爱吧。如果你失恋了也没关系，那就大声宣泄出来吧，让伤心统统流走吧，不要憋在自己的心里，也可以转移自己的注意力，重新投入自己热爱的兴趣爱好中。学着去放下，这肯定不像说起来那么轻松，但请一步一步慢慢来，去找回你在不经意间忽视的美好，做回曾经那个放声欢笑又拥有全世界的你吧。这不意味着你在倒退，而是踏上了更高的阶梯，好好珍藏这宝贵的回忆吧。经历过这些，你成长啦！

青春啊，爱情啊

郭康悦

> 本来想谈谈大学的生活，谈谈青春，谈谈理想。最后，思前想后，选择了谈一谈爱情。爱情是青春逃不开的话题。原本并没有打算写爱情，是因为觉得我这个没有经历过的人，没有什么发言权，但是身边太多的朋友向我倾诉了自己爱情中的甜蜜或是忧伤，让我开始思考这个我们在大学中会遇到的亲密关系——爱情。究竟什么是爱情？究竟爱情在我们的青春中占据了多少？

前些日子，"大学没谈过恋爱会有遗憾吗"的话题引发了网友的热议。有人遗憾，有人不遗憾；有人欣喜自己收获了幸福，有人气愤当初识人不善。高中毕业，压抑了三年的情感在萌芽，许多同学怀揣着拥有一段甜蜜爱情的心踏入了大学校门。

记得老师曾经给我们分享过一个她在校园里看见的一幕：一对情侣走在路上，经过了一个台阶，男生温柔地对女生说了一句："小心脚脚。"老师说，那一刻，感觉她的少女心也萌动了。不得不说，校园影视剧中青涩与美好的爱情深深地打动了无数少男少女的心，身边成双成对的情侣有时也让人心里甜得发酸。甜甜的恋爱谁能不心动呢？

可能在班级里，你被一位女生吸引了全部的注意力；可能在部门，你被一位男生认真负责的魅力打动；可能女孩儿动人的舞姿深深刻进了你的脑海；可能男生低沉的嗓音还回荡在你的耳边……

遇到心仪的人要去大胆争取，但是不要莽撞行事，需要给对方一些时间了解你，而不是冲上去贸然让人答应你的交往请求。爱情是双向箭头，是两个人之间的情愫，没有一方直接决定的道理。你需要在心仪的人面前展现自己的能力、魅力，在对方没有明确表明心意的时候，保持距离才是尊重。

如果在了解一段时间之后，对方选择了拒绝你，不要恼羞成怒，保持冷静；也不需要自卑，只不过是你的闪光点对方没有发现，未来会遇到更好的人。只要是真心，每一次付出都值得尊重。如果，对方选择了你，祝福你，也希望你能和对方一起认认真真地走下去，成为彼此生命中重要的人。

热恋中的情侣总会惹得旁人艳羡。每当看到别人恋爱的甜蜜，大家总会戏谑地说上一句"酸死我了"，身边许多朋友也经常羡慕地吵着闹着"我也要谈恋爱"。虽然只是戏言，但是也希望大家不要因为想恋爱而去恋爱。

有的同学会因为羡慕别人的爱情自己也想谈恋爱，这不是认真的态度，只是为了感受恋爱的甜蜜，没有给予对方尊重。在大学的我们还很年轻，一时没有心仪的人也不要勉强自己，未来的人生路上，一定会遇到想与之共度余生的人。爱情，爱的是那个人而不是恋爱的感觉。

还有的同学因为感到孤独而想通过谈恋爱拥有亲密伙伴。在大学生活中，没有交到称心的朋友，经常自己一个人吃饭，一个人去图书馆，一个人自习，孤独如影随形，让人感到窒息。看到谈恋爱的同学都能有人陪着，所以自己也产生了谈恋爱的想法。心理学家讲，爱情是激情＋亲密＋承诺，这就是著名的"爱情三角论"。激情，是两个人相处时脸红心跳、小鹿乱撞；亲密，是两个人相谈甚欢、灵魂契合；承诺，是两个人彼此确认、许下誓言。激情、亲密、承诺，三者缺一不可，构成了稳定的三角。爱情与友情最相似的地方是"亲密"，但是爱情比友情复杂许多，不要妄图用爱情替代友情。一方是爱情，一方是友情，由于感情的不对等，最终只会在无休止的争吵中两败俱伤。

要知道，孤独来源于我们期望的伙伴关系与现有的伙伴关系之间的落差，要克服孤独，仅仅依靠谈一场恋爱是不能解决问题的。在孤独的时候，你是否觉得周围的人都是自私的、浅薄的？这种想法会不自觉地影响你对外的态度，在不知不觉中降低你的魅力。当我们没有交到朋友时，我们不妨思考一下是不是自己没有打开心扉？是不是自己没有给别人接近自己的机会呢？我们可以采用更积极的方式看待周围的环境：多参加一些活动，认识更多的人；多关注别人的优秀品质，释放友善的信号，耐心地与他人建立友谊。

爱情有甜蜜也有忧伤。身边的朋友往往在恋爱后感到迷茫、疲惫。在热恋一个月后，渐渐地，爱情好像不再是记忆中美好的模样了。听到朋友吐槽男朋友恋爱后好黏人，还会吃一些莫名其妙的飞醋；男生却很委屈，会觉得女朋友不关心他了。其实，在心理学上，这是一种依恋行为，女生不要过分苛责男生，男生也要认识到自己的问题，双方需要一些沟通。女生可以告诉他：现在我累了，需要休息，没有精力陪你；现在我需要一个自己独处的时间；我和别人聊天多不是在冷落你，因为除了你，我也需要有自己的朋友……男生也可以告诉自己的女朋友：现在我很难过，想让你陪陪我；今天我有很开心的事，现在就想告诉你……两个人的相处往往需要磨合，人与人的交往过程中难免会有摩擦、矛盾，更何况恋人。从来都没有天生一对，只有互相包容。

说起爱情，不可避免地还有分手。当然，我希望大家的爱情都能长长久久，可是，当爱情成了生活中的负担、累赘，在没有挽救可能的情况下，请尽快选择各自安好，互相折磨只是在浪费时间、徒增烦恼。失恋的痛苦是必然的，但是，时间会是最好的良药，好好哭一场，没有什么坎是过不去的。

同样，对于每一位在爱情中迷茫徘徊过的人，每一位因为爱情受过伤的人，不要因为一些人的中伤感到自卑，不要因为一些人的想法把自己变得面目全非，你就是你，是颜色不一样的烟火，"自信放光芒"从来都不只是歌词里的玩笑话。不论男孩子还是女孩子，希望我们能在拥抱爱情之前，先拥抱自我。别人爱的你，是鲜活的你，是你做自己时闪闪发光的样子。经常听新闻说，某男子或者某女子因为感情问题寻死觅活。这时，我总会想起一段话：爱情是两个独立的个体相互碰撞，是一个圆遇上另一个圆，不是拼图，也不是必需品，是当你没有的时候，你的生活不受影响。爱情是人类永恒的话题，但是爱情不应该是生活的主题。

在丰富多彩的大学生活中，爱情只是小小的一部分，更多新奇的事物等待着你去探索：充实的课堂学习，多样的课余活动，接触到的来自五湖四海的朋友，祖国的壮美河山、各异的风土人情等待着我们去欣赏、去体验……青春的时光里，除了成长的疼痛、爱情的甜蜜，还有我们燃烧的梦想和永不停歇的脚步。在人生中，大学只是我们走向独立的第一步。人生的旅途还很长，爱情不一定是现在进行时，也可以是将来进行时。

如果没有爱情，那么希望大家能珍惜大学里的友情，找到能够一起进步、一起奋斗、一起玩闹、互相出糗的伙伴，在独立成长的大学时光里，可以互相鼓励，成为更好的人。相信这样的朋友能够在未来的人生中与你相伴很久，将会见证你的爱情和你人生中所有重要的时刻。

最后，祝愿大家都能收获甜甜的爱情，得一人心、携手相伴；也能收获友情，与朋友共同奋斗、并肩前行。最重要的是，希望垂垂老矣回望青春时，每位同学都能说一句，"青春无憾"。

向来缘浅，奈何情深
——一个值得我们深思的爱情故事

胡倩倩

> 很多人都纠结于过去的情感无法释怀，而我希望你们和我一样能把曾经的美好留在心里，默默地感受，浅浅地谈起，又激励着我们前行。其实，失去并不是一件坏事，只要那份温暖和美好还在，这个人就不算离开。你要记得他带给你的快乐，记得他给过你的温暖，记得他教会你如何爱与珍惜，要记得是那些悲喜掺杂的过往，让你成为如今温润而又美好的自己。

每个人的心里都有一个角落，藏着别人不知道的故事和人，不管时间如何流逝，那些记忆却始终清晰。

那是高二那一年，也是最后一次分班，很幸运，我被分到了重点班，于是我遇到了他。那时什么都不懂，也没有时间去懂，因为课程安排、教学制度都是严格按照河北的衡水中学来的。那时候，只单纯地知道学习，虽然成绩并不理想……只是通过舍友睡前洗漱时的闲谈中了解到他：他是一个学霸，年级稳居前两百名。当时我们同一届的学生有三千多人，理科一千六百多人，前八百名就是稳得一本，前两百名差不多就是稳得211。那时候，我只是单纯地仰慕他，我只是觉得他好厉害，看起来都没有很认真地读书，为什么成绩就是那么好？难道他就是传说中的天才？怀着好奇和仰慕，我走上了做他的"小迷妹"的道路，但也仅仅是关注着他的成绩。我发现无论是月考还是周考，成绩单上，他都是名列前茅，而我一直徘徊在中下游。

一次调换位置，我们阴差阳错地成了斜前后桌，并且是一个小组。开始，我一直不敢跟他讲话，甚至不敢与他有眼神的接触。他呢，是一个高冷却憨厚的少年，从没见过他跟任何女生嬉闹。当然，我也不例外！好像他的眼里只有学习和游戏，他跟我讲过最多的话就是："胡倩倩，六十四篇会背了吗？"每到晚读时间，老师都会安排背诵任务，他就是负责检查我们小组成员的组长。

说实话，我特别讨厌背书，尤其是语文的文言文背诵，但是不知道从什么时候开始，我开始期待被检查背诵。我知道自己背书能力超级差，所以我会提前准备好。但是当他看着我背书时，我就会卡壳，舌头打卷，尴尬至极。当然了，在他面前背书的时候，他根本不会看你，因为他眼里只有课文。一遍一遍地重来，他都没有任何不耐烦的情绪，只是会很平淡地说一句："没事，慢慢来，别急，我也不会。"距离近了，我发现他的闪光点越来越多，大概是从他第一次给我讲数学题的那次："一缕阳光穿透玻璃，散在他的周边，就好像在他身上镀了一层淡淡的金光，就连那长而翘的睫毛也跳跃着如金粉似的阳光细末。"看着他认真的眼神，笔尖勾画着题目的重点，嘴中不停着讲解着解题过程，一遍又一遍地问着"听懂了吗？"，可我还沉醉在那如梦的画面当中，他只好无奈地挠挠头，笑着说："算了算了，我等下把解题过程写给你。"说实话，我是真的什么都没听进去，我想大概那种感觉就是心动吧。于是，慢慢地我越来越关注他，关注着他的一举一动。课间休息的时候，我趴在桌子上偷偷地看看他，偶尔会有眼神的碰撞，让我瞬间心跳加速，视线不自然地离开，装作若无其事的样子，但脸上的红润却已经出卖了自己。随着次数的增多，眼神接触的时间也越来越长，心动持续增加。说不清楚具体喜欢他什么，我只知道我喜欢他那放肆而纯净的笑，我喜欢他那认真做题的样子，我喜欢他那句"问题不大"的坦然……我真的好像很喜欢他了。

突然有一天，在没有发生任何事情的情况下，他自己找同学换了位置。我有点不知所措，便给他扔了一个纸条，询问他为什么要这样做。那张纸条似乎是一个"导火索"，也是导致后面所有剧情翻转的重要因素。他成了那个一直关注着我的人，他会在冬天提前帮我接好热水，他会帮我捂热暖宝宝，他会在我不吃饭时送上牛奶和饼干，他会把他刚学会折的小玫瑰花送给我，他会在我没考好时安慰我，他会在下雨时跑到餐厅给我送伞，他会在我上下课的时候默默地陪着我。他所做的一切一切，我很开心又很心疼，我也不知道自己当时是怎么想的，为什么对喜欢的人这么残忍？当时我钻牛角尖似的觉得他不应该这个样子，他是我高高在上的"男神"，神圣而不可亵渎，我更是没敢想过他会突然喜欢上我，而当时我们又处在高三的关键阶段。于是，我开始各种拒绝：他接的水，我不喝；他递的暖宝宝，我不接；他叫我，我不理。我用各种冷漠的方式来回应一切他对我的好。

记得最清楚的就是冬天我在学校发烧那次，由于学校诊所的医疗设施有限，不得已请假外出就诊。趁着晚饭时间，我拿了假条出去，一个人拖着病体走在黑漆漆的路上，没有任何人陪伴。那时是相当无助和孤独！我鼓起勇气，告诉自己不要哭。在诊所等待就诊的时间漫长而又孤独，转头的一瞬间，透过人群看到两个人推门而入，神情很慌张，似乎在寻找着什么。没错，他来了，他走到我身边询问着各种情况，那时是真的非常感动又很委屈想哭。但是感动归感动，我依旧用冷漠的方式来对待他。我认为，这样他会回归正轨，安心备战高考，毕竟他很优秀。但是并不是，他开始了夜不归宿，外出上网，上课不在状态，成绩也开始下滑。我既担心又无奈。反反复复，我们就这样一天开心一天不开心地过了一个不太愉快的高三。

高考成绩下来了，我俩的成绩都不理想，我本想复读，但是家人一直反对，最终不得不妥协。由于高考分数很尴尬，不高不低，报考成了最大的难题。爸妈的观念，就是认为女孩子就应该当个老师，轻轻松松，无忧无虑。但是，我从小到大的梦想就是学医。爸妈这边对我施压，我对他自然而然也表现出了各种不耐烦。而他还是依旧耐心地帮我讲解报考事项，帮我查找资料等等。却不知，他自己压力也很大，高考失利，面临父母的高期待，他不得不选择复读。但是，我却丝毫没有意识到他的难处，一次一次地表现出冷漠和不耐烦。其实，他的快乐真的很简单，只是想听一句暖心话，但我却始终未说出口。后来，我在大学，他在复读，我们相约福州见。

"承诺再真，终会败给时间；回忆再甜，也抵不过流年。"

我发现在乎一个人就会常常把永远挂在嘴边，似乎说了永远就能够跟在乎的人永远在一起。但到后来才逐渐明白，在人生的旅途中，大部分的人只能陪你一程。人有时候就会后知后觉，当爱你的人，陪在你身边时，你会觉得每一个日子，都细数平凡，也常常对他的好不予回应，直到错过之后，才会想起原来那段时光如此珍贵美好。是啊，我们最终败给了时间。他有了自己新的选择，对我不再耐心，我们成了最熟悉的陌生人。我不知道这是一种不甘，还是真正的喜欢。我总是会不由自主地想起他，会盯着一样东西久久地发呆，会因为看到某个熟悉的背影而默默伤心，也曾尝试过删除掉所有与他有关的东西，又会在某一刻重新拾起所有关于他的记忆，发疯似的找回所有与他有关的信息。或许在我的意识中，也曾告诉自己，留不住的不如忘了吧。可是，那刻在心里的名字，不管用什么样的方法，那个人，始终存在。或许是进入他的空间，或许是从他的一条说说里，知道他最新的动态。于是，那颗许久未曾敞开的心，又开始动摇了。其实我也没有很刻意地去想起，只是喝水的时候，吃饭的时候，过马路的时候，生病的时候，脑海中总会不自觉地浮现出他的模样，幻想着他现在的样子，然后希望他一切都好。偶尔还是会梦到他，偶尔还是会有联系他现的冲动，也会希望在漫长的余生中，能够与他再次相逢。脑海中一遍一遍地闪现着跟他重逢的画面，记忆瞬间被拉到高三：校禁结束，教室很安静，大多数同学还在休息，从他的旁边路过，看他趴在桌子上睡觉。在他旁边站了一分钟后，就跑去校门卫室那里拿家里送过来的身份证。在跑回来的路上，碰到了他，他一脸没睡醒的懵懂的表情，看到我后瞬间露出微笑。我问他："你要去干吗？"他说："来找你啊。校禁结束后，我醒了一抬头发现你不见了，就出来找你了，找了一大圈，我以为你丢了。"他边说边憨笑着挠挠头，真是可爱极了！真想摸摸他的头。无数次地回忆到这个画面，真的很想很想和他相见，了解他近期的情况，再仔细看看他的模样。

可是人海茫茫，说了再见的人，又岂能轻易再相见？听说过一段话，说很多人一辈子只能遇见一次，擦肩而过之后就是杳然一生啊。是啊，如果我们早一点知道人生没有永远，来日并不方长，或许能够对身边的人多一点耐心，对爱我们的人多一点陪伴，能大胆地表达自己的情感，主动去追随自己的"理想"，那我们也不至于像现在这样陌生。

可惜人生没有如果，错过的风景，擦肩而过的人，注定只能够属于过去。我们都明白，走过的路，遇见过的人，都只是生活中很小的一部分，只有及时地遗忘，才能更好地轻装前行。这道理大家都懂，能做到的，又有几个呢？

他复读的一年的时间，没有联系我，我也没有去找他。我很怕，特别特别想去找他，但又怕影响他复习，于是秉着我的"一己之见"，一直没有见到他。我一遍一遍地看我们之前传过的纸条、他写给我的信；一天一天地数着日子，期盼着高考到来，期待着见到他。高考来临，我订好回家的高铁票，满怀兴奋和期待。但在离开的前一天突然通知考试时间更改了，6月8日计算机等级考试，由于要转专业，要求成绩必须要好，更不能挂科，于是，我回家陪考的计划泡汤。我在学校焦急等待他的信息，但时间一分一秒过去，迟迟没有收到他的信息，我心里大概就有结果了。

他说"时间会冲淡所有的期待"，没错，所有的苦难都会过去的。毕竟一个人的离开并不会让自己的世界停止运转，他有选择离开的权利，我也有选择重新开始的机会。不要因为一个人把自己变得很糟。或许他带走了一部分的爱、一部分的恨、一部分的想念和一部分的遗憾，但生活还将继续。2018年高考，距离现在已经三年了，每每所到同学们谈起高考，我还是会黯然神伤，还是会选择回避这段经历，还是会说遗憾，很遗憾没有坚持复读，很遗憾没有给他带来快乐，很遗憾我们没有走到一起……

  相遇是一瞬间的事，遗忘却是一辈子的事。无论我们的关系如何，他永远是我的白月光，那憨厚的少年，是我最初的梦想。每一个遇见过的人，他们都赋予了我们的人生不同的意义。哪怕分别，我们也不该纠结于那些糟糕的时刻。或许生活就是如此，会拥有，也会失去。经过一年，我成功转了专业，他如愿进入军校，踏上了军旅之程。我们都有自己的生活和选择，虽然我们不再会有交集，但我们都在向前看。关于他的记忆，我不再闭口不谈，不再回避，坦然面对，保留美好。

  时光如水，总是无言。若你安好，便是晴天。当你站在时光的尽头，回首来路的时候，你会感恩那些相遇与别离。能够遇见是一种幸运，学会再见，你才能真正地长大！感谢曾经的相遇，让彼此成为现在的自己。我亲爱的少年，希望你一切都好！愿我们都能跨过山海，迈过星河，去迎接更好的自己！

我也想看到你的脆弱和悲伤

郑雅琳

> 不知道此时此刻的你，是否也在为某些事情辗转反侧、难以入眠呢？是否正自己一个人躲在床帘里吞下眼泪呢？别担心，希望我的分享可以给你一些启发，也感恩我的文字能够与你相遇。

我身边有很多时时刻刻都非常正能量的人。我常开玩笑把这些人叫作正能量患者，因为很多时候，你会无意识地要求自己：要开心，要坚强，要正能量，要给身边的人带来开心。好像积极、阳光、正能量才是对的，才是我们应该做的，而悲伤、消极、脆弱都是应该尽量消除的。所以每当放假或聚会的时候，与朋友、家人在一起的时候，你就想尽办法去开心，去唱歌，去旅游，去购物……可是，你真的是由衷地从内心深处感觉到开心吗？

在现在这个社会上，所有的鸡汤都在告诉我们，优秀的人都应该充满正能量；作为一个成年人，在别人面前应该懂得理智地控制自己的情绪，禁止传播一切负能量，朋友圈应该是幸福满满的状态，看书，健身，旅行；生活中遇到挫折，也要一副刀枪不入的样子，要努力到无能为力，要从哪里跌倒就从哪里爬起来。我们都习惯了用正能量绑架自己，绑架别人。

这里我想给大家举一个例子。我有个很好的朋友，她失恋了，于是那一天晚上我就陪着她，带她去看了部电影《西虹市首富》。其实看什么电影并不重要，重要的是我想要通过这个方法让她排解一些难过。如我所愿，我们在电影院里笑得人仰马翻，我暗自欣喜，我的目的达到了。可是出了电影院，离开了那个氛围，她却告诉我说：她更难过了。手足无措的我，带她去了一家甜品店，我点了她最爱的草莓慕斯。在一番倾诉和大哭之后，她说："我觉得舒服多了。"而这时，我也终于感觉跟她没了隔阂。这时我才明白，人内心的悲伤，无法通过快乐来排解。在悲伤的时候，越是要求自己快乐，悲伤越是被堵住，感受就越是明显。所以越是用快乐来填补悲伤，悲伤就越会在快乐离开后强烈反弹。悲伤被堵住了,你跟别人之间,也不可能有真正的连接。人与人之间是通过感受的表达来连接的;也就是"我有一种情绪,萦绕在心间",你看到了它、理解了它,我们之间就产生了连接。如果你能替我表达出来,我们之间就产生了亲密。这就是共情——世间最好的心理治疗处方。我有一种情绪,萦绕在心间,如果我不能表达它,你也不能看见它,我们两个一起回避了它,我们之间就只能有一层捅不破的隔阂,你走不近我,我走不近你。情感被堵住,隔阂就产生了。情感被分享,能量就流动了。

从那晚之后,我就再也没有见过她哭,或者是表现出一个失恋的人应该有的样子。我发自内心地心疼她,因为所有的情绪,她都要在自己一个人的时候偷偷排解,所有的悲伤难过,都要掩藏起来。作为一个凡人,有负面情绪本来再正常不过,我们却像做贼一样,只能悄悄地把它藏在别人看不见的地方,不敢倾吐,不敢表露。

其实在上大学之前,甚至可以说在成为朋辈心理咨询员之前,我与她对待悲伤的态度是一样的,就是觉得应该把悲伤藏起来,所有的不愉快都由自己来消化。可是当我渐渐地接触了更多的人和事之后,我明白了藏起来的东西,其实永远都在那里,自己很难做到自己排解、释怀、忘记。自己能做到的只是敷衍,敷衍自己悲伤的情绪,强作坚强,告诉自己一切都会好起来。可是不开心、悲伤、难过时时刻刻都在发生,这个储存卡总有一天会内存不足,这是我从过去的二十年人生里体悟到的,也是我最想与你们分享的。没人可以时时刻刻快乐,如果有,那他一定小心翼翼地藏起了自己的悲伤,不被人发现。记得蔡康永说过一句话,"我们这个社会太不容许别人哭了"。是的,我们的世界太苛刻了,稍微掉下眼泪,就是懦弱。甚至结束自己的生命,也不一定能得到理解,可能还会被说接受的挫折教育不够。也许有人会说失恋有什么,分手有什么,但是在那一个当下,没有人能够真正地体会她的痛苦,也没有人能够感同身受,如果她不愿意分享,那情感就会被堵住,无法疏通,身边的人也无能为力。

世界上没有真正的"感同身受",这一点我是认同的。我们也不用要求别人一定要跟我们感同身受,仅仅把我们的消极情绪分享给他就可以了。通过分享,让我们的情绪有一个出口,让能量能够流动起来。只有这样,我们才能卸下重重的盔甲,真正地做自己。

我当朋辈心理咨询员的这一年来,努力丰富自己的心理知识,让自己能够更好地、力所能及地为同学们解决一些问题。其中，也有许多同学有类似的问题。其实就拿抑郁症来说，患抑郁症的大学生每一年都在上升。有一些心理有问题的同学，可能因为对心理知识的了解不够，从而导致没有办法及时地进行治疗；或者是对这方面的知识缺乏了解，导致不能够及时敏感地发现身边的同学的一些心理问题。就我自己的理解而言，我觉得其中不免有一些是由我们平常不愿意分享自己的负面感受而导致的。消极负面的想法一直淤积在心中，自己难以排解，日复一日，抑郁焦虑情绪也渐渐蔓延。如果我们能够及时地把自己的感受与身边的人分享呢？结果会不会有所不同？我们不能够改变一些事情给我们带来的坏情绪，也无法预测哪些事情会给我们带来坏情绪。我们唯一可以决定的是，我们该如何去面对这个情绪，该如何对信任的人表达出来。因为我们习得了正面感受是安全的、被喜欢的，负面感受是危险的、不被欢迎的。所以我们总是愿意表现出好的一面，不愿意表现出坏的一面；总是喜欢表现出开心的一面，不愿意表现出难过的一面；总是喜欢表现出坚强的一面，不愿意表现出脆弱的一面。久而久之，我们忘记了自己其实是有悲伤的，忘记了自己也有脆弱之处。悲伤脆弱的负面情绪，我们即使自己知道了，也不愿意欢迎它，也不愿意让别人知道。我们习惯了把快乐留给别人，把悲伤留给自己。我们习惯了把坚强留给别人，把脆弱留给自己。

可是每个人都有悲伤时刻，有难以排解的时分，你不展示它、不分享它，你就隐藏了真实的自己。这就意味着你不再真诚，你有了很厚的保护壳，是不真诚让你跟别人之间有了隔阂。这不仅会让你与身边的人渐渐远离，也会让你把自己封闭起来。其实，你可以对愿意接纳你的人去敞开，去分享。你只需要跟几个人建立亲密连接，一生就够了。慢慢地学会将自己的情绪，不论是正面的还是负面的，不论是兴奋激动还是难过消极，分享给愿意接纳你并且你愿意相信的人，这样的人并不是不存在，如果分享失败，可能是你丧失了分享自己的悲伤和软弱的能力。只有找回这种能力，才能找回你自己。

这里不免就要提到心理中心欢脱、善解人意的朋辈心理咨询员们了，我们一直都很期待小小的自己能够在你长长的人生里留下一点足迹，为你解决一个你困惑已久的小问题，抑或是荣幸地成为倾听你的小树洞，我们都十分乐意并且期待你的到来。在美好的大学四年里，我们希望每一个人都可以开心、快乐，虽然考试紧张、课业很繁重，但是，更重要的是我们拥有一颗至善至美的心，不论是对自己还是对他人，都应是如此。美好永远在前方等着我们呢!

　　愿你不仅有正能量和坚强,更能处理好悲伤和脆弱。愿你不仅能去吃喝玩乐,更有地方可以大哭一场。也求你别再始终勉强正能量,我也想给你一个怀抱,我也想看到你的脆弱和悲伤。

02

第二方

陈夏六君汤

健脾益气，燥湿化痰

陈夏六君汤，健脾益气，燥湿化痰，主治痰湿上蒙清窍之内耳眩晕。痰湿，中医向来对此头疼，病程较长，缠绵难愈，始终像一根刺扎在身体某个角落。恰如一个词的分量，说重不重，说轻不轻，用一篇文章，说不完一个词的方方面面，它往往代表了一类人、一个热点话题、一种社会现象。每个词存在于社会中，皆有它的意义。我们要做的，是认清它，不被黏滞的湿气所绊倒，不被缠绵的病程蒙蔽双耳。日子很长，我们都在慢慢对抗。

坚持，让我们遇见更美好的明天

南睿铭

> 我的高三是在疫情中度过的，遇到了许许多多的困难与无助，但最终都在我自己的努力下和我的家人的帮助下一一解决。我想很多人都和我有着相同的经历，面临着相同的困难。我想用我自己的经历来告诉大家，坚持下去，我们会遇见更美好的明天。

2020级新生应该是最奇妙的一届新生，因为疫情，我经历了有史以来最漫长的寒假。在我家乡那个地方，从放假到开学整整有101天的时间，在这101天里可以发生许许多多的事情，对于学习而言也是如此。有的人一开学，成绩就像开了挂，有的就像过山车一样驶入了最低点。想要成功，最重要的是坚持。

我高中最喜欢的一篇古文是《劝学》，其中这几句让我至今难忘："不积跬步，无以至千里；不积小流，无以成江海。"它的意思非常简单，告诉了我们通往成功的道路是用自己的坚持换来的。

在这101天里，我完成了小小的逆袭，以前成绩在班级总是在中下游徘徊，而开学之后我的学习成绩进入了班级上游。其中离不开哥哥的帮助和我自己的努力。因为疫情，全家都在家中待着，菜和其他生活必需品都是由负责人员送到家门口。值得庆幸的是，我家里面有一台亲戚家的打印机，还有几包A4纸，这无疑给我带来了巨大的希望和帮助。每天我们班级微信群会发一些调研试卷来让我们自己做，一般每天两套，语数英、理综，每天做两套，还要对照答案自己改正。每天我亲爱的哥哥都会准时给我打印试卷，而我在房间里埋头苦干。就这样经过了一个月，我发现开学时间一直在推迟，这让我感到了惶恐，不由得退缩，选择逃避，用看电影的方式来消遣时光。过了两天我们学校通知最新开学时间，我一看距当天还有两个月。我冷静下来仔细想了想，再加上我哥哥的开导，一段时间后我又开始了自己的学习。那天看到了一段比较喜欢的话分享给大家:"有些事不是看到了希望才去坚持,而是因为坚持了才会看到希望。我坚持,无论有多绝望,无论有多悲哀,每天早上起来,都要对自己说,这个世界很好、很强大。要坚信,你是一个勇敢的人。因为你还活着;活着,就要继续前进。"这段话很是激励我。还有那个时候看到新闻(关于白衣天使的新闻),白衣天使在抗疫前线为我们遮风挡雨,为我们抗下了一切,看到他们的工作场景和受到的苦,顿时我潸然泪下。这次疫情给我们带来了前所未有的困难,可就是在这个胆战心惊、国家需要的时候,一群可爱而又坚强的天使,义无反顾地出征前线,为我们撑开了一片七彩祥云。

  白衣天使的坚持为我们换来了安全,换来了家人的欢笑。作为一名中学生,我觉得自己也要做到坚持。应学校要求,接下来的两个月要在手机上打卡起床背书以及复习自己薄弱的知识点。在北方寒冷的冬天起床不是一件容易的事情,我当然也不例外。五点多钟听到闹钟响起来,我下意识地关掉了它,结果我的打卡时间在六点四十几分。结果大家应该都知道,我被班主任在微信里通报批评。那时候我感觉这个通报批评很不应该,因为起得太早的话,白天容易犯困,我当时的思维就是这样的,总感觉自己是对的。后来和班级前几名交流了学习经验,询问了他们的作息规划。果不其然,他们总是五点起床,然后开始一天的奋斗。我当时和他们说了我的情况,他们让我先尝试一天,努力完成一天,看看自己能不能完成。我抱着试一试的态度开始了第一天尝试,不知道是兴奋还是什么原因,第一天真的就精神满满,就这样顺利完成了第一天。晚上我躺到床上想了想,前几名的生活也不过如此,如果我坚持到底,我不也能成为前几名嘛?抱着这种态度我坚持了第一天、第二天、第三天……这样过了半个月,我已经把这样生活方式当成了习惯。说真的,这给了我很大很大的帮助。的确,坚持真的可以改变我们,从内心,到外表,再到精神气上,都得到了明显的改变。最终的结果当然是,我能骄傲地说上一句,我对得起自己了。这段时间我问心无愧,我想这就可以了。

  如果我们能够坚持一些生活中的小事,就足以使我们取得成功。就如狄更斯,他是英国著名作家,平时很注意观察生活、体验生活,不管刮风下雨,每天都坚持到街头去观察、谛听,记下行人的零言碎语,积累了丰富的生活资料。这样,他才能在《大卫·科波菲尔》中写下精彩的人物对话,在《双城记》中留下逼真的社会背景描写,从而成为英国一代文豪,取得了他文学事业上的巨大成功。还有欧洲文艺复兴时期的著名画家达·芬奇,他从小爱好绘画。父亲送他到当时意大利的名城佛罗伦萨，拜名画家佛罗基奥为师。老师要他从画蛋入手。他画了一个又一个，足足画了十多天。老师见他有些不耐烦了，便对他说："不要以为画蛋容易，要知道，1 000个蛋中从来没有两个是完全相同的；即使是同一个蛋，只要变换一下角度去看形状就不同了，蛋的椭圆形轮廓就会有差异。所以，要在画纸上把它完美地表现出来，非得下番苦功不可。"从此，达·芬奇用心学习素描，经过长时期勤奋艰苦的艺术实践，终于创作出许多不朽的名画。

可能有的同学会说，这两个故事我们早已耳熟能详了，说的是名人的成功故事，我们都是普通人。我们不妨静下心来想想这两件事情，不难发现，我们也可以做到。当然，前提是你要学会坚持，生活中的一件小事或者自己喜欢的事情，如果你能坚持下来的话，相信你一定能够取得成功，一定能够取悦自己。就我自身而言，我在那段时间是通过跑步保持自己的兴奋和精神状态，因为通过跑步，我可以让自己的大脑和身体都得到很好的放松。我跑步的时间或许没有那么长，15到20分钟，但是在这段时间里，我的大脑处于放松状态，我可以无限遐想，通过听歌来缓解我的疲劳，因为当时我的学习压力或者是亲人期盼给我的心理压力还是蛮大的。我想大家那段时间（和我一起经历过疫情中的寒假，再或者是经历过高考的磨砺）可能都有体会吧，因为面临高考，所以整个人处于精神紧绷的状态。而我缓解这种疲劳的方法是跑步（不是脑子一热就跑，过了一段时间全然忘记，而是坚持跑步，把跑步当成一种习惯、一种乐趣）。跑步的感觉真的很赞，我想坚持跑步的同学应该知道这种感觉，它给人带来的那种精神状态是非常兴奋的。

当然，还有一种方法，就是静坐。如果天气好（不是那种刮大风或者是下大雨的天气），我会搬出一个凳子，在院子里静静地坐下来，背部对着太阳，然后闭着眼睛进行遐想。可能有人会说这种情况在现实当中很难实现。的确，不可否认，现在快节奏的生活已经让我们的大脑适应了快节奏的状态（包括很多方面），但我是通过这种方法来放松自己的，因为静坐的效果和跑步差不多，这两种方式都让我的大脑和身心放松，可以更好地完成下一步的作业或者是其他工作。总之，这是让自己得到放松的方法或是途径，大家在有需要的时候可以试试。就比如在临近期末的时候，大家的压力还是蛮大的（或是为了想要评优或是为了不挂科，因为个人的学习能力不同，所以追求的目标也各有差异）。这个时候如果需要放松，我们可以通过跑步、静坐来改善自己的精神状态。我们学校的田径场就是为我们运动准备的，如跑步、跳绳等等。我们可以给自己定一个目标，比如先坚持半个月。在这半个月中每天绕着操场跑五圈，一个星期过后你会明显地喜欢上跑步这一运动。或是心态的原因或是肌肉记忆的原因，总之你会爱上它，然后改善自己的全身面貌。我们学校的宋慈湖畔是相当美丽的，当我们压力大的时候，可以在二号楼的后面或者是图书馆后面坐下来，就静静地坐着。下午或者是早上太阳不是特别烈，这个时候太阳光斜射下来，你可以面向太阳或者是背对太阳，然后想一些学习之外的事情或者是发呆也可以，这都可以使我们放松，然后更好地备考。成功和我们的作息规划及生活习惯一样，根本没有什么秘诀可言，如果真有的话，就两个：第一个就是坚持到底，永不放弃；第二个是当你想放弃的时候，回过头来看看第一个秘诀：坚持到底，永不放弃。希望我们都可以在做自己想做的事情时坚持不懈，收获成功的喜悦。

让阅读照亮我们的心灵

沈赟涛

> 人生于世,如水浮沉,我们总会遇到各种低迷的时期。我们需要阅读,汲取书中的知识会让我们更为坚定、更为自信。阅读会给我们带来精神上的支柱,会给我们照亮前行的方向。像雨果先生说的那样,阅读可以将各种蠢事熔化,让我们的心灵透彻明净。

我担任朋辈心理咨询员好几年了,曾帮助同学们走出迷茫的处境。很多时候我都会建议他们通过看书来改善自己当下的心理状态,补充精神之"钙",获得心理能量,获得更为快乐的心理状态。

新年初,新冠肺炎疫情的肆虐,就像是浓浓的阴霾,阻挡了温暖的阳光,压抑着人们的心,给人们带来了灾难,但与之同时它的出现也更彰显了我们全国人民的风貌。全国人民众志成城,在党中央的坚强领导下,在全国人民的齐心支援下,我们一定能打赢这场疫情防控攻坚战。前方的道路是光明的。在这段时间里,全国各地为抗疫采用了许多措施,其中最重要也是共同的一点就是号召大家闭门不出,居家隔离,尽量减少人与人之间的接触。那么这么长的时间,我们可以用来做什么呢?在我家里,我和父母一起学着做包子,做饺子。吃到自己做的食物,总有一种收获的喜悦。我还学会了抖空竹,每天有一段固定的时间来玩耍,看着空竹上下翻飞,心情还是挺舒适的。当然,读书也是我的不二选择。既然不能出门,不正好可以拿出时间,就着暖暖的冬日,慢悠悠地读会儿书吗?之前总感觉自己没多少时间读书,偶尔挤出点时间,又总是静不下心,脑袋里还有各种事情、各种游戏的身影在打转。现在时间有了,一天天下来,游戏也变得枯燥无味,那就开始享受读书的生活吧。

小的时候,我就挺喜欢看书的,一开始是看家里两本厚厚的《一千零一夜》,上面有好多好多精美的插图配着文字。小的时候,妈妈就那样一幅图一幅图地给我讲述书里的故事。

到了上学的时候我就更爱看书了，特别是语文书。我真的特别喜欢读那些小小的、短短的文章，喜欢去慢慢体会文章的思绪，那时候很想去了解那些写书的人怎么那么厉害，用我们都用着的字词构造出那么美丽、宏大、令人惊奇的世界。

我很喜欢看书，书是我们的朋友。每到双休日，我就开始翻找我爸爸藏书的柜子，看了好多好多像是《平凡的世界》《飘》这样的书，还有一些名人演讲的书。现在想想我也不知道那时候是怎么看那些书的，只是感觉好看，然后不知其所以然地一股脑儿就看了下去。不过爸爸对我看各类闲书管得有点严格，因为我的一个小叔叔据说就是因为痴迷于各种金庸小说，初中的时候成绩一落千丈。我那时候很不服气，经常自己省下一点点零花钱，攒着，然后过一段时间自己偷偷去书店买书，看完书再把它藏好。我记得小时候最义正词严、最兴高采烈的时候，就是每个学期末老师会要求我们在寒假或是暑假读一些课外书，再写一写读书笔记。我就装得很严肃地去"通知"爸爸，说老师要求读什么书，脑袋里想着老爸这可不能阻止我啦。高尔基的三部曲，鲁迅先生的散文集，四大演义，这些书就一本一本读了下来。

就这样，在我读大学之前，一本一本地慢慢读，那些我藏起来的自己偷偷买的书到最后还是被老爸老妈发现了。老爸说了我一顿，然后估计是看在我学习成绩还算稳定，这事就算是揭过去了，但还是和我约法三章了。

上了大学之后，让我最震撼也是最开心的就是学校的图书馆了，有那么多自己以前没有看过的书。置身于书的海洋中，放眼望过去全都是书，就好像一个一直饿着肚子的人突然被人请到了灯火辉煌的餐厅，面前摆上了无数的美味佳肴，然后还告诉你可以尽情享用一样。在看到图书馆的时候，我第一个想法就是：把我想看的书全部看完。在上课学习之余，我读着各种借来的书，像什么余秋雨先生的书，弗洛伊德、荣格的一些书，列夫·托尔斯泰的那几部经典，各种各样的书，从文学到哲学、心理学，凡是有名的，我都想借来看一看。后来自己有点迷上游戏，大学的生活也愈加丰富起来，自己的空余时间减少了，原本安排好的一个学期的读书计划也就慢慢搁浅了。

这个寒假离校前，我还抱怨没能看完毛姆的几本书，只能带着崭新的它们回家，谁也没想到会有新冠疫情爆发，我正好利用这段时间安心宅家看书了。

我觉得读书应该是快乐的。古代的时候有一句话，是"十年寒窗苦读"，甚至还要"头悬梁，锥刺股"去读书。我觉得这并不是很正确，这种苦读只是把读书作为一种手段或是方式，通过读书这一途径实现自己考取功名的愿望，改善自己的家境，给家人、给自己带来更好的生活。这也无可厚非。但我觉得读书更多的是一种乐趣，像是一种陶冶情操的享受过程。孙中山先生有过这样的话："我一生的嗜好，除了革命之外，就是读书。我一天不读书，就不能够生活。"书籍是历朝历代的文化的承载，是数千年来人类知识的结晶。而我们现在需要做的就是翻阅书本，感受体会书中的故事。通过书籍，我们可以遍览世界的历史：我们能够看着孔子周游列国，脑海中畅想着一幕幕经典的场景；我们可以体会苏格拉底式提问，感受古希腊哲学家的智慧；我们可以随苏轼一起畅游赤壁，感受被贬谪的旅途中的超脱豁达，人生无常，万物各有其主；我们可以和居里夫人一起在实验室中探索镭的性质；我们可以感受唐朝的风俗风情，行双陆、踢马球、赏胡舞；我们可以探究原子、电子的运行轨道，也可以观测到不知离我们多远的星球的运行途径。这都是读书所带来的，读书不仅仅开阔了我们的眼界，也极大地增加了我们获取知识的深度。

读书应该读好书，书犹药也，善读之可以医愚。读书可以增强明辨是非的能力。当然，好书也是相对于每个人来说的。有句话说"文如其人"，其实书也如其人，什么样的人喜欢看什么样的书。有人喜欢武侠，喜欢看侠客行侠仗义，那么他为人可能也是比较讲义气的；有人喜欢读史，那么他可能是文绉绉的，讲求事实；有人喜欢读医，那么他开口闭口可能都会围绕他的医学思想。读一些好书，读一些自己喜欢的书，才能够让自己真正地沉浸到书里面去。好书也往往能够带你去往更壮丽的世界。

读书的目的不应该只是掌握知识，我觉得我们还可以有更简单的目的，就是读书。朱熹先生在《训学斋规》中有句话："余尝谓：读书有三到，谓心到、眼到、口到。心不在此，则眼不看仔细，心眼既不专一，却只漫浪诵读，决不能记，记不能久也。三到之中，心到最急。心既到矣，眼口岂不到乎？"心到才是最重要的，我觉得我们读书更需要的应该是投入，全身心地去读书。一本未读过的书就像是一个崭新的世界，我们要像刚刚出生的婴儿睁开眼看世界，把自己的心放静，不去想旁事，只专注于自己手中小小的书页，认真细致地体会字里行间的意味。这样读书才能给我们带来更为愉悦的体验。书籍会抚平我们心中的烦扰，给我们心灵以宁静以及更为深沉有力的精神力量。

读书是一种非常安静且个人化的思维活动。若是寻觅一个阳光明媚的午后，一把椅子，一本书捧在眼前，迎面而来墨香飘扬，将俗世的喧嚣抛之脑后，自在悠扬。在阳光墨染中我们可以尽情品味书籍的故事，像是品一杯美酒，越发地沉浸。

以后的日子还是应该找到些许时间读书，放松一下自己的身心，忙里偷闲，丰富一下自己心中那片小小的空间。

抓住幸福的线头

罗同诗

> 我们都曾抱怨这人世不公,哀叹这世间唯独自己充满不幸,却也庆幸自己能看到这世间繁华,体味人生百态;或许都曾怀疑为何来这世间尽是不幸,但终归,我们还是在这世间找到了属于自己的幸福,保护着我们平稳安然地度过这漫漫岁月。

不久前我看到了一个关于幸福感排行的榜单。什么是幸福感呢?相信每个人都会有自己的理解。

我总是听到朋友抱怨,学习压力、人际关系、就业方向、个人情感这些都是我们大学生经常遇到的困扰。被各种来自生活的"小怪兽"包围,我们感受到"不幸福"。当现实中存在的东西都不是我们想要的,当自己定义的幸福与现实有很大的区别,当生活或者感情方面没有办法达到我们的预期,我们就会觉得不幸福。和身边的朋友相处总是觉得三观不合,担心将来自己毕业就失业,害怕找不到喜欢的工作,和我的那个"他"真的能走到最后吗?……这些像一座一座的大山压在我们的背上。

给大家说一说我自己的事吧。在我小学和初中的时候家里管得很严,每天的生活就是学校和家两点一线,课余时间很少能出门。小学时代的我早早地就过上了如此规律的老年生活。因为父母觉得不安全,我出门玩会让他们分出过多的精力去关注我的动向。朋友刚开始还会找我出去玩,后来次数多了,大家知道我离不开家门,我就慢慢地被排挤出了班级交际圈,朋友对我来说是一个稀有的生物。我很清楚地认识到,我不幸福。我每日怀揣着对别人的羡慕或者是嫉妒,然后再用微笑将自己包裹起来,想着为什么别人可以有自由的空间,可以和朋友聊着最新的八卦,有着独属于他们的小秘密。而我难过时,没有任何人可以给我安慰;我快乐时,也并没有人可以分享。周围好像有很多人,但我依旧感觉只有自己。

这种感觉说不清楚,好像少了什么似的。每天我仍然在认真学习,保持成绩良好，因为除了学习，我真的不知道还能做什么。没有爱好，没有目标，我也不知道自己想要什么，得过且过，这种状态爽吗？非常爽！但是过后会很空虚，羡慕别人有着少年人独有的朝气，羡慕别人能为自己喜欢的事情或努力或疯狂。如果对自己都没有什么要求，那么要如何保证对生活的热爱呢？

我知道自己不幸福，却仍然不知道什么叫作幸福。一千个人心中有一千个哈姆雷特，每个人对幸福的答案都不一样。我在网络上看到过一个很简单很务实的答案：摆脱金钱、时间、空间的束缚，拥有自由，从精神与体验中获得幸福。具体来说就是享受工作，有稳定的经济来源；持续进步，每天汲取新的能量；身心健康，有自己的兴趣爱好；独立思维，具备跨学科的能力；时间自由，有良好的亲密关系。

什么样的人会生活得幸福呢？有一种说法是：真真实实地生活着的人，往往会很幸福。

高中的时候，我住校了，一学期下来很少回家，也是从这个时候开始我自己可以支配自己的时间和空间，与我可爱的六个舍友日夜相处。没有人干涉我交友的权利。我可以在凌晨的时候打电话求助于她们，我可以把自己看到的笑话随时分享，我可以对她们说自己青春期女孩子的小秘密。她们会在我不小心睡过头而上课迟到的时候偷偷跑回宿舍叫我，她们会因为我晚上的一个呼救爬下床给我打虫子，她们会陪着我一起唱最土的情歌，她们会做很多很多以前从来没人陪我做过的事。

高中三年，纵然一个人孤孤单单地在一个陌生的城市，但我真正地释放了"我"。父母眼中的我乖巧又听话，从来不叛逆，一放学就回家，从来不用他们多操心。而现在在别人的眼中，我是个"精分"偶尔还有点智障的欢乐少女，会很开心地笑到看不见眼睛，会很暴躁地吐槽不开心的事。父母希望我能够平安稳定地成长，从我的名字中也能看出来，父母希望我能成为腹有诗书气自华、温和明媚的女孩子。我感谢他们对我深厚的爱，同样，我也不后悔没有按照他们的预期成长。我成为自己心目中的那个自己，而不用再压抑自己的本性。或许这就是所谓真真实实生活着的人，面对真实的自己，切身地感受这个世界的烟火气。

陈丹燕在《上海的金枝玉叶》里提到了一个真正的金枝玉叶——上海永安公司老板的女儿，从小锦衣玉食，而新中国成立后，却沦落到了下乡挖鱼塘清粪桶的地步。但是在一贫如洗的情况下，她依然保持着吃下午茶的习惯，用仅有的铝锅，在煤炉上烤蛋糕。几十年来，她喝着下午茶，吃着自制蛋糕。她用自己的韧性和耐力，在历经沧桑后，依然温文娴静，让人如沐春风。如果这位富家小姐一直沉浸在曾经的荣华富贵中，无法忍受现在这样贫穷的自己，无法面对将来劳累的人生，持续的怨怼不会改变她的处境，她后面的几十年也不会有勇气去豁达地生活。或许生活不富足，但这位小姐已经抓住了自己的小幸福。

新冠病毒肆虐，疫情暴发接近三个月了，什么时候能够终止似乎遥遥无期……作为大学生的我们，更是不知道什么时候才能开学。大家待在家是不是快发霉了呢？毕业生发愁论文答辩，研究生发愁实验进度，普通的大学生也在发愁课程进度，身边没有足够的教材资料……大家是不是被这些问题弄得一团乱麻呢？有没有意识到刚回家的时候还是父母的小宝贝，现在就成了小王八蛋呢？又是否有同学因为家人奋战一线而饱受担忧之苦呢？

在这次灾难中，一些人丧失了金钱甚至生命。作为还在校园的大学生，我们没有太大的能力去改变世界，但我们能够管好自己，正视现实，于不幸中寻找自己的小确幸！

疫情到来之前，我们忙着学习，忙着与同学交往，忙着兼职赚钱，每个人都有自己一直在"忙"的事，而这次疫情让我们能够"慢"下来。有多久，我们没有抬头认真看天空云彩的颜色了？有多久，我们没有驻足闻路旁的花香了？有多久，我们没有仔细看妈妈那日渐老去的容颜了？小小的空间里，一家人一起做饭、看电视，做一些看似无聊的游戏，即使是吵嘴也会因为身边的人变成一种情趣。

在生死面前，一切都是浮云。疫情严重的时候，每天点开微博热搜，都会看到不断增长的感染人数，这些数字后面又不知道隐藏了多少一线工作者的努力。我很恐惧突然有一天我居住的街上发现感染者，我又很庆幸我的家乡有"折耳根护体"和"茅台酒消毒"，这里并不算疫情重灾区。在这场疫情面前我们显得如此渺小，网上充斥着种种不幸……但很暖心的是，我看到了捐出压岁钱的小男孩，慌张送口罩的快递小哥，义务做工的非专业工人……我们所处的社会很幸福！谁说不幸就一定充满不幸呢？

幸或者不幸，顺或者不顺，从来都不是一概而论。有谁的一生会是一帆风顺吗？我觉得是没有的，毕竟谁也不知道幸运女神是否存在。坦然地接受自己的一切，勇敢面对自己拥有的、缺少的、渴望的，从不幸中找到那么一点幸福的线头。我们要做的，就是将它拽出来一点，再拽出来一点，织成一件暖和的毛衣，保护我们在这人世中越走越远。

原来你是我最想留住的幸运

许煜婷

> 人生海海，有的人怨天尤人未果，有的人因一点甜而犹见天光。莫说时运不济，生活给你的苦难，其实是在铺垫浪漫，值得拥有的东西永远来之不易。越努力越幸运呀！透过时间的放大镜，我们终会发现，我们自己即自己最大的幸运。在星河滚烫的人间烟火中，未来可期。

  我们总会遇到那么几个人，考试总能押到题，每次抽奖必中，在路上抬个头都可以遇到未来的另外一半。而我呢，只能默默转发锦鲤，默默期待好运降临在自己身上，希望哪一天突然幸运加持、事半功倍。

  联想到上学期的传统康复考试，十二条经络里只考两条经络，临阵磨枪的我决定侥幸过河，谨慎押题，挑挑拣拣背了四条经络，并以此沾沾自喜。可这份自信没有一直延续下去，拿到考卷的那一刻，目光落到经络题目上的那一刻，我慌了，实实在在地慌了。好运并没有落在我身上，陌生的经络题成为本场考试的最大阻碍。考试中每一次落笔，我都是慌张而茫然的，害怕20分的大题全军覆没，茫然于如何向过去的自己交代。

  考试后回想那一瞬间的懊悔，是运气差吗？我想不是。我明知道有一场抽考，却没有脚踏实地，一步一个脚印地把基础夯实，而是将希望投寄于好运气，妄想一蹴而就。现实直接给了我无情的打击，也使我幡然醒悟，没有什么是可以只靠运气去达成的，努力必不可少。

  生活中，我们总把某些成功归功为运气，以此期许自己一直拥有。然而，天下没有免费的午餐，学习中是没有周公托梦带答案的说法的，也没有躺着就能中彩票的好事。这些显然是不现实的。幸运不可能青睐一个毫无准备的人，幸运更多的时候出现在你付诸行动后。

  我觉得，幸运是有迹可循的，是一种锻炼而来的能力，也必须通过自己的努力得到。

斯坦福教授蒂娜·齐莉格（Tina Seelig）在TED演讲中指出，运气很少像闪电那样戏剧性地出现，它更像风，有时静止不动，有时会从你根本想不到的方向吹来。这再次论证了运气并非一时机遇，并非偶然的捕捉。但其实我们常常缺少的不是遇到幸运的机会，而是抓住幸运的能力。那么，如何抓住属于自己的那一份幸运呢？

第一，走出舒适区，尝试新事物、新方法。如果我们总是处于一个波澜不惊、一成不变的环境里，就容易止步于这个环境。尝试做一些新的事情，带给生活不同的外界刺激，学会触碰微小的风险，将机会化为自己所用。最简单的方法就是，你可以勇敢地展示自己。曾经的我下定决心参加了学校组织的心理微课比赛，从宿舍到舞台，从人后到人前，我尝试着悄悄长大，然后惊艳所有人。很幸运，通过努力，我得到了老师的肯定，并获得进入部门任职的机会。

当然，走出舒适圈意味着你将接触更多的人与事，打破原有的交际圈，但新的环境往往伴随着新的际遇。在学习与人相处之道时，我也幸运地结识了一位默契共事的搭档。感谢这份小而满的运气，使我不再虚度青春，获得了更多表达意见、锻炼能力的机会。不仅是我，任何人都可以尝试摘星。可以是同许久未曾见面的远方朋友们联系，增加自我归属感；可以是投身到新部门，结交新朋友，获取新鲜感。过客匆匆，每份相遇都是缘分，他们的出现或多或少影响着你，或是你的目标，或是伸出援手的贵人，或是一段美好的机遇。

第二，努力也是幸运的一部分。一朝功成，十年血泪。成功除了勇气，也需要风雨兼程的努力。努力不是一蹴而就的结果，是一步一个脚印、一步一个阶梯的过程，只有稳扎稳打实实在在地积累，行致稳健，才能厚积薄发。幸运不是一次出奇的选择，或是一份静心的准备，更应该是一直以来的坚守，坚定心中的道路，守候眼前的光芒。只要双眼向前看，两脚朝前走，路上的风景愈见愈多，心中的底气也才能越来越足，这终将是我们不断优秀的资本，那名为努力的硕果呀，终会散发迷人的香气。

第三，相信幸运之神的降临。心理学上将这称为自我实现预言。也就是说，当你处于相信幸运之神会眷顾你的状态时，你将时刻准备着，这种积极的心态也将提高你的行动力和执行力。例如英语四六级考试，单单依靠高中的学习是不足以考出优秀的成绩的。但很多人依旧抱有幸运压线的想法，以至于在过与不过的边缘徘徊。作为一位过来人，我也曾抱有同样的想法，放弃了日常英语的学习，把成绩押注在题目难易上，最后落了个得380分的下场。实打实的分数令我顿悟，幸运只会留给有准备的人。如果我们想把所有美好的结果都留给幸运来创造，毋庸置疑，我们只会不断走下坡路。因此，在给自己制定幸运清单的同时，不要忘记付诸努力。这样，幸运才能在你刚好需要的时候出现。

  第四，拒绝肯定自己的厄运。心理学上有一个理论叫作行为确认事件。具体而言，如果你总是肯定自己的厄运，觉得自己就是最不幸运的人，那么你就会自我蒙蔽，见不到生活中的阳光，于是一次次与幸运擦肩而过。例如，清晨上学路上，你不小心绊倒，因此认为今天是水逆的一天；上课时，笔不小心甩落，你在心里暗示自己倒霉。然而平常的你，面对这些接二连三的小事只是淡然处之，笔掉了就再捡起来，一样还能写出顺滑的字，这就是属于你的一点小幸运。

  最后，留给自己一点满足感。小而满的运气亦是最珍贵的礼物。我想每一个人都是幸运的，也许是还没有发现。一直以来，我都觉得我很幸运。我有可爱的舍友们和操心的舍长。有段时间我兜兜转转于实验室，日常两点一线，每每是到了门禁点才拖着疲惫的身躯进入宿舍。舍长总会准时发条微信催我回来。几人份的关心，足以抵消繁重学业带来的倦怠。我有很要好的搭档，同我一起试错，一起工作，一起长大，虽然我们互相骂骂咧咧互相吐槽，但我心底却一直默默感谢他的存在。我有温暖的部门小伙伴们，互相帮助、互相进步，工作时督促着各自一丝不苟，休息时相互打趣、无拘无束。我也有可以交心的知己们，哪怕相距千里，也总会在对方需要的时候出现，互相鼓励、互相陪伴，应对生活的琐碎，陪伴彼此诗酒话天明。我还有很喜欢的老师们，他们和蔼可亲、循循善诱，教会了我不同的知识与能力。他们的信任与肯定，让我能够不断砥砺前行。当然，我有很爱我的家人们，总是无条件地站在身后支持我、尊重我每一个决定。其实啊，只要一生顺遂，身体健康，就是最大的幸运了。

  同运气和解吧，亲爱的朋友。好运和坏运，只是我们生活中的一个小惊喜，或是一场小意外。这并不代表着我们生活能很好或很糟糕，运气只是构成我们元气满满一天的一部分，一个莫名的好运气能让我们温暖一天，一场突然的坏运气也能让我们的安排耽误许久，但这些都不能阻止我们前进的步伐，不能叫停岁月的流转。在人生路上前进的是我们自己，在岁月流转中涌动的也是我们自己，所以我们自身的存在便是属于我们最大的幸运。

同运气和解吧，亲爱的朋友，我们仰望便可感受阳光，我们伸手便可拥抱微风，清晨睁开双眼便是世间万物，言语沟通构成感情桥梁。我们与许许多多的人相互联系，与芸芸众生息息相关，世界在有规律地转动，我们做的事情也必有因果。好运不会凭空而来，那是我们善意积极的积累；坏运也不会突然降临，那是对我们懒惰埋怨的惩罚。

　　正如普希金说的，假如生活欺骗了你，不要悲伤，不要心急。忧郁的日子需要镇静，相信吧，快乐的日子将会来临。对于生活中的忧郁，我们确实要学会排解、学会梳理。但我们更需要反思自己的选择是否正确合理，自己的生活轨迹是否正确。每天往门口扔一个香蕉皮，天长日久，路终会走不通。每天坚持起床叠被子，那么就算一天很忙碌、很疲惫，夜晚洗完澡上床睡觉的时候，你仍能看到整整齐齐的被子等待着你。人生海海，有的人怨天尤人未果，有的人因一点甜而犹见天光，莫说君行早，只有早行人。透过时间的放大镜，我们终会发现，我们自己即自己最大的幸运。在星河滚烫的人间烟火中，未来可期。

孤独是一个人的常态

栗建欣

> 孤独是一种常态，是我们成长过程中不可避免的，它可以让我们变得更加强大、更加优秀。在孤独中成长，我们才会遇见那个更好的自己，找到那个更有趣的灵魂。学会享受孤独，在孤独中才会更加坚忍不拔。学会与自己相处，才是人生最高级的智慧与享受。

前几天，我偶然看到一张图，描绘的是人生的不同阶段朋友的数量，让我产生了共鸣，想要记录自己当下的感受。从小学、高中到大学，随着我们年龄的逐渐增长，我们身边的朋友却越来越少。尤其是对于刚刚结束高中集体生活的我们来说，独自一人来到大学，所有的一切都是全新的，我们会对崭新的事物产生好奇心，但难免新鲜感退去，感到孤独与迷茫。

在上大学之前，总想着世界这么大，我要去看看，于是考到了离家很远的地方。刚进入大学的我，到了陌生的环境，接触着新的同学，有了不一样的生活，新鲜感满满，但其实没过多久就会开始想念以前熟悉的环境和知心的朋友，会羡慕离家近的同学可以随时回家。上了大学之后，你会发现很难再遇到志同道合的朋友，每个人都在忙着自己的事情，很多时候你都是自己一个人。虽然现在是信息时代，我们随时随地都可以和自己的朋友联系，但是大家终究在不同的地方，有着自己不同的圈子，慢慢地我们之间的共同话题越来越少，之后各自忙碌便成为常态。其实我觉得我们上什么样的大学，遇到什么样的人，经历什么样的事，在冥冥之中早已注定，不同的是我们的选择与态度。对于我来说幸运的是，在大学阶段遇到了一见如故的朋友，我很珍惜，于是我选择了好好经营这段关系。但其实很多时候大学生活都是孤身一人，这也是我们要上的最重要的一课，学会一个人赶路，明白一个人也是可以闪闪发光的。人与人之间，与其攀缘，不如随缘。

孤独是一种常态，也是一种成长。只要你变得优秀，安全感是可以自己给予的。以前我很讨厌独自一个人，想让别人陪着我，因为那样我会觉得很有安全感。后来我才明白没有人会一直陪着我，我总要习惯一个人吃饭、一个人学习、一个人生活。这样很孤独，但是也很酷，可以学会自己解决问题，不需要依赖其他人。其实孤独并不是让你与世隔绝、没有朋友。孤独并不可怕，它可以帮助你静下来听听自己的内心，使自己学会反省，更好地成长。随着年纪的增长，我们身边的人也越来越少了，凡事都要靠自己，孤独是迟早要面临和适应的。大学的常态不叫孤独，而是独立。没有为我们操心、帮助我们解决问题的朋友，没有对我们严加看管的老师，没有时时刻刻为我们着想的父母，我们只能自己对自己负责，自己安排自己的生活，这时就更加考验我们的自制力。有的人上大学学到了很多有用的东西，而有的人则是浑浑噩噩地浪费了四年时间。一个人的生活更加考验我们自己。每个人在人生的不同阶段都需要对自己的生活进行规划。进入大学的我们就相当于一脚踏进了社会，更多时候我们应该学会选择，学会思考自己的人生。

　　以前我看过一个故事，故事中的小徒弟看到师父在看月亮，便问师父嫦娥一个人在月亮上会感到孤独吧，师父回答说所以她才把月亮点亮了呀。人总会被孤独包围。之后师父又说方丈每次闭关都要一个人待几十天，之后修为便更加深厚。人总要学会享受孤独才会变得更强大。这便是我们每个人都要经历的：学会享受孤独，学会一个人成长。大一的时候，我很羡慕有朋友的人，这样就可以和别人分享自己的情绪，凡事都可以和他人一同商量，好像感觉有人陪着自己，自己就可以少为自己操心。后来我才发现其实一个人可以节约很多时间，喜欢独处的感觉就像一下子长大了一样，可以静下心来好好规划自己的时间了，自制力也更强了，玩和学习可以同时存在了。以前玩了一天，心思就收不住了，不能再安安心心地学习了，现在做事的效率更高了，节省了很多时间。这就像是明白了自己想要什么，想在有限的时间里做无限的事情，想过自己真正想要的生活。虽然时间在无声地流逝，但其实时间过得真的很快。我尝试过和室友一起去图书馆，但慢慢发现太浪费时间了，一个人去图书馆一上午效率是非常高的。不必去刻意迎合他人，不必担心别人的感受，不必为了刻意融入宿舍集体生活在宿舍打游戏、睡觉，这样的生活是很幸福的。其实很多时候你都浪费了自己的学习时间和独立思考的能力去刻意地配合他人，总担心自己会被孤立。如果能够真正合理地利用自己的时间，对自己的学习成绩、价值观和思维能力的培养也有很大的帮助。大学里独自一人能带来什么？那就是优异的成绩、更独立的人格，不会被他人的言辞所左右，能够宠辱不惊，有更多时间看书思考，从书中汲取很多知识，可以逐渐形成自己的思维方式。孤独其实是人生中不可避免的。每个人都会在人生的路途中感到孤独，哪怕是对一件极其微小的事情，一时想不开而感到孤独。不过随着时间的推移，学会主动，学会自己一个人，会交到更多的知己吧！其实依赖也不是什么坏事，适当地依赖一下别人，别人也会感到你把她当朋友了。但一定要适当，社会不仅需要人际关系，更重要的还是自己，自己能力的提升才是最重要的。没有人会一直帮助你，最终你身边的人只有你自己。

当一个人身心安静下来时，心灵更"智慧"的一面才能显现出来。临近期末考试，当我还没有复习完的时候，我非常紧张，后来发现越紧张自己越看不进去书，只是在一味地思考自己还剩多少内容要复习。后来我慢慢让自己静下心来，想着反正也没有时间了，不如看一点算一点。我强迫自己专心看书，之后我才发现尽管只有短短几个小时但是我还是复习完了。这时候是没有人可以帮助我的，除了我自己。当我遇到困难时，我会感到身心紧张焦虑，而当我放下此事不去思考，做我日常生活中该做的事情时，可能突然一个灵感出来，问题就得到了解决。只有心境平稳沉着安静了，学生才能拥有专注力去学习；成人才能专心致志地去做事；创业的人，才能有厚积薄发的干劲；而做研究的人，耐得了孤独寂寞，才能有创新和发明；所有人，只有学会享受孤独，才能获得自我的一番成就收获。而当人不能安静，不能和自己独处时，你和别人说得越多，你的思维就会越来越深陷于狭窄的自我意识中，就会钻到牛角尖里，越来越烦恼，时间长了还容易得心理疾病。

人生旅途没有一帆风顺的，曲折是必然要经历的。这个世界上没有不带伤的人，真正能治愈自己的，只有自己。我曾经以为当我遇到困难的时候，可以不需要自己独自解决，我可以询问父母，可以寻求朋友的帮助，后来到外地上大学，离开了父母和朋友之后，我才发现距离像是我们之间的一座桥，我跨不过去，他们也走不过来。远水解不了近渴，真正遇到困难时，我甚至不想给家人打电话，因为我知道他们帮不了我，我也不愿让他们为我担心。随着与朋友之间的联系越来越少，我们之间也不再像之前那样无话不说，各自都有了自己的新圈子。由于我们大学都不在一起，也不会经常约着出去玩，回了家之后也没有像之前那样频繁地联系。在你遇到困难的时候，你甚至不想去麻烦别人。随着我们长大，身边的人来来往往，最后只有自己。其实更多时候朋友只是匆匆赶来为我们上了一堂课，教会了我们更好地成长。我们要学会从中汲取经验。好朋友不在于多，而在于精，两三知己，三观相投。面对困境不要悲观，就像是游戏打怪一样，只有战胜更多的困难，我们才能更好地升级。要将自己变得强大，只有自己变得优秀了，才会发现社会好像也变得更加友善了。对于自己不喜欢的人和事，不必去强行融入和应对，不如将更多的精力用来提升自己的能力。

　　孤独是人生的必修课，既然不可避免倒不如学会享受。陪伴在我们身边的人不论时间长短，我们都选择好好经营。独处时我们便静下心来，好好享受，实现自己真正的自由与独立。

你的孤独光芒万丈

鲍中元

> 村上春树在《1Q84》里说过:"人的生命虽然本质上是孤独的东西,却不是孤立的存在。它总是在某个地方与别的生命相连。"孤独是我们成长中必不可少的情感体验,由它衍生出许多困惑与烦恼让生活更加五彩斑斓。让我们正视孤独,直面孤独,于所喜乐的世间纵情跋涉。

"我知我喜乐,纵情跋涉。"

这是我很偏爱的一句话。

一个人的跋涉旅行,因为足够坦然,所以才能与真实的自己相遇。

我和很多人熟络,拥有良好且足够温暖的人际关系,但这些并不会阻碍我一个人吃饭、一个人跑步、一个人看电影……我享受一个人的所有体验,因为对我而言,那是真实、自由且舒适的。但,即使是主动选择孤独的我,有时也会陷入孤独感的被动状态。

梭罗有一句话我很喜欢:"如果我真的对云说话,你千万不要见怪,城市是一个几百万人一起孤独生活的地方。"不过,我更喜欢和星星说话——在夜晚我感觉更安全、更放松,有一种天生的亲近感。说实在话,我是一个昼夜情绪反差特别大的人——白天我嘻嘻哈哈、活泼开朗,做什么事情都非常热情积极,但到晚上就会有很多情绪的触角探出来,让我有非常复杂的情感体验。

举个例子,有一天晚上,忙完后在床上打开哔哩哔哩视频网站,准备看一看我关注的博主视频,然后睡个美美的觉。因为平时我看这个博主的很多视频就会非常开心,哈哈大笑,忘记一切烦恼。结果那天晚上,我看着看着就突然哭起来了。我哭的时候不会有声音,但是心脏会很疼,眼泪止不住地一直流,枕头都湿了,第二天眼睛就肿起来了。那个视频是讲什么的呢?其实就是那个博主分享他和他朋友们的日常。看到他和朋友们在一起玩得很开心,我突然变得非常难过——我感觉自己没有真正的朋友,这个世界上没有人爱我,没有人真正理解我，我很孤单、很无助。

说实在话，现在我清醒的时候去回想这件事，还是没有办法和那晚哭到喘不过来气的自己共情——现在的我总觉得那种情感很莫名其妙、很搞笑。不知道你们是不是也曾有过和我类似的经历。后来，偶然间我读到这样一篇短诗——"你说你孤独就像很久以前火星照耀十三个州府"，很难去和大家讲清楚那一瞬间我的悸动。这是一份跨越川流不息的时光的对视，这份冲击让我清晰地认知到，"孤独"从不只是我们这个时代、我这个年纪孤立的体验，它自从人类有社会联系时就已经出现了。了解到这份普世性，我自发地想去了解更多。

所以，我想做一个关于"孤独"的专题来和大家分享，内容主要由四个部分组成：孤独是什么，是什么原因导致这种体验，孤独是否可怕，以及我们如何面对孤独。

我查找了关于孤独感的评论、文章里出现频率非常高的一些词汇，将 9 个词整理成三个维度：第一层是"沮丧、悲伤、空虚"，第二层就比较严重了，是"消沉、厌烦、颓废"，第三层"无助、害怕、绝望"就需要去寻求专业的帮助进行心理疏导了。用这些词语有层次地量化了"孤独"这个泛化的概念之后，大家是不是觉得比较好具象地去理解啦？接下来会更好理解——我查阅专业的资料之后可以明确给出"孤独"的定义："因我们对社会关系的期望和现实不一致而产生一种丧失和不满足的感觉。"

孤独是什么呢？

孤独就是一种有落差的感觉。

为什么我们会产生这种落差呢？

尽管我们是个体，可我们进行群体生活，有群体、有集体，就会有社会关系。在社会关系中，我们寻求生而为人与生俱来的"爱与归属感"时，会因为诸多的因素，致使想达到 A 结果但没有达到，或是走向相悖的 B 结果。由此种期望的落差产生的体验，就是孤独。

好，我们比较充分地认知了孤独是什么，那具体又是什么导致孤独呢？

我也是查找了比较多的资料，发现原因主要被分成两个方向——内部和外部。

内部的主要因素有"认知、动机、情绪、性格"，更多是先天性的。而外部的因素包括"社会知觉、友谊与爱情、利他、关系不足"，主要是社会关系的体验与需求，也与我之前解释的"落差"意义相似。归结到一起来看，其实都是一种期望，期望关系的改变。

这种内部外部的分化，看似较为简单地阐释了原因，也引发了我更多的思考——内部的主动孤独和外部的被动孤独，真的是绝对对立且必须要一刀切成两半来进行所谓的针对性解决吗？我个人认为是不能这样孤立地从两条道路寻找各自的解决方法的。就我自己而言，我是一个综合很多因素选择主动孤独的人，但即使是我这样主动孤独的个体也会陷入被动孤独的境地。我们以人的形式存在，其内部的复杂性和不同时期的阶段特征使我们在解决问题的时候，需要综合考虑，统筹规划方案。

在我们了解是什么、为什么之后，在我们已经有一个较为充分的认知之后，我们一起来探索一下孤独是否可怕，是否荒诞、不可理喻、让人退避三舍，是不是心理变态。

在这一部分，我主要找到了两个理论支持：第一个是美国心理学家埃里克森的人格发展理论，另外一个则是周哈里窗理论。

人格发展理论所讲述的主要内容就是在人的心理发展过程中，在自我与社会环境的交互过程中呈现出的阶段性重要问题。而关于我们这次的主题，我主要提取的是其中的第五和第六阶段。

先来看看 20~25 岁的第六阶段，在青年期，我们有一个重要矛盾——友爱亲密对孤独疏离。而在 12~20 岁的第五阶段，两性期的我们有着同一性对角色混乱的情况。而表现具化后，有这样两种突出表现"独立的我——依赖的我"和"开放的我——封闭的我"。一方面我欲求独立，可发现自己不得不依赖或不自觉地想要依赖他人，另一方面我欲求自己开朗大方，可又发现自己需要封闭的空间给自己时间。这些，不是个例，而是经由许多研究和案例分析得到的普遍性数据。这是我们在这个时段必须要去面对的事情。

周哈里窗理论，顾名思义，"窗"即我们的内心，我们每个人都有四个我，从"他人知—他人不知"到"自己知—自己不知"，"开放—盲目—隐匿—未知"，我们倍受"开放我"和"隐匿我"矛盾冲突的煎熬，为他知而不自知的"盲目我"苦恼，更为谁都不知的"未知我"战战兢兢。大家会想，可不可以不要经历这么多层的自我变化，可不可以不要去体验这些？

但我以为，如果没有这些，我们的成长便不完整，这些体验的缺失会让我们留有遗憾。这样看来，孤独只是众多体验中的一种，无须害怕，尽情享受就好啦。

在讲了这么多之后,让我们看看如何去有效地面对孤独吧。因为这种落差终究是来源于个体,所以,我们首先要做的就是塑造一个还不错的自己。合理塑造自己的主要内容有这样四部分——"自我效能""自我控制""意志力"以及"自我肯定"。

我认为,作为大学生,我们最需要也最容易提升的就是"效能"。进行专业学习、掌握专业技能、培养自己的兴趣爱好等等,都会让我们自己和自己的生活更加饱满,这种饱满带来的自信与能力,是能够让我们真正快乐的元素。关于自我控制,其实每个人都不同,像我自己,最需要注意的就是情绪。再看意志力,我推荐大家选择自己喜欢的运动,一直坚持锻炼,是一个提升意志力的好办法哦。最后一个,也是我觉得非常重要的一个,即"自我肯定"。让我们把它放在一个情景下去考虑——你喜欢一个人很久了,准备让他/她成为你的男/女朋友,那你首先要积极关注你的发展对象和你自身,再就是综合评价自己,在发扬优点和正视缺点的基础上,你需要给予自己积极评价,这样才会有积极的心理暗示:"我不错,他/她也不错,我这样做,一定可以追求到他/她哒!"有了这样的积极期待之后,接下来需要做的,就是将想法付诸实践,积极体验所有过程,有所收获。

当我们努力塑造出一个不错的自己之后,当我们的内心足够丰富充沛时,孤独就变得不那么可怕了。孤独是我们与我们自己为伴的处境,而若要追溯,其实我们的生命一直都是与自己为伴的体验。村上春树在《1Q84》里说过:"人的生命虽然本质上是孤独的东西,却不是孤立的存在。它总是在某个地方与别的生命相连。"我们每个人都是孤独的行星,但我们并不孤单。

最后的最后,我有一句话要分享给大家,这句话并不完整,但于我而言十分有意义——"孤独这两个字拆开来看,有孩童,有瓜果,有小犬,有蝴蝶,足以撑起一个盛夏傍晚间的巷子口,人情味十足。"

当我们正视孤独,选择丰富自己拥抱它时,我们自己也是闪闪发光的。希望大家在这次的分享里有所收获哦!

学会和孤独做伴

徐 鑫

> 人应该"适时孤独"。人不能永远处于孤独的状态中,这样人的感受会很差,容易产生负面情绪。但是人也不能一直处于忙碌的状态中,这样会感觉很累,身体会吃不消。所以我们要适当给自己放假,学会和孤独的自己相处,为自己创造一些孤独的时光。

我是一名朋辈心理咨询员。当我还是一名普通同学时,我总感觉自己很孤独,生活很狼狈。担任朋辈心理咨询员后,我才发现身边有很多人和我一样,不愿意适应孤独。其实,孤独有两面性,我们应该学会和孤独做伴,享受孤独带来的美好。

刚入学的时候和室友交流发现,室友甲有一个弟弟,室友乙有哥哥,室友丙有姐姐,原来只有我一个人没有兄弟姐妹。我是我父母唯一的孩子,身边也没有同龄的小孩,从小我就深刻体会到了孤独的滋味。没有同龄人的交流,我经常无法和别人倾诉自己的想法,虽然我在学校里也有许多小伙伴,但回到家,我就变得沉默寡言。父母甚至还一度以为我得了自闭症。所以很长一段时间里,我很讨厌回家,没有小伙伴的陪伴,我变得异常孤独。房屋里空荡荡的,我一个人趴在书桌前,窗外熟悉的十分宽敞的街道,像一条条美丽的绸带,不时地有汽车飞驰而过,引来的一阵风里的汽油味儿却被夜的深沉吞噬了。孤独的感觉太难受了,人在孤独的状态下就会想很多事,脑袋里充满了许多的事情,心情也变得抑郁起来。上学的时候我最怕放长假,一放假远离了热闹的班级,我的心情也一落千丈,放假的愉悦一扫而光,剩下的只有孤独和抑郁。

我长大了,自我意识也觉醒了,我感觉孤独有两个面孔。第一个是表面的孤独。例如:像某某同学总是一个人,没人理他,真是孤独啊!第二个是心底的孤独。它是看不出来的,只存在于个人的心的底部,它会使人感到痛,却不会使别人察觉到它。最悲哀的孤独也莫过于此吧！我看似朋友很多，走到哪里都吃得开，但有谁了解我呢？有谁懂我呢？有谁知道我的灵魂是健康的还是在生病呢？又有谁知道，我的微笑后面是什么？没有人，包括我的父母。

上初中的时候，我感觉自己好像被同学孤立了，他们对我都爱理不理的。我那时只是个孩子啊，懂得什么？我不知道自己做错了什么，惊慌失措。我也不会和爸爸妈妈说。小小的孩子已有自尊心，也会害羞。这应该是我第一次感受到孤独，表面的孤独。

我，不孤独，却又很孤独。

高中后，我又有了许多好朋友。我们兴趣相同，性格看起来也相同，平时跟连体婴儿似的，不肯分开。但是，她们始终不是我的伯乐。我不懂她们，她们也同样不懂我。我逐渐长大，学习的压力也越大，我变得忙碌起来。可孤独却一直缠着我，我变得抑郁了，甚至有时感觉自己得了抑郁症，我很害怕。我看了很多抑郁症的科普，看了许多视频和书，甚至看了心理医生，还好，我只是有抑郁情绪。但我认为孤独就是产生抑郁情绪的元凶。什么时候我不孤独了，我或许就快乐了，所以摆脱孤独成了我的主要课题。但孤独却不容易摆脱，它总是跟着我，我还是不开心，为什么孤独总是在困扰我？

上大学后，比起高中我空闲时间多了起来，孤独也随之而来，它填补了我空闲的时间。我太难了，我好孤独啊！不知道为什么，随着生活发生变化，自己变得越来越不爱说话，很懒。也不知道从什么时候起我变得寂静了，看着眼前所发生的事情，内心一片平静。

有时候担负太多真的很累，但叹息又有什么用呢？生活往往只是弹指一瞬，发生了许多令人难以想象的事。对于现实，我不知所措。但不知为什么，我总感觉缺少什么。有时候心烦时我总会自嘲地说"会好起来的""会过去的"。

长大了，身上开始有了担子，一步步地，担子在不停增加。

此刻，其实内心有些乱了，不知道该怎么去表达，但是有那种想写的欲望。过去了，呵呵。岁月的不断流逝，脸庞上的稚气已渐渐消散。我能走到今天，真的明白了许多，终于知道我缺少什么，失去了什么。

有时候回想起所有的一切感到有些无法言语，不知道怎么去说，往往有时候只是逃避，没有去解决。

身边现在已经很安静了，朋友已经很少，也很少与陌生人打交道。往日的那种虚伪已经不复存在，很静，也有些许惬意。因为我安静了。有时候真的不知道要怎样生活自己才会开心，才会满足。曾经奢望过、幻想过，但可笑的是我并没有那个资本、那个资格。也许确实无能，更别奢求什么所谓的快乐。生活中，没有资本的人永远不会快乐，只是自欺欺人罢了。为了抵抗孤独，我看了许多书，我追了很多剧，我加入了很多部门，我一直不让自己停下来，结果，我不孤独了，因为我太累了……这个方法行不通呀，坦白而言：谁不希望自己生病时，有个人在旁悉心照料？谁不希望自己快乐时，有个人能同你分享？谁不希望自己情绪低落、萎靡不振时，有个可以倾诉的对象，有个能拍着你肩说"振作点，挺挺就过去了"的人？霓虹灯再次点缀黑夜，喧闹繁杂的现实与我隔绝，我依旧是我，只是多了一份孤独做伴。后来我渐渐发现原来每个人都会孤独，尤其是我加入了护理学院心理辅导站后，接触了许多同学，和他们交谈后，我发现几乎每个人都多多少少提及了自己曾经孤独的时光，有的人甚至说自己很享受孤独的时光……我很诧异，因为孤独在我眼里一直是毒药，没想到到了别人那里居然成了蜜糖！再后来，我迷上了日剧，我看了许多有意思的日剧，《小森林》《凪的新生活》都让我对孤独的感受发生了巨大的改变。原来孤独也是有意思的事啊。我孤独，是我感到迷茫，但我却并不寂寞。我孤独时，会用书籍来安慰自己。人世间有很多东西都会变，但是书是我唯一不变的朋友。我的内心从来不会感到孤独。外在的孤独只是我们成长的风雨罢了。一个人的时候，时光也会变得温柔起来。我喜欢在天气晴朗的日子里去逛逛时珍园，感受一下大自然给我的沉默的力量。我也喜欢在图书馆听听歌，感觉特别美好。没有别人的束缚，我可以做回自己，不用再和别人说些无聊的话，不用在意别人的想法。我活得很真实啊。

最近我发现，我已经不再害怕孤独，因为孤独使我成长了许多，使我感悟了人生和世界，使我懂得了我该怎样走出我自己的人生路。但是另一方面，我还是非常害怕孤独，害怕在我快乐的时候没有人与我分享，害怕在我悲伤时没有人与我一起分担的那种孤独。所以呀，孤独其实还是一朵带刺的玫瑰，它带给你洒脱的同时，却又带给你痛苦。可生活总得继续啊，孤独的两面性我们始终不可避免。所以我们要"适时孤独"。这是我发明的概念。人不能永远处于孤独的状态中，这样人的感受会很差，容易产生负面情绪。但是人也不能一直处于忙碌的状态中，这样会感觉很累，身体会吃不消。所以我们要适当给自己放假，学会和孤独的自己相处，为自己创造一些孤独的时光。我认为我们每一个人都应该不时地为自己准备一间空房子,在里面享受一下孤独的狂欢,感悟一下人生,学会在孤独中成长。

  感到孤独,是因为我在成长。正如赤子孤独了,可以创造一个世界一般。孤独是人生中的一场暴风雨,人都会成长,只是看那场使人成长的暴风雨什么时候来而已。我的孤独,或许就是我真正成长后的快乐吧。

改变自己，接纳自己

蔡诗婧

> 人生不过须臾一瞬，我们应该学会改变自己不喜欢的地方，同时接纳自己的不完美。众口难调，爱自己就好，毕竟就算你是鲜嫩多汁的水蜜桃，也还是有人不喜欢。

我是一个以热血为基调，敢于直面自己不完美的川妹子。从盆地到丘陵，从高中到大学，来到福中医的这一年多来，我的改变是巨大的。除了生活、学习习惯上的变化，还有心态上的改变。往事于我如梦境，如今想来皆过往云烟，偶尔也心头一热，似从前梦许多。不如随我来侃侃，从前我的梦寐以求。

说起从前的我，只要一个关键词就可以概括，那就是自卑。高中时我比较胖，微胖身材带来的挫败感并不严重但却无可奈何。看见漂亮的衣服裙子，我首先考虑的不是喜不喜欢，而是适不适合。白瘦幼的女孩们总说：无吊带，不夏天。可惜美丽的吊带对于当时的我来说，就像水中的月亮，可望而不可即。适合自己的衣服少之又少，而瘦的人仿佛随便穿穿，就能有不一样的韵味；和朋友出去玩一起合影，看到在朋友圈里的照片中自己的腿是那么刺眼，瘦脸特效开到最大，在照片里也是不可撼动的地位；借笔记给喜欢的男生，他只是平淡地说"谢了好兄弟"，便转身和身材姣好的女同学有一搭没一搭地聊天。这一切不顺意的事，当时我都把它归咎于我的身材：一定是因为我身材不好，所以穿衣不好看；一定是因为我身材不好，所以不上相；一定是因为我身材不好，所以男神不愿意搭理我。

后来的我愈发敏感，总觉得一切的不如意都是因为身材，并坚信只要身材好了，一切都会变好的。那段时间，我瞒着父母试了很多不健康的减肥方法，节食，早餐只吃一点点，晚餐不吃，在网上买各种减肥茶来喝，偷偷搜罗很多可以瘦的偏方，挨个地试，瘦是瘦下来了，但效果却十分不稳定，只要稍微多吃一点东西，体重就反弹得厉害。我的身体也被我折腾得不成样子：上课没精神，吃饭没胃口，晚上睡不着，皮肤蜡黄、爆痘，心悸，焦虑。身体状态直接影响到了我的学习状态，就在每日恹恹的时候，学习成绩一落千丈。妈妈以为我是高三压力太大，很多次给我炖了滋补的鸡汤带去学校，可我害怕身材又恢复原样，每次都把鸡汤分给同学们。

某天妈妈打扫房间时发现了我藏起来的"变美药"。她主动来和我谈心，我只得告诉她我的烦恼。她安慰我说："十多岁的年纪，怎么样都是好看的，况且美是多样的，并不是只有瘦才好看，微胖也有自己的美。你把自己的身体搞得病恹恹的；面黄肌瘦、满脸爆痘，就比原来好看了吗？健康才是最高级的审美。而且现阶段你最主要的任务是学习，不要转移重心，免得让自己将来后悔啊。"我那天失眠了，躺在床上反复想着妈妈说的话，想着我也曾名列前茅，现在成绩却直线下降，心里五味杂陈。我决定按妈妈说的做，最后一年，先把其他心思放一边，努力搞好学习。可惜生活不是回头是岸就会皆大欢喜的小说，即使我很努力地想把心思拉回到学习上，但是不恰当的减肥方法，还是对我造成了不小的影响，最终我的高考成绩也只是堪堪过了一本线。

进入大学之后，我加入了好几个社团，日子也越来越忙碌，减肥后遗症导致我的身体渐渐吃不消了。我终于明白身体才是革命的本钱这个道理，下定决心要好好锻炼身体。三餐开始恢复正常，每天晚上去操场跑步。一开始我只能跑一两圈，跑一会儿就得停下来喘一会儿，渐渐地我可以完整跑完两圈，再后来可以跑上四圈。我身体变好了，体脂也渐渐下去了，虽然比起高三重了几斤，但是肌肉增加之后，看上去人并没胖。而且在大一体测时，从前最讨厌的八百米我只用了三分二十一秒，这成绩我以前想都不敢想。

开学后我就成为大二的学生，由于大一的努力，我逐渐爱上了自律的自己。我保持着每周至少4次的运动，有时跑步，锻炼心肺功能；有时跟着KEEP做训练，达到拉伸塑形的效果；有时和同学打篮球，练习体育考试项目的同时也锻炼了身体。除了运动，我还保持着规律的作息，每天都保证充足的睡眠，因为充足的睡眠能让人恢复体能，也能让人有更好的精力去迎接每天各种各样繁杂的学业任务和社团活动的挑战。在食堂吃饭，我再也不会像以前一样，计算着卡路里吃东西，我看到喜欢的食物就毫不犹豫地点，把它们装进肚子。它们给我带来的既是能量也是快乐。当然，我除了点自己喜欢的食物，也会注意荤素搭配是否合理，保证营养充足。

采取了健康科学的减肥方法之后，虽然体重没变成两位数，但是体脂率下降了，我也可以买自己喜欢的衣服了，不用再担心没有合适的尺码。前段时间做完上一学年的综测，我如愿拿到了奖学金。除了外貌上的变化，我在心态上和高中时也很不一样了，我不会过分地在意别人对我的评价了。假如现在有人对我说"你的腿好粗"，我不会难过到焦虑，我会重新审视自己的身材是不是走样了，要不要做出积极的改变。

从高中的自卑到大学的坦然，身体和心灵的改变无疑都是巨大的。追根溯源，妈妈的安慰是改变的起点，而大学时看的有关心理的书籍是改变最关键的转折点。刚上大学时校心理中心的老师给我们开了讲座。恰好我一直都对心理学抱有浓厚的兴趣，于是讲座结束后我关注了学校心理中心的公众号，翻看之前的文章。中心的文章各式各样，有老师关于各类心理问题说明的原创文章，有朋辈心理咨询员们写的自己的成长经历，还有各种心理类书籍的推荐。推文也写得十分有趣实用。那段时间我都在翻看心理中心的往期文章，其中有一篇是关于一本心理类书籍的推荐，书的名字叫作《感谢自己的不完美》。文章对书做了介绍，说每个人都存在着各种各样的缺点，但是对于缺点，我们不应该一味地嫌弃，甚至自暴自弃，有的时候接受这些缺点也是一种处理方式。老实说，叫我接受自己永远都是微胖的身材，我是做不到的。高中时，妈妈的劝慰虽然我听进去了，但是我只是暂时把减肥放下了，并没有完完全全放弃减肥的念头。好在文章后面还说，接受缺点只是第一步，如果想改变可以行动起来，每天做出一点改变，从最容易的开始，时间长了就会有大大的不同。每天做出一点改变，是我当时最需要的一点指引。于是我对这本书产生了兴趣，去图书馆借了书来看，按照书中的内容尝试去做出改变。

我列出了几个我真正想改变自己身材的理由：想要自信地出现在和朋友自拍的镜头里，想要不用因为自己不完美的身材而与漂亮的小裙子失之交臂，想要看见喜欢的男孩子时有足够的勇气，眼神不用躲闪。我想要自己每天都快快乐乐地去减肥，而不是只把它当成一项任务，因为如果我感受不到快乐，我就根本完不成。当时的我觉得只有瘦下来才能每天快乐。于是我把目标定出来，接着上图书馆看了很多减肥塑形、运动健身的知识，在KEEP上寻找适合自己的课程，然后列出了适合自己时间的计划，最后就是靠毅力了。实践起来真的很难，第一天信心满满，但第二、三天时，长期没有锻炼的身体会因为第一天的突然运动而浑身酸痛，放弃这两个字一直在我眼前打转。但是我必须提醒自己：脂肪不会因为身体酸痛而自己跑掉，想实现目标就必须咬牙坚持；我可以慢慢往前走，但不能停滞不前！另外，每个月总有那么几天，想把下雨、刮大风、上完课后很累作为我暂停锻炼的借口。幸好我早就猜到自己会疲惫懈怠，所以早有准备，自控力不足的时候适当借助他控，在计划开始前我就让室友来监督我。我事先把我的生活费转给她一部分，除不可抗因素外，没有完成打卡，她就不能给我钱。这个方法很管用，她真的不会心软，在饿了一两次肚子之后，我再也不偷懒了。

刚开始运动时我瘦了很多，可后面就进入了瓶颈期，无论怎么样，体重都再也下不去的时候，我有点泄气。直到后来有一天一个同学说我："诶？你怎么看上去瘦了这么多？你现在身材好棒。"其实当时我有点兴奋又不安，怕她只是客气一下。放学后我就迅速跑回宿舍照镜子，才突然发现：啊，原来我真的已经不再是那个微胖的我了，脸上的痘痘也因为运动而消失了很多。我终于能穿以前不敢买的衣服了，也越来越爱笑了。运动能让人心情变好。人瘦了，心结也打开了，我更加专注于学习，最终如愿拿到了奖学金，一切都在慢慢变好。

运动改变的不只是身材，还有我的心态。我变得自信起来，可以接受自己的不完美，接受自己仍旧有点粗的胳膊和大腿，接受自己不够长的腿，接受自己黑黑的皮肤。我逐渐明白每个人都不是完美的，但是每个人都是独一无二的。有段时间容貌焦虑这个话题在网上非常火爆，原来很多人都和从前的我一样，被大众的审美浪潮裹挟着，迫切想要成为别人眼中的美女。其实接纳自己的小缺点，爱上自己，才是我们短暂一生中最需要完成的事情。我们没办法让所有人都喜欢自己，须臾一生，只需要让自己开心就好：喜欢偏瘦的身材，就去拼命锻炼减肥；喜欢白皮肤，就去护肤美白。不要太在意别人的眼光，毕竟就算你是鲜嫩多汁的水蜜桃，也还是有人不喜欢。

最后希望自信能够成为我们共同的关键词。

疫情下"越自律越自由"

杨丹

> 不知道大家在疫情期间有没有立下一些flag，又有没有真正地动手呢？宅在家的时候，是最需要自律的，只有养成这种习惯，才能战胜懒惰的自己，让自己成为更优秀的人。罗曼·罗兰也说："人们常觉得准备的阶段是在浪费时间，只有当真正机会来临，而自己没有能力把握的时候，才能觉悟自己平时没有准备才是浪费了时间。"

2018年，我踏入大学校园，读护理学专业。我对大学生活充满激情，活力十足地度过了第一年，对于大二的生活也做了许多规划和设想。但是突如其来的疫情打破了我一开始的规划，比如"过完年回学校我就减肥""回学校要认真学习"。你们有没有立下这些flag呢？它有没有实现呢？

我是一个严重拖延症患者，有"懒癌"并且随心所欲，讲究及时行乐，不知道努力，别人玩我也玩，别人努力我还在玩——是个放纵的人。这次疫情使我改变了许多。我关注到我的专业对于此次疫情的影响，我看到了冲锋陷阵的护理人员，她们踊跃报名支援武汉，她们为了节省资源穿戴防护服24小时。她们之中有一部分年龄甚至比我都小，她们能有这种勇气参与这次疫情的救援活动，这让静静在家观望疫情发展的我有了更多的思考，让我希望自己能够像他们一样优秀又自律。我整理了一些干货，希望大家都能够每天约束自己，变得自律起来！

早起

养成好习惯的动力就像汽车的发动机，发动机越好，你的速度也会越快。比如我今年看到的《人生效率手册》这本书，里面提到高效达人张萌竟然已经坚持早起快20年了。坚持一两天很容易，但几十年如一日，不是常人能做到的。更令我震惊的是，她好多事情都坚持了十多年，量变引起了质变。她说："所有习惯的养成，是从决定性瞬间——早起开始的。"我深深意识到早起对于一个人的成功有多重要，再也不能小看早上这段最宝贵的时光了。首先这是一段高质量的时间，没人打扰，没有微信、微博、电话，可以高度集中注意力，修炼自己的硬本领。如果利用多出来的这段时间，完成自己的工作或者修炼硬本领，日积月累，最终会比那些没有早起的人学到更多的东西，丰富了人生。

拒绝拖延

拖延的本质是透支。人通过透支未来的时间、精力，在当下获得加倍的快乐。比如，周末本来是休息、缓冲、储能的时间，但大多数人在周末会选择透支，结果周一更加疲惫。拖延的每一天都很容易，可一年一年越来越难。自律的每一天都不轻松，可一年一年越来越轻松。举个例子，当我们犹豫选择背单词还是刷 B 站时，我们下意识地看了一下时间，还有四小时呢，时间绰绰有余。于是我们先刷 B 站，不知不觉两个小时过去了。随后我们想起要背单词的，但是大脑已经是被惯坏的猴子，不可能静下心来学习。我们想明天还有时间，只要明天用功，今天的单词是可以补回来的……以此类推，恶性循环。明代诗人钱福，有感于透支未来的害处，说："明日复明日，明日何其多，我生待明日，万事成蹉跎。"我们寄希望于未来的时间、精力、金钱和机会都是在透支，未来被透支得越多，未来的负担越大，未来的天空越阴霾，未来的自己越羸弱。

习惯成自然

把事情变得流程化和规律化。当你有规律地完成一件事多次后，它就会在你脑海中形成习惯。这种流程化，可以节省做选择的时间。所谓规律化，就是一个整理的过程，跟我们放东西差不多，能减少找东西的时间。比如写手账用统一的格式和模板，不要今天用这个风格，明天又尝试另外一种风格。每天都要做运动，不三天打鱼两天晒网，身体记忆会让你的机体适应这种生活方式。每天抽 30 分钟看书，让你的大脑记住这种习惯，久而久之这就变成了自律的模式。

目标放低，眼光放长

任何人都想自己变得更好，想要八块腹肌，学富五车的知识和经验，环游世界，做得一手的好饭菜，懂得时尚和搭配，超高的情商，懂得交际……以至于想揽下所有的美好。但人的意志力又十分有限，这个世界上更多的是我们这些普普通通的人。试着将所有的意志力，倾注在一件事情之上：想要腹肌那就制订健身计划，规律饮食；想要学富五车，那就好好读书，向高人请教；想要周游世界，那就好好赚钱，规划旅行路线；想要下得厨房，那就仔细琢磨食谱，多多下厨。如果让你在某一个时间段同时成为腹肌撕裂者、学者、旅行家或美食家，一开始你可能会十分兴奋，但到后来，由于你将有限的意志力分散了，导致你什么事情都没有完成，无法精专。我不喜欢写下满满一大篇计划，我喜欢在脑海中想象，不需要写下来让所有人都看得到，只需要自己默默做到。我们急急忙忙地学习，急急忙忙地吃饭，急急忙忙地赶路，有时候，需要停下来想想，我们为什么要出发。

20岁，在这不大也不小的年纪，不管未来是考研还是直接下临床，我都要时刻做好准备，为以后成为一名优秀护理人员做准备。每一步的自律都是为我未来的每一步人生做准备，为成为优秀的人打下基础。我校心理中心对于加强此次疫情期间的心理咨询也采取了很多有效措施，《防抗新型冠状肺炎心理自助手册》《共度艰难时光，迎接春暖花开》一系列文章，希望大家都能耐心读一读，对于抗疫心理建设有很大帮助。在疫情期间，每个学校响应号召延迟开学。丁老师说："在家上网课的日子是你与同学拉开差距的日子。"我深有感触。在家上网课有许多困难需要克服，没有纸质书，没有人监督，必须依靠自己去学习。如果这个时候不自觉，学不到知识，吃亏的还是自己。希望同学们都要认真看直播，老师录直播很辛苦，体谅老师，别签完到就睡觉，别欺骗自己。作为以后的一线人员，医学院的学生更应该掌握好基础医学知识，努力学习，做到在家和在学校是同一种效果。提高防疫知识水平、专业知识水平，保护好自己，注意个人卫生，减少出行次数，提醒家人减少不必要的聚会，勤开窗通风，向周围人宣传防疫知识，与祖国共渡难关。

战"疫"面前，"宅，就是参战"！共同抗疫，人人有责，作为抗疫的重要举措，非常时刻乖乖待在家是每个人应尽的责任，但"宅"不意味着无所事事！有不少人宅在家里，刷刷微博、抖音，打打游戏，原本只想放松一下，没想到"咻"的一天就过去了,再睡上两晚,一周就没了。时间就这样在无意之中全浪费了。这样做可能在当时能获得些许快感,但夜深人静对未来的迷茫和焦虑涌上心头时,大概就没那么云淡风轻了。越是在非常时期,自律越显难能可贵!疫情终会过去,但时间不会重新来过,浪费掉了也就没了!与其在无聊中焦虑,不如静下心,按照自己的节奏和步伐来努力。只要你清楚地知道自己的方向在哪里,并且一步一个脚印,不慌不忙地走下去,时间自会犒赏你的努力。

嘿，自信点，你真的很好

何简

> 我可以相信我自己吗？我真的如此糟糕吗？我会因为我是我而被爱吗？我会真正地爱上我自己吗？我可以处理好我想做的事情吗？"我爱你，我相信你，我赞同你。""你很好，真的"。成为一个骨子里自信的人，你可以用带闪光的自信，撑起你想要的风。我好起来了，你也一定可以。

如果能回到过去，我想抱抱那个自卑的自己，又一次，再一次，告诉她："你真的很好。"

如果问我2021年做过的最有成就感的事情是什么，我会毫不犹豫地说，与自卑的自己和解。

不自信，曾经是我的痛处，曾经被我深深埋在心里，现在，我已经可以把它说出来。

"我觉得我不好，我觉得我好差劲。"2020年5月1日，坐在心理咨询师——那个散发温柔气场的保养的看不出真实年纪的奶奶面前，我开口说出这句话，眼泪吧嗒吧嗒往下掉。

我不明白，我长得又不好看，学习又不好，又没有什么特长，我的存在到底有什么意义。

我觉得我不好，我有很严重的容貌焦虑。我觉得自己好胖，好丑。我自卑于我的身高。

初中的时候，做牙齿矫正，戴着牙套的我，因为生长发育含胸驼背的我，被我那时喜欢的男孩子吐槽丑得影响市容。身高突出，我初中167公分的身高在女孩子里显得格格不入，我只想把我的头埋得低一点，再低一点。身边的人喜欢"萝莉"的审美更是让我一度厌恶自己的身高。

我不敢与别人对视，眼神闪躲，害怕从别人的眼神里读到嫌弃和惊异。

"啊，你觉得她长得怎么样？""还行，就是腿好粗。"上了高中开始有人夸奖别人长得好看。走在学校里，这样的对白总不经意上演，自己的长相被别人评头论足，我会因为别人的一句负面评价，一层一层冲击自己的心理防线。

我觉得我学习好糟糕。小时候，我的身边永远是"别人家的孩子"，比较大概是永远的假想敌。

高三和我一起住的女孩子是年级第一。我想，家人大概会更希望那个优秀的女孩子是自己的女儿吧。而我只能考到年级三十几，我真的好糟糕。但，"在这场竞争中，不管是输了还是赢了，最终的结果都是输得一败涂地。"

打击式教育或许也是合成自卑的我的加工产物。我太渴望得到父母的认可。中考成绩出来，倒计时100天自己曾读到坚持不下去又继续坚持的经历换来我们那里最好高中的录取通知。父母一句轻描淡写的"你只是运气好而已"全盘否定我的努力。我当时几乎傻在那里。

如果没有我给你报班，你能考出这个成绩吗？你为什么不能像xxx那样懂事学习好呢？如果你能像xxx那样自觉，你也可以做你想做的事。你…你真给我们丢脸。

我一度自我厌恶，我感受不到我存在的价值。

不敢喜欢喜欢的人，因为害怕自己这么差劲的人的喜欢会给他带来负担，只敢向仰望爱豆一样对待，像仰望一束光。

我不敢去争取，没有十足的把握我觉得我做不好。犹犹豫豫，瞻前顾后。

因为害怕冷场，就不敢表达，封闭自己。

……

我大概不值得被爱。

我会因为我是我而被爱吗？

我会真正地爱上我自己吗？

我真的如此糟糕吗？

"你很好，真的。"那个温柔的奶奶，一个有着精彩人生经历，在我看来很优秀的人这样对我说。我的心一下找到了依靠点。

"你发现了吗，你的话里是我觉得我不好，'我觉得'，这说明'我'在这里面是最重要的。"

"你觉得30名不好，那排在你后面的同学呢，他们都是不好的吗？那什么是好呢，年级第一，全市第一，还是全国第一。你很好，真的。像王菲的女儿，先天性兔唇，可是她多自信呀，她不'好'吗？"

我开始积极地调整自己的状态。父母缺乏爱的能力，那就先刻意屏蔽那些不好的讯息，只接收有关爱的信号。跟着镜子练习，从我的心里拿出爱，让它开始流动，填满我的身体，接着开始向外溢出流动。让我的爱在整个房间里流动，直到我坐在一个用爱围成的巨大圆圈里。当爱从我的心里发出去时，我也确确实实感受到爱了。我脑海里构想着一个自信的我，稳稳当当处于这个世界里，这种感觉好极了。

大概是想象力联结了我和我想要的事物。我的渴望加上爱的感觉就创造了吸引力，把我渴望的一切带给我了。

进行镜子练习，每天对着镜子里的自己说好多好多遍，谢谢你我爱你。一开始真的觉得很可笑，说出来的话自己都不相信，但是随着时间的推移，十遍百遍的重复，我开始真的有底气说出："我很美，我很棒，我可以。"我化身夸夸机，抓住任何一个小小的细节不留余地地夸夸自己，夸别人，我便收到了双份满足。

积极打开自己，从尝试着发表自己的看法开始，逐渐感受到打开自己的释然。从一开始的不自然，到后面发自内心觉得自己很棒。我开始相信自己有处理好事情的能力了，我相信，我不像家人和我说的那样，如果xxx，你可以做到xxx吗。我不再被这样的句式轻易击倒，在面对一些选择，我终于有一股气能支撑着自己按下确认键，我赞同我自己我是最重要的。

大概我也可以无条件地爱自己。

"我爱你，我相信你，我赞同你。"

我慢慢地好起来了。风也清爽，云也柔软，阳光也灿烂。

前些日子，有一个收集什么资料的活动，只记得上面有一个必填——填写缺点，很多人写下不自信抑或自卑。一个在我心里顶级优秀的学霸也告诉我，他不那么自信。

我一阵难过的同时也意识到，自卑现象在中国大概是广泛存在的，希望借助我走过的路，我所收获的知识，能帮助到需要帮助的人。

读了武志红老师公众号的文章，我了解到人的自信分为两种：有条件的自信，无条件的自信。有条件的自信，来源于你的工具价值；无条件的自信，来源于你的存在价值。有条件的自信是可以通过努力来培养的，可以通过努力提升某一方面知识或者能力，而证明自己是有价值的。觉得自己学习不够好，很自卑，就努力掌握应该掌握的知识；觉得自己胖、身材不好，就通过健康的方式减肥，达到想要的效果。"如果不满足现状，就按部就班地做自己该做的事，安静点也用心点，慢慢一段时间后，水到渠成会是一件非常自然而然的事。"奔走在追求价值的路上或者是实现了想要的价值，就可以吸引到有条件的自信。无条件的自信是骨子里的自信。把人和事区分开，列出事实和结果，你就会发现问题所在，而不是一味地觉得自己好差劲。改正就好，没什么大不了的。我们的目标更应该是成为一个骨子里自信的人。

爱默生说："世界上的每一件东西都有自己的价值，我们也该相信自己的力量和价值。"

嘿，自信点，你真的很好。

自律人生从减肥开始

李东

> 一开始,我仰望那道光,想拥有它。
> 现在,我想成为光芒,照亮身边的人。

那时的我,我自己都不喜欢。那时的我,自卑、无助。可是,当我从"心"开始时,我突然觉得世界变了,我也变了。你们看看我的照片,我真的觉得自己获得了新生。我想说的是,当你下定决心去改变的时候,你的人生也会开始变得不一样。你们,也愿意像我一样吗?

我们都一样

奥利司他、二甲双胍,埋线、针灸、拔罐,左旋肉碱、CLA,生酮,"薄荷""KEEP"……从 2016 年,身高 180cm,最高体重接近 230 斤,到 2020 年 1 月的 155 斤——作为一个曾经对市面上各大减肥方法如数家珍,只差做抽脂手术的"死肥猪",对于减肥这件事,我太有资格现身说法了。

和大多数"胖友"一样,曾经的我也是炸鸡可乐不离手,运动量约等于没有,减肥方法"收藏=做过";脑洞大得能塞下整个宇宙,每天幻想自己瘦下来走向人生巅峰,然而走两步就脑袋一片空白。就这样,我以每长 1 岁长 10 斤的速度走过了半个本科生涯。除了健康亮起红灯,我还经历过很多胖友都经历过的"歧视""校园暴力"和种种"心理问题"。我自认,我人生最青春的那几年,是黯淡无光的。

但人哪能服输?既然活一场,就得跟这个世界赌一赌。我决心开始减肥。

从"心"出发

减肥先健脑,心理关一过,一切问题迎刃而解。

2016年,想着"技多不压身",我试着报考了心理咨询师的证书考试,因此和学校的心理中心结下了不解之缘,也对老师的指导有所感悟。在备考心理咨询师证书和参加心理中心活动的过程中,我试着多和外界接触,开始有了自己的目标,有了渐渐清晰的人生规划,有了对生活的期待。我进一步认识自己,学会接纳不完美的自己,逐步完成了自我认同,打开了心结。不破不立,也是从那时候起,我的日常习惯开始改变。我渐渐地戒掉了网瘾,变得不那么挑食,变得热爱阳光,变得敢爱敢说敢做……

不知不觉到了2020年,突然回想起过去的日子,真的就像"死"过一次。

但没关系,因为我的心重新活络了起来,滚烫了起来。意识发生改变后,信仰与决心的练就便不再困难重重。我们往往停滞在只想不做的桎梏中,并长期被这种"躺平"思想所包绕。好在有了最好的契机,接触到最好的老师与教育,这场搁置已久的减肥大业也能顺利走上正轨。"正心"是一个烦琐且艰难的过程,是每一次濒临放弃的咬咬牙坚持,是成功后的自信和坦然。

实事求是,少想多做

认清生物规律,摄入大于消耗就会胖,消耗大于摄入就会瘦。没有所谓的"减肥成功",只有每天的脚踏实地。到现在,我还在收拾当初过度节食运动留下的残局,每天也还会为没达到目标体重而困扰。但是这没什么,来日方长,正视焦虑,与焦虑共舞,它就没那么可怕了。

划重点时间

最后,是每个人最关心的减肥方法:

1. 少吃多动是减肥的唯一真理。所有脱离这四字真理的方法都是在耍流氓。药物、针灸、拔罐等方法仅能起到加速、维稳的辅助作用,并不起决定性作用。

2. 学习营养学、心理学、运动学等相关知识。你会发现你认知里的"少吃多动"其实是错误的。

3. 早睡早起。有关早睡早起的好处和原理可以写无数篇万字论文。

4. 每天自恋地笑着照镜子。

5. 尝试更多的"可能性"。可以先从不挑食做起，蔬菜水果和少油食品真的很清爽，无糖饮料也可以很好喝。世界上好吃的食物这么多，为什么要局限于可乐炸鸡奶茶，拒绝更多的可能性呢？

6. 每当自己想放弃的时候，要用某种东西刺激自己，可以是"爱"，也可以是"恨"。举个例子：运动坚持不下去的时候，我会想想喜欢的人，"等自己减肥成功了就告白"；如果这个法子不管用了，我就想想那些讨厌的、嘲笑过我的人，"一定要瘦下来打他们的脸"。饮食控制不住的时候，同样可以用以上法子，差不多每次都是边哭边笑着吃下一盆盆蔬菜。"管它黑猫白猫，抓得住老鼠就是好猫。"

7. 中途情绪铁定会崩溃那么几次，一定不能宅，一定要出去。我的法子：a. 和朋友们开茶话会。b. 逛街，美妆、护肤、手机、数码、服饰、快销什么都逛。同样一件衣服，要挑正好的尺码和小一码的，用来激励自己。"美就是我前进的方向。"从商圈再穿进老街小巷找小吃，逛街的运动量也是很可观的，一份小吃分成几人份是不会胖很多的。最后，再点一杯无糖乌龙茶去冰不加料（划重点），营造"我就是喝一点点也不会胖"的人设。

8. 想太多没结果，干就是了，干了再说，少想那些有的没的。放开自己的头脑，放开自己的束缚，放开自己的身体，大胆干，大胆做。

9. 偶尔吃一顿正常餐没什么，控制在一周一餐左右的频率。

10. 影响体重的因素有很多，体重秤显示的只是个数字，一两周踩一次就可以了。

11. 瘦下来只是开始，不复胖才是最困难的，拉长战线才能取得最终胜利。

12. 减重越快的方法越危险，要提高警惕。

13. 要爱自己。爱自己的身体，爱自己的心理。正能量、负能量都是自己的能量，和自己和解，一切都会豁然开朗，连"减肥"都变得好像不那么重要了。这也是最难做到的。

14. 道理懂得很多，没有行动就是空谈。

希望每个人都能找到自己的那道"光"。

努力的分量

闫芹荷

> 努力这个词快被当下这个快节奏生活说腻了，动不动就有人说一起努力吧，还有很多人说努力过就不后悔等等。可是我们真的知道怎么努力吗？人与人之间努力的分量相差甚远，我们如何把努力发挥到极致？身体、方向、借力、远观！让我们一起去寻找答案吧！

王刚老师一句话，引发了我的思考：尽自己最大的努力和尽最大的努力有何区别？毛泽东同志在《水调歌头·重上井冈山》里有一句话：世上无难事，只要肯登攀。我想每一个有理想、有抱负的同学对待事务的态度都是端正努力的，但是不同的努力是有不同分量的，我们又应该用何种分量解决何种事情？

高考热浪刚过去，很多高考生的努力不一定全部得到相应的回报，失落的他们得到的安慰便是：尽自己最大的努力就可以了，结果是次要的。可想而知，我们从小这一路走来，对努力的要求和标准就是尽自己最大的努力，不管遇到什么挫折和困难，都会让自己尽最大的努力，这便是努力的终极目标、努力的最大分量。殊不知潜移默化里，努力变成了自己一个人的事情，但是连小小的蚂蚁都知道在遇到大块食物的时候叫同伴一起把自己努力都搬不走的食物一起搬走，我们却不懂得在遇到事情时，尽最大的努力，集合众人的智慧和力量，用最短的时间、最小的力气解决。

尽最大的努力，就是借力打力。如果你手上有一个苹果，我手上也有一个苹果，两个苹果交换后，每人仍然只有一个苹果。但是，如果你有一种能力，我也有一种能力，两人交换的结果，就不再是一人一种能力了。一加一等于二，这是人人都知道的算术题，我们又何必只拿一与这个世界硬碰硬呢？在一加一远大于二的基础上做出最大的努力才是值得我们去寻找的。团结就是力量，也就是要尽最大的努力。团队合作能够凝聚众人的智慧和力量，在解决一件事情时，互相帮助，取长补短，还能让我们在合作努力的过程中快速地成长，从而加快成功的脚步。

我常常听到有同学这样倾诉："我已经在很努力地学习，老师讲的、课上写的我都有看过，但一到考试就没法发挥自己的真实水平。我已经尽自己最大的努力了，可我还是不行。反观身边有的同学，花在复习上的时间很短但是效果却格外好，我是不是真的不适合学习？"这位同学说已经尽自己最大的努力了，但没有得到相应的结果，这时我们应该从中寻找问题所在，而不是继续努力，直到筋疲力尽。我们应该尽最大的努力及时请教学习效果极佳的同学，从对方身上寻找自己欠缺的学习手段和方法，从而走出努力了也没结果的魔咒。

有实验证明，同样时间内，以V字形飞行的雁群比一只雁单独飞行能多飞72%的距离。原因是：大雁以V字形飞行，为首的雁在前头开路，它能使空气由前向后流动，从而帮助左右两边的雁减少了飞行的阻力，使每只大雁都能顺利到达目的地。你是否有过疑问：反正都是飞，大雁为什么要排成队飞呢？其实与其说努力的程度对于成功有着极大的影响，不如说成功需要各种助力来得实在。如今我们都是大学校园里不谙世事的大小孩，总想着以一己之力对抗整个世界，但是等我们真正踏入社会，就会明白，要想做成一件事情，一个人的努力是绝对不够的，这也是以后工作中用人单位所考虑的。所以从现在开始放过自己，用良好的心态为自己增加助力吧。

梅之凌老师曾说：每个人的磁场都有与之对应的和谐与不和谐的磁场人；我们在寻找的过程中会不断把磁场塑造成自己想要的样子，然后吸引的人都会无形中给你一份力量，助你走向成功。所以提升自己就从现在做起吧，什么时候都不晚，等你的磁场足够吸引优秀的人的时候，你离成功就不远了。当下特别火的一个词，"内卷"，就是指每个人悄悄地努力，然而这种努力给了每一个正在努力的人一份巨大的压力和焦虑。当大家都把自己最大的努力看得比不光是一个人的努力重要时，努力的分量就少了。梅之凌老师也给了我们努力的正解：只要有分别心，人们就会趋利避害，去争取心目中高贵的职业或者是闪亮的头衔。可社会上的高贵职业总是有限的，它们也只适合部分人群。当大多数人不问那些岗位是否适合自己就一拥而上的时候，每个人都纷纷尽自己最大的努力，内卷就发生了，因为僧多粥少。要防止内卷，就要对自身有清晰的认识，根据自己的特质，选择一条适合自己发展的道路来走，这样的未来才会让人更加有期待。不盲目努力，不把努力变得一文不值——内卷让我对努力有了另外一种思考。

但是我们不能陷入一种误区，觉得大家的努力才是最轻松的，自己大可不必努力。例如在小组作业中，觉得其他同学能力足够了，我就可以坐享其成了。老师给的小组作业分数虽然是相同的，但是你的表现已经给了其他同学你不努力的信号。妈妈常教育我说，人在做天在看，损人利己的事情只是表面利己，其本质是损己。我们又何必做这样的蠢事？小组作业的本质是老师希望培养我们团队协作的能力，从大家的智慧里学到更多有用的东西。我们在与同学的交往中，可以多从别人的眼里看到自己，完善自己对自我的认识，在相处中找到最适合自己、能让自己愉快的相处方式。这样的改变是一种质的努力。

美国女影星霍利·亨特一度竭力避免被当作矮小精悍的女人，她努力逃离这样的认知，结果走了一段弯路。后来在经纪人的引导下，她重新根据自己身材娇小、个性鲜明、演技极富弹性的特点进行正确的定位，出演《钢琴课》等影片，一举夺得戛纳电影节的金棕榈奖和奥斯卡奖。可见努力的方向也决定了努力的分量。小时候看过一则寓言故事，说的是一只啄木鸟看到一群鸬鹚俯冲下水，然后衔鱼而出，表情甚是自得。啄木鸟觉得自己也可以，于是挥起翅膀，俯身向水中的鱼群冲去。不料，河水直灌而来，浪花将啄木鸟拍在水面上。它耳鸣目眩，差点晕死过去。然而，啄木鸟并不甘心，为什么鸬鹚能做到的事情它做不到？它一次又一次扑向水面，但依旧一次又一次失败。这样的不甘心和努力对于啄木鸟来说如何能助它成功呢？

所以盲目努力也会让努力掉价。有人肯定会问我："努力的方向这么重要，你为什么放在后面才讲呢？"前面的尽最大努力以及努力的过程都是给我们注射肾上腺素，激励你有努力的欲望，有放手开干的想法，但是最后的当头一棒让我们冷静下来。要想满怀热情做好一件事，最重要的就是找准方向，才能加满努力值。如今我们每个人都在埋头苦干，心脑血管疾病高发原因便在此。常常冷静、常常停歇、常常加油是我们现在非常需要的。身体的健康在这个世界里、在大家的眼里似乎显得没那么重要，大家常常日夜颠倒，大家常常争做熬夜冠军，大家常常横眉冷对，大家常常沉默寡言，便出现了阴阳失调、气血不足、气滞血瘀等等身体疾病。如果身体不健康，再如何努力都没有任何意义，所以不要老是把努力挂在嘴边当作不爱惜身体的谎言。努力的意义是正面的，绝不会因为你的透支而有所改变。所以爱惜自己的身体吧，调整作息规律，不要让努力背上骂名。

努力的分量或多或少是我们所追求的，越多我们离成功就越近，想要成功就越容易。也正因如此，努力的人也千千万，我们是努力家族的一小部分。我们如何在期末考试复习、考研、英语四六级考试等努力浪潮中脱颖而出呢？第一，健康的身体少不了，没有健康，讲其他的未免太过虚幻。第二，努力的方向要找准，拒绝盲目努力、盲目跟风。找到最适合自己的努力方向。第三，尽最大的努力而不是尽自己最大的努力，善于从老师、同学、家人中找到有利于自己的助力泵，助力自己轻松地做到最好。第四，把努力的眼光放长远，长期目标长期实现，不能说放弃就放弃。希望大家都有所启发，能让自己努力的分量发挥到最大！期末来啦，一起加油吧！

你知道吗？负面情绪才是导致疾病的幕后黑手

莫静瑶

> 当生活或者是学习上遇到问题时大多数人往往会失眠头痛、肠胃不适或者厌食乏力等等，这完全是身体出了问题吗？其实不然，我们每个人的身体里其实都有一张情绪地图，它与我们体内的器官互相配合，共同维持机体的健康。身体不适本质上是机体反馈给我们的紧急求救信号，不断累积在身体内的负面情绪才是疾病形成的幕后黑手。

相信大家都有这样的经历，当生活或者是学习上遇到问题时往往会失眠头痛、肠胃不适或者厌食乏力等等。大多数人会认为这是身体出了问题而四处寻医问诊，但是经过几番治疗症状却没有任何缓解的迹象。相信大家对此都十分困惑。下面我与大家分享的内容可能会对解答这个问题有所帮助哦！

在上高中的时候，我有一位好同学的妈妈很不幸患上了晚期胃癌。她妈妈的家乡在湖南，自从嫁给了她爸爸之后就跟随她爸爸来到了云南。她爸爸是典型的大男子主义者，重男轻女的观念很重。因为她妈妈结婚后生了两个女儿，所以导致她爸爸一直都对她妈妈不满意。夫妻之间遇到问题她爸爸就会用这件事情来嘲讽她妈妈，她妈妈也为此感到十分自责，所以这件事情就成了她妈妈心中一根难以拔除的刺。她的妈妈在得知自己患病后情绪比较低落，因为她家的经济状况还不错，她妈妈除了用西医治疗外，还找了一位心理医生来帮助缓解负面情绪。心理医生在催眠心理治疗中问她妈妈："你最大的愿望是什么？"她妈妈只说了一件事："我希望我的丈夫不再因为没有生男孩的事情责怪我。"我想一部分人可能认为胃癌与她的愿望没有丝毫的联系，但是你有想过吗：那可是她妈妈这辈子最大的愿望，而且只是一个如此简单的愿望？她妈妈每天都生活在这样的压抑氛围之下，无时无刻不沉溺在这种自责的痛苦之中。负面情绪的长期积累才会使得她妈妈最终被情绪所吞噬。

在现代西医的治疗领域内，依然有很多病因不明确的疾病，没有人知道这些疾病发病的根本原因，这些疾病也不能够被完全治愈。现代人所患的疾病种类越来越多，而且发病的年龄也在不断地年轻化，是因为现代人不懂得怎么调理自己的身体吗？不是的。市场上出现了更多眼花缭乱的保健药物和保健器材，这正是因为大多数人都把精力花在了"养生"上，认为吃了某种神奇的食物或者药物就能够延年益寿，但这种想法只是单纯地把我们的身体看作是一个不需要休息的机器，却忘记了一个最根本的问题：身心是一体的，身心是无法分割的。大家只喜欢和接纳一些积极的情绪，比如快乐和喜悦，而不断地排斥和拒绝负面的情绪，比如伤心和委屈。这些负面的情绪都被压抑下来藏在了内心最深处。我们没有预料到，痛苦、悲伤、恐惧、绝望累积在我们自己的身体里，等到某一天我们的身体承受不住的时候，这些负面情绪就会瞬间把我们推垮。

对于大部分人来说，长期不断累积的负面情绪才是疾病出现的最大诱导因素。我们每个人的身体里面都有一套独一无二的免疫系统，这套免疫系统在保护我们自己免受外界不良环境侵扰的同时，在某些诱因出现的情况下也会对自身的组织和器官发起攻击，而长期累积的负面情绪就是这些诱因之一。这些负面的情绪会被我们的身体当作一个信号，就好像在提醒我们的机体"这里存在有害因子，快启动免疫系统来消灭它"，但其实消灭和伤害的却是我们身体里原本健康的组织和器官。所以说这才是导致疾病出现的最大原因之一。

我们大家平时应该都知道女性疾病大多数都与负面情绪有关。前段时间在网上看到一句话："忍一时乳腺增生，让一步卵巢囊肿。"这并不是说让我们随便乱发脾气、不懂得退让、斤斤计较，而是告诉我们一个道理，即负面的情绪如果长期自我消化、自我累积的话就会导致各种疾病的产生。为什么提到的是女性疾病呢？这里就需要和女性的心理状况联系起来。女性原本就比男性更加敏感，心理也更加脆弱。女性的负面情绪如果随着时间的流逝不断地累积就会成为妇科疾病的诱因之一，这也恰好证明了情绪与疾病是密不可分的。当我们的身体出现一些症状的时候，我们大部分人只会这样想："应该是我的身体出现问题了，我得吃药看病。"但是在大部分情况下，不断累积在身体内的负面情绪才是疾病形成的幕后黑手。身体不适本质上是机体反馈给我们的紧急求救信号，它在提示我们身体已经承受不住负面情绪的攻击了。

大二上学期在心理中心和老师聊天时，我们聊到了关于情绪和疾病的话题，我问老师："现在很多年轻人年纪轻轻就长了白头发，还越来越多，这是为什么呀？难道是因为当代年轻人的体质越来越差？"老师回答说："排除一些遗传因素，首先是一些不良的生活习惯所致。除此之外，现在的社会竞争日益严峻，当代的年轻人生活压力也日益增大，但是心理的承受能力却不增反减。长期的心理压力累积才导致了这一现象。"我又问老师："那该怎么缓解这样的情况呢？"老师说："保持初心，做自己。"我又问老师："老师，很多同学最近都有一个共同的困惑就是掉头发，那掉头发的原因又是什么呀？"老师说："焦虑啊！考试焦虑、恋爱焦虑、人际焦虑，各种各样的焦虑。负面情绪不断累积之后会通过身体的状况来警示你。"所以说我们在日常生活中，千万不要忽视自己的不良情绪所造成的隐藏伤口，这些隐藏伤口虽然不起眼，但是对我们机体的杀伤力却是最大的。我们常常会说"气死我了""压力山大""烦死我了"，这正是负面情绪在作祟。生气发怒会让我们感觉烦躁，身体会自动释放出大量有害呼吸和消化系统的分子；焦虑会使我们体内积蓄的力量逐渐消耗殆尽，使我们感到疲惫和失落；压力就像泰山压顶，紧紧地压住我们的身体使我们无法动弹，更无法呼吸。当我们肠胃出现不适的症状时，大部分人只会选择通过药物来治疗，却没有发现焦虑和压力才是根本。当我们出现各种各样的过敏反应比如红肿炎症等时，大部分人仅仅依靠抗生素来压制，却没有解决最基本的问题，最终导致问题不断反复。身体是不会对我们自己撒谎的，它所反映的都是最真实的现象，它会一直帮我们储存和累积身体里所产生的所有的情绪，无论是积极的还是消极的情绪。身体出现病症就是在提醒我们：是时候释放负面情绪了。所以说生病不能只是单纯地治病，我们还必须得找到负面情绪的源头并消灭它。

在网上还看到这样一句话："成年人要想过得开心、活得洒脱，就要学会把自己的情绪调整成静音模式。"但是大家仔细想想，其实并不存在什么静音模式，所谓的"静音模式"不过是和自己的情绪友好相处罢了。但是这里的情绪不仅仅指积极的情绪还包括消极的情绪。想要过得开心、活得洒脱的前提条件就是我们需要学会将情绪把握在自己的手里，能够适时调整自己的情绪，保持一个良好的心理状态。

身体就像一个透明的玻璃杯，你加入什么颜色的液体，它就会呈现出什么颜色。学会释放和清理负面的能量和情绪，就是在为我们自己的身体减压，所以我们必须定期清整理和清扫自己的这些情绪。在我看来，只有把情绪掌控在自己的手里，才能够掌控我们的生命。当你遇到一些令你不开心的事情，情绪一直很低落并且做其他的事情也没有办法摆脱当前的情绪低落状态时，请先放下手中的工作和学习，约上几个亲朋好友，一起出去吃一顿好吃的，和朋友聊聊天谈谈心，相信低落的情绪会有所缓解。有时间的话还可以去户外爬爬山，欣赏沿途美丽的风景，还可以在山顶或者空旷的地方大喊，把心里所有的不痛快都释放出去，这可是我亲身尝试过的方法，效果非常棒。其次就是运动，学校或者社会组织会定期举办一些活动，大家可以积极参与。每次运动之后，出出汗冲个热水澡，好好休息，一觉醒来你会发现自己的身体充满了力量。有条件的话还可以找一个自己喜欢的城市去旅行。一个人一张票来一次个人旅行，你会发现整个旅行的过程中会收获很多意想不到的惊喜，自己的心灵也会被沿途的美景感染而变得更加澄澈。谈到旅行，为大家推荐一个非常适合旅行的地点，就是我的家乡云南，可以去吹吹洱海的风，体验大理的风花雪月，感受少数民族的淳朴和热情。最后，给大家总结几个处理情绪的小技巧，希望对大家有所帮助。

1. 当你觉得自卑、缺乏自信时：
停止对自己的责备和批评，珍惜自己所拥有的一切；
学习积极正面地自我对话，进行有效的自我沟通；
经常赞美自己，学会自我欣赏。
2. 当你感到难过，精神不振时：
与朋友或者家人倾诉谈心，释放负面的情绪；
做一些户外的有氧运动，让自己的身体得到放松；
接触大自然，呼吸新鲜空气，感受大自然的美好。
3. 当你感到焦虑，容易紧张时：
转移注意力，远离引起紧张的环境和因素；
充实自己的生活，让自己保持忙碌；
进行积极的自我鼓励和自我暗示。
4. 当你感到压力大，难以呼吸时：
放下手中的工作，让自己保持冷静；
进行深呼吸，让自己的身心得以放松；
想象一些美好的事物和愉快的事情；
难以自行缓解时，积极寻求心理帮助。
当我们的身体出现一些小症状的时候，先不要急于寻医问药，可以先细心总结近期的状况。如果进行自我检查后发现是负面情绪在作祟的话，倒不如把解决问题的重心转移到情绪管理上。正如世界上没有两片完全相同的树叶，每个人的性格都是独一无二的，我们没有必要要求自己活成别人的样子，也没有权利要求别人活成我们想要的样子。然而很多时候负面情绪就来源于此，当自己的期望与现实形成落差后，我们就开始自暴自弃、绝望颓废。其实起起落落的人生才是我们普通人的人生，遇到挫折是再平常不过的事情，我们唯一能做的就是积极地接纳它并理智地寻找解决方法。正如罗曼·罗兰所说："世界上只有一种真正的英雄主义，就是认清生活后，还依然热爱它。"当我们遭遇困境时，摆正自己的心态，笑着对自己说一句："Everything will be better！"跌倒了没关系，站起来，休整片刻，继续勇往直前。无论我们在哪，无论我们处于什么位置，我们都应该学会调节自己的情绪，失败时多给自己一些力量，沮丧时多给自己一个微笑，孤独时多给自己一个拥抱，努力让明媚的阳光照进我们的心里，努力让前进的脚步变得轻盈。健康生活，积极努力，阳光生活，让我们一起做一个身体健硕、闪闪发光的人吧！

情绪化可以不是泡泡粉碎机

张榕

> 恋爱，是个仿佛包裹在粉红色泡泡里的词。在大学校园里，很多人都有属于自己的泡泡机。在一个个装满期待的泡泡破裂散落后，我们的泡泡制造液里多了一种叫作"情绪化"的成分。那我们应该如何正确地面对、处理此时因为"情绪化"而变得沉重的泡泡机呢？"情绪化"当真是泡泡粉碎机吗？

恋爱，这个仿佛包裹在粉红色泡泡里的词，经过初高中两颊羞红的滋长，到了大学里，它已经在阳光下恣意曼舞。泡泡透明浪漫，两人之间分秒都妙不可言；泡泡单薄易碎，我们总是将对另一半的期待装进我们感情的泡泡里。在一个个装满期待的泡泡破裂散落后，我们的泡泡制造液里多了一种叫作"情绪化"的成分，泡泡机变得沉重了。

一个人总是善待他毫不在乎的人，一个人也会对总是情绪化的人失去耐心。难道情绪化是泡泡粉碎机？

情绪化指的是一个人容易因为一些或大或小的因素发生情绪波动，也可以理解为人在不理性的情感下所产生的行为状态，简单点来说就是喜怒无常。情绪化这个词既不是褒义词也不是贬义词，一个人的情绪化对于一段感情来说，也不全是坏事。

我们生活在如此多样的世界，面对万千变化的情绪很正常，这是面对变化的自然反应。情绪的产生也不是自己决定的，它是基于你过去生长的环境、经历的事情，在变化发生时自然产生的。就像我们无法改变自己的过去一样，我们无法阻止我们的情绪发生，因此，我们可以，也应该接纳并允许一个人有情绪。我们拥有丰富的情绪本身并不是一件坏事，这恰恰说明我们能对情境的变化做出相应的反应，说明我们活得真实、有趣、鲜活！我们经常诟病情绪化的原因，是情绪化所带来的或大或小的破坏力。然而，情绪化的破坏力并不因情绪的产生而来，而是我们针对情绪付诸行动。毫无疑问，情绪波动是一件再正常不过的事情，而在情绪波动下做出的不理智行为，才是不正确的。那我们应该如何理性支配我们的情绪，面对我们感情里的"情绪化"呢？

我们要学会"具体化"自己的情绪。在与他人交往沟通时，当有情绪波动起伏时，我们要真诚地直面自己的情绪。有的人在交往沟通过程中，遇到观点不一致时，总是想照顾对方的情绪，进而会选择沉默、表面上的妥协，作"退让"状。其实，这样的行为表面上看是道德的，实际上是自恋在作祟。你的沉默妥协不过是拒绝沟通的另一种方式，是阻挡你们情感进一步发展的障碍，并不会给对方或自己任何良好的情绪反馈。因此，在一段关系中，我们要直面我们的情绪变化，隐藏情绪会让双方疲惫。如果你在一段关系中感受到疲惫、委屈、不舒服等这些负面情绪，请真诚地直面它，找出它产生的原因，并有效地表达它们。你要让你身边的人知道你"无理取闹"的真实原因是什么，你的固执、你的愤怒都是为了什么。

在我的恋爱日记里，有一天我的学习状态不好，我想那天我的脑子里定是有一摊泡泡水，学习效率特别低，因此我当天晚上的心情不好。恰逢那天我男朋友的好兄弟来福州参加毕业答辩，要在福州待几天。考虑到期末临近，他的兄弟接下来也要忙着处理毕业文件，我们寻思着当天晚上见面聊聊天。我因为心情不好在一边跟闺蜜在网上倾吐情绪垃圾，闺蜜安慰我说白天没学进去什么，晚上可以接着学习呀。我说我们晚上要去找他朋友。闺蜜说我不想去的话可以不去呀。恰好我男朋友看到了这句话，以为我不想去，就借口不妥当说不去了。我知道他如果觉得不妥当，就不会提出来说我们可以去见一下他，其实我是想去的。第一次见面时我们相处得很愉快，我也一直在期待大家的下次见面，我还想着大家一起聊聊天我的心情就好了呢。然而我的男朋友没看到我与闺蜜的后半段聊天内容。我能感受到他受我的情绪影响，心情也变低落了。因为我的负面情绪影响到他，我变得更低落了。后来在跟闺蜜的通话中，我边倾诉边哭，我觉得我最近太情绪化了，感觉这几天我总是把负面情绪带给我的男朋友，我担心给他带去沉重的情绪压力。闺蜜安慰我，两个人在一起肯定有快乐也会有摩擦；快乐是双倍的，不开心也是双倍的；我要知道，他很开心能跟我一起分担承受我的情绪；我要跟他沟通。刚好我男朋友过来看到我一把鼻涕一把泪的。每次我有不好的情绪，他都会觉得是自己做得不好，让我不快乐了；每次我都会很认真地告诉他我为什么会有这样的情绪，告诉他他已经做得很好很棒了。在我们的沟通下，不好的情绪都被丢进泡泡里，被我们吹走了！

我们要真诚地直面我们的情绪，将情绪语言化、具体化，让每一次情绪都成为他走向你的桥梁。既然彼此是让对方满心欢喜的人，我们就要建起这座桥，而不是故作蛮横地让对方游过来。桥，自然是连接两岸的。双向奔赴的感情更让人欢喜。在一段关系里，双方都有情绪化的时候。当你的另一半情绪化时，我们又该怎么办呢？

我们要找到一个健康的人际边界。被他人的情绪所影响，不是因为别人有情绪，而是因为我们没有边界。我们每个人都是独立存在的个体，能够清晰地感受到他人的喜怒哀乐是我们的一种能力。但是，我们要清楚，这是对方的情绪、对方的世界，我们不能让自己陷入其中无法自拔，尤其是对方已经陷入的时候。或许有人会说，两个人在一起不就是快乐双倍、悲伤双倍吗，那不就应该与他感同身受、"患难与共"吗？感同身受、患难与共并不意味着与对方一同沉沦。在这情绪绑架中，两人一同被捆绑、一同挣扎，只会给彼此带来更多的勒痕。对方已经深陷被绑架的烦闷中，又看到我们为此伤痕累累，岂不更难受？在这情绪劫难中，我们应该作为对方的一个支撑点，冷静思考如何帮助他逃脱情绪的绑架。当然，我们也难免会有无能为力的时候，这时候请不要沮丧，我们要做的就是陪伴在对方身边，并相信对方是有能力处理好自己的情绪的。不干涉对方的决定，只是默默陪伴着对方，才是对对方最好的尊重和照顾。如果我们能找到一个健康的人际边界，就可以在照顾好自己的同时也给予他人关心。这种平衡需要我们不断地去调试。

宿舍关系也是大学生活里必不可少的话题。来自五湖四海、不同生长环境的人生活在一起，摩擦或大或小那是必定会有的。我男朋友的宿舍关系也是令他前段时间头疼的问题。一天早上我没课，陪他上课，见到他的时候我就感觉这孩子情绪不对劲。上午放学后他跟我说导致他情绪不好的原因。我听到后非常生气，替他感到十分委屈，并且这生气委屈持续到了晚上。晚上我跟妈妈视频的时候，我说我今天有点不开心，并跟妈妈说了我不开心的原因，我替我男朋友感到生气、委屈。妈妈就批评我了，说我这样做不对！他已经很生气很委屈了，我还一起生气委屈，看到我深陷在他的不良情绪中，他也会不开心，还要反过来安慰我，这样他会很累的。我要安慰开导他才对。以后他要是再有不开心的事情，因为担心我也跟着不开心，就不愿意告诉我了，那不就事与愿违了吗？是的，虽然我被批评了，但是我妈妈说得有道理。当天晚上我男朋友打完球后，我就跟他"深刻反省"了一下。那天晚上他们宿舍的同学也沟通了好久，事儿也就这么过去了。

任何人都没有义务也没有能力去为他人的情绪负责，即使这个人是你的至亲好友。但就是因为对方是我们在乎的人，我们不愿看着对方被情绪绑架，就算无能为力也愿意与你一同沉溺；不愿每一次的情绪化成为破坏我们泡泡机的武器，就算泡泡破裂散落也要让你感受到你的周围有我的情谊。所以，只要我们足够在乎，情绪化也可以不是泡泡粉碎机，只要我们不逃避，真诚直面我们的情绪；学会具体化我们的情绪，将我们的情绪语言化；找到一个健康的人际边界，照顾好自己的同时给予对方关爱，让每一次情绪化都可以成为我们了解彼此的契机，让每一个包裹着不良情绪的泡泡就算破裂散落后，也弥漫着粉红色的浪漫与喜悦！

爱自己，是终身浪漫的开始

张丽雯

> 当我真正开始爱自己时我才认识到，所有的痛苦和情感的折磨，都只是提醒我：活着，不要违背自己的本心。我们无须再害怕自己和他人有分歧，因为即使星星有时也会碰在一起，形成新的世界，这就是生命。爱自己，是终身浪漫的开始。你特别好，特别值得。

英国诗人王尔德说："爱自己，是终身浪漫的开始。"在生活中，我的朋友、家人看到我情绪不好的时候，也都会劝我好好爱自己。我也知道爱自己的重要性。可是，没有一个人讲过如何去爱自己。

那么，爱是什么呢？爱是对生命全然地接受与信任。周国平先生说过："一个不爱自己的人，既不会是一个可爱的人，也不可能真正地爱别人。"所以爱自己、认可自己、肯定自己才有能力、有勇气去爱别人。在这个车水马龙、高速运转的世界里，避免不了各色的挫折。面对这些彷徨与挫折，越来越多的人开始强调爱自己。可是，到底怎样才是真正地爱自己，怎么去爱自己始终是一大难题。

我打开百度查找，它告诉我：自爱是一种自我支持的状态，这种状态通过支持我们的身体、心理和精神成长的行为而增长。看完这个解释我更加迷惑了，因为我认为爱自己主要是这样的：首先要一定程度地满足自己。每个人都会有欲望和需求。在合理的范围内满足自己的需求，幸福感会迅速提升。这可以帮助我们建立自我关爱，并获得快乐。我是一个特别喜欢吃的女孩子，尤其是火锅，那是我心头挚爱。我每个月都会和室友一起吃一顿火锅。其实这并不是宿舍的传统，而是大家不约而同的想法。一顿火锅对减肥的我来说可是摧毁性的存在，但我从未缺席过宿舍的火锅之约。火锅带来的快乐并不仅仅是味蕾的碰撞，还有大家聚在一起的氛围。吃自己喜欢的美食，去看一场喜欢的演唱会，买自己心心念念的球鞋，其实这些都会提高生活的幸福感。

其次呢，关心自我感受，远离让自己痛苦的人和事。每个人都有自己的生活圈，没有人会一帆风顺。你看到的平日里乐观开朗、永远散发快乐气息的人并不是他们的生活事事如意，而是他们懂得自我调适。真正地爱自己在我看来，是懂得接收自己内心的信号。不舒服的时候懂得开口拒绝，及时抽离自己。平日里大家总是会观察周围人的情绪以便更好地相处，但是却忽略了照顾自己的情绪。在上大学之前父亲除了和我讲了安全问题以外，还嘱咐我一定要懂得拒绝。某些情况下，我们总是为了照顾他人情绪，或者是出于帮忙的心态而进入"老好人"模式，做违背自己意愿或者让自己痛苦的事情。这种状态看似维持了你友善的形象，维系了你们的关系，实际上这样的行为是自我消耗。在帮助他人的时候一定要懂得先保护好自己。以前的我很难拒绝别人，不想他人失望。后来我发现自己的好人行为并不是被所有人认可的，很多时候适得其反，自己还会被消耗。意识到这些后，我开始学习拒绝，开始时是在电话里讲拒绝的话语，慢慢地到面对面的场景。训练自己遵循内心并不是一件容易的事情，但是对于提升自我幸福感有极大的帮助。

再者呢，想要爱自己首先就得接受不完美的自己。每个人都是星星，都有自己的闪光点，当然也都有自己的不足之处。没上大学之前，我觉得自己什么都还可以。入学调查时，我在特长栏上填了舞蹈与画画。后来班级运动会办板报我才发现班级上有很多同学都比我画得好很多。我也就是一般水平罢了，那时候自己就后悔小时候没有让爸妈给我报一个绘画补习班。至于舞蹈，上了大学的我好像和舞蹈没什么关系了。记得小时候班级总会排练舞蹈，从幼儿园到高中，每次班级排舞都会有我，自己也能算是班级上的舞蹈骨干吧，所以我顺理成章地以为跳舞是自己的特长。但在入住宿舍的第一天，我了解到宿舍有两个女生都会跳舞而且都比我跳得好。我开始自我怀疑，这两项真的能算我的特长吗？很多时候，我们都认为自我反省与自我批判是促使自己进步的行为。实际上，它不一定是动力，反而会让我们不断地自我否定，在比较中失去信心。爱自己是感知到自己的真实想法和外部的现实后，诚实地承认自己的现状同时接纳自己，不会因为自己的不足而感到焦虑与困惑。

坦然面对曾经的过错，原谅自己也是非常重要的。相信每个人都会有自己后悔的事情，爱自己的人有能力接受过去犯下的错误，不会去否认过去，或者一味沉浸在自我忏悔中。接受过去的错误，直面过往需要很大的勇气。目前为止，高考失利大概是最让我难过后悔的事情了吧。记得出成绩那天我哭了很久，不知道自己到底是怎么了。我以前是连小测试都不会翻车的人，却在高考时失利了。高考后的那段时间我看着和往常一样平静，但谈及高考我的眼泪还是会不争气地流下来。每到晚上我都会做梦，梦到自己的高三生活，梦到自己在听老师上课，梦到自己在做题。每天早上起床我的眼角都是带着泪的。我不明白自己究竟是怎么了。这样的情况持续了整整一年，直到大二我的这种情况才开始缓和。我不敢告诉家人这一年的噩梦，怕他们会跟着我一起伤心，更怕他们担心我。其实我觉得自己的自我调适能力还是挺好的，虽然每晚都会梦到、会难过，但是从未影响过我白天的生活。白天我还是那个乐观开朗、可以放声大笑的女孩。勇敢面对自己的缺失与过失，客观看待这些事物，从中汲取养分，不断调整自己，可以获得提升和成长。

最后，想要爱自己，自我肯定、不轻易因外界的评价而动摇也是非常重要的。每个人眼中的你都是不一样的，不要因为别人的评论而动摇。"我是怎样的人"是自己来定义的，并且这种认知是依据自我意识而不是别人的价值观来建立的。我大一刚开始做朋辈心理咨询员的时候，接电话的声音很小，而且一紧张语速会加快，是一个突然站起来讲话脸都会通红的女生。其实我高中的时候挺勇敢的，公开课我会第一个站起来回答老师的问题。或许是换了一个新环境，又或许是我发现了新的自己。听完我打电话后，中心的学姐建议我说话时声音可以稍微大一点。我也觉得自己这样下去不太行，我不喜欢这样的自己。所以大一的时候我就去面试主持队，我告诉队长我真的很喜欢主持，想要成为其中的一员。很幸运，我进入了校艺术团主持队，成为一名主持人。还没培训过的我接到的第一个任务就是去扇形舞池主持，那场主持没有漂亮的礼服也没有穿高跟鞋，却是我最难忘的回忆。记得第一次写稿的我受到队长的表扬后心里甜极了，现在回忆起也是美滋滋的。在宿舍念稿的我受到了室友的嘲笑，她拿起我的稿子开心地念着，念完还说了句："你这念得还没有我好呢。"虽然我知道这只是她的玩笑话，但在我的心里还是埋下了一颗焦虑的种子。眼看马上就要到主持的日子了，经过一遍遍的练习我终于可以把主持稿通顺自如地念下来，我不断地暗示自己可以的。后来主持的时候还是有小小的失误，但是我觉得自己已经很棒了。几次的主持经历让我改变了很多，我好像不再那么畏惧在人多的地方发言了。我开始尝试与认识的同学大声地打招呼，每次说"hello"我都尽量让自己的声音大一点。现在的我已经可以大声地和同学打招呼、交谈了。现在的我比以前更加自信，也更加勇敢。一个容易受外界评价影响的人，很容易淹没在外界的嘈杂中。大家听到外界的评价时，可能或多或少都会产生自我怀疑，不仅会变得焦虑，还会因为这些评论而失去表现自己或者与他人结交的机会。去做你想要做的事情，把外界的音量调小一点。

我有一段很喜欢的话，是卓别林在 70 岁生日时写下的："当我真正开始爱自己才认识到，所有的痛苦和情感的折磨，都只是提醒我：活着，不要违背自己的本心。我们无须再害怕自己和他人分歧，因为即使星星有时也会碰在一起，形成新的世界，这就是生命。"

别否定自己，你特别好、特别值得。你也是自己的星星，要记得照顾好它的光芒。

愿你做一辈子"坏孩子"

何仟仟

> 你是否也曾感受过"懂事"的委屈,好像从小开始就被"要做听话的好孩子""不能惹事惹别人生气"等等言论所绑架着?你的内心是否也渴望成为一个"坏孩子"?虽然你会让他们百般操心,但是永远能得到心爱的玩具和好吃的糖果。"坏孩子"只是背负了一个所谓不好的名声,却变相得到了所有人的宠爱。与其做一个并不快乐的"好孩子",我宁愿你做一辈子快乐的"坏孩子"。

大家好,我是来自药学院心理辅导站的朋辈心理咨询员何仟仟。很高兴在此与你分享我的故事。

俗话说得好,"会哭的孩子有糖吃"。不知道你们小时候吃过多少糖呢?疫情期间和我大姨家的三个孩子住在一起。我们四个人一起生活了长达两个月的时间。我和表妹住在一个房间里。表妹和小时候变得完全不一样了。小时候的她十分顽固,爱无理取闹。在我的印象里她就是一个十足的坏孩子,无理取闹的同时还常常发出令人头疼的哭声。但好似并不是所有会哭的孩子都有糖吃,她铆足了劲儿地让全世界的人对她投来目光。但她的父母好似更关心她刚刚出生不久的弟弟。渐渐地,那哭声出现的次数越来越少,直至完全消失。她从一个让人头疼的爱哭鬼变成了一个沉默的"乖"孩子。

成为"乖"孩子的她成天闷在屋子里刷题,考试成绩也比小时候好了许多。这时的她终于成了家里的骄傲,成了家人向别人炫耀的好孩子。就算如今的她有着好的成绩让别人称赞,但我总觉得她的生活过得小心翼翼。

有一天她父亲让她清洗一个茶壶,她不小心将茶壶打坏了,那时她对她父亲小心翼翼地道歉,以及她父亲眼里的责怪、语气中的不满都让我十分心疼这小姑娘。当我带着她和一群弟弟妹妹们去买东西时,她总是选择最便宜的零食,而其他孩子都撒开了欢地买东西,也不顾及负责付钱的我是否带够了经费。也只有她,作为表姐的我给她买杯奶茶,她之后都要将钱转到我的微信并说"谢谢姐姐"。她的懂事让我十分心疼，因为曾经的我如她一般懂事又听话。

　　不知道你们家里有几个孩子，你又是家中老几呢？我是一个姐姐，我有一个小我五岁的弟弟。小的时候作为留守儿童，我和爷爷奶奶生活在一起。当我五岁回到我爹妈身边生活时，弟弟就出现了。从那时起我就被教育要对年幼的弟弟关爱有加，要保护这个小生命，还要谦让他，不能让他受伤害。我点点头照做了，自此"乖""懂事"便一直伴随我长大。在家长眼里我一直属于不争不抢、默默听从安排的好孩子；没有喜欢的玩具，没有过多的要求；也不需要花费过多的金钱和精力就可以成长；而且成绩十分突出，还经常会帮家里干力所能及的家务；我还可以帮忙照看弟弟，帮父母节省出很多时间和精力去工作。在学校也是，老师也觉得我是一名好学生，成绩优异，对老师的话十分认同；积极完成布置的任务，还是老师的小助手；最最关键的是十分遵守班级秩序，常常获得"三好生"的称号。当时的我也觉得我一定是最优秀的小朋友了，大家一定最喜欢我了。确实大人们都在夸我，夸我"懂事""乖巧""有礼貌"。但是为什么从头到尾我连一颗"糖"都不曾吃过呢？

　　其实当我还是一个孩子的时候，我也喜欢吃冰激凌、巧克力、糖果，我也喜欢芭比娃娃和粉红色的公主裙。但因为我被"懂事"束缚着，所以我压抑着我自己的喜欢。但年幼的我多么多么想拥有啊。那时的我想着等我长大了我一定要将它们全买下来。但如今我已经成为一个大人。我对金钱的支配相对自由了，但我再也不想买冰激凌、巧克力、糖果，也不喜欢芭比娃娃和公主裙了。那些童年时期在我眼中的宝贝并不是变得廉价了，而是我再也没有那颗炽热的心了。其实这是非常令人难过的。其实我的童年也有很多小伙伴，他们也时常约我去玩耍，每次和他们在一起我都十分快乐，但因为我要照顾弟弟无法常常和他们在一起。其实，我在自习课上也想和隔壁的同学说话，但因为不想打破老师心中"好学生"的形象而固守成规。现在回首望去，那个时候被"懂事"束缚住的小小的我也是经常沉默，不曾绽放笑容。

　　宫崎骏的电影《龙猫》中妈妈对爸爸说："懂事的孩子往往更让人心疼。"懂事的孩子无欲无求。不是他们没有那么多要求和欲望，而是他们不敢说。其实她也很想要的，但是更怕被拒绝，更怕因为"不懂事"了父母不再喜爱她。弟弟从出生那一刻起就受到大家的喜爱，而自己努力靠"懂事"争取来的被喜欢不容易，小心翼翼地害怕失去，所以一直努力维护着。只有"懂事"的我们知道，善解人意的背后是自卑，无所要求的背后是害怕。

不知道你在和朋友相处的时候扮演的是什么样的角色？曾经我的好朋友们对我说过最多的话就是："有你真的太好了，你就像是我的大姐姐。"会照顾别人、体贴、面面俱到是朋友们对我的评价。他们都说有我在好像一切他们都不需要考虑了。是啊，从小到大，和弟弟在一起，所有的一切都是我安排得好好的，衣食住行未曾落下一件。渐渐地，"谦让""懂事"自然也渗透到了我与朋友相处的过程中。高三毕业那年去毕业旅行，我带着我弟弟和同学在一起。在三天三夜旅行结束返程的火车上，同学给我发了条消息："你和我之前想的完全不一样，以前我以为你大手大脚，是一个败家的女孩子，但如今发现你其实挺舍不得花钱的，不是小气，而是你没有底气，因为你害怕没有人为你买单。"细细想来，确实是如此的。从小到大有什么想要的我都不曾哭着要过，而是靠着为数不多的零花钱慢慢攒着，等足够了再去买。攒着攒着等钱够了，那个想要的东西早就不再喜欢了。"小时候得不到的糖，长大了也就不想要了。"那天我和他聊了许久。他是一个独生子，父母对他宠爱有加，小时候衣来伸手饭来张口，如今也依旧是家里的中心关照对象。我十分喜欢他，大概是因为他身上散发着我不曾有的自信和无畏。在我眼里，那些品质让他闪闪发光。

从那以后我开始改变。我深知我的父母也是爱我的，但是他们给我灌输的思想并不完全是正确的。虽然我"懂事"又"乖巧"，但我经常失去那些我所喜欢的事物。我开始变得有些许叛逆，变得更专注我自己的生活。果真，身边就出现了"你没有以前懂事了""你现在怎么这么自私"的声音。有时候听到会感到难过，也会犹豫要不要回到曾经那个我。但渐渐地我觉得呀，一切别人的看法都不如自己过得舒坦重要。并不是我不懂事了，而是曾经的我太懂事了，是时候不懂事地追求自己喜欢的一切，合理地安排只属于自己的时间了。现在"自私""任性"的我是二十年来最最快乐且最最自信的。现在的我努力争取我想要的，但再也不害怕失去什么。因为我不再需要靠"懂事"的头衔维持别人对我的喜爱，也不会因为别人批评我自私而失声痛哭，因为长大给了我足够的底气去创造属于我的小小天地。

我看着表妹生活的点点滴滴，想着原来那个小小的我。虽然我们衣食无忧，但我们内心的空虚害怕只有"懂事"的孩子才知道。小姑娘要快点长大啊。希望她终有一天也可以明白，她不需要那么懂事，不需要那么乖巧，也可以得到自己喜爱的一切，也可以被父母无条件地爱。

成熟懂事固然是一件好事，成熟懂事固然讨人欢，但是很少人能看到成熟懂事的背后藏着"委屈"和"不快乐"。人生很长,委屈压抑久了会崩溃的,不快乐久了童话真的就消失了。趁着我们尚年轻,再变回小孩子一次吧。不要害怕,大步往前走,奔向你心中一直渴望去的那个地方,去做你一直想做的那件事情。希望你可以永远快乐,无惧风雨。希望你可以做一辈子的"坏孩子"!

你再也不是小孩子了

罗同诗

> 子欲养而亲不待，或许是人生最大的悲哀，家中的小老太太、时常呛声的父亲、偶尔少女心的母亲……这篇文章没有什么华丽的辞藻，只是我作为一个普通女孩子闲暇之余的一点点心路历程。父母安康，家庭平安，也是我们实现人生圆满的第一步呀！

这篇文章是在家完成的，可能在家总是容易多想一些吧，总结下来就是由一件小事追根溯源到十几年前的小事的心路历程。

起因是前几天，晚上我已经睡着了，突然听到有人放鞭炮，睡着后被吓醒的感觉大家应该也都经历过，有点害怕，有点疑惑，还有点生气，大晚上不睡觉放鞭炮扰民！第二天早上起床后，爸爸说是我们这条街的一个老太太去世了，按照我们这边的习俗，家中亲属去世时要放鞭炮，有为老人送行也有昭告亲邻的意思。爸爸说这两年附近已经有很多老人相继离世了。想想也是，很多小时候见过的人现在都看不到了。都说老人过冬是在"熬"，能熬到春天说明又过了一关，这个老太太终究还是没有熬过这个冬天。我奶奶也快八十岁了。她一直都是一个很精神的小老太太，个子不高，没怎么生过大病。和她吃饭她能从头念叨到结束，说的人不累，我这听的人都累了。但是去年她摔了一跤导致肋骨骨折，从那之后精神就不如从前了，总是说自己不舒服，这里感觉喘不上气，那里又觉得有点痛，一年中断断续续地住了好几次院。病来如山倒，病去如抽丝，也就是这个样子了。

爸爸说："我可能二十年后也差不多了，说不定到时候身体还没你爷爷奶奶现在好。"母亲生我的时候是高龄产妇，父亲今年也五十六岁了。以前我觉得二十年很长，从小学到初中到高中再到大学，整个人生中的学习生涯加起来也不过是十七年，可是我现在已经二十岁了，糊糊涂涂地我就二十岁了。我还记得小时候背不完书被老师留堂，我还记得小时候第一次考到满分被老师夸奖的小骄傲，我也记得小时候父母像捧着瓷娃娃一样照顾我……我的前二十年过得飞快，总觉得所有的事情都发生在昨天，突然有一天转头发现自己要读大学了，突然发现自己又要毕业了，按我爸妈的说法就是我将要成家立业，独当一面了。我不知道我的后二十年会不会也过得飞快，会不会等我反应过来时我爸妈已经老了，就连想要教训我都还要我自己把耳朵凑过去，他们也慢慢成了需要"熬"过每一个冬天的人。

以前总觉得死亡离我们很远，因为我们小，我们所在意的人还年轻，他们仿佛不会老、不会累，会一直站在我们面前。可是我们长大了，他们也并不是不会老。因为父母生我时年纪大一点，当他们的同代人已经含饴弄孙、享天伦之乐的时候，他们还要操心我。曾经有一段时间，我一直在想，他们为什么要生下我？如果没有我，早在十几年前我妈就可以进入广场舞组织了，说不定现在都混成元老了；我爸可以有更多时间花在他的爱好上，写写字，唱唱歌。两个人没事干就帮我姐带带孩子，多轻松。多一个孩子要多操心多少事啊！如果可以有机会重来，我希望我妈妈可以每天都活得像少女一样，我希望我爸妈不要生下我。我并不是一个多么优秀的孩子，也并不是一个非常贴心的孩子，还经常让他们生气，如果没有我，他们也许会过得更好。

这个问题在我心里待了很久，有次还是没忍住，我问我爸："当初你们要是只生了我姐多好，现在你们早就不用再操心了。"我爸说："虽然累，但是小时候你和你姐两个人多热闹，一个孩子太孤单了。你们是我们生活的奔头，没有你，我和你妈年纪轻轻的就开始混日子吗？"很多年前他们就在说等我毕业，他们就什么也不做了，但他说从来不觉得我是多余的，从来不后悔多一个女儿。我觉得我是他们生活的负担，他们觉得我是他们生活的动力。

不懂事的时候我总是会和父母吵架。高中是我最叛逆的时候，具体体现在对我爸的态度上。那时候具体也不知道为什么，每次回家都和我爸特别不对付，他说的每一句话我都觉得充满了老一辈封建固执的糟粕！我觉得他只是喜欢把他的想法强加给我，什么也不懂。每次他说话我都会怼回去。妈妈那时候夹在我们两个中间，私下对我说："你别总呛你爸，太伤他心了。"我这才稍稍收敛了一点点，但大部分时候还是控制不住自己。后来和爸妈见面少了，慢慢地才转换角度想问题，如果我每次说话我爸都把我怼回来，不搭理我，我肯定就不理他了。估计我爸当年内心真的是默念了很多次这是亲生的，要忍着……也不知道为什么，面对朋友往往会有更多的耐心去控制自己，面对父母却不会想太多，其实也就是仗着父母不会真的记仇，我们才会不自觉地说出一些伤人的话，但来自至亲的伤害往往是成倍增加。不知道大家现在会不会有和父母拌嘴的情况，忍不住的时候也默念几句吧："这是亲爸亲妈，我是他们亲生的！"

下面说说我妈——一个被孩子耽误的少女。可能因为兄弟姐妹们成绩都比较好，年龄差距也都不大，每次考完试家长都会问成绩，所以从小到大父母催得最多的事就是去学习！大部分家庭应该都差不多，用的是严母慈父的组合，因此，一般催我做作业的都是我妈。不知道大家被催的时候会不会觉得烦躁，越催越烦躁，越催越不想做。即使是现在大学了，我学习时也喜欢给自己定一个时间，卡到某个点再去学习。因为学习，有段时间我和我妈相看两厌：她一张嘴我就知道她想说什么；我一回家，她就看我不顺眼。直到高考结束了，这种彼此的折磨才结束。

疫情在家的那大半年让我更深地了解了我妈妈。可能因为我也上大学了，未来的路更多是靠自己去走，他们就不愿意说太多了。学习压力不仅压着孩子，也压在父母头上。这座大山移开后，我妈整个人都比以前快乐了。这个描述可能有点夸张，但真的是我最直观的感受。她会和我撒娇说想吃好吃的，我也可以和她说一下女孩子的心事，而不是像以前一样，说任何话题都能转到让你学习上去。我妈妈其实是一个很容易就会感到快乐的人。有一个综艺节目里面有一期是关于妈妈的，有句话非常打动我："妈妈曾经也是少女。"是因为我才让我妈妈的重心变成了孩子，是我剥夺了她少女时代的快乐。我看不到我妈妈少女时期的样子，那么我希望将来我能让她放下所有操心的事情，重新变成一个少女。

每个人都有自己在意的人，大部分的大学生年龄都在十八岁以上了，其实我们已经没有太多时间能像现在这样陪在父母身边了。今年大三，这是我能陪父母度过的倒数第二个寒假，人和人其实注定会渐行渐远，不论是挚友、挚爱还是至亲。说起来好像很容易，只是陈述一个客观事实而已，但是当有一天意识到他们正在离我们越来越远的时候，根本没想象中那么容易释怀。爸妈的身体已经渐渐地开始发出健康预警了，一些慢性病逐渐在他们身上出现。我开始害怕，我怕他们来不及等我为他们做什么。管了我几十年，即使收不回本金，利息也应该多收一些呀！

"你再也不是小孩子了"，这句话是我对自己说的，就像是亲手打碎自己的梦境。爸妈把我当成永远的小孩子，我仍然是一个孩子，但再不是"小"孩子了。小孩子可以任性，小孩子可以不用想任何事情，但孩子只是一个定位，我永远是父母的孩子，但是不能一直像孩子一样思考了，或许是意识到他们已经老了、已经累了吧。他们给了我一个安稳幸福的前半生，我也想给他们一个快乐自由的后半生。

动力与行动

张国欣

> 我们会遇到一个人，或聪明或帅气；会遇到一片风景，或辽阔或秀气；会遇到一行诗，或婉转悠扬或荡气回肠。这些不经意的遇见，可能会印进我们的心里，时时刻刻成为激励我们行动的动力。只因心中有所激励，所以一路高歌猛进。当我们达到目标或小有所成时，再回望，我们会觉得无比幸运。

我的生活中总是充满了小故事。在这些故事里，我是被激励的一方。故事各有主角，他们或迷人或温暖，我被他们打动，一往无前。接下来请和我一起翻开回忆，将我最质朴的感受呈现。

故事一：玫瑰往事

大家都经历过"匆匆那年"的时光。在高中校园里，我们觉得时间过得很慢，每天重复着上课、做题、考试这类事，好像这样的生活永远也不会结束。我与同学们一样，努力睁着眼睛听物理老师讲课，也无奈地面对尝试了很多遍都不会的题，在课间忐忑地去问暗恋的同学某道题该怎么做。

那时候刚开学，我们一脸期待地坐在班级里互相认识。有一位同学姗姗来迟，像是小说里的开场一样，背光而来，阳光投射出那个年纪最纯净的脸，呈现出一幅现在想来还是会心跳加快的场面。在这之后的整个高中时代他都是我的方向标。在每次人潮攒动中，我偷偷跟在他身后几米远，能望到他的后脑勺；在每次晚自习的教室中，我假装看向窗户，能看到他在做题的各式表情。

他人缘很好，于是我这个"社恐患者"主动和班主任说我想当班委为同学服务，多接近同学们。他成绩很好，于是我心里默念：只要下次考试超过他，我就去表明心意。他打篮球很好，开始时我不明白这项运动为什么那么让人着迷，没人的时候我偷偷去打，一段时间后发现篮球也挺有意思的。百啭无人能解，只因飞过蔷薇。

"他是我梦里的秘密，他是敲打我窗口的风，他是我眼里的骄傲。"在几年的小心翼翼里，在几学期的暗中较劲里（当然都是我单方面的），我们考上了不同的大学，各自体验不同的人生。也许我们今后不会再有交集，他也不会知道这一段玫瑰往事，但是在我的小世界里，他成为我的那颗星星，最亮的那颗，我则成了追逐星星的那个人。

在这段悄无声息的情愫中，我因为当班委的缘故，和很多同学拉近了关系，产生了一种社交满足感，每天都嘻嘻哈哈的。因为努力追赶他的脚步，我的成绩从吊车尾提升到了中等水平，虽然和他还是相差甚远，但我也能够有更多选择的机会。

这么热烈且坚定地喜欢一个人，对我自己来说，也是一件无比幸运的事啊！

故事二：最远的地方

高三是最难熬的一年，考验的是我的意志力，那时我已经身心俱疲，有一段时间很难静下心来复习。偶然间看到一位旅游博主的视频，他介绍了一座北方的城市，画面里是不同于南方小城的风光，没有曲折的石板小路，但有一条延伸到天边的公路，道路两旁的树高大又挺拔，正是秋天的季节，满目金黄。我的目光被一帧帧的画面牢牢地吸引着，好像我本就该属于那个地方，奇怪的力量在召唤我去向那里。于是去那个神秘的地方就成了我的动力。

我一直咬牙坚持着，等我好好地把这场大考考完，我一定要亲眼见见这座散发迷人魅力的城市。我把那座城市的名字写在小本本的首页，写在我的书桌上，贴在我房间的墙上，每天一睁眼就知道我该为这场奔赴而努力。每做完一张卷子，我就觉得自己向远方又迈进了一步。虽然我心里装着一个地方，但是在行动上却觉得轻快不少。

在高考结束的那个夏天，兼职了一段时间后，我终于得以如愿，躺在草地上看北国风光，呼吸着一草一木的味道，早就忘记了的，是很多个闷热傍晚，在教室读书的日子，而耳畔响起的，是呼啸的北风。远处马作的卢飞快，野花漫过山野，身处其中只觉宠辱皆忘，心旷神怡。

故事三：远方的爱豆

从小到大我不怎么追星，觉得明星离我很远，很难具象地喜欢上一个明星。直到前段时间无聊时打开了一部电视剧，突然被一个角色击中了，于是开始了解这个 183cm、有泪痣的演员，看了他参演的好几部电视剧，对他疯狂着迷。在这里就不说他的名字了，有打广告的嫌疑。

据我了解，他是一个有个性却又很低调的人，为人谦和，但又有自己的追求和野心，能够把这两者处理得很好，看起来含蓄内敛、谦逊温和。我被他身上的美好品质所吸引，成为他忠实迷妹中的一员。

我觉得追星就是我们发现世界上的某个地方有这样一个人，他有着我们欣赏的完善的人格和高尚的品质，抑或是出色的成就，他身上的闪光点可以吸引我们，引起我们自省，激励我们行动，甚至成就我们。

远方有一个优秀的榜样，我们不一定要相互认识、彼此熟悉。而于我来说，只要想到有一个榜样现在在努力学习和工作，我也会更加正视自己的学习，努力追赶他的脚步，专注自己眼前的事情，希望自己早日学有所成，在自己的岗位上发光发热。

故事四：心灵避风港

这是一个比较长的故事，要从我刚出生的时候说起。话说我出生那天，天空乌云密布，下起了小雨，有妇人呼叫，有个小屁孩呱呱坠地——那妇人就是我的妈妈，小屁孩就是我。

以前看到有人说，8 岁的时候碰到问题就找妈妈，觉得妈妈什么都知道；18 岁的时候遇到问题会觉得妈妈的解决方法都落伍了；28 岁的时候遇到不懂的情况，会想"如果是妈妈，她会怎么办呢"。我以为我也要到 28 岁才能理解妈妈，因为我一直都离不开她。

最后一个故事，主人公就是我的妈妈。我的妈妈她是个顶温柔的人，她舍不得对我凶，对我的同学们也很好，与人交往时很和善；她也是个很在乎形象的人，很难看到她的衣服、头发不整齐；她也很爱干净，家里收拾得很整洁，从小教我东西一定要规整好。从前我尽情地享受着她对我的爱意，在每个难过的时刻寻求她为我营造的避风港。

小时候虽然家庭并不富裕，但我的记忆里存留的都是一些温暖的事。

记忆中的春天有一些菜籽，一个塑料桶盛了水放在菜地旁，远处的菜地里有一排油菜花正在开；夏天有一汪溪水，溪边一个洗衣盆，不远处有一窝蚂蚁；秋天的山脚下有一筐板栗，还有一双小鞋子在踩堆积的落叶；冬天的夜晚有一盏灯，一床棉被，一碗热汤，一枚针在缝补，一本故事书在翻动。

这些回忆都是我和妈妈平淡生活里的点滴小事，却成了我记忆中最治愈的时光。在后来很长的一段时间里，我遇到了困难，都会想着：把眼前的事情解决好之后，就回到那片油菜花地里，给自己放个假。

大家都说我的妈妈人很不错，很难挑出她的毛病。那时我总觉得她过于为别人着想，有时太软弱了。可是在她要保护我的时候，我看到了妈妈身上所有的尖锐都变成了铠甲，双臂圈出一个安全的范围，把我牢牢护在里面。我被小恶霸欺负的时候，我迷路找不着回家的路的时候，我被骗了一个星期生活费大哭的时候，原来妈妈也会急红了眼，也会惊慌失态。

就是这样一个温柔的妈妈给了我巨大的动力和勇气，让我在尝尽苦涩后有勇气重新出发，让我在取得成绩时有人可分享。

要说我的动力从何而来，一是她给我的足够富有的爱，让我在小起大落的生活中有心灵的依靠，渐渐成长为一个独立的人。每每我遇到困难，我会想如果是妈妈会怎么做，我可以怎么做，有了这种想法之后就不再害怕困难。二是希望自己快快成长，能够成为她坚定的依靠。岁月不居，时节如流，二十年过去了，妈妈白发已生，我迫切地渴望成长，给她坚实的依靠。

回忆起了这些片段，我觉得自己很幸运，那些被激励着一往无前的日子，过得很充实、很有意义。那些动力有的支撑我走过人生的一小段，有的足够陪伴我一生。相信大家也都会遇到一个激励自己前行的目标，所以不要放弃，咬紧目标，努力地高歌向前吧！

03

第三方

橘皮竹茹汤

降逆止呕，益气清热

橘皮竹茹汤，降逆止呕，益气清热，主治胃虚有热，气逆不降，呃逆或干呕。橘皮、人参味苦，大枣、甘草味甜，竹茹味甘，生姜味辛。一方汤剂，凑齐了多种口味，恰如大学生活，免不了酸甜苦辣咸，免不了机遇与挫折。我们要做的是，把握机遇，理顺自己的精气神，勇于面对困境，平息不安与恐慌，对抗外界的压力，用积极向上的人生态度，享受美好的大学时光。

大学，你准备好了吗？

黄嘉慧

> "大学，你准备好了吗？"是什么让我们一直没有准备好呢？本文从学习与生活方面出发寻找问题的答案，以学习为重点深入分析并给出建议，希望读者阅读后能底气十足地回答："大学，我准备好了！"

"大学，你准备好了吗？"这是我自刚入大学至今最常听到的一个问题。对当时刚刚入校的我而言，这个问题让我有些茫然，甚至对于已经升至大三、大四的大部分人来说，也很难明确地给出答案。

追本溯源，在高中，老师和家长总会给我们一个暗示——所有的学习都是为了上大学而准备的。五年高考三年模拟，十二年的寒窗，终于一朝破茧而出，我们具有整个生命阶段里最优秀的记忆力与最丰富的知识储备，这还不是我们充足准备的证明么？但当我们远离了繁重的课业，摆脱了父母时时刻刻的关注，面对着突如其来"解放"，这些准备会瞬间被"自由"所瓦解。

就从大家最为熟悉的学习来讲，时间会告诉你，大学终究是一个学习的场所。

大学之道，在明德，在亲民，在止于至善。对于刚刚结束紧张高压的高中生活的同学来说，大学代表着放松和休息，于是很多同学开启闲散生活模式，把学习抛之脑后。在多姿多彩生活的背后，是与中学生活的不同，大学生活是独立生活的开始，"吃老本"是消耗而不是准备。

真正的准备是什么样子呢？

大学和中学有着很大的差异，学习内容、学习方式、学习时间的转变，让同学们措手不及。能否主动地、高效地、有深度地学习，这是大家面临的难题，也是大学阶段对学习的要求和学习的目的。在我看来，大学学业是否成功与是否具有主动利用资源的能力是紧密关联的，这也就是资源利用问题。在这里，成绩的差距不仅仅是在课堂上拉开的，更取决于课后的自主学习。大学的学习不再像是中学一样，掌握好书本上的知识就够了。在这里，没有老师会絮絮叨叨只为了让你能听得进去。自主学习是大学学习最主要的方式，这就要求我们利用好学校可利用的资源，比如讲座、公开课、图书馆等。这是要学习、能学习、会学习的重要环节。

那么我想问一问，从开学到现在，你进了几次图书馆呢？对图书馆的分布是否了解呢？图书馆的图书又应该怎么利用？作为医学生的我们，要背的书不少，要如何高效快速地掌握书中的内容并且融会贯通呢？大家一定想到了思维导图和习题册吧。以这两者的选择为例，选择习题册时，首先要对作者和出版社进行筛查，看清楚自己的教科书是什么、作者是谁，再记住教科书的版本，寻找相应的习题册，如此我们的第一步与书对应就完成了。但对应的习题册有千千万万，如果做了对自己没有效果，那也是浪费时间。所以第二步我们就要将手上的习题册与老师上课的重点、PPT 对比，看有无出入，看看习题册的侧重点是偏向于基础还是提高，以此选择适合自己的图书。最后，最重要的是试用一段时间，对照课本与上课内容进行学习，看看是否适合你。选择一本合适的参考书，将省去你极大的工夫。

到这里，你是否认为资源的利用就是多去图书馆呢？那就太过于天真了。作为新时代的冲浪少年，大家对哔哩哔哩视频网站一定不陌生吧，但是你知道我们也可以利用它来学习吗？在专注于娱乐的同时，我们也可以换个角度，对不同的资源进行整合利用。数据库时代，电子资料、电子书籍层出不穷，各种工具网站琳琅满目，从中选择合适的并且合理有效地利用，也是大学学习的一大助力。

苦学不如巧学，你能够成功地进入大学，就已表明你是具备对应的学习能力的，但面对不同的环境要做好不同的准备，根据现有条件有意识地选择适合自身学习方式的学习技巧。

除了关注专业知识的学习，"多元化的学习目标"是大学与中学学习生活的最大不同。明确自己的目标发展定位，科学有效地规划大学四年的时光，是开展大学生活的必要准备工作。

一、全面认识自己

我们需要全面认识自己，确定自己的兴趣、爱好。学会认识现在的自己才能在未来的大学生活学习中扬其长，补其短，兴其利，改其弊。大学不仅是学知识，同时也要为未来的工作及人生做准备，认识自己的兴趣、爱好有利于在大学中快速定位自己的生活。

心理学家指出，我们梦想中自己的样子，就是未来我们"可能的样子"。因此，全面认识自己，不断调整成长路径、提升自己的认知、开拓自己的思维，这样才能使未来的大学生活与学业均有所求、有所为。

二、规划大学路线

规划好每个阶段应该做的事情，不辜负过去努力的自己，完成那些预想已久的梦想和计划，这就是上大学的意义。

生活并不是一成不变的，当你发现你现在所走的路，似乎不适合再继续走，或者是发现了另一条自己更喜欢更愿意走的路时，你就面临着取舍。而我的建议是——实践。实践是检测真理的唯一标准。当你犹豫不决时，大胆迈开腿，动起来，你可以通过勤工俭学、创新创业、社会实践等途径，加强对选项的了解和认识，从而得出结论。

当然，途中我们还会经历失败与挫折，这是人生阶段必不可少的经历，但大学给了"试错"的机会。在这里，我们可以用最小的代价获得经验与收获，可以及时改正，及时调整方向甚至于及时全身而退，逐渐找到最适合自己的路。

三、向自己提问

来到大学，我们要对自己提出两个问题：第一，到福建中医药大学来干什么？第二，将来出去做什么样的人？如果你真的能回答出来的话，那毫无疑问，你已经想好自己未来的道路了，接下来就根据自己的回答不断添加与更新自己的知识与技能，这也就是进入大学之后你学习和生活的中心点。而暂时还不能回答的同学就按照以上方法多多了解自己，参与活动，在实践中找到答案吧！

文章的最后，希望大家都能把握时机，注重当下，尽快适应艰苦、紧张而又多姿多彩的大学生活，在重新面对这个问题时，无论处于什么阶段，都能给出坚定而自信的答复。

虽然当下很难过，但是未来一定特别美好

沈敏楠

> 世界上没有一个人会永远陪着谁，一定要学会慢慢独立起来，要学会一个人吃饭、一个人学习、一个人做很多事情。孤独可能并不是一件坏事，这个时候，你能更加清晰地认识自己，也可以提高自己的专注度。如果一定要有孤独的当下，那么一定是为了终会到来的美好未来。

经过上半年的疫情，我们放了一个很长很长的假。九月初，我们回到了学校，对很多同学来说，生活可能终于回归了日复一日的"正轨"，但是对我来说，新学期意味着偏离，这可能是一次真正的重新开始。

当初报考我们学校时，我一心想要读自己很喜欢的中医学，可惜高考成绩并不过关，于是我被调剂到了我们学校护理学专业。但是我还是对中医学很执着，于是我决定走上转专业的道路。通过一年的努力学习，学院终于同意了我的转出的请求。看起来是一件非常令人开心的事情，但是我却没有想象的那么快乐，而且心里总是空落落的。

"这不是我一直想要的结果吗？"我经常问自己。但是这也意味着我从此以后要离开我已经熟悉的集体，去到一个新的班级开始自己事实上已经开始了一年的大学生活。

其实最让我无法释怀是我需要搬离原本相处得很和睦的宿舍，去适应一个新的住宿环境，想到这里我就会莫名迷茫。

新生在10月10日报名，我原来的班级要比他们提前一个月开始课程，这一个月里，我告诉自己一定要做好过渡，慢慢适应脱离原来的班级集体。但是事情好像并没有按照我原来的想法发展，我反而变得越来越依赖我的舍友，必须和她们一起吃饭、一起上课、一起下课。无论如何，她们去哪，我就去哪。我之前班级里的同学在班级里遇到我，经常会问我为什么还要上护理专业的课，我都会笑着说，因为在宿舍太闲了，可以来听一听。可能也有这个原因

吧，但是我知道最主要的原因是我可能还接受不了自己已经脱离了原来的集体这一个事实。

一个月的时间说长不长，说短不短。这一个月我不仅没有准备好开始我新的大一生活，反而开始每天晚上睡不着。随着新生报到的时间将近，我变得越来越焦虑，偶尔还会怀疑自己转专业是否是一个正确的选择。就这样，我变得越来越不开心，偶尔还会自己偷偷哭。我也不太敢让舍友发现，不太愿意让她们知道我的感受。虽然我依旧还是会在宿舍抱怨和难过，但是我心里感受到的难过其实是我口中的好几倍。可能人类的悲欢真的并不相通，我也真的很难找到一个人能够理解我的感受。

我们宿舍的氛围一直都很好，大家相处得一直都很和睦，没有发生过大的矛盾。每天无论是班级的集体活动，还是平时自己的业余娱乐，大家几乎都在一起。我特别害怕到了新的环境，我会交不到好朋友，也没办法和现在的舍友像以前那么亲近。因为宿舍安排的问题，我并没有在新生入学时就搬离宿舍，而是在原来的宿舍又住了一段时间。这段时间，我到了新的班级上课，每天下课和上课的时间点，和舍友们的都不一样，这也意味着我开始了第一次一个人去上课，第一次一个人坐在教室里，因为大家刚开始几乎是和舍友们一起活动，于是我只能孤零零地坐在一角。我在第一节课前也很努力地鼓励自己——"接下来无论谁第一个坐在你旁边，你就一定要和他认识一下！"结果，开始两天的课，只要我坐在哪，那一排椅子就都没人坐。在我看来，这就是真正的孤独。

就这样，我每天回宿舍都唉声叹气的，看着其他五个舍友一起上下学，突然觉得有种她们的快乐很快就不属于我的感受。每天她们聊的课上的难题我不懂，老师的一些有趣的点我也听不懂了，我开始觉得，我真的得慢慢适应了。我和很多朋友说了这件事情，他们经常安慰我，一般说法有两种，一种就是"没有关系，你以后还可以经常回去坐一坐"，另一种就是"你很快就会有新朋友的"。道理我是懂的，我也知道未来都会变好的，可是当下真的很难过。

而且进了新班级后，转专业的各种手续，还有各种课程活动，以及当时部门纳新的任务一股脑儿全来了。每天课程很少，可是我还是觉得忙得不得了，每天晚上要熬夜熬到很晚，有一种身心俱疲的感觉。当时周围的人都说我脸色不太好看。我也觉得，要是一直这么下去，我的快乐很快就没有了。

为了保留我当下的快乐，我问辅导员能不能不搬宿舍，辅导员说她可以帮我去问一问。当时虽然没有肯定答案，而且我也知道，可能性甚微，可是我还是高兴了一宿，最后的答案当然是不可以。于是我的心情又开始跌入低谷。我甚至动过有什么办法能够不转专业了的想法，可是想了想还是觉得自己不能一时冲动。

这样的状态维持了很久，终于还是爆发了。那天，舍友们一起去上课，宿舍只留下了我一个人，我睡了一个非常长的午觉，一觉睡到了下午三点，然后我起床上卫生间。冲完马桶后，突然发现马桶刷该换了，然后我就在想下次去买一个什么样的，或者是拿着一个马桶刷回来会不会尴尬又好笑。想着想着我突然发现，这个宿舍我很快就要离开了，新的马桶刷可能我也用不上了。可能就是一个小小的马桶刷压垮了我，我突然就哭了起来，哭了好久好久。我想打电话给我妈妈，说一说这段时间发生的事，但是我怕我一开口就哭，怕她心思太敏感，会有不必要的担心。总之，当时我真的觉得很难过，孤立无援，觉得别人无法与我感同身受。舍友下课之后，我已经收拾情绪收拾得差不多了，我突然觉得哭完之后好受很多，仿佛好久以来积压的情绪已经发泄得差不多了，我也开始直面这个问题了。于是我告诉我的舍友，我从明天开始要搬宿舍了，并且请她们每个人都要给我背一个行李箱。她们同样也表示，如果一人给50块钱的话，她们可以考虑考虑……玩笑开过之后，我觉得好像也不是很难接受，然后我突然想到了一个人，她就是我新班级的助导，是2018级的学姐。上次开班会时，我注意到她也是转专业到中医的，于是我决定下楼找她聊聊。

我记得我第一次见她的时候觉得她很凶，但是她笑得也很甜，尤其是我刚进她宿舍，她给了我一把奶糖的时候，我突然找到了亲切感。我记得那天晚上风很大，我们俩站在阳台上聊了好久好久，很多内容我记不太清了，但是我记得她和我聊她当时搬宿舍的事情时说的一句话，她说世界上没有一个人会永远陪着谁，一定要学会慢慢独立起来，要学会一个人吃饭、一个人学习、一个人做很多事情。孤独可能并不是一件坏事，这个时候，你能更加清晰地认识自己，也可以提高自己的专注度。而且只是短短的离开，并不会影响彼此的感情，仅仅只是相处模式不同，从原来的舍友变成非常要好的朋友听起来也不差。我被那天晚上的风吹得格外清醒，我明明知道未来都会好的，只是当下很难过，当下总会过去的，我应该去学着适应才对，而不是一直想办法停留在过去。突然想起来我的一个朋友之前安慰我时说的话——其实你没有失去，你只是又多了五个比同学更加亲密的朋友。

等我准备从学姐那回去时,已经很晚了,我一直没有来得及看手机,结果打开手机,好多电话和短信,都来自我的舍友。我一边上楼,一边准备回复时,突然抬头,看见她们穿着睡衣,披着外套,往楼下走。看见我后,她们一脸震惊地质问我:"你刚刚到底去哪了?"原来她们以为我因为搬宿舍心情不好,怕我一时想不开,一层楼一层楼地找我,甚至不知道怎么联系上了我平时要好的朋友,问他们我有没有和他们在一起。虽然那天晚上被她们联合讨伐,而且她们着急狼狈的样子有那么一点点的好笑,可是我还是非常感动。我明白了我真的并没有失去什么,未来一定会更好。

但是我还是给了自己一段过渡期,我搬宿舍搬了好久,每次带过去一点点东西,认识新舍友,好好和旧舍友告别。在实践周时,我和班级里的小朋友好好地在一起玩了一次,认识了更多可爱的面孔,同时也利用实践周把自己新的宿舍贴上自己喜欢的贴纸,铺上自己喜欢的桌布,装饰成自己喜欢的样子,准备继续开心快乐地好好生活下去。

生活还是要积极向上啊,不能只想着"虽然未来是美好的,但是当下真的很难过"。你要知道,真正的道理是——虽然当下有点难过,但是未来一定特别美好!

大学，应该有自己的选择

陈彪

> 步入大学这个小型社会，我们总会遇到许多的不确定，不确定的努力方向，不确定的专业选择。这是一场反思与自渡，这是一场盘点与拷问。以大学的方方面面探寻灵魂的深度，以文字的梳理度量生活的意义。走进作者内心深处，探讨大学的成功与不成功。

不知不觉，都到大三了，但是回头观望，我发现自己并没有很多的成就，不论是学习上还是生活中。很确切地说，自己以前定的很多目标都没有实现，不知道是自己过去定的目标太不切实际，还是自己不知道现实生活有很多不易，制定目标的时候忽略了大学生活的种种不确定。希望以自己不成功的例子回顾一下自己两年来的体会和不足。

首先想说说自己的学习。关于学习，我绝对是个反面教材，我并没有出众的成绩。准确地来说，我的成绩并不理想，这也是最值得我反思的事情。学习不好一定是和自己有不可分割的关系的。在大一的时候我就开始忽略学习的重要性，觉得自己只要学好自己的专业课就好，所以对一些所谓的"水课"不重视甚至近乎忽略。但是这种课程存在即合理，它是辅助专业课的学习的，而且这种课程没有好好上，我慢慢形成了专业课也会分心的坏习惯。这就是一个很大的陷阱，是自己给自己挖的坑。希望后来的学弟学妹把我作为前车之鉴，不要忽略"水课"的重要性，这种忽略带来的影响是很大的，如果没有及时做出改正，当自己发现问题的时候已经是非常严重了。专业知识是非常重要，但是一些辅助的课程也是非常重要的。在学习自己专业知识的同时，我们也可以拓宽自己的兴趣爱好，可以多考几个有用的证书，所谓技多不压身嘛！不过就算自己学习不好，我们还是要正确看待自己，毕竟成绩再差也是自己的。我们需要做的是，努力让自己走上学习的正轨，而不是为自己过去的错误懊悔和自责。

大学的生活我觉得是非常充实的，每个人生活的方式不一样，生活的感受也不一样。刚入大一的时候，无知的我加入了几个自己不喜欢的部门，每到周六周日，部门的活动、学院的讲座"充实"着我的生活。说实话，有些东西真的不是自己喜欢的，但是又不得不去做。毕竟是自己加入的部门，就要承担一部分责任，最起码的集体责任感驱动了我一次次完成任务。可是后来我发现，我可以把这些时间用于做我喜欢的事情。所以到大二的时候，我把自己不喜欢的部门都退了，唯独留了自己喜欢的跆拳道协会。虽然协会有固定的训练时间，但是从来不占用我的学习时间。更重要的是，这个协会的气氛是我所了解的部门和协会里比较好的。加入了跆拳道协会，少了与同学之间的利益冲突，协会成员训练时相互鼓励。可以说，这个协会的训练让我感到放松。当我们知道自己喜欢什么的时候，我们就可以把日常会有的工作和自己的兴趣爱好结合，把时间利用得合理恰当。在这个过程中我们也会遇到很多很多优秀的人，可以不用深交，但是他们的日常言行举止就有很多值得我们学习的地方。潜移默化，我们自己也会变得更加自律，自己的思想也会从那些自己不喜欢的层次往上提。生活中认识几个优秀的朋友对自己是极其有帮助的。在和他们相处的过程中，会形成一种对比，不是比较谁好谁坏，而是让我们知道自己和别人的差别在哪里。做同样一件事情，别人的做法产生的效果和自己做这件事情产生的效果的对比就体现出两个人的不同之处，这种对比是为了改变自己，修正自己，充实自己。我有自律性很强的朋友，有做人处事很好的朋友，有目标明确的朋友，有学习很好的朋友。总之，如果把自己的目光往上提一提，向他们学习，这样自己就可以慢慢变得"丰富多彩"。

　　进入大学后最为常见的就是大学里的美好恋情。很多人都看过青春爱情电视剧，很多人也都幻想过自己就是美好恋情的主角。大学的恋爱是美好的，之所以美好是因为它单纯，就像刚出生的婴儿，不带种种利益纠葛，也不用像结婚前的恋爱，需要考虑很多很多东西。大学的恋爱，在我看来就是两个人愿意陪伴对方。这种陪伴是最单纯的，没有工作的压力，没有家人的压力，两个人可以相互帮助一起学习，一起走向更好的未来。好的情侣总会在一起奋斗。我大一刚入学就认识了一对情侣，他们让人羡慕不已。他们是我的大三学姐学长。学姐学习成绩优异，得到了我们学校的保研名额。她的成绩一直是学院的第一，是学院的神话。因为学姐学习非常好，学长不愿意落后，便放弃了自己喜欢的篮球，一心把时间放到学习上，自己也成为学院的前几名。他们在相互鼓励、相互监督中成长。之所以说优秀的人会越来越优秀或许就是这个道理，在相互帮助中两个人同时成长。我相信他们所经历的应该要比一般的情侣吃饭看电影难忘得多。可能他们也有自己的甜蜜时刻，但是他们的恋爱，分得清主次，这是最让人羡慕的。

  我们自己羡慕的东西需要我们自己去争取，我们自己也会有值得骄傲的东西，没有好的成绩就去拥有一个好的生活，没有甜甜的恋爱就去拥有一份真挚的友谊。美好的东西我们也会拥有，我们也要学会珍惜自己拥有的美好。发现失去的时候再后悔是最可悲的事情。越是自己拥有的美好往往越会被自己忽略。我们总会自动忽略默默为我们付出的人，在这方面，最为突出的就是家人。在这个眼花缭乱的世界，亲情总是最容易被人们忽略的。亲情没有爱情的轰轰烈烈，没有友情的日常陪伴，但是亲情是世界上最单纯、最伟大的感情。父母的爱是最无私的爱。我们总是会被生活压得抬不起头。用尽全力去生活的同时，家人是我们最好的安慰。每次和家人通话，我总是会很开心地结尾。最不想也最不该辜负的就是亲情。怎么维持亲情？无非就是多和家人聊天通话，这样父母就会很开心了。

  每个人都有不同的生活方式，我们需要接受这些不同。我们始终要记得自己想要的是什么，始终为自己想要的去努力。我们要跟着我们的初心，在这个物欲横流的世界中，我们其实可以"独善其身"。

关于内卷的那些事

刘炳焕

> 不要陷入内卷的漩涡，不要因为内卷的大环境而感到焦虑。努力并不等于内卷。明确自己努力的方向，朝着这个方向不断努力。累了也要允许自己"躺平"下来休息一下，允许自己"虚度"时光。

  进入了大学之后，我了解到了一些以前从未听过的词汇，比如现在我正打算写的"内卷"。步入大学，时不时能在周围同学的口中，以及高中同学的群聊之中听到内卷这个词。刚开始听到这个词的时候，我并不明白它的意思，也并不好奇，直到在一次聊天中得知一名学生顶不住内卷的压力自杀了，才让我好奇这到底是怎样的一种压力，甚至可以逼迫学生放弃自己的生命。

  李雪琴这样描述内卷："当电影院第一排的人站起来，后面的人就看不到屏幕，后一排的人就会跟着站起来，渐渐地所有人都会跟着站起来，这就是内卷。"看到这段描述时，我就觉得这是一种非常准确且让人容易理解的解释。当我们觉得别人的行为可能会影响自己的利益时，我们便会主动地加入进去成为其中一员，随之发展的结果便是越来越多的人参与其中。以学习举例，当身边的同学努力地学习时，由于不想被落下，大家都一起努力地学习。听起来似乎是个不错的事情，但实际的情况是努力学习并不是为了掌握这些知识，而是通过学习更多的知识、超出课堂范围的知识这样一种方式，从而让其他人比不过。我曾看过一个北大学生的采访，当被问及北大的内卷程度时，他回答道，有人会要求老师把卷子出难，反正考得不好的人题目再简单也就那样，不如让考得好的同学表现一下。听到这样的要求就不难理解为什么会有学生受不了压力而轻生了。

  不知从何时起，不是"内卷"，那一定是"躺平"；不是"躺平"，那一定是在"内卷"。内卷作为一种非理性的竞争，越来越引发人们的焦虑。在学校中这样的焦虑感更是比比皆是，学生们犹豫着是否需要花更多的时间去学更多的知识来展现自己，但又局限于自己的行动力不足，导致焦虑不断叠加。我们总是希望变得更优秀，但是又希望变得更优秀这件事能在短期内实现。就像马德在《允许自己虚度时光》中写道：慢慢明白了自己为什么不快乐，因为我们总是期待一个结果。看一本书期待它让我们变得深刻，发一条短信期待它被回复，对别人好期待被回报以好，写一个故事期待被关注，参加一个活动期待换来充实丰富的经历，这些预设的期待如果实现了便长舒一口气，如果没有实现就会自怨自艾。可是小时候也是同一个我，可以用一个下午的时间看蚂蚁搬家，小时候不期待结果，哭笑都不打折。

我曾看到这么一段话：大学，就应该是早起吃点早餐，跑跑步，专业课认真听，公共课看看自己喜欢的杂志，中午小睡一会儿，下午参加个社团活动或打打篮球，晚上陪着喜欢的人散散步或去自习室安静地看看书……你只要能平稳完整地读完大学，寻找到自己所爱的人和兴趣，多去没有目的地看些能丰富自己思想的书，认识几个好得不成样子的朋友，锻炼或是塑造自己的身体，学精自己想要从事事业的专业知识……做到这些，平淡地度过大学这几年你就已经足够优秀了。我们并不需要通过内卷来证明我们是否优秀。作为一个大学生我们只要努力学好自己的专业知识，累了就躺平休息会。在自己空闲的时间，通过运动锻炼身体，通过阅读拓展知识面，通过电影、音乐提高鉴赏力。

其实，努力生活的我们已经足够优秀了，不必陷入内卷的焦虑漩涡，做着没有价值的努力。努力生活是没有错的，它并不是内卷。希望大家可以和自己比，明确自己的方向，在自己力所能及的范围内不断地修炼自己。

最后，祝大家都成为自己所认为的优秀的人。

大玩家

杨筱蓁

> 我是一个忙碌的人。我可以十二点在台灯下伏案。空调就着冷气卷起身体的热浪，我开始感觉不适。我试图测量体温，却打破了一根水银温度计。我匆匆忙忙整理书桌的狼狈，一晚上的伏案，就此荒废。你看，其他人都在享受空调，而你却因为没来由地偷偷学习乱了阵脚。真糟糕啊，这种奇怪的竞争关系。

最近各公众号推出了不少"反内卷"手册，指导性与叙事性并存。然而这个话题似乎永远都说不完。步入大学不到一年，我便对内卷感触颇深，原以为自己是"时间管理大师"，结果却被迫成为一条卷入竞争的咸鱼——无法推开烦冗的展示作业，无法避免接连而来的小组作业，无法合理安排学业，无法正确处理当下困境。当焦虑与急躁侵蚀了专业学习的日常，学习便成了零碎的摆件，躲入时光的罅隙里。也许只有考前那么一两个小时，我才得以从其他事务中抽身，摊开久违的专业书，翻阅晦涩的名词概念，潦草应付重要的专业考试。

本末倒置的生活如山般压抑着学医的本心，我时常在深更半夜中迷茫，泄愤般吐槽一两句，驱散积攒已久的负能量。但恶性循环并不能从根源解决问题，若不将效率提起来，我们永远只是被卷的咸鱼，偶尔随着浪潮翻身，始终桎梏不前。

校园课堂盛行学生上台自我展示，多数人对付下发的主题，都是选择PPT，或配合视频，或利用高超的话术，或上演情景剧。做得多了，PPT展示竟也成为一种习惯，包括我，也在纷至沓来的展示作业中，逐渐练就了娴熟的PPT制作手法。除了PPT本身的高质量化，展示者也出现了内卷。分组作业中，我们常常习惯于因才而劳，即分配不同的工作给擅长的人，例如展示者便一直驻扎在台上，PPT制作者则揽下了搜寻更多精美PPT模板的活，二者的身份于多次作业展示中固化、僵化，多数人不愿打破舒适圈，走出这场内卷游戏，与任务发布者的意愿相违,只做最合适的,不愿交换角色与岗位。

　　跳出传统的作业流水线,这样的趋势更为明显。不管是认真准备,还是敷衍了事,小组合作的方式都出现了模板化。我一直崇尚在作业中玩起来,哪怕是偶尔灵感的爆发,哪怕是几个富含设计的小细节,都能创新作业展示的方式。尝试模仿某位老师的教学风格?尝试采用学习软件进行抽人模拟?尝试以《非诚勿扰》男嘉宾的配乐开场?根据风格迥异的汇报主题,我随机萌发出了不同的汇报方式,使个人与小组的气质多元化、特殊化,留下耐人寻味的记忆点,方才脱颖而出。我也曾尝试导入大富翁游戏增强课堂互动性,遗憾的是后续并没能实行,临时组建的小组与紧迫的时间不足以支撑我实现这个荒诞的想法,最后呈现的效果虽完美但同质化严重。奇特的脑洞是需要团队支撑的,一人无法担起任何事,想玩新的灵感玩不起来,只好随波逐流。重复让很多人习惯乃至厌倦了课堂展示,作业就内容套模板直接交差的现象屡见不鲜。

　　一次可以有创意、认真对待,多次就是麻木、随波逐流。如果每种课都需要花费课外时间进行填补,那其余的拓展活动和学习时间从何而来?更多的分组讨论是浪费时间拉低效率的,能者依旧多劳,惰者依旧碌碌无为。许多人都困在敷衍了事还是认真对待的两极间不能自拔,前者继续咸鱼,后者在受挫后选择咸鱼,到头来只是恶性循环罢了。另外,在分组上我们更强调亲疏关系,原本人员亲近的组本就无法保证动员所有人,关系更散乱的组里惰化现象更是严重。很多人说不得、不敢说,其中的取舍与疲累才是压垮这些能者多劳之人的最后一根稻草。

　　某位老师也曾对我说,分组的内涵是你怎么在既有猪队友又有高手的队伍中,让团队协作前进。经过几场合作我也慢慢觉出味来,时代趋势往往是难以改变的,那便做内卷下的大玩家,以效率制胜。

　　工作堆积如山,不会时间管理怎么办?列一个计划清单,把成堆的任务用文字展现出来,标红最重要的,标黄最紧急的,标绿可暂时放缓的,根据轻重程度分配时间;同时,降低心理预期,提醒自己哪怕某个任务需要超时完成,也不要焦虑慌张、自乱阵脚,与其争取快节奏地赶进度或慢节奏地拖时间,不如踏踏实实地按照正常的步调走,以免歪了路子。若自制力坚定,制定时间规划表不失为一种好方法,但初尝者往往会在此摔跟头,三分钟热度了事,难以坚持甚至偏离轨迹。要清楚,提高效率可不是始终专注于这些待办任务点,而是该在哪个时间段做何种颜色的事情。

按照这样的步调，我的情况对比上学期有了明显回暖。明晰最重要的任务是学业，利用课下的时间迅速过目网课视频，完成结课作业，把额外接到的任务放缓，在确认不影响标红和标黄的事务后，再着手去做。哪怕偶尔会被突发状况或自身拖延又认真的做事风格绊倒，也能合理把控自己的时间，留下空白进行放松。

身边各种项目内卷化严重，没有竞争力怎么办？适当停下来，躺一躺，认清竞争的实质是提升自我，而非与他人做比较，以获取一时的快意。对应不同的情景使用一些自己的小巧思：可以玩起来的情景便大胆创新，需要规规矩矩完成的任务便致力至臻，保留自我的风格，才不会被大流卷走。同时，降低心理预期，哪怕付出不被理解也不应过激或失落，塑造自我风格的过程往往艰难，从失败中汲取经验改善自我才是关键。

例如我着意于文字输出，但投稿作品或撰写的论文往往无法获得好名次，这并非我文字怪诞偏离了主题，而是在日常的文字写作中偏于感性而失却了理性与逻辑，文字往往典雅繁赘，随着当时所想而来，不受拘束，或模仿他人的风格，缺少自我的思考。在撰写需要大量逻辑与专业词汇的论文时，困囿于自己窄小的知识圈，片面而狭隘，哪怕文字再华丽也无法掩盖内容的空洞。认识到上述问题后，我便将一部分时间放入文字输入这个过程中，利用琐碎的时间研读全面而理性的文章，填补空泛的缺漏。

被迫一人扛起所有怎么办？学会拒绝。拒绝浪费时间且对自身无益或无法锻炼自身能力的工作，拒绝可以拒绝的工作，拒绝在分组合作中大包大揽，也切勿让"能者多劳"四个字捆绑住自己的手脚，切换自己在组内的角色，让每个人都能轮番感受某一岗位的特点，加深体验感。具体步骤为：先判断自身能力与精力，估计自己可以承担的工作量，再与他人进行沟通，揽下能做的，推却不能做的，少一分较真，交给你的就尽力完成，没交给你的也无须争执。此时再回到第一个问题，许多号称焦虑与急躁的负面情绪便迎刃而解。

既然认识到了内卷的存在，那躺平可以吗？也有人把反内卷与躺平画上等号，认为退出这场竞争就能退出内卷游戏，这显然不太现实。既是时代趋势，有人急流勇退，自然有人急流勇进，少了一个竞争对手，是其余人喜闻乐见的。而我提出的观念，是做生活的大玩家，哪怕是在疯狂竞争有限的社会资源的背景下，也能获得些许喘息的机会。既能学又能玩，既能工作产出又能适当娱乐，既施行高效又休息有道，把做事效率提高，竞争才会有优势可言，才能玩出新花样。

　　当然，我本身的观点还在萌芽阶段，并非成熟，现分享一段岳松老师的话："不想努力了"其实是一种以"丧"为行为表现，来抵抗激烈的社会竞争、高昂的生存资本以及阶层跃迁失败后的心理补偿机制，更是一种看似"不在乎"，其实蕴含着悲伤、愤怒、失望以及对环境正义价值批判的自我抽离。佛系与"丧"的产生有其本身的逻辑，"反内卷""不想努力了"是一种非常合理的情绪，我们反抗的是福报式忽悠，是各种成功学外衣无法接受的，是那种拼命让别人努力，从而让自己惬意的把戏。外界风云变化，宣泄有理，但也别忘了整装待发，"硬核操作"与"不忘初心"才能让我们最终抵达理想之所，想过躺平，曾经躺平，正在躺平，但是否会一直躺平，起决定作用的，还是大家的主体意识。

　　同样，本篇文章我也跳出了固有的写作思路，基于随心所欲且口语化的呈现方式，尽量地表达自己的观点。我总喜欢扒开现实讲讲内里的东西，与其陈列方法，与专业人士罗列全面的文章做比较，另辟蹊径放肆大谈或许更有说服力。

　　真诚分享至此，以上。

以梦为马，不负韶华

莫静瑶

> 有人说："人生是一条不断追求梦想的道路。"那么我想说："大学，就是让梦想起飞的地方。"在追求梦想的过程中会留下我们繁忙的身影，在追求梦想的过程中会展现我们最美丽的风采。心中有愿望一定要去闯，哪怕前方的路充满坎坷和曲折，但为梦想而拼搏的人终会永不言败。让我们一起努力吧，在不断追求梦想的过程中挥洒青春的色彩，以梦为马，不负韶华！

对于大多数同学来说，父母和老师从小便教育我们"大学是培养人才的摇篮，也是人生历程中一个重要的转折点"，对于刚进入大学学府的我们来说，这种转折标志着我们进入了一个全新的更高层次的学习阶段。在这里我们每个人都需要进行道德素质的培养、知识方面的学习和各种能力的锻炼，在不断学习的过程中来完善自我和升华自我。在成长的征途上，我们大多数人会进入自己梦寐以求的大学，面对不同于以往的学习和生活环境，面对充满激烈竞争的未来，自己更要规划好今后必须要走的路，坚持自己的梦想和初心。从临床学生的角度来看，我认为梦想是我们学习道路上的垫脚石和指路明灯，而从朋辈心理咨询员的角度来看，梦想又会成为思想的指南针和健康心灵的催化剂。下面就让我来谈谈自己对于梦想的看法吧。

每一个人都必须经历从小人国里的大人物变成大人国里的小人物这一角色的转变。我和大多数同学一样，出生在一个普通的家庭，但是普通的家庭在我的心里却并"不普通"。我和父母的关系很融洽，他们的思想并不封建反而很开放，所以我们之间并不存在代沟。从我上学开始，他们就尊重我的决定，倾听我的想法，我们之间就像是朋友般的关系。他们这样的教育方式对我的性格养成有很大的益处。我的高中学校在省内排名靠前，因为它不仅有优秀的学生资源，还有魔鬼般的管理模式。高中的三年是最难熬的三年，不过对于大多数同学来说应该都是这样吧，可就是这样严厉的教育方式使自己对梦想有了更深的理解和感触。进入大学后，我们绝大部分人都必须离开长期依赖的父母和老师，离开生活了十几年的家乡独自来到外地求学。走进大学校园，面对新的集体、新的生活方式、新的学习特点，我的内心也有很大的波动。我必须学会调整好自己的心态，去勇敢接受并面对自己所必须要经历的一切，从零开始，怀揣自己最初的梦想去面对自己的大学生活以及以后的人生。

回想起半年前的自己，怀着一种无比激动和无比兴奋的心情来到大学报到，这是因为高中老师经常告诉我们"上了大学就轻松了，可以放飞自我无拘无束，不用再像高中一样为了高考起早贪黑"。我曾经也天真地认为这就是大学的日常，也以为我真的可以完全放松，好好享受悠闲的校园生活。可是当我真的了解了大学生活，真的开始习惯我是一名大学生的时候，我才真正地感受到大学并不是放松的代名词。它不是一切学习、一切努力的结束，而是另一种开始，是学业、知识更上一层楼的开始，是离梦想更进一步的开始，是追求我们人生更高层次、更现实的梦想的开始。所以，梦想再一次起航。那么我的梦想是什么呢？

其实，我的梦想有很多，归纳起来就是三个。下面不妨把它们按照从初级梦想到高级梦想的顺序依次罗列出来，与大家分享：最初级的梦想是有稳定的经济收入，能养家糊口，保障全家老小衣食无忧；中级梦想是能够在工作之余，有一定的时间和精力去从事自己喜欢的事情；最高级的梦想是平安、健康、快乐地过好每一天。这样罗列出来之后，我顿时觉得有眼前一亮的感觉。就好比我窗外的那座山峰，在雨过天晴之后，山上的草木全都清晰地呈现在眼前一样。噢！既然我最大的梦想是让自己在平安、健康、快乐中度过每一天，那么，其他的一切应该就是为此而做的铺垫。因此，我能做的只有一如既往地努力，改正缺点，让自己变得更优秀，让大学生活更加精彩。

有人说："人生是一条不断追求梦想的道路。"那么我想说："大学，就是让梦想起飞的地方。"对于我们医学院校的同学来说，学医的道路本就艰辛，我们唯有付出更多才能够完成自己的学习目标和使命，实现自己的人生理想。然而也正是因为在这样严格的环境下，我们才能够静下心来认真学到更加丰富的知识，思考更加深刻的问题，用心地对待每一件事情，用心地熟记书本里的每一个人体解剖结构。在来到大学之前，我自己是懵懵懂懂的，对于社会、对于未来甚至于对于现实并没有很深刻的理解，也没有很深入的打算，仿佛一直生活在自己的想象之中，一直生活在美好之中，认为只要完成任务就达到自己的目标了。然而在经过了半年的学习和实践后，我才突然明白，生活不是只有将就和敷衍，机会也不会留给没有准备的人。如果懵懂地步入社会，那么很快就会被淹没在现实中。而在这时候，大学就给了我们准备的时间，为我们提供了充足的资源和空间。在大学里我们只有与梦想同行，增加自身专业知识和业余知识的积累，积极参与各种实践活动，为步入社会做好准备，才能让梦想更加坚定，使自己变得更加优秀。

  当然，实现理想的路上免不了坎坷崎岖，在我们还没有成熟的时候，我们总是在徘徊中等待，在等待中失败。曾经，很长的一段时间里，其实我都很迷茫：自己应该做些什么呢？自己还能做些什么呢？每天我都彷徨挣扎，每天都消极懈怠，但是每天又似乎踌躇满志，而每天却又无所事事。我想，这大概是我们每一个人成长中都会经历的彷徨和迷茫吧。在学习生活的过程中，我也会遇到层出不穷的问题和挫折：面对未知我也会恐惧，在考试前我会害怕挂科；面对老师的提问我会手足无措，在繁重的学业面前我会有压力，在选举失败后会失落，有时在人际交往方面也会有困惑。但是面对这些我们需要有决心、有信心，有不畏艰难、锲而不舍的精神。面对挫折，我们不能望而生畏，就此却步，而是要拿出克服困难的勇气，不懈地去努力，在取得成绩之后要戒骄戒躁，以此为动力去争取更大的成功。因为，青春正在赋予我们激情和力量，我们没有任何理由有丝毫的懈怠，从而消磨浪费它。我们要在不断追求梦想的过程中挥洒青春的色彩，让青春自在飞扬。

  我们都是有梦想有追求的人，不要因为路途艰辛就停下前进的脚步。追寻梦想的过程是苦涩的，但只有经过磨砺的人生才会拥有更加深刻的内涵。不要让不安的心被浮躁占据，我们应该做的是扬起灵魂的翅膀在校园里汲取知识，在不同层次的人群里学着更好地做人。我始终相信冬天来了，春天就不会再远；没有度过寒冬就没有春的温暖；没有走过沙漠的人不知道水的甘甜；没有经过失败就不会懂得成功的喜悦。因为年少轻狂，我们很可能会失败，可也正是年轻给了我们勇往直前、永不放弃的资本。只要我们怀揣梦想踏踏实实地走好脚下的路，我们终究会取得胜利。我相信只要心怀梦想，我们终将会成为优秀的医生，为中国的医疗事业做出卓越的贡献。青春需要梦想、需要方向，行青春之路千里，每一步都应为了梦想而努力。回首我们走过的路，还有什么能够让我们悲伤或者微笑的呢？或许，这就是一种成长，青春的成长。正如白岩松所言"没有一代人的青春是容易的。"我们站在大学的校园里，是否也在努力寻找自己的方向？

  把握青春，在这里锻炼自己吧，在追求梦想中留下我们繁忙的身影，在追求梦想中展现我们最美丽的风采，在追求梦想中奉献我们自己的一份力量。在这里我们得到的不仅是渊博的知识，更是一笔人生的宝贵财富。"恰同学少年，风华正茂，指点江山，激扬文字。"让生命之花因为年轻而生彩，让青春因为梦想而生辉。心中有愿望一定要去闯，努力实现最初的梦想，哪怕前方的路充满坎坷和曲折，但为梦想而拼搏的人终会永不言败。让我们一起努力吧，以梦为马，不负韶华！

没有什么学霸，只有不断努力的自己

聂夏平

> 学习是一个自我鼓动、自我努力的过程。没有人能够一蹴而就，比起遁入捷径，不如脚踏实地，痛痛快快地与现实比拼一场。荆棘之路也会开满鲜花。

在中心工作已经两年多了，我发现了一个现象——每当考试临近时，来预约咨询的同学格外多。而每当成绩出来时，总能听到"某某某，上课都不听，还考那么好""某某某学霸，看人家都不复习，分数一样超级高""我不会读书，读了就忘，考的明明都见过就是想不起来"等等话语。甚至在我身边，也总能听到"你那么忙，都不怎么读书，还考那么好呀，真是个学霸"之类似的话。我总是一笑置之。其实这个世上没有什么学霸，有的只是不断努力的自己。

我是个来自山西的北方妹子，当初以一己之力抵抗家庭阻力跋山涉水来到福建中医药大学求学，足以体现我的性格，自立又倔强，同时喜欢挑战。没错，这就是我！小时候，父母、亲戚提起我来就只有"顽皮""不爱读书"等字眼，活脱脱一个假小子。爬城墙，坐在城墙边上，两条小腿还在外面晃荡，妈妈心惊胆战，我却不以为然。再后来要上学，我更是令父母头痛不已。印象中大概换了四五个幼儿园，每个幼儿园都待不了几个月，我就找各种理由不去读书，理由千奇百怪。辗转了几个幼儿园，东拼西凑才算是读完了幼儿园。到了小学更是稀奇，双胞胎姐姐以好学生形象顺利升级了，而我被退学了。这正好合了我的意，敲锣打鼓忙着庆祝。妈妈却是愁晕了头，只好下一年再让我读一次一年级。庆幸的是，这次我没有被退学，却依然是个不学无术的顽皮孩子，抓住所有逃学的理由和借口。就这样，懵懵懂懂混到了四年级。

四年级之后，家里发生了一些事，而我也一夜长大了，似乎懂得了自己的使命，从此开启了人们眼中所谓的"学霸"之路。其实只有我知道，没有什么是比努力更让人惊艳的了。后来我顺利考上了我们县最好的初中，但因为班主任的关系，我待得并不开心，即使如此也要继续。就算全世界都遗弃你，但你还有自己。因此初中三年里，我都是自己一个人默默埋头苦读，撑不下去的时候，就想想时间过得很快，很快就可以离开。皇天不负有心人，我以最后一名的成绩挤进了全县最好高中的特重班。当时父母高兴坏了，逢人就说，似乎已经忘记了小时候那个不学无术的我。高一首次考试时，我考了班级40多名。但毕业时，我却是以班级前几的成绩升学的。在这个过程中，只有自己清楚自己付出了什么样的努力。例如我的英语，偏科很严重，为了高考不拉分，我每天晚上背英语到半夜。高考时英语考了一百多分，许多人觉得并不高，可最初我只能考60分，实现了近四十分的跨越。

寒窗苦读十年，我终于上了大学，以为自己解脱了，结果被录取的专业就给了我当头一棒。我一直想读医，却阴差阳错进了非理想的专业。当时的自己进退两难，不想复读也不想放弃读医，最后只好妥协，抱着试试看的心理上了大学。后来，我偶然得知学校可以转专业，便一直为转专业而努力。可是迎来的是不绝于耳的打击，身边的人似乎都觉得我在痴心妄想。唯有我的专业老师沙玫老师和我讲了一句话，坚定了我的内心——不是因为有希望才坚持，而是在坚持中看到了希望。这句话给了我深深的震撼，对啊，我为什么不去试试，万一经过努力得到希望的结果了呢？于是大一这一年我认真上好每一门课，积极参加活动，进实验室。机会是留给有准备的人的，后面我顺利转了专业，成为一名中医学子。母亲一直想要有一个读医的孩子，现在我终于实现了母亲的心愿，似乎我从此就成了母亲的心头宝，但我知道这份宠爱有着多么大的压力和期许。我很庆幸自己没有辜负父母和自己的期许，在中医专业学得还不错，连续两年拿到了国家励志奖学金。

现在我想和大家分享一下我的学习方法，虽然不一定适合每个人，但希望可以帮助某些人。首先，要对自己的身份有个正确的认识和定位。时刻记得自己是学生，学习是我们的责任和义务，从心理上端正对学习的态度。当然，这并不是让大家当个书呆子，而是让大家拎得清学习和公共事务的重要性，避免本末倒置。相信我们身边有很多同学都有60分万岁、61分浪费的想法，这种想法是错误的。大学是个积累知识的好地方，免费的场地，免费的资源，是可以好好利用的地方。最近网络上有一句很火的话，"20岁的人生不努力，30岁的人生举步维艰，40岁的人生一塌糊涂"。难道真的要用自己的一辈子为现在任性的自己买单吗？相信大家都知道怎么选择才最划算。

其次就是要有正确的学习方法。有些同学看似每天都在背书，书翻来覆去读了好多遍，一到做题便没有头绪。身为一个医学生，死记硬背是功底，但不是全部。如果你的读书只限于记下书上的每一个字，那么你就注定了失败。看病大家都知道要辨证论治，读书也是一样的，要理解每个字背后的意义，要有自己的逻辑记忆。比如中医症状中的消谷善饥，是指食物易于消化，患者容易饥饿，常见于胃热炽盛。可能很多同学背到这里就结束了，仅仅只是记住了字面意思，没有去寻求背后的联系，这样的记忆注定持续不了多久。不妨探究一下为什么胃热炽盛会出现消谷善饥，因为胃中有热，有实邪，使胃腐熟水谷的功能亢进了，所以食物消化快，易于饥饿。这样的逻辑记忆不仅记忆持久，而且连锁记忆也可以帮助你记忆更多相关的内容。比如上面这个例子中，你就顺便把胃的功能也记忆了。

除了逻辑记忆外，还要有宫殿式记忆。每门课、每个单元甚至每个知识点都要有框架。要有自我总结的能力，这样在你碰到一个知识点时，才能知道要从记忆的哪个位置去搜寻。比如方剂的记忆，你要先记忆方剂的章节都有哪些，然后再记忆每个章节的方名有哪些，再然后才是方歌记忆，最后根据方药组成去推理功效和适应证。这样一套流程下来，你就对方剂有了系统全面的了解。很多同学跳过这些步骤只记忆方歌，这无疑是困难的。方剂有将近两百首，没有那么容易顺下来。就算背下来，恐怕也不长久。所以个人还是推荐要有系统地学习。

第三点，学习要有重复性和计划性。过目不忘的人万里挑一、少之又少，而我们大多数人都是普通人。大家也都知道记忆是有限的，人都会遗忘，这很正常，重点就在于要不断地重复，随时忘记随时查阅，养成良好的习惯。原谅自己的遗忘，也要克服自己的懒惰。计划性也尤为重要，很多人困惑自己在图书馆待了一天，学习了一天，回到宿舍却什么也没记住，这就是定时和定量的问题了。个人学习是定量的，每天规定好自己的学习任务，什么时候完成什么时候结束，完成得早了就奖励自己玩手机看电视，完成得晚就没时间了，只好舍让其他。这样的定量极其有效率。有的同学会觉得自己今天没什么事，跑去图书馆学习，没有概念要读多少，纯粹消磨时间，读一会儿去上厕所，读一会儿去打个水，再读一会儿觉得困倦，休息一下，然后就开始无休止地玩手机，或走神或发呆，总之，时间就这样悄悄溜走了。晚上回到宿舍认真想想似乎没干多少事情。所以有计划性地学习是至关重要的。

最后一点，也是我觉得最重要的一点——读书时的心境。我个人一直推崇要在想读的时候读书，如此产出的效率要比其他时间段读书来得高，远不止事半功倍。有些人天天读书，成绩并不理想，有些人只读一会儿，记忆力超群。有的人会归咎于效率，归咎于天赋，而我并不这么认为，我认为是心境。当你不想读书时，你的内心是抗拒的，你强迫自己读书也只是眼在看，大脑根本不想接收。而当你选择一个自己内心很想要读书的时间去看书，大脑会迫不及待地汲取知识，效率自然便提高了。可若是一直不想读书怎么办？这就回到了第一点，学生要有责任心，知道自己该做什么。我推崇的是张弛有度，劳逸结合，并不是让大家放任自我。另外，心态也要跟上，学习是自我进步、自我比较的过程，而不是和别人一味地攀比。只要比昨天的自己优秀一点点，你就是在进步！

　　从当年的不学无术到今天别人眼中的学霸，我靠的只是不断努力、不断进步的自己罢了。人无完人，超越自我便是努力最好的馈赠。我坚信每个人都会成为学霸。加油，少年！

一个医学生的寒假

涂雪灵

> 这是一个极度慵懒患者在寒假期间自我成长的故事。中心思想大概就是：困境中也要学会自娱自乐。重点在于后面四个字。

大学生的假期，首先无可避免地，就是给家里的小朋友辅导功课。每天最大的期待就是能从那个小朋友贫瘠的大脑内存里面扒出点昨天教的知识来。

二年级的小朋友拼音表教了一周还没能记住，甚至读都读不顺。坐在沙发上玩一个下午的手机和给小朋友辅导功课，明显后者来得更有意义。但这个小朋友的表现实在是过分挫败我的教学信心，让我极度怀疑自己的教学水平，抵触心理差点被气出来了。我甚至为此写了条微博发牢骚："不管什么方法，都是过完24小时，时间不会因此变多或变少。但即使知道如此，还是会忍不住犯懒，克制不住这抵触心理。所以我该怎样摆脱这假期教小学生的命运。"最后一句才是我的中心思想，又是自家的小孩，不可以轻言放弃，只敢在微博这自留地偷偷吐槽。当然，这点心理没能有后续发展。帮我摆脱这个困境的是我妈，因为她出车祸了。我只能停止教学去医院照顾她。

现在敲下这些文字的时候心里已经特别平静了，仿佛那个刚听到消息腿软冒冷汗的人不是我。妈妈的症状算严重，也不算严重，全身软组织挫伤，皮肤擦伤，两个伤口缝了几针。好在没有骨折。住院第一天我六神无主，除了照顾妈妈，其他的也只是重复着我妈每天做的事情，还好有姐姐和爸爸一起分担。我从不知道，一个普通的家庭主妇，脑袋里面需要记住这么多。还好我妈还能躺在床上指挥，但我已忙得团团转了。爸爸除了要照顾妈妈，还要照顾中风卧病在床的爷爷。而我能做的，实在是太少了。一直记得高中化学老师说过的一句话：父母当是你努力的最大动力。那时候只是听听，并没有太多的感慨。以前读不懂的话，现在慢慢读懂了，且有了切身感受。当出现困难时，你需要有能力去做他们的保护伞。

亲人朋友来探病会包个红包，这叫作人情往来，要记住。不过人多了也有好处，他们能陪我妈聊天解闷。一周后，于大年三十的前一天，在我妈的强烈要求下，我们终于出院回家了。回家后我妈又在床上静卧了五六天。那段时间我的作息极其规律，晚上十二点睡，早晨六点半起，一天三餐，顿顿不落。虽说自己动手，丰衣足食，但这直接暴露了我的厨艺缺陷，实在过分难吃。而且确实不当家不知二师兄身价之高，之前不该老嫌弃我妈做饭排骨不多放几块。

当我妈可以下床走动时，本医学生，就从家庭主妇，优雅转身回归到本职了——拔罐刮痧推拿艾灸，统统都上手了。妈妈因为车祸摔伤导致原有的腰椎间盘突出和颈椎病加重，知道我专业的都说，这是我的强项，接下来就得看我表现了。除了针刺被怀疑以外，我已经是半个半桶水的家庭医生了（一半的一半叫作四分之一）。放假回家前我从图书馆带回来的书《针灸治疗腰腿痛》派上用场了。我本来以为这本书会像以往假期一样怎么带回来再怎么给带回去的，谁知这本书极大地丰富了我的治疗思路。说来惭愧，经我手的人，除了我妈，症状大多有所缓解。

在此不得不提一下伟大的快递员小哥，疫情期间我网购了 tdp 治疗仪、酒精棉片、艾条、针灸针等等。感谢他们的辛苦工作，保证了我在家的"看诊"需求。说到感谢，插播一句：还要感谢一下我舍友，给我寄了一箱青枣，让因为封路半个多月只看到过柑橘的我品尝到了其他水果的清甜。疫情期间还能给你寄物资的，绝对是亲人！

大概是远香近臭这个道理吧，在家待久了我妈开始看我不顺眼了。我只能努力让自己表现得更加天天向上些，例如每天下午上完网课出去跑步。反正离开家门是跑着出去的，至于跑多远我妈也没办法追究。偶尔途中会遇见一些熟悉的陌生人——同村跟我差不多年纪的。如果隔天再遇见，我就笑着跟他们打个招呼，希望他们也能对我投之以微笑。我一直觉得别人的微笑能带来心情的愉悦。运动和微笑，都能分泌一些快乐的多巴胺。

若不是疫情，假期我还能吃上一顿满月酒。刚放假，表姐就生了个小屁孩。出生第四天我去看他，小小的人儿，眼睛还紧紧地闭着，粉粉的，皮肤很薄。姐姐说这几天长开了，刚从肚子里面抱出来她看了一眼就觉得"哇，怎么这么丑，皮肤都皱在一起，小小的一个"，说着这话，表情和语气十分生动，看他的眼神却是之前没有过的温柔。然后她跟我说就生这一个好好培养吧，二胎压力太大了。她问我要取什么名字。我想了想，取"志之所趋，无远弗届，穷山距海，不能限也"之意，"就喊作'之远'吧"。愿他志存高远且能到达，愿他在父母的殷切期望下健康成长。一天天看一个生命，在自己的悉心照顾下长大，父母的爱，大概就是这样子慢慢培育出来的吧。若不是想把力所能及的东西给你，又何来压力之说呢？养活一个孩子，跟培养好一个孩子，差别还是蛮大的。

恰逢家里养的狗狗最近产仔，经常束缚着的狗，一旦放开绳子，它就会跑好远。但哺乳期内，它一定都在一个特定的范围内，喊一声，很快就会出现在我面前。它的崽崽天天围着它转。可能是母爱的力量吧，情愿放弃这可贵的自由被孩子束缚在这方寸之间。

并不是第一次看一个新生命的诞生，之前因为读书的关系，总是久久才见一次我的那些侄子侄女，每次见都会想：哇，怎么还是这么闹腾？再表示一下：天哪，小朋友哭闹的时候太磨人了，这要养多久才能长大？这时候总有人跟我说："当年你妈照顾你跟阿大，一下子两个人才辛苦呢，两个人一起闹腾。"我对这个没啥印象，就记得小时候经常挨揍，我跟我姐两个人一起挨揍，那时候天天想我要快快长大。转眼间我已成年了，不再挨揍，父母做一些事情时也会听取一下我的意见。有那么几个恍惚间，我觉得自己真的长大了，可以独立地、不再躲在父母羽翼下生活。这个幻觉在我妈出车祸时被打破。

在家里面最难的应该就是保持自律吧。七点开始上课，八点四十分下课开始写作业，写完发现已经接近十二点了。写很多的作业给了我一种充实的快乐。比起无所事事地刷手机，虚度的时间总是以二倍速向前滚动（因为我追剧是用二倍速看的），回头看却发现记忆一片空白。写作业和玩手机交织，变成了度量和记录时间流逝的一种工具。

很多时候，你都清楚地意识到问题症结所在，但真正成长的标志，是你懂得要督促自己去改正它。就像叛逆期的少年，义务教育以及正确的家庭教育引导，足够给他明确的是非观。当他度过叛逆期从小孩长成青年，最大的改变，就是不再去做那些明知错误的事情。但他毕竟没有真正成长，虽然看似已经明白了很多道理。但在学校的时候，他拿着父母的钱，虚度着时间伤春悲秋，却还感觉自己已经长大，自由且独立。有人说真正的成长是从开始需要负担一个家庭开始的，那时候责任意识会督促着你向前，学会承担。

年前妈妈出车祸时有路人帮忙报警，还没出院就暴发了疫情。年后疫情逐渐回落，我跟爸爸赶紧提着礼品上门去道谢，他说了一句话令我印象深刻：

"有很多人路过的,只是没有停下来。"大多数人的悲悯只是流于表面,却没有转化为实际行动。总有那么一些主观客观的原因,阻碍了他们施以援手。我只是冷眼旁观他人的水深火热,然后在心底感叹一声"真可怜",再继续朝前走,拖沓的脚步声渐行渐远,那一声微微的感叹,大概是我发出来的吧,荡起一点点涟漪,很快就消失不见了。很快这件事情就会被抛之脑后,毕竟这是一件多么无足轻重的事情啊。

我曾因为自行车掉链子在路边手足无措地感到鼻酸。就记得花了好长的时间才重新把链子装上去,清早通往菜市场的马路熙熙攘攘,有人放慢车速看了我几眼,也有人目不斜视地走过,无一人对我伸出援手,可能在他们看来这是一件多么简单的事情,但对于那个赶着去上课的初中生来说,这已足够让人惊慌失措。也因为他们放慢了速度却未停下,更让我感到鼻酸。愿不管在怎样的困境中都能遇见对你伸出援手的人。

写在最后:写下这篇文章,跟再次修改这篇文章,间隔了差不多一年半。目前我正在医院实习,也算是半只脚离开了校园生活,以前总觉得毕业遥遥无期,现在才发觉四年时间弹指一挥间。"劝君莫惜金缕衣,劝君惜取少年时。"

前路坦荡，切莫自苦

陈玉婷

> 我们会遇到许多的遗憾，许多的不如意。你会如何应对它们呢？你会选择永远生活在遗憾的阴影里，还是想办法从中解脱呢？人生总会有生生不息的希望，生活可以有无限的可能，只要你想，前路坦荡。不要因为一个遗憾就苦苦折磨自己，终日沉浸在痛苦之中。所有的遗憾，我们都可以尽力为之寻找另一种圆满。所有你认为失去的，都可以用另一种办法寻回，以另一种形式存在。前路坦荡，切莫自苦。

"所求皆如愿，所行化坦途。"在许多个重要的时刻里，我都如此祈愿。但愿望之所以是愿望，就是因为它难以成为现实。生活不可能事事称心、处处如意，于我是，于所有人都是。

愿望落空之后呢？你会怎么办？

虽然只拥有了21年短暂的人生经历，但多多少少也品尝了几次不如意的滋味。太早的事情不说，就从高考谈起。高考可能是许多同学迄今为止经历过的最大的事儿了，许多事情都因几张卷子和填报高考志愿发生了翻天覆地的变化，现在的专业是你心仪的吗？我想会有许多人摇头，包括我自己。

我没有什么雄心壮志，但也曾有过小小的理想。我幻想过自己会是理性成熟的数学生，幻想过自己会是洞悉人心的心理生，幻想过自己会是文采斐然的文学生，但没想到，我最终被护理学专业录取。看到录取结果的那一刻我仿佛可以预见我的一生：毕业之后成为一名护士，勤勤恳恳工作数十年，可能最后会当上护士长，然后光荣退休，安度晚年。但这并不是我喜欢的生活。我感到我的人生被框了起来，我会毫无悬念地随波逐流，枯燥地过完余生。并不是说护理学不好，但我认为真的不适合我，我不细心，但是临床护理工作最重要的就是细致；我喜欢具有创造性的工作，但临床护理往往需要来回重复相同的操作；我体质弱，没法熬夜，更没法通宵，而护理不可避免地要上夜班。录取结果出来后的很长一段时间，我都无法接受这个事实，情绪十分不稳定，时常想着想着就想不开了，突然哭起来。我觉得我完蛋了，我会一辈子过着自己不喜欢的生活，做不喜欢的工作，一辈子活在遗憾里，一辈子活在叹息里。

天无绝人之路，我发现了大学可以转专业。我像发现救命稻草一样，带着这一丝希望奔赴大学，开始了新的生活。

可一年之后，我和转专业的机会失之交臂，只差了那么一点点，我又一次陷入绝望。我感觉不是我选中了护理，而是护理选中了我，我命运般地和护理死死绑定在了一起，无法挣脱。这一次比上一次更加绝望。我放弃找出路了，那个暑假我每天瘫在家里，用看电视、刷视频麻痹自己，转移自己的注意力。晚上我不敢在寂静中入睡，每一晚我都是开着电视剧，伴着电视剧的声音入睡。也不敢听歌，我怕自己的情绪被触发。我囚禁了自己的大脑，不敢给它一点自由，胡乱地用一些垃圾信息填塞它，生怕它想起一丁点跟转专业有关的事情。

但所幸这样的状态没有持续太久。这期间有许多的朋友关心我、开导我，再加上我比较要强的性格，我不想看自己这样堕落下去。慢慢地我开始振作起来，重新思考自己的前途，尝试去做职业规划，寻找新的目标。

费了几百字的篇幅来讲这些陈年旧事并不是为了博同情。这些事让我改变了很多，尤其是心态。身边也有很多同学不喜欢自己的专业，每天苦苦挣扎着。包括我做助导之后，接触的许多学弟学妹也是一样的情况。经常有学弟学妹来问我，不喜欢现在的专业怎么办。这个专业的专业性太强了，出去之后大概率只能当护士了，可是不喜欢干护理怎么办？如果转专业不成功，是不是没有别的出路，只能"认命"了？除了护理，啥也不会，是不是"完蛋"了？

我想跟大家分享我的想法：前路坦荡，切莫自苦。我们都还很年轻，何愁没有希望呢？不要因为一次的不如意，就让自己深陷痛苦。

专业的相关问题只是我举的一个例子，我们这一生中还会遇到很多类似的大大小小的关卡，可能每一次你都会觉得"完蛋了"、"死定了"、没有出路了，但是——山重水复疑无路，柳暗花明又一村，有时候你只要稍微转变一下想法，稍微往前试探一步，也许前面就是一条属于你的康庄大道。除非生命终止，否则，我认为没有绝对的绝境。

我想跟大家分享一下我是怎样去寻找我的"路"的。我觉得不管在哪个阶段，我们都要先明确自己想要的是什么，如果想不清楚这个问题，也可以想想当前最让自己厌恶的是什么，这样，站在人生的岔路口时才知道要怎样去选择。比如刚得知被护理学专业录取的我，厌恶的不是护理学，而是它使我成为一名护士的概率，是临床护理工作的性质，是对将来夜班的恐惧。我想要的就是跳出这个专业，把我成为一名护士的概率降到最低。所以我找到了转专业这条出路，拥有了新的动力。转专业失败之后，我又尝试去思考自己想要什么，不想要什么。归根结底，我害怕的还是去临床工作，我想要的就是可以不去临床工作。其实，获得我想要的东西的办法有很多，例如：

① 我可以毕业了不去找对口专业的工作，但是这样可能很难找到工作，或者工作起来会很吃力，因为我对其他领域一无所知。

② 我可以现在就准备跨专业考研，但是这样即使考上了，可能读研期间也会因为是自学的知识，基础不够扎实而感到很吃力。

③ 我可以去考 CPA、考职业教师资格证、考公，从而转行。

④ 我可以考护理学学硕，毕业后去中专、大专或者大学教书。

你会发现，只要好好想想，选择有很多，只不过各有利弊。把每个方案都列出来，把对你而言的利和弊都标注好，然后再回头想一想，你最想要的是什么，其次是什么，再次是什么，综合考虑后，从这么多条路里，去选一条最合你心意的。

我最想要的是摆脱需要上夜班的临床护理工作，其次我也想要提升学历，不想止步于本科。再者，我希望我从事的工作可以具有一点创造性。综上我选择了考研。我其实一点都不讨厌学护理，相反，我觉得学护理的过程让我感到很充实，有一种实用的知识实实在在地被我装进了脑子里的感觉。我害怕的仅仅是临床工作的性质而已。读研后从事护理教学不仅可以让我大学四年所学的知识有用武之地，使当下学习更有动力，也满足了我远离上夜班的心愿，且教学的过程中我可以做课题、做科研，这会让我觉得很有挑战性，富有工作的激情。

把考研作为我自己的新目标之后，转专业失败这件事给我造成的阴影也没那么大了。我不再颓废度日，重新充满了动力。

大的遗憾可以想其他的方法去弥补，小的遗憾同样也可以。

我曾因为想要转专业所以在大一期末的时候放弃了竞选班委，也放弃了在护理学院团委学生会竞选干部，因为我怕自己若是竞选成功的同时转专业也成功了，势必要离开护理学院，那对自己竞选的职位是极不负责。但是其实我是希望自己能够获得这些机会的。在大学我遇到了许多优秀的学长学姐，我发现我曾经自认为足够优秀的想法是完全错误的，我需要这些机会去历练自己。但结果是转专业没有成功，我也没有争取任何任职，这让我一度觉得大二一整个学年我都在虚度光阴。大三又是考研备考的关键时期，学生工作可能会影响我备考。这是不是意味着大学期间我再没有可能实现担任一次干部，历练自己的想法了呢？我希望不是的。后来我去竞选了助导，虽然前期工作很繁忙，但是只是新生刚来的那段时间如此，后来我基本可以保持工作和学习之间的平衡。

回顾大学四年，似乎大大小小的事都没有按照我既定的想法发展。我一开始想的是大一专心学习，争取转专业，成功后积极投入新班级、新学院的学生工作里，实现"事业"学习双丰收。计划永远赶不上变化，这一路上我都在忙着刹车，忙着寻找新的路。但是走到现在，我虽不能说我完全没有遗憾，但我可以信誓旦旦地说我获得了另一种圆满。

即便将来我考研失败了，我也不觉得有什么，我可以争取留在现在实习的医院工作，边工作边准备"二战"考研，因为在这里实习过，比较熟悉，上手快，可以留出更多的精力准备"二战"。只要活着，就会有生生不息的希望。

很小的概率我们会走到真正的穷途末路。所有的遗憾，我们都可以尽力为之寻找另一种圆满。不要钻牛角尖，不要绝望，生活可以千姿百态，所有你认为失去的，都可以用另一种办法寻回，以另一种形式存在。前路坦荡，我们还很年轻，还有许多可能。切莫自苦，切莫因为一个遗憾囚禁了自己，放弃了希望。

即将要离开校园的日子

杨丹

> 离开校园是我们长大成人的一个重要阶段。长大好像是个残酷的话题。我们不喜欢长大，不喜欢离别的感觉。我们的离别没有电影、电视剧里那么轰轰烈烈，我们只是普通的来过又离去，像是亿万颗星星闪耀过但是总会隐匿。不知道，你能不能记起你是哪一颗行星。

这是我在心理中心的最后一篇朋辈心语。我是一个大三的老学姐，要离开校园去医院实习了，因此我想用最后一篇心语来讲讲我的这三年。

我记得在《外婆的道歉信》中有句这样的话："在不眠大陆，人们不说再见，人们只说回见。这对不眠大陆的人很重要，他们相信没有什么事物会真正消亡。它们只是变成了故事，经历了语法上的一个小小转变，由现在时变成了过去时。"大学的时光是飞速而过的，这也是从现在的角度来看，当时好像觉得八个学期是多么悠长，好像脚下的路从来也不会动，一切都是那么安稳，就连学校门口的小店都是那么稳定，辣鸡面从大一吃到了大三。现在还没下点实习，每次从医院见习回来都会和舍友念叨一句：学校比医院舒服多了。我想在学校读一辈子书，还不愿意就这样进入社会。可是一晃眼，这已经是我待在学校的最后一个学期了，六月底我就要去医院实习，跟校园生活正式说拜拜了。不管怎么说，从一开始甚至还有点嫌弃的校园，到要离开的那一刻只有不舍，看着教学楼、图书馆、宋慈湖都格外喜欢。原来我只是一个爱抱怨的小屁孩而已，到最后一刻留下的还是舍不得。也留下了很多遗憾，大一进学校时雄心壮志立下的flag，好像没完成几个，没有做到每天泡在图书馆废寝忘食地学习，没有好好谈个恋爱，没有每周出去探店。可是你的每一个选择都是当时条件下的最优解或者你认为的最优解。事情发生了不必遗憾，因为你是以过来人的眼光去看的。不知道结果，让你再次选择，结果还是一样。让我再次选择，结果也还是一样。只要吸取教训，努力前行，做到自己能做到的，就不必遗憾。

在大学里我学会了很多成年人社会才有的道理、成年人才要懂的规则，这一次次的成长让我的生活变成了平稳—艰难—平稳—艰难模式。人生的每一瞬间，都由自己的过去，捏成现在的自己，而每一瞬间的自己又都是一个新的自己。成长是终生不停歇的一件事情。在我的人生道路上，我遇到过许多大大小小让自己失眠并且心碎和否定自己的阶段。每一次，我给自己制定的人生目标都很高，是万里挑一的目标，于是我注定会不断摔得很痛。要是想把一切梦想变为现实，我知道自己要付出比任何人都要多的代价。因为谁让我一定要那个最好的呢？在我摔得很痛的时候，我常常会难以入眠，丧失自信。旁人给的建议，我拿来做总结。我失意的时候是我最爱与人交流的阶段，我不断地统计每个人给我的建议，留下必要的，肩负前行。也许你朋友中最不起眼的那个人，真的能够给你很透彻的建议。我的爸爸妈妈是我最后才会去找的军师。可是每个人的人生都不是固有的模板，我们不可能复制其他人的经历去成长。成长的路线是单独制定的，为了过得更好，我们必须拥有与那个目标生活匹配的智慧与能力，并且主动学习和练习以及掌握，最终的答案和选择都在你自己手上。而你自己开始做决定并且开始不难受的时候，就到达了平稳期。这一段时间你会感到幸福、安稳、快乐，一切充满希望。而紧接着，你不得不再次经历挫折，才能过关斩将到达下一个平稳期。任何挫折都是财富。人生在世比的就是心态。爸爸妈妈常在我哭成花猫脸的时候说："慢慢体会吧！十年后你再看今天，牙齿都笑掉了。"

　　因为疫情在家待了大半年，我在学校待的准确时间应该是两年半。对于我已经大三这件事，我还是很没有实感，觉得自己还是一个什么都不懂的蠢小孩，每天只会思考中午吃什么、晚上吃什么，然后坐在教室学习，再回宿舍好好睡一觉。三点一线的日子过得单调却又充实。但最近选实习点的经历，让我真的感觉到：啊，我真的要离开校园了！我要去经历社会的毒打了！我会在听到学弟学妹是2020级的时候感叹一句"好小啊"，然后开始追忆我的2018年。那时的我对于各种社团活动很热情，想要去吉他社学吉他，想要去外联社联谊，想去排球社打排球，搞不清一号楼和二号楼，不知道该选什么课。每次遇到什么事情就会找助导学姐，现在好好想想她不过也是和我现在一样大的年纪，但是她总能帮我解决问题。那个时候对于来自外省人生地不熟的我来说，她就是我最大的依靠，看到她就像是孤独航行在海上的船只看到远方的灯塔那样感到安心；就算现在我的助导已经毕业了，碰到麻烦的事我还是会和她说，碰到不懂的事情会问她该怎么做选择。她总是给我建议，教了我很多道理。她是我在大学里遇到的第一个对我表达善意的人，是我最想感谢的人！当然要感谢的人还很多，比如陪伴我三年忍耐我臭脾气的两位万分珍贵的舍友，比如和我一起回家会给我写信、认真准备礼物的小林香梦同学，比如住在我对面宿舍的喜欢宋冬野的张小姐，比如每次跟她聊天都会感觉很开心的我的摄影师王小姐，还有心理中心的各位朋辈心理咨询员，心理中心给我的感觉不像是一个部门，而像是一群玩得很好的朋友的定时一聚……还有太多的瞬间写都写不完，我就不一一赘述了。毕竟这篇文章如果发到公众号上，她们都会看到，写太煽情的内容被发现，我会很不好意思。我们还可以慢慢了解，不是吗？离开校园不是一种结束，而是另一种开始。接下来的日子，希望自己可以有一个良好的状态，无论是接踵而来的考试还是五花八门的活动，有一个积极的态度去面对，就一定可以做好，剩下的时间愉快地度过。我想我得去河洛吃个下午茶，去图书馆泡一整天，绕着宋慈湖散个步，去排球场打打球，早上到大医亭看看风景，和黑天鹅多互动互动，在实习之前和学校好好道个别。

其实分别也没有这么可怕。在65万个小时后，当我们氧化成原子，就能变成同一杯啤酒上两朵相邻的泡沫，抑或变成同一盏路灯下两粒依偎的尘埃。宇宙中的原子并不会湮灭，我们终究会在一起。

——劳伦斯·克劳斯 (Lawrence M Krauss)

告别，意味着下一次更好地遇见

侯婷婷

> 何为告别？人生百态的告别形形色色，告别的意义究竟是什么？我们又将怎么告别，才能完美地蜕变，遇见更好的自己呢？大至整个国家、民族的存亡，小至个人的发展，一切灾难与不顺终将会过去。尝遍人生百态，学会告别，才能期待下一次更好地遇见！

时光过去得如此之快，从最初的懵懵懂懂，现在的我已成长为略有一点"成熟"气息的大三学姐了。从最初手把手地被学姐领进中心，到如今手把手领着学弟学妹们加入中心这个大家庭，心里真的百感交集。其实"大三"这个词，不仅仅意味着年龄、思想上的成熟，更意味着我们已经要开始学会"告别"。

相信大家刚看到这个题目的时候，会觉得自己进入了一个深夜的情感频道，但我今天要分享的，是人生百态中的"告别"。

身为00后的我，在2020年以前，从来没有想过会经历一次半个学期在家上网课的大学生活，更没有如此深刻地体会到自己所学的专业、自己的国家会如此伟大和神圣，所有的一切都归结到新冠。在最初疫情发生的时候，社会、国家乃至整个民族陷入了一片黑暗之中，武汉作为最初暴发疫情的地方，当时的人们面对着身边的亲人、病友、战友不断离世，内心充满了恐惧。好在背后有一个伟大的国家，终待到春暖花开之时，黎明再次出现在了中国的上空。我虽不在第一战场，这场无硝烟的战役对我个人影响最深的可能也就是封村、网上上课、过年不能串门这种"非常不起眼"的平常人的体验，但我想说的是，我虽然不能体会到他们当时的痛苦与心情，但当黎明与希望再次出现的时候，希望你们能与过去告别，能再次拥抱未来。逝世的故人只是换了一种方式存在于另一个世界中，他们依然陪着你们，我们也一直陪在你们的身边。也许在今后的某一个时段，更好的你们会恍然之间觉得他们还依然存在。

也许是因为大三学业繁忙,也许是因为即将要踏入社会内心恐慌,身边的许多朋友都开始放下过去的自己,开始减少玩手机、打游戏的时间,增加了学习时间,也开始学会为自己今后的人生做规划。加油!你们努力的样子真的很好看。相信在不久的将来,我们每一个人都会与更好的自己不期而遇。

从告别的字面意思来看,就是分离、离别,有的是我们主动地分别,有的是我们被动地分离。就从这次疫情来说,在最初放寒假的时候,没有一个人会想到,我们会与学校短暂分别一个学期。虽然我们都来自四面八方,但精神上确实是紧紧相连的。最让我感动的,莫过于舍友在疫情期间投来的无微不至的关怀,每次都会在微信群里叮嘱我出门回家后要勤洗手,要戴口罩,尽量避免去人流量较大的地方等等。其实这一方面的防疫知识大家都知道,甚至每天都可以从村里面的广播中听到,但一旦发生的背景是即使在宿舍里,大家也说不上几句话时,这样的关心就显得尤为宝贵。自从疫情暴发以来,宿舍的每一个人,都很关心这个集体,聊天的内容也不仅仅局限于疫情,有时也会上升到自己的人生规划、某个八卦消息等等。不知道是疫情的缘故,还是因为到了大三,我们变得更加珍惜对方,珍惜这个宿舍。现在回到学校的我们,宛如许多年不见的友人,总有说不完的话题,也变得更加心有灵犀,一个眼神就能明白对方此时的需求和想要表达的意思……经过两年的融合,我们终于学会放下过去自己的一些习惯,懂得了怎么样更好地与他人磨合,知道了集体的力量才是走更远、更久的持续动力。真的很爱你们,我的舍友们,谢谢你们,让223变成了我理想中的样子,让我在对的时间遇上了最好的你们。

现在我的朋友圈里,除了同龄人之外,也还会有一些学弟学妹,他们这个年龄,与当初的我一样,每次离家时都会恋恋不舍,尤其是对于女孩子而言,分别后的不舍可能需要好几天才能缓得过来,有时甚至内心还会萌生出不去学校的想法。其实,我想说,这是一种很正常的情绪,每个人都会有习惯某件事、某个地方、某个人的行为,在最初的时候,可能会有点不舍,不舍要离开这个环境,难过于要接受一个新的环境。我自己本身也是一个很重感情的人,虽然说可以很快地适应一个环境,但如果需要完全融入,还是会需要几天的时间。每次离家,对我而言,都是挺难受的,总是会感觉自己又要只身一人前往前方的道路。但在某一次,我的妈妈在即将分别的时候抱抱我,然后拍了拍我的背说道:"这有什么好难过的,又不是多久不会回家?更何况你去学校,又不是为了玩,而是为了变得更好地出现在我的眼前呀!"对呀,这有什么好难过的，家人永远都会陪在你的身边，你不努力变得强大，又如何能更好地在将来保护他们呢？有些路也许表面上只身一人，但请你相信，背后的支撑——我们一直都在！

曾看过这么一段人生哲理：生命就像一列火车，朋友就像车上的旅客，不是所有人都能陪你到终点。有的人到站下车，请用记忆收藏他；有的人不辞而别，请把祝福送给他；有的人见利忘义，请把微笑送给他；有的人兵戎相见，好吧，人生也不多你一个敌人。确实，人生就是这样。网络上有这么一段话：人其实就是一台电脑，都会有内存不足而卡顿的时候，那么这个时候我们需要怎么去做？是选择删除一些不用的软件，还是选择优化一下我们的硬盘？其实在我看来，无论是选择哪一种，都需要我们做出重要的一步——告别。告别过往不开心的事情，选择去迎接当下开心、快乐的事；告别过往烦心的琐事，来展望今后更美好的未来生活；告别让你放不下的人、事，选择其中的美好片段放在心中，再去面对接下来会发生的未知的生活等等。而在人生旅途中，又要如何做到优化硬盘呢？我的答案还是——第一步在于告别。如果你觉得现在的自己很糟糕，如果你觉得现在的自己不够优秀，如果你觉得现在的自己不被赏识，那么，第一步，学会放弃这样不自信的自己，学会告别那个你不喜欢的自己，而去成为你想要成为的那个人。觉得自己糟糕，就改变生活方式，改变交际模式，拓展自己的边界；觉得自己不够优秀，就努力奋斗，去接触更优秀的人，多读书学习，多升华内在；觉得自己不被赏识，就提升自己的格调、格局，开阔自己的视野，多展现一下自信的自我……想要这台电脑不被淘汰，就需要经常反思，最近自己哪些方面需要升级；就需要自己不断清理不需要的内存，才有空间接受新的事物。

小的时候总觉得长大很好，可以买自己喜欢的东西，做自己喜欢的事情；长大了才发现，小时候才是最好的、最无忧无虑的。那时的我们不必急着学习如何告别，那时的我们最天真无邪。长大后的我们多了些自主的权力，随之而来的是更多的责任。告别，不是别离，而是一种形式、一个过渡，来成就更好的自己。

学会告别，人生百态才更有一番味道。期待彼此都能遇见更好的自己！

04

第四方

犀地清络饮

清气凉营，开窍通瘀

犀地清络饮，清气凉营，开窍通瘀，主治热在气营，邪闭心包，身热心烦，甚则神昏谵语。心理问题往往容易困顿在内心，长期闭塞，若没有及时疏泄，甚至会出现严重的生理反应与心理不适。当焦虑、抑郁等情绪统统找上门，不要尝试封闭内心，不要躲进人群不敢发声，勇敢地站出来，正视自己的心理需求，疏通自己的思绪，或积极寻找他人的帮助，及时排解体内的拥堵，解决不良的心理问题，跨越心理障碍，与琐碎的明朗干杯。

与琐碎的明朗干杯

杨筱蓁

> "性暴力"这一话题略显沉重了些,对部分人来说可能是避之不及的,对部分人来说可能是义愤填膺的,还有些人始终置身事外。于是细细想来,还是以文字的形式,说得更具体些、委婉些。

以哪次经历开头,我呆坐在屏幕前想了许久。社会上关于性暴力的案例浮现频频,负面新闻半个月就能爆出一例。过去的官司尚未打完,新的热点底下的评论又是一场腥风血雨。越来越多的书籍、电影选择以性暴力做辩题,试图揭露血淋淋的现实,甚至出现了各种批判社会黑暗面的声音。在沉沉浮浮的快节奏、快信息中,我们难免会被一两个事件勾起不愉快的回忆。

例如综艺《明星大侦探第六季》的第一案中,杨蓉饰演的角色小甄恰巧与我名字同音,因此,随着案件真相的徐徐铺开,案情内里蕴含的深意不断浮现,我也被带入其中,以当事人的思维行事,试图改变这样的结局。小甄和郝妹妹都长期遭受性暴力,浮沉飘摇中她们都做出了选择,选择忍气吞声,选择在适当的时机报仇,最终酿成祸端,由受害者变成施害者,更是牵扯到了无辜的人。天平的两端永远在倾斜中运动,一端是理性,它带着我们走进真相,将真凶绳之以法;一端是感性,它实现受害者的选择,带来无尽的沉重的思考。案件的内核其实再简单不过,遇到突如其来的性暴力事件,我们该何去何从?有人选择隐忍而痛苦一生,有人选择慢慢走出黑暗,有人选择无尽的报复和申诉,还有人濒临崩溃,整日悬荡于痛苦之中,这种痛苦的经历像是定时炸弹,随时有爆炸崩塌的可能。而我选择在此开诚布公地讲述,是因为我已经释怀,希望通过这些微不足道的文字传递一些什么。

我曾相信世界是温柔的,直到某些遭遇降临在身上,硬生生撕开一道道裂痕。童年懵懵懂懂,不清楚什么是人性,在家里安安稳稳坐着观看喜欢的动画片,竟然会有心存不轨之人抱着侥幸心理"登门拜访",借着寻找父母的由头,做出不堪之事。所幸罅隙的光总会以各种方式降临，父母来得很快，没有造成更严重的后果。

也因为某些事，我害怕走夜路、害怕一个人落单的日子。每次行走在学校必经路段，哪怕街市热闹喧嚣，都要一步三回头，确认身后是否有可疑的人。最提心吊胆的是某个夏天的傍晚，某个路口的拐角，某个躲在门后的男人，某种不合时宜的声音，某场不顾一切的逃跑。

再比如仅仅是熟悉了些，就敢公然在泳池中动手动脚；或许仗着自己是老板，认为可以无所顾忌，认为手下的学生并无什么反抗意识。他不会想到这位"叛逆的学生"第一时间把数种不堪告知父母，告知身边人。对付性暴力事件的标枪之一便是意识。童年意识不清，摇晃着脑袋便丢却了害怕，后来接触多了性教育，即便碰上也能够立刻反击，不给对方趁火打劫的机会。

我一直是幸运的，有开明的长辈在背后撑腰，有负责的校方和老师积极引导，有身边的朋友可以随时倾吐焦躁与不安。所以释怀，不难。我不敢想，作为一个性暴力轻度受害者，平静的生活依然会受到部分影响，哪怕不好的过去只是出现短暂的一刹那，也需要几天时间去回温、去平复。那些更颠覆人心的不堪，那些更纯粹的受害者，他们该怎么办？很多受害者总觉得自己是小丑之姿，命与仇谋，被轻易染指，失去了纯真的堡垒，在支离破碎中难以再搭建起对社会的信任。哪怕曾经多相信世界是美好的，也会被轻微的敏感打回原地。不要再想了，会好的，会好的，会走出来的，还要为了爱的人活下去呢，不会被打倒的。那些本就虚伪肮脏的灵魂，自会有人收拾。你要做的，是保护自己，保护所爱之人。痛苦长在自己身上，也只有自己能懂得。若是作为外人，也应尊重、警戒，提醒自己和身边人，保护好自己的孩子，了解性知识并预授给下一个人，而不是给予无聊的悲悯，投去怪异的眼光和嘲笑。鲁迅在《而已集·小杂感》中写道："楼下一个男人病得要死，那间壁的一家唱着留声机；对面是弄孩子。楼上有两人狂笑，还有打牌声；河中的船上有女人哭着她死去的母亲。人类的悲欢并不相通，我只觉得他们吵闹。"这并非让我们全然抛却同理心，成为具具冷漠的行尸走肉，而是站在矛盾的对立面，先牢牢扎实居安思危的意识，为求助者发声，也是在为自己发声，为这个社会发声。

然而社会尚在进步，我们仍需给它时间长成大人。法律需要进一步健全，社会需要有辨别是非的能力，快餐化的消息迅速掩埋了一桩桩消息，打着舆论牌子混脸熟博同情的案例也无处不在，群众的正义感几乎被消磨殆尽，又有谁会真正深入再深入，坚持再坚持去反抗？《熔炉》真实事件的律师前途本是一片光明，却在坚守中、顽抗中失去了工作，患上癌症，诉讼了一年又一年，兜兜转转七年，也没能还受害者一片清白。后来的后来，律师遇到了医生，他们携手也没能击倒破碎的黑暗，前者被高压水枪击倒在地，后者走投无路自杀身亡。绝望爬满了他们前进的路途，企图染指整个社会，可是总要有阳光的，哪怕乌云遮蔽了所有。我会感谢自己，在遭遇了暴露狂后，没有畏缩，而是第一时间与老师联系，与学校联系，清理了学校周边的垃圾，不让更多学生受害。丧钟只会为懦弱的施暴者鸣起，他们永远不需要可怜。

"我不知道成功的概率是多少，我也不计较日后的得失，我只知道，不站出来，我会痛苦一辈子。"这是我在看到姚弛分享童年遭遇后的感慨。我的经历仅是冰山一角，有很多人是不愿意倾吐这些不堪的。当逃避成为常态，罪恶被受害者深埋，就再也没有人愿意站出来指着施害者控诉种种暴行。《人民日报》在2020年刊载出这样一份数据——6月1日，最高检发布的《未成年人检察工作白皮书（2014—2019）》显示：未成年人犯罪数量在连续多年下降趋于平稳后有所回升；侵害未成年人犯罪数量呈上升趋势，性侵害、暴力伤害未成年人，成年人拉拢、诱迫未成年人参与黑恶犯罪等问题相对突出；2017年至2019年共起诉性侵未成年人犯罪4.34万人。显而易见，性暴力事件仍大量存在，但我也欣喜于这些数据的出现。一方面，是憎恨法外狂徒视法为无物，任意践踏人性与道德底线；另一方面，随着性教育的深入和性暴力意识的树立，很多隐忍的受害者选择站出来为自己发声，高举法律武器，不再埋怨命运的不公，而是向阳而生。

诚然，社会舆论和信息通达度的大幅度增强也给"反抗成功"带来可能，然只是部分人在负隅反抗是远远不够的，缺乏群众的力量，性教育没有得到普及，受害者没有及时得到心理疏导和关照，施暴者没有得到法律的惩治。《素媛》中小女孩的那句"为什么我给叔叔撑伞，没有人表扬我，还批评我呢？"，曾经触动了无数人。到底为什么呢？为什么受到指责的只是弱者，而不是那群臭鱼烂虾呢？《默读》里的主角江停也说："你可以教孩子防备陌生人，提高警惕，但不能让她怕穿碎花裙子。"这些受害者又做错了什么呢？这些问题仍需要社会各方的思考与努力，不是一朝一夕便可以改变的，也请给国家、给社会一点时间去磨合，去完善法律的空洞，去惩罚罪恶的灵魂。

我要做抨击事态的那一片雪花，我要拨开背后血淋淋的事实，用最柔软的笔触，写最犀利的文字，将这把文气的枪，指向生活的最黑暗。

　　写到这儿竟感触颇多，总之日子漫长，无须逃避，这里的晚霞永远出彩，身边会是在意的人，从事喜欢的事，真诚灿烂，与琐碎的明朗干杯。

言语就是恶魔与天使

陈倩玢

> 水可载舟亦可覆舟,话语会暖心亦会伤人。正确认识言语的力量,将此力量用来给予他人温暖,而非带给人们伤害;同时也要令自己的内心有强大的力量,能对他人的恶语泰然处之,不受其折磨,学会排解烦闷和压力。言语就是恶魔与天使,愿我们将它们都变为"天使",温暖待人。

近期受韩国爱豆崔雪莉因网络暴力而抑郁自杀的事件影响,有关抑郁症和网络暴力恶评的话题又被推上热搜,大家都在缅怀那个因为笑颜如花被称作"人间水蜜桃"的 25 岁女孩,遗憾她在花一样的年纪选择自杀离开了这个世界,都在转发"当雪崩的时候,没有一朵雪花是无辜的"表达着对网络恶评的反思与抵制。雪莉生前接受采访的发言、发在 IG 上的画作此刻也都被翻找出来,大家这才后知后觉地回过味来:原来网络暴力的恶评对她的伤害是那么大,而抑郁病发也不是无迹可寻。

说起来,大家在生活中应该也或多或少会因为他人的言语感到不舒服或是被刺伤。拿我自己举例,初中时因为我的个子在班上属于比较矮小的,常会有同学跟我毫无顾忌地开玩笑,嘲笑说"你这么矮,怎么如何如何……"说实话,这些话语当时的我是很讨厌听到的,但若是去反驳一句,往往得到的都是"我说的难道不是实话吗?"或者"跟你开玩笑啦怎么这么认真"之类的回应。无独有偶,我最好的朋友也常遭遇这种被他人带刺的言语所伤的情况,尤其是在她上高中后,在高三很多个下晚自习的晚上我都会接到她带着哭腔的电话,告诉我她身边的同学有多口无遮拦、说话有多么伤人。我的好朋友是天生的乐天派,看起来似乎和谁都玩得开,又似乎什么玩笑她都可以笑嘻嘻地接住。她也是个子娇小的女生,同样也常常遭受他人随口一句嘲讽般的"你怎么那么矮啊"的评价。她和我说过多次:她非常非常排斥被别人说矮,无论是玩笑性质还是真的带着恶意。她高一、高二时吊儿郎当的,到了高三想要收心好好学习，身边平时关系不错的同学却以开玩笑的形式出言嘲讽："哎呀，你怎么突然想着学习了啊？能坚持三天吗？"然后那些人还发出一连串"阴阳怪气"的笑声。高三本就是压力大的时期，再受到身边甚至是关系不错的同学接二连三的嘲讽，她的内心简直濒临崩溃，白天还能端着假笑努力化解这些可能毫无恶意实则伤害到她的玩笑，晚上下晚自习后就躲在操场偷偷和我打电话哭诉。如果那段时间她没有找到人倾诉，我实在难以想象会有怎样的后果。

在日常生活中，我们有时候接收到的甚至不是恶评、不是言语暴力，只是身边的人开玩笑开过了头、触及了我们的不适区，这些堆积起来都会伤害我们，更不用提那些遭受网络恶评攻击的人，是在忍耐着怎样非人的痛苦。

雪莉曾在采访中回应网络争议说道："为什么要因为我被骂呢，都是很善良又可爱的朋友？感觉有很多人唯独对我戴着有色眼镜，也更加了解我一些。观众朋友们也请疼爱我一些吧，记者们也请疼爱我一些吧。"语言、文字作为武器，可以传播思想也可以传播谣言，可以救人也可以害人。我也曾见过有女孩在黑暗时期想要自杀，在自己的微博上发布了离别宣言，被广大网友评论各种美好的事物、美好的人挽救了下来；同样，我们也都目睹了从乔任梁到崔雪莉，因为广大网友的攻击性评论而患抑郁症，进而自杀。我们作为平凡的普通人，在被他人言语刺伤而反驳时尚且会被反问"你怎么这么开不起玩笑"，如雪莉一般身为公众人物的明星们若反击恶评，收获的也大多是"身为公众人物就要做好接受负面评价的准备"。我的好朋友因为时常都是笑嘻嘻、乐天派的模样，其他人都误以为她不会在意那些过头的玩笑，所以都口无遮拦，其实她暗地里被这些言论气到痛哭。雪莉因为平时表现得"放飞自我"，看起来也毫不在意他人的任何评价，时刻都我行我素，在镜头前也永远保持着"水蜜桃"般的微笑，网民们也都以为自己无论发表怎样的言论都没有关系，而实际上她却因为这些恶意而抑郁，进而结束了年轻的生命。

我们每一个人都应该清晰地意识到不是经常以笑颜示人的人就可以很好地消化过头的玩笑、不好的言论，每个人的内心都是柔软的，不可能坚如磐石，不畏惧任何流言蜚语。很多伤害不说不代表不存在，而且有些会毫无顾忌出言伤人的人，和他们讲道理常常是讲不通的。我的朋友也曾多次提醒她的同学不要再拿她的外表或者学习态度来开这些没有意义也根本不好笑的玩笑，但他们往往都是左耳进右耳出，从来不把她的提醒当回事。久而久之，我的朋友在面对这些伤人的"玩笑"时便沉默了，而她的沉默仿佛更纵容了她的同学加大开玩笑的尺度，直至毕业她才彻底远离那些人得到解脱。不要低估言语的力量，话语如刀，是最容易伤害到人的内心的。

言语就是恶魔与天使，在言语伤人的同时，善良的话语也能带给人们温暖。在日常生活中偶然得到的一句夸赞、在社交网络上被朋友叮嘱天冷穿衣或者早点休息不要熬夜，都能让我感受到有一股暖流，顺着这些话语、文字注入我的胸膛。在微博上，我有时会看见有些关于抑郁症等的评论里有人说自己饱受病痛折磨，几度想要自杀，底下往往会有很多人的温柔劝解，说着"给你看看我的猫，可爱吗？有没有更想活下去一点？""你还没有去过×××，我给你看看照片，特别漂亮，你一定要去看看。"这样看来，其实大家还是很清楚话语的力量的，明白温暖的话语可以拯救一颗无助的心。但是有些人在明白话语的正面影响的同时，往往很难理解它的负面影响，懂得用它去温暖他人，却不懂得不要用它去伤害人。我的朋友身边那些口无遮拦的人，却也会去鼓励抑郁症患者走出黑暗；在网络上一些人一边惋惜雪莉的逝去、抵制网络暴力、安慰低谷期的网络好友，一边却又转头对其他的艺人出言攻击。我也看到过被网络暴力恶评所扰很久的艺人粉丝试图用雪莉的事件警醒那些不管不顾继续发表恶评的人，换来的回应竟是被污蔑"你们吃雪莉的人血馒头"，着实令人感到心寒和胆战。

用我非常认同的一个一直被网络暴力恶评困扰的少年的内心独白来总结对言语的看法："对我来说，言语就是恶魔与天使，但又何必在乎别人的看法？本身格局不同，我的人生我自己说了算，不需要别人来界定。不管前路多么艰难，不管世界怎么变化，我还是我。"这是面对了太多恶评而积极寻求自我排解后的淡然，是我们每一个人在面对引发不适的玩笑、难以承受的恶评时应该拥有的正确态度：不理会、做自己。但被攻击者努力构建强大内心并不意味着攻击者就可以继续无所顾忌，在独白的背后这位少年也描述了自己受到网络暴力恶评攻击时的心情："无处不在的黑暗吞噬着我无法挣脱，仿佛下一秒就要跌入地狱无法逃脱，内心遭受着的非人折磨从未有人会懂，我早深陷其中，内心封锁，不会疼痛。"希望我们在面对伤人言语时能够不被撼动、不被影响、只做自己；也希望我们都能够在与他人交流时、在网络上发表评论时，思考一下自己的言辞，不要让本该温暖人心的言语变成伤人的利剑。

最后，希望大家都能温暖待人，同时也被温柔以待。

逆风的方向更适合飞翔

武泽滢

> 人生就像一棵大树，树上结满了果实，有的圆润而甜美，有的却非常酸涩。可无论是甜美还是酸涩，无论美味还是难以下咽，都是你的一部分，你的人生因为苦难才完整。所以大家千万不要害怕犯错，别怕荆棘和泥潭，不去计较苦难，因为逆风的方向更适合飞翔。

如果在生活中你有跟我一起买东西的经历，那么你一定也会这样说："哇，你买东西都不纠结的吗？怎么这么快！"没错，我是个比较果断的人。如果你在生活中会因为选择而感到困扰，会因为参加什么活动而感到纠结，那么请往下看，相信这篇文章可以帮到你。

在生活中，大家可能会遇到下面这些情况：两件商品不知道该选哪件，迟迟无法做决定，决定了之后又觉得另一件更好，之后便开始后悔最开始的选择，从而感到烦躁、焦虑；或者面对自己喜欢的部门，纠结要不要加入，想加入却又害怕影响学习，担心这担心那，最后无论怎样选择，都无法心安；又或者是经常纠结，小到今天吃什么都要纠结……如果你有上述种种情况，那么你可能就有我们日常生活中经常说的"选择困难症"，那么"选择困难症"到底是什么呢？它对我们的生活有什么影响？

心理学上的"选择困难症"被称为"犹豫症"，它是指一种不知道如何选择、迟疑的心理状态，具有这种心态的人，即使是做一个简单的决定都需要花费很长一段时间。"犹豫症"的症状大致有五种：选择拖延、选择障碍、选择困难、选择恐惧和选择纠结。不过大家不用担心，因为每个人在生活中都有多多少少的纠结，这是非常正常的情况，在不影响自己平时的心情和生活质量的情况下，这样的纠结也可以帮助我们做出更加正确、理智的选择。可是，如果每次遇到选择都会十分纠结，甚至因为纠结而产生焦虑心理；又或者遇到小小的问题也特别纠结，从而影响了做事效率，很多事情都拖拖拉拉做不好；更有甚者，选择了之后又觉得自己选择失误而懊悔，影响心情……那么就要引起你的注意了，改掉这样的坏习惯才能提高生活质量。

很多人可能并不想选择困难，也想做事果断，可是不知道为什么自己面对选择的时候总是无法做到。其实，纠结的本质是害怕。我举几个例子。比如说你在商场里遇到两件好看的衣服，一件是自己平时常穿的风格，一件是自己不经常穿的风格，但是试穿之后觉得好看，这个时候你就开始纠结了，买经常穿的风格会不会一成不变没有新意，买新风格的吧又比较冒险，别人会不会觉得我奇怪……一系列想法就这样产生了，这个时候我们仔细琢磨一下，纠结的根本是不是害怕。因为害怕承担选择后的不良结果，所以不敢轻易下决定。无论是哪种决定，都要冒一定的风险，承担可能变得糟糕的后果。再例如：社团招新了，你有两个非常喜欢的部门，一个是纯爱好类的部门，一个是学生会的部门。你又开始选择困难了，如果选了纯爱好类的部门，那就要放弃进学生会的机会；如果选择了学生会，那自己特别喜欢的事情又无法做到；如果两个部门都选，又担心自己学习的时间不够，期末会挂科……所有的这些纠结都是在担心，担心自己因为这个选择，要付出更多的时间，花费更多的精力，放弃不了任何一方带给你的好处。有人认为，是因为物质的丰富增加了我们选择的压力，但其实真正影响我们做出选择的不是选项的多少，而是我们本身不愿意做出改变。你有没有遇到过这样的情况：上了大学决定认真学习，在部门或者社团里努力工作，但是时间长了，你发现这不是你想要的生活，你还是想要有所成就，想当班长锻炼自己，又觉得班长太忙，自己做不好。其实，你只是害怕改变，每一次改变都伴随着未知和风险，因为害怕，而不断纠结。总而言之，生活中遇到的种种纠结不过是因为自己害怕，因为自己不敢挑战未知，所以站在路口不断徘徊。

生活中我们不可避免地面临大大小小的选择，有些微不足道，有些却可以改变你的人生轨迹，所有的这些，我们都无法逃避、必须面对。选择，是一种勇气，更是一种能力。希望大家在面对选择的时候，可以不害怕，敢于挑战。比如买衣服、选择商品时，不妨大胆尝试新的风格。青春是短暂的，为何不尽情绽放自己的美好时光？如果发现自己真的不适合或者不喜欢，下次避开就好了，把这次的选择失误当成经验教训，那么这次的选择失误也是有价值的。除此之外，我们可以在众多的选项当中精简自己的选择。这点怎么说呢？举个例子吧，很多人一定都会纠结今天吃什么这个问题，每天面对一样的选择，那么我们可以精简选项。比如今天中午就吃米饭，那么在学校里有哪几种米饭呢？之后再决定哪里的米饭更便宜或者更美味，这样精简后的选择就更为容易。每天精简的标准可以不停变换，热量、健康、辣的、甜的……都可以成为你精简选择的条件。这样每天既不单调，也不会纠结。面对一些选择，我们要学会倾听自己内心的声音，选什么选修课、买什么样的本子，这些问题就要看自己的喜好了，喜欢什么就选什么。即使选择自己喜欢的也需要很大的决心，也要冒很大的风险，可是做自己喜欢的事终究是最快乐的。

  人的一生很少能事事得偿所愿，如果有选择自己喜欢的事物的机会，就一定要把握住。当然啦，还有一点非常重要，就是认识你自己。你是否真的了解自己？知道自己擅长什么、不擅长什么吗？找准自己的闪光点，在做选择的时候扬长避短，突出自己的优势也是非常重要的。跟大家讲个我的小故事，我以前总觉得我没有那么大的能力，就应该做个普普通通的学生。可是在我越来越了解自己之后，我发现我可以做到很多我原来无法想象的事，我可以登台弹吉他，可以在国旗下演讲，我甚至可以做好一个班长。当我慢慢把这些事都做好之后，我才发现我原来有这么多的闪光点。相信你也可以通过改变自己而重新认识自己，发现自己的闪光点，让自己变得熠熠生辉。

  人生就像一棵大树，树上结满了果实，有的圆润而甜美，有的却非常酸涩，可无论是甜美还是酸涩，无论美味还是难以下咽，都是你的一部分，你的人生因为苦难才完整。所以大家千万不要害怕犯错，别怕荆棘和泥潭，不去计较苦难，因为逆风的方向更适合飞翔。调整心态，乐观面对选择的结果也是学会选择的必修课。并不是每个人从第一次做选择开始都能一帆风顺，失败错误的选择是不可避免的。当然，我也有失误的时候，如在高中时执意要去学习街舞，没有考虑时间和精力的问题，一意孤行地去学习，后来导致自己学习的时间也不够，舞蹈也没有学好。那样的状态持续了半年之后我就坚决停掉了我的舞蹈课，一心放在学习上，状态才慢慢恢复过来。我一直觉得那次重大的选择失误给我敲响了警钟，提醒我不能冲动和一意孤行。我并没有因为那次失败就不敢再做决定，而是总结经验教训，让自己选择的正确率越来越高。鼓励大家不纠结并不是让大家冲动决定或者是一意孤行，而是希望大家可以减少因为纠结而产生的焦虑，提高做选择的效率，将更多的精力放在做有意义的事情上。当然，在需要的时候多听听家长老师的意见，在选购商品的时候还是要货比三家，在决定去哪个部门、社团的时候还是要学会平衡精力，做出最合理的选择。

人们常说，生活中暂时的不顺利，只是为了让你有机会证明你自己也可以很强大；逆境、坎坷都不可怕，只要一直坚信，人生所有的高低起伏、迂回曲折，都是为了最后那个更好的自己，就能有所收获。道理都懂，但是要执行起来并不容易，而如果我们能适时地给自己鼓励，就能增强自己的勇气，让自己面对选择时变得更勇敢，不会再因怯懦而犹豫不决。让自己勇敢地选择，对生活主动出击吧。

我很感谢自己生活在一个非常友爱的家庭，从小父母对我要求就比较严格。小的时候我经常被父母教训，我也很倔强，甚至离家出走。但是，我知道那是父母的善意，他们是想让我更加懂事。现在回想起来，我非常感谢父母的教育方式，让我成为现在的自己，一个独立、果断、勇敢、乐观、坚强的自己。

你们呢！要和我一起逆风飞翔吗？

成长,是进一寸的欢喜

黄哲儒

> 成长遍布于我们人生轨迹的每一处,我们从在地上爬着的小宝宝到学会站起来走路是成长;从家步入学堂是成长;从被照顾的人变成照顾别人的人也是成长;生活中许多以前不会做的小事现在去做了那也是成长。成长不是一蹴而就的,而是循序渐进的。成长不是好高骛远,成长是进一寸的欢喜。

生活中处理方方面面的事情的时候,或者生活学习上遇到困难的时候,我都会有一种迷茫——我不知道我是否有过成长,我真的从中学习到了什么吗?我总是在担心着自己毫无长进,害怕与朋友同学一起做事,结果只落下自己一个人停滞不前。虽然有时候这种担心看似是毫无理由的,但我仍然忍不住去想。我试着找寻成长的痕迹,却依然看不真切,一方面看不见自己有所长进,另一方面不知道忙些什么,总是没有空闲时间去完成自己想要完成的。所以我变得焦躁不安、情绪低落,而这又导致了我做事效率不高,进而循环加重了自己的焦虑。

我相信上面我所说的,不少人也经历过吧。还记得有一天,我比较早就回到了宿舍,舍友还在外面读书,所以宿舍里只有我一个人。我瘫坐在椅子上思考自己最近干了什么。我往书桌看去,我的桌子是乱糟糟的,上面堆积了许多东西,书本也随意地倒伏在一边——好久没有翻过了,我昨晚换下来的衣服还堆积在洗衣桶里。我开始回想最近究竟在忙什么事情,感觉没有干出什么成果来——突然觉得做的事情和我的书桌一样都是乱七八糟的。然后我脑子里一片空白,最近具体干了什么我也想不起来。那一刻,挫败感从心里油然而生,觉得一切都没有做好,有种说不出来的难过和着急。

后来,我看了相关的文章才知道,那是一种成长焦虑的状态——"成长焦虑,就是我们在意识到自己不足的情况下,急于摆脱现状而不顾甚至忽视当下的现实状况,急于学习急于成长,最终适得其反而产生的一种焦躁不安的心理状态。"但彼时的我并不知道，只是由于这种挫败感消沉了好一会儿。

但是，我仍记得那天我在椅子上瘫坐了片刻之后，强打起精神，即使有些挫败，我还是好好地整理了宿舍的桌面，清扫了宿舍的地板，衣服也洗好晾了起来，甚至不是轮到我倒的宿舍的垃圾也拿去倒掉了……等这些事情忙活完了之后，我拿着许久未翻的书本在清理后显得干净许多的桌子前开始看了起来。不知过了多久，舍友回宿舍开门的响动惊动了我，我才从书籍的海洋中醒过神来。我抬起头往阳台一看，发现天已经完全黑下来了，我惊讶于我不知不觉看了这么久的书。之前虽然偶有拾起书投入地读的情况，但是从来都是浅尝辄止，已经好久没有这么投入地去读一本书了。我站起身来，伸了个懒腰，虽然如此投入地保持一个姿势阅读了这么久导致身体有些僵硬，并且已经是晚上了，我还没有吃饭，早已是饥肠辘辘了，但是心情却十分愉悦。我走出宿舍楼，走在去食堂吃饭的路上，看着路灯突然亮起，仿佛在夹道欢迎一般，照在来往的人身上。晚风轻轻吹拂在脸上带来一丝凉意，我内心变得宁静和惬意，好像心里也有一阵风把之前的焦虑挫败感一并吹走了一样。心情焕然一新的我之前的沮丧感一扫而空，取而代之的是发自内心的安定和欣悦。我自己也惊异这么快心态就发生了转变。那是发自内心的欣喜，好像变魔术一样，我一下子就对自己所做的事情由衷地感到开心，那满满的充实感，就像我做了多了不起的事情一般。实际上不过是花了一下午整理了一下身边的东西，看了自己搁置很久的书而已。但是却正是这些小事，让我意识到我是真正有在做些事情的，是有变化的——你看，那衣服不是洗好晾着了？宿舍桌椅不是变得更整洁了？那本书不也快看得接近尾声了？原来做一些小事也能提升自己的踏实感。其实，这是因为我完成了前面那段时间的一个既定目标，从而感受到了完成事情的满足感。

事后我反思了一下，这"凭空而来"的焦虑感，其实只不过是我们过于急切地想要看见成果，换句话说，是我们自己没有给自己足够的耐心去等待一个成长的结果出现，总是想要实现一个很完美的自己，想着能够做到什么程度，会获得什么，却忽视了任何事情都不是一蹴而就的。当下的自己，应该踏踏实实地做好每一件小事才能在需要你去完成一件大事的时候积累足够的力量去完成。如果一开始的目标就定得很大，那么当你做不到，或者说没有较好地去完成的时候，往往情绪是急躁、焦虑的，因为你的理想和现实有着较大的偏差，没有完成现在的这个目标，所以就会觉得自己一直处于不够好的状态，而这样的自己也会因为负面情绪等作用导致效率低下，继而无法完成接下来的事情，形成一个恶性循环。

一旦我们不小心掉进这样一个"怪圈"，负面情绪往往会越积越多直至爆发。这时候就需要我们自己调节。首先你要明确的就是，成长的路上并不会一直是顺顺利利的，就算是一件不大不小的事情，也有可能超出你的预期，进而不尽如人意。这个时候你可以难过一下，但是不能气馁。我们可以在原地稍事休整，然后重新整装待发。其次，静下心来，正视自己，接受自己的失败。去认真吸取这次失败所带来的经验教训，专注于提升自己。再有就是找到属于自己的兴趣，把它培养成自己的一个小特长。我们在成长中会有焦虑，这和我们总是会接收到一些负面的反馈有关，我们在这些反馈的影响下生发出了挫败感、焦虑感。我们可以通过获得持续的自我肯定消除、减弱这一感受。而要获取源源不断的自我肯定，最简单的方法莫过于培养一个能给自己提供成就感的小特长。我们可以选择我们擅长的领域，比如我最喜欢篮球，那么我闲时便会去打打篮球，参加一些学院或者学校举办的与篮球相关的比赛。可供你选择的有很多，重要的是你喜欢并且坚持下去。成长中绝大部分焦虑都会因为你对自己的认可度提高而减弱消除。并且，当你认为这个方法卓有成效的时候，你可以将其分享出去，带给你的朋友们，分享也会带来更多好的反馈，从而形成一个正面循环。还有就是摒除外界干扰，他人的建议诚然也是成长中不可或缺的一环，但是一味地听从他人，为外界所左右显然也是不行的。应该去思考什么对于自己的发展才是最重要的，只要是对于自己成长无益的，都可以不用去理会，从而按照自己的既定计划朝着目标前进。我们可以比较，但是我们更多地应该和自己比较，而不是过多地和他人比较。善于去发现我们每一次细小的进步，从而不再低估自己做出的每一分努力。我们每多努力一点，都会朝着心目中期待的自己更进一步。

最后是关于成长中所遇到的困难、挫折，我们成长中总免不了困难，也不可避免地会遇上挫折，这些和我们收获的成果、所展现出来的光鲜一样都是我们成长路上不可或缺的一部分。伟大领袖毛泽东曾经说过："任何新生事物的成长都是要经过艰难曲折的，在社会主义事业中，要想不经过艰难曲折，不付出极大努力，总是一帆风顺，容易得到成功，这种想法，只是幻想。"

经一番挫折，长一番见识。只有经过摔跤，才能学会走路，而我们也只有经历了挫折才能愈发坚韧，才不会被困难一击而倒。

无论最终的结果如何，我们去尝试去经历的过程都将成为我们成长中宝贵的财富。如此，即使在多年以后回想起来也能满怀激动——我来过，我尝试过，我为之付出了十足的努力，即使失败，不留遗憾！

所以，去吧！向前走吧！不要害怕摔倒，即使对未来怀有疑虑，即使仍旧看不清自己的成长，但是勇敢地向前吧！走好你的每一步，在你因努力奋斗而挥洒的汗水里，孕育着名为成长的果实！

最后，我想和大家分享一句话："盛年不重来，一日难再晨，及时宜自勉，岁月不待人。"希望大家都好好珍惜宝贵的时间，好好把握住它，充实自己，莫使光阴虚度、岁月蹉跎。

告别过度焦虑，尝试锻炼自己

张雅雯

> 或许我们每天都会花费一定时间在小红书等社交软件上，接触到社会各种热门话题。不久前我也刷到了不少关于新生入学时不适应的帖子，让我一下子想到了焦虑这个话题。日常生活中，伴随着各种竞争，焦虑成为每个人都要面对的问题。如何告别过度焦虑，成就更好的自己？本文将给你答案。

刷小红书的时候，时常会看到各大博主推出关于"容貌焦虑""身材焦虑""事业焦虑"等热点话题的探讨视频，那时我在想：什么时候大家都变得如此焦虑了？大家真的有这些焦虑问题吗？是的，在高速发展的社会中，人们的生活节奏都在不自觉地加快，身为大学生的我们，刚刚褪去了少年的青涩，在新的环境里，面对学习工作上的困难，面对更多优秀的同学，难免会产生或多或少的焦虑。下面我想讲讲我的这一年。

由于疫情原因，我们的开学时间推迟，导致入学后的一切工作都加了速。记得刚刚安排好住宿，和父母告别后的那个中午，大家就接到了下午竞选班委的通知。想想自己即将面对未知的场景，还有很多不认识的同学，尽管在温度较高的室内，我的手却是冰凉的，那一刻不知道哪里来的焦虑涌上了心头。那时我想得很清楚，首先我害怕演讲，其次我害怕被别人选来选去，因此纠结了一个中午的我，最终决定放弃这个机会。与此同时又有很多的信息在鼓励着我"大学一定要当班委锻炼自己""演讲没什么的，很快就过去了"……就这样，下午的竞选开始了，没有交报名表的我坐在台下看着大家进行自我介绍，内心其实很希望自己也可以有这个勇气。后来辅导员说，没有交表的同学也可以上台竞选。也不知道自己哪里来的勇气，我就在众目睽睽下举起了手。上台的感觉确实会很紧张，但是讲完之后有种"我终于突破自己了"的感觉。尽管这只是不起眼的一件小事，但于我来说却是意义非凡。我想很多人也和我一样，存在着因为害怕而选择放弃的想法，但其实我们是可以突破自己的，有时候结果并没有非常重要，重要的是你在做这件事情的过程中，有勇气突破自己，做自己一直以来想做又不敢做的事情。我想这就是我们时常听到的"过程比结果更重要"这句话的意义吧。

再讲讲我与主持相爱相杀的故事。没有经过任何训练的我，心里却藏着一个做主持人的愿望。还记得主持人大赛的现场——那是一间普通教室，没有太多观众，也没有压抑的气氛，但是即将上台的我却再次紧张到手脚冰凉。上台念稿子的过程中，我的声音在不由自主地颤抖，同时动作僵硬，这个时候我就已经明白，自己的表现很差劲了。后来有位学姐和我讲，不管做什么事情，一定要认真，起码要让别人觉得你很认真。我想了很久，其实我也很认真，只是紧张覆盖了努力，本来准备时背得很流利的稿子，一上台的瞬间便全部忘记。开头紧张，且之后越来越紧张，本来应该抬头互动的环节，我却一个人低着头只顾读稿子，以至于这次比赛没有进入复赛。

这时我真正看清了自己内心的想法——我不想再这样了。后来的几个月时间，我疯狂地接主持活动，写稿子，改稿子，练稿子，有时候两场活动连在一起，就会忙到四脚朝天。还记得第一次上台前，和搭档一起练习了很多次，一直在想要怎么调动现场气氛、怎样减少出错频率，怎么……似乎已经做好了万全准备，但是真站上台的时候，面对台下的一双双眼睛，我不由得倒吸一口冷气。好在无功无过，第一次主持没有发生什么重大失误。后来的多次活动中，慢慢地我不再紧张，找到了自己主持的感觉，逐渐适应了舞台。在这段主持学习的过程中，我不但学到了知识，同时也改变了自己。这是大学一年来我觉得最有意义的事情，从什么都不懂的小白，到可以自信地站上台。我想告诉大家，如果你有想做的事情，就一定要去做，或许刚刚开始会觉得很累、很难，或许结果每次都会不如人意，但是一定要尝试，一次不行就两次。紧张和焦虑更多地来自内心对自己的不自信。其实不要把自己想得太差劲，任何事情经过努力都是会有收获的，每一段经历对于自己来说都是值得的。

再说说我很喜欢的舞蹈，舞蹈对于我来说是生活的快乐源泉，所以，学院里与舞蹈有关的活动对于我来说，也是锻炼自己的最好方式。在针灸学院的红歌赛上，舞蹈队接到的任务是，练习开场舞。我想大家都深有体会，福州的夏如同烈焰火炉，在外边多站几分钟都会汗流浃背，更何况要练习团队舞蹈。从开始跟着队长学动作，到之后的一次次练习，每次练完，大家的衣服都是完全湿透的。同时这段舞蹈的彩排和审核也不是很顺利，原定的歌曲由于是英文歌，与红歌赛的性质有冲突，所以需要换成中文，这时仅剩一周的时间就要表演了，这对大家来说，挑战非常大。因为时间紧迫，但又不想一个月的努力白费，所以每位队员的精神压力都非常大，焦虑感充斥内心。好在最后，通过大家的共同努力，这场舞蹈顺利演出了。在这段经历中，我学到最多的是团队精神。一起训练、一起学习的日子真的非常珍贵！在这个过程中我认识了很多新伙伴，并且通过很长时间的练习收获了成就感。我想不管遇到什么问题，都应该不焦虑、不放弃，很多时候，克服困难就差最后一步了。

最后说说医学生的学业问题。在没有上大学之前，我便听过一个"劝人学医，天打雷劈"的说法，我听到之后大为震惊。当时年少的我认为，学医就是多背一点东西，多花一点时间罢了。但是开学以后，我发现事实不是如此。大一上学期的人体解剖学，内容非常多，又是全新的知识领域，所以在复习阶段完全找不着北。面对期末考试的压力，我开始过每天泡图书馆的生活。尽管通过期末周的学习，我成功通过了期末考试，但是对所学的知识并没有真正地理解。由于我们的专业是要治病救人的，因此我们身上背负着特殊的责任。面对学业时，应该保持认真严谨的态度，不能为了不挂科才进行期末冲刺。应该认真地对待每节课，学好每一章节的知识，守好医学生的本分。面对内卷问题，不焦虑，不放弃，坚持做好自己的任务，在不断锻炼中成长。

我也曾焦虑满怀，但我选择前进

黄哲儒

> "人无远虑必有近忧。"好像人的生活便是这样，若不为这一件事担忧，便会有其他的事情接踵而来，让你内心难有安宁。我们会为了很多事焦虑，事实上，这很正常。焦虑无法避免，所以我们要学会处理好焦虑而不被其压垮，与其一同前行。而教大家学会与这个如附骨之疽的焦虑相处，便是我在这里与你们分享我的故事的目的。

2020年10月10日，经历高考之后一个长长的暑假的我，终于来到了大学。与其他新生一样，我对这新环境充满着好奇与憧憬。第一次真正意义上离开父母的看护，也让我有"获得自由"的错觉。我的大学生活就在我的万般期待之下开始了。

在最初的几天里，由于并没有认识到学习上的压力，加上漫长的暑假让我忘记了学习的状态，我有些散漫，认为想象中的大学生活就是这样——"自由"，无拘无束，丝毫没有想要学习的念头，也没有想过哪些事情才是优先要做的，整天沉迷于网络、游戏。于是本学期、大学生活的第一次小测——人体解剖学小测就给了我当头一棒，在小测的时候看着同学们都仿若成竹在胸，而我却只能艰难地靠仅存的听课记忆作答，考完后他们都认为这题目太简单了，简直可以说是"有手就行"。这给我很大的冲击，因为我非但不觉得它很简单，还觉得题目陌生得跟没学过一样。人体解剖学，在我感觉一路绿灯的大学生活里，亮起了第一盏红灯。再一想接下去便是人解以及中基的半期考试了，猛地才发现学期已快过半，我开始焦躁不安。尤其是想到同学们都在读书而我却无所事事，小测亮起的红灯也给了我自信心很大的打击。一方面，我惊慌担心于考试的成绩；另一方面，我下不去决心或者说是没办法真正沉下心去读书。我陷入了对成绩无止境的焦虑，而我知道造成这种焦虑的正是我自己，是我自己平时对上课的无所谓的态度以及课后颓废在宿舍里打游戏、看手机而无心复习造成的。

我开始想读书。一开始我手足无措，抱着书死死地乱看一通。由于我自己低效率地复习，以及期中考的到来和部门上的一些活动，时间进一步紧迫了起来。我陷入了更深层的焦虑中，我开始觉得我一直在浪费时间，甚至认为睡觉和吃饭浪费掉的时间是最多的，于是我缩减了吃饭和睡眠的时间，就这样我吃饭的欲望下降了，睡眠时长和质量也下降了。而那些我"省出来"的时间，却因为精力不足难以做到真正意义上的注意力集中，甚至于在上课时我都会犯困，在上完课后又后悔得不行，罪恶感加深，进而加重了我的焦虑，这层层的焦虑又让我无法正确地掌握真正的学习方法，以少吃少睡这样的方式去"弥补"。精神上的压力和身体上的负荷，让我疲惫不堪。但是我自己怎么也挣不脱这个"怪圈"，似乎它有某种魔力在将我向更深处拉去。

还好，在我最焦虑的时候，舍友最先发现了我的不对劲，问我到底怎么了，问我是否焦虑于学习。我回答："是的。"他听了我的回答，并不惊讶，而是松了一口气似的，跟我说："其实吧，我也有这方面的焦虑。"我惊异地回头，他自顾自说道："学习很重要，自己也清楚这一点，但是学习的时候就好像有一些阻力，让我没法集中。"他顿了一下，接着说："外界吸引力总是这么强，总是让我止不住地去想，导致学习的效率下降。""然后就会产生负罪感，迫使自己压榨自己的休息时间去弥补刚刚失去的时间。"我接道。"是啊，看来我们有共同的问题。我告诉你这个，其实就是想跟你说，其实吧，很多人都会遇到这个问题，为此而焦虑的不会只有你一个。""就像是我。""谁不是一样？"——不知不觉间，舍友都围了过来，七嘴八舌地讲述着自己的故事、焦虑、想法。看着眼前热热闹闹的景象，我原本一直吊悬着的心似乎踏实了不少。"怎么样，想不到看起来优秀的别人也会为这些事情烦心吧？""我……""哎，别想这么多了，我们先去打会儿篮球吧。"舍友打断我的话，转而提起去打篮球放松一下。"咳，今天本来脚疼的，但是看在你的分上我就陪你打一会儿吧。"另一个舍友说道。然后大家开始忙着穿袜子穿鞋做准备。突然，我手机振动了一下，是我学姐的消息，她也知道了我现在因为成绩而焦虑，在宽慰我。看着她发给我的一条条消息，我知道在屏幕前打字的她也是在担心着我的。看着他们想方设法想减缓我焦虑的样子，我突然明白了许多，即使身上有千斤担，身边还是有关心你的人的。况且，不就是读书嘛，还不算真正的考验。想到这里，我突然释然地笑了起来。我的舍友看我突然笑起来，先是愣住，紧接着也被我的笑声感染，跟着笑了起来。

"看来，不用去打篮球事情就已经解决了嘛。"

后来，我打了一场酣畅淋漓的篮球，和我的舍友们；在带着秋意的晚上，欣赏学校的风景，漫步于时珍园，和我的学姐。再然后，我睡了一个很安稳的觉。

尽管学习的任务并没有因为我的焦虑减少而减轻，但是，轻松了不少的我惊喜地发现，由于我恢复了正常的作息时间，并且因为之前的焦虑把手机里的游戏都删了，所以我学习的效率不减反增，学习的时间也有了富余，又可以在学习的同时兼顾到其他方面。很快，半期考就到了，因为时间也很紧凑，我没有发挥得特别出色，但是相比之前还是进步了很多。不过我认为让我收获最大的并不止于此，是这件事让我知道了身边一直有人在陪伴着我，也意识到了没有必要一味地给自己施加压力，虽说适当的压力是前进的动力，但是压力过大反而容易把自己给压垮。以后会遇到的事情可就不仅仅是这么简单了，我要有所准备才能迎接未来的挑战。

是啊，生活中确实有太多未知的事情了，它们充满挑战性，充满着不确定性。你想要完成它们就得为之付出十分的努力。但是事情往往不会都朝着你所期望的方向发展。在完成这件事之前，你很可能会遇见失败，心中满怀焦虑。于是你心情低落，沮丧万分。但你要知道有时候，我们会有一些消极的想法，这很正常。我们生活中或多或少都会遇到这些难题，也许我们没法立即解决，但不妨碍我们积极地看待它。我们也可以允许自己有那么一小会儿的"丧"，但是"丧"完后，记得重新整理行装，继续上路。失败并不可怕，焦虑也不可怕，可怕的是失败后不敢继续向前，可怕的是焦虑过度而压垮自己。我们都知道适度的焦虑其实是有助于我们进步的，但是这个"适度"往往是问题的关键——太过则垮，不及则松。焦虑不仅会给我们带来不适，也会给我们带来好处。实验表明，人们在轻度焦虑时表现得更好。如果让你把焦虑的原因用语言表达出来，你可能会说，有些事情可能会变得更糟，我不确定我能否处理好它，我担心我会变得更糟，失去控制。如果你不能转变思维，你的焦虑会更严重。

那么如何才能正确对待焦虑、减轻焦虑，让焦虑也成为你前进道路上的助力呢？下面我就以我自己为例子向你们推荐几个我常用到的方法。

1. 找个人倾诉。我觉得最简单、最直接的方法就是找人倾诉，你在向别人诉说你的想法、你最近遇上的困难的时候，你就已经在下意识地梳理这件事情了。在此之前你可能由于焦虑，即使知道这件事情很重要，但还是提不起劲来梳理它。你要先明确你现在要干吗才能有下一步的行动。再者说，有个人倾听你的烦恼，也就多个人来给你出出主意。也许当局者迷旁观者清，他一下子就找到了问题的症结所在了呢？当然，你如果只是单纯地想诉说而并不想让身边的人知道，那么你可以到我们心理中心公众号的心理系统中的解忧信箱里去跟老师讲讲你最近发生的事。

2. 做一做自己喜欢的事情。这是我常用的方法了，就像我前面说的，我焦虑了，那就去打打我心爱的篮球，和喜欢的人去散散步。这会让心情舒缓很多。你不一定要像我一样打篮球，只要做一件喜欢的事情去放松自己就可以了。比如看看书听听歌什么的——这两者甚至可以单独列出来当一点来说，因为看书真的会令人心神平静，音乐也的确有振奋人心的力量。每当我浮躁不堪、失去动力的时候我都会去看看书、听听歌。

3. 早点睡觉。没错，我觉得睡眠也是十分重要的，你睡不好，做事的效率就会下降，效率下降又会导致焦虑，这样下来就是一个极不好的恶性循环了，这是我上学期的总结。所以说好的睡眠也是对付焦虑的办法。

以上便是我分享的几个小方法，希望对你们有所帮助，也希望我的故事能减轻你的焦虑。你要知道并不是只有你一个人会焦虑，我们需要正确地去认识它并与之相处，然后前进。最后送你们一句我很喜欢的东坡先生的词："人生如逆旅，我亦是行人。"望共勉。

裂缝是光能照进来的地方

匿名

> 文章以"散"字开头，以"聚"字收尾。承载散文的清新淡雅，填入意识流的自弹自唱。我不愿以一个词语概括它的全部。请细读，在一个没有人的空间，打着灯，或闭了光，渐入这道文字的裂缝。

"不要问爱能成就什么，五彩缤纷的世界就是答案。"哲人鲁米的诗总是这么深不可测，这就是心理学带给我的最初印象。大一时我就开始拜读武志红老师的著作，武老师每周讲课前都会给我们分享鲁米的诗。诗集我买回来了，但是我看不懂，只能用心去感受。在某个时刻，它就如人生的隐喻一般串联起了我的生活。

我从大一开始接触心理学，是为了自我疗愈。焦虑正不断鼓气，考验着张力的极限，压力正不停靠近，压缩着呼吸的空间。也许在别人看来，我是个很优秀的人，是个品学兼优的宝藏男孩。冰山一角，焦虑也藏在最深处发酵。我慢慢感到自己的能力用到了极限，开始心有余而力不足，如机器持续性超负载运作后低效率地做功。难道我不知道问题的严重性吗？我知道，然而最痛苦的事情难道不是清清楚楚地知晓自己在做噩梦，但是却无法让自己醒来吗？我仿佛进入了瓶颈期，精神食粮的吸收也开始出现障碍。一份贩卖焦虑的报纸，一碗心灵鸡汤，它们真是很好的搭配呀。不自律便出局，强者通吃，信自己，加把劲，勇者无敌。视觉上的疲惫，精神上的倦怠，泪是最纯粹的无助。裂缝开始扩大，它是什么时候出现的，或许是高中，一直尝试着沿着杆子往上爬，因为摔下去就是失败，可我越来越难以为继，能滋养我的越来越少，它们或许在某一刻就被偷走了。到底这一切的意义是什么？也许目标是意义，但是此时的目标已经望尘莫及，我渐渐失去了意义感。虚无感是最可怕的，我开始恐惧。

压死骆驼的最后一根稻草往往就是这么稀松平常，在考试过后身体再也支撑不住了，我倒在床上，一点想要爬起来的意愿都没有。好吧，也应该感谢身体机能的强大，还能吊着气完成繁重的学习。然后我开始失眠，开始被迫往内缩、向后退。那根杆子我再也抓不住了，我开始向下掉。

　　掉落的感觉是失重，是失去依靠的自我放弃。长久以来的孤独加深为内心的疏离。或许孤独长久以来都是存在的，我必须要多做一些事情，丰富自己的经历，结交更多的朋友，甚至能有一场甜甜的恋爱。我害怕空虚，因为空虚就是黑暗，就是光明照不进的地方。因此直至大学也沿袭了高中一贯的思路，一直在往自己心房里装东西，填得越满越好。其实在完美主义的背后就藏着这个渺小的我，内心得不到滋养的我，开始借助外界来体外供氧，但这是间歇性的。外强中干的身躯仿佛有一阵风就能将其吹倒，这阵风还是来了。

　　身体垮了但还是要继续考试，之后的一个月是最难熬的时光，我完全是为了及格而战的，我完全是凭着自己吊着的仙气完成每天的学习的。晚上读完书，我必须马不停蹄地回宿舍休息，因为我必须得安抚身体愤怒的情绪，它们可能要罢工了。

　　一月下旬，我开始休息。我没有计划，更不知道如何休息，因为我的字典中根本没有对于休息的定义，原有的休息已经被证明是无用功。身体需要休息，心灵更需要休息。它们长期承受着过量的压力，即使在最艰难的时刻，它们也付出了它们的所有。这份感受，在看"番剧"《工作细胞》时特别能体会。

　　那段时间，就是自我放弃，就是没有方法，就是远离光明，沉浸在深渊里面。我开始感到很抱歉，不是对别人。或许是形象崩塌了吧，我不用装作那个优秀的别人家的孩子。我想对我的身体说抱歉，从大一开始就已经有阳郁的症状，时常感到四肢厥冷，症状时隐时现，慢慢地被刻入潜意识的年轮。躯体的症状真是吓了我一跳，精神不振，阳气虚弱，胁肋胀痛，肝郁不舒，舌下淤曲，舌体胖大，痰瘀交阻，所有的症状一拥而上，不妨就借助中药见招拆招。二仙汤，地黄丸，越鞠丸，五苓散，桂枝茯苓丸，十味温胆汤……根据体质我适当加减，气开始重新汇聚到丹田中。

　　状态稍微好了一些，我开始无目的地逛街，看日出日落，看些书。我没有目标，也不需要目标，逛街也不是为了买东西，看着好玩而已；风景不是为了记录下来，只是喜欢而已；书也不是为了记忆什么，不是为了颜如玉，不是为了黄金屋，只是内心比较宽慰，慢慢感受着这个过程。

　　偶然有机会接触到威克斯医生的《精神焦虑症的自救》，里面提到了面对焦虑时学会面对、接受、飘然、等待的四部曲。我最害怕面对空虚，但现在我又不得不面对空虚。没办法，我开始从心里接受这份空虚。同时，借助威克斯医生的指引，我开始学习正念冥想，它是很好的面对方式。当眼睛闭上，轻音乐响起，你无路可去，你只能面对这一份空虚、这一份可怕的黑暗，你会觉得如坐针毡，然后你会慢慢学会内观，学会从自我的狭小世界中主动后退抽离，这感觉似乎不同。

有一天，我又在漫无目的地坐公交车，首末站坐全程，还在想着"空"这个概念，"色不异空空不异色"究竟想表达什么。突然在一瞬间，所有的知识在这电光石火间串在一起。

正所谓不愤不启，不悱不发。中华文化贵于短小精悍、字字珠玑，但抽象之后却又带有形而上的疏离。当你没有匹配的端口时，你只能仰起头来，看着高高在上的它，而当那份链接建立，它就在你的身边。知识是真正滋养内心的甘泉，它就是我的生命。之后我系统地学习了森田疗法，我学过的知识开始自然而然地生根发芽，彼此沟通成为新的心灵索引。

《道德经》里老子就用了巧妙的辩证法："有无相生，难易相成，长短相形，高下相盈，音声相和，前后相随，恒也。"事物是没有好坏之分的，好只是当时此刻心境下的好，一定是永远的好吗？庄子就说过，吾生也有涯，而知也无涯。以有涯随无涯，殆已。就像电脑一般，我们看到的只是图片文字，却看不到背后的代码，除此之外，我们也没有权限。代码描述似乎也不准确，就是道，"吾不知其名，字之曰道，强为之名曰大"。好坏只是二分法简单的投影，心念一起才有了是非之分。

而在面对焦虑时，正如森田疗法所说的，就是接受当下的状态，为所当为，就是"重为轻根，静为躁根，是以君子终日行不离辎重"。如何做呢？老子也给出了方法，"致虚极，守静笃，万物并作，吾以观其复"。"夫物芸芸，各复归其根"，正因为万物没有好坏对错之分，索性我们就把自己的杂念当作流水慢慢流过，自己只是旁观者，不加评判地接受告别。

静，需要环境的熏陶，正如山下英子所说的断舍离，如此才是真正的休息，"为学日益，为道日损。损之又损，以至于无为，无为而无不为，"放松自己的意识，抛弃掉许多不合理的信念，交给自己的身体，顺其自然，让它安排自己的每日生活。

原来，"虚其心"就是放空自己，学会休息；"实其腹"就是充实自己，静待某一刻的链接；"弱其志"就是放下对于目标的执念，关注当下；"强其骨"

就是爱护好自己的身体，身体是革命的本钱。

　　当然，我感谢我有一个永不放弃的自己，在大学的每一天，有时间就浸泡在图书馆，借书，就是为了找到出口，可是没想到出口竟不在上面，而在深渊处。不，那不是深渊，那是一片宽阔的大地。大地接住了你，你找到了出口。你轻轻一推，墙塌了，你走了出去。

　　即使在最艰难的时刻，我的负能量被看见了，阳光从裂缝中照了进来，负的能量就能转化为生的渴望。朋友们、家人们的陪伴，老师们的帮助，甚至他们的同理心，帮助着我与焦虑和解。是的，我不需要战胜它，更不需要消灭它，反者道之动，你遇到的都会让你更加强大。

　　学会感恩，珍惜你拥有的，珍惜你的生活，没有了得与失的计较，就没有了成与败的羁绊。一个真实的自己，才能破除土拨鼠之日的无限循环，开始下一段征程。

　　我希望，能把这份爱传递给其他人。这份能量不是从外而来的，而是由内散发的。这或许也是我未来从医道路的隐喻。

总有一天，你会站在最亮的地方

李洋

> 生活本身就是一场颇具神秘色彩的旅行，或许称不上多姿多彩，但也不至于只剩下黯淡。因为人生来就是五彩斑斓的，总有一道光愿意停留你的旅程中，陪你万丈光芒。你有权为每一个未知的明天做选择题，让未知的下一秒变得充实而无憾，这也正是人们追寻心之所向的意义。

学习了心理学，你会发现更加了解自己的所思所想，或者说不仅仅是了解，还可以在认识自我中改进自己，扬长避短，对自身的健康、幸福感、人际等方面都有帮助；学习了心理学，你会发现更加了解他人的所感所悟，通过正确地学习，你会减少许多不必要的误解，懂得如何融洽地同他人相处，学会积极地爱他人、关怀他人，与此同时，你身上的所有改变都能让对方接收到融洽相处的信息，在人际交往过程中能够给你更良好的反应，从而你会更加轻松愉悦，生活的烦恼也随之减少。

一年前的十一月，我还只是个懵懵懂懂的大一新生，努力地适应着大学不同于高中的生活节奏，同时也沉浸于对周围环境的新鲜感中。远在他乡求学的子女总是少不了每日与父母的嘘寒问暖，想获得家人日常的安好信息，更想听听他们的声音，思念伴随着一声声问候愈来愈浓。亲戚长辈们偶尔也会与我通通电话，问问我的近况，一定少不了问候"你还适应你的大学生活吗"，我总是说"我觉得挺好的呀"，接着就会听到电话那头长舒一口气，然后笑着应了声"那就好"。一开始的我满足于亲人们的亲切关爱，而在后来偶然的一次视频通话中，我回答道："你们都很关心我能不能适应这里，放心啦，我对自己的适应能力有信心，我可以照顾好自己。"视频通话中那边的人顿了几秒，担忧中带着一丝欣慰地笑了笑。后来我才明白，原来与我同年上大学的远房亲戚因为不满于自己所学专业，没有办法适应大学的新生活，日益憔悴，甚至将自己封闭起来不与他人沟通和交流。庆幸的是，辅导员及时发现了异常并联系了她的家人。她被接回家后，先是安抚情绪，而后进行了相关的心理疏导和治疗。听到这里我心里咯噔一下，我震撼于曾经只出现于报道中的抑郁症，真的就存在于我们身边，也庆幸于家人理解她的心情及感受，并足够重视，对她没有铺天盖地的指责只有扑面而来的心疼与焦虑。后来女孩在家人的陪伴及医生的专业治疗下痊愈了，从灰暗的情绪中挣脱出来，也算是一次重生。抑郁症就像恶魔一般，一旦你屈服于它，就会被困住，就会永远迷失在迷宫里，找不到回家的路。高考是许多人不可避免需要面临的选择题之一，也正是高考让我们拥有了人生的方向盘，自己可以决定方向与去留。或许当时的你并不清楚自己想要什么，但却明白自己不想要什么。"知道什么是自己想要的"这是一道会让众多学子困惑的难题。或许我永远不会明白我所追求的人生目标是什么，但我仍然一直走在追寻谜题的路上，这不也是另外一种寻找答案的路途吗？我们在摸索的过程中"知道什么是不可逆转的，知道用什么方式实现梦想，知道用什么心情面对苦难……"，在每个经历的瞬间感悟，人生的进退得失、离弃坚持也在慢慢揭开谜底。

  我不知道命运会把我带向何方，但只要面向阳光奔跑就会把阴影甩在身后。专业的选择是当代大学生的烦恼之一。如果你是大一的新生，你确定自己不喜欢这个专业，或者有更好的更心仪的专业，就可以去了解学校转专业的相关政策和具体要求，做好充分准备；如果你已经错过转专业的时机，也不要灰心，你可以选择自己喜欢的专业进行自学，在自己没课的时间去旁听该专业的课，甚至你还可以向该专业的同学、老师请教。当然，你还可以选择考研，重新换一个你喜欢的专业。你要明白，大学只是人生电影的短短一幕，每一帧墨彩都需要你亲手去描绘，而最了解我们内心所想的人一直是自己。跟随着内心继续前进，在迈向未来的过程中，开辟出适合自己的道路。世界上不会有两片相同的叶子，而芸芸众生本就该绚烂而独特，你有权为每一个未知的明天做选择题，让未知的下一秒变得充实而无憾，这也正是人们追寻心之所向的意义。

  抑郁症会将世间美好置于身外，让人陷于悲伤情结里无法自拨，外面的人进不来，自己也无法挣脱。光明和黑暗的世界里，光明是永远照不亮每个黑暗的角落的。活在自己的世界里，不孤独也不寂寞。应对抑郁症，最好的办法就是能够稳稳地接住抑郁症患者的情绪。抑郁症患者会很敏感，一旦觉得你不理解或者不诚恳，他们马上就会开始自控，变得非常彬彬有礼、善解人意、自我封闭，但其内心却承受了不被理解和不被接纳的痛苦，像一把尖刀扎向心脏，向内攻击。这一切，除了那个被扎得痛不欲生的抑郁症患者自己，别人是看不见也感受不到的。试着接纳他、保护他，让他远离危险心理因素。要多陪伴、多接受，而不是试图灌输你的想法。局外人能做的，只有尊重和理解。谁也不希望自己在意的人走向抑郁的深渊。时刻关注身旁人的情绪，我温柔地对待这个世界，只希望这个世界善待我爱的人。

心理学家认为抑郁是一种负性情绪障碍，是指人的情绪在某些因素的影响下，较长时间进入一种持续而严重低落的状态，导致无法正常生活和工作。罗伯·怀特曾说过："任何时候，一个人都不应该做自己情绪的奴隶，不应该使一切行动都受制于自己的情绪，而应该反过来控制情绪。无论境况多么糟糕，你应该努力去支配你的情绪，把自己从黑暗中拯救出来。"坏情绪不仅是成功的大敌，更是身体的大敌。学会掌控情绪，学会改变坏心情，才能改变现状。其实有烦恼不可怕，可怕的是没有识别烦恼的思想和去掉烦恼的方法。

1. 当你感到愤怒时，试着从1数到10或100。正如托马斯·杰斐逊的名言所说的："生气的时候，数到十再说话；如果非常生气，那就数到一百。"它能为我们延长愤怒爆发前的时间，有助于控制愤怒情绪，让你意识到它并及早遏止它。俄亥俄州立大学沟通和心理学教授布拉德·布什曼博士说："愤怒的人一般都处于高度兴奋的状态。当人们被激怒的时候，他们说的话和做的事之后会让自己感到后悔。"要慢慢计数，不管数到几，只要给你的血压和心率腾出合适的时间恢复正常就好。随着时间的推移，你被激起的愤怒情绪就会平息下来。

2. 学会原谅。布什曼博士说，即使你无法彻底忘记这件恼人的事情，原谅激怒你的人也是抑制坏情绪的一个好办法。宽恕可以帮助你停止沉思，防止一些消极的想法在你的脑海中像可怕的电影场景一样一遍又一遍地出现。

3. 平稳情绪的另一种好方法就是分散注意力。你可以画画、做饭、散步或者玩数独游戏或纵横字谜等等，其原理是在大脑皮层产生一个新的兴奋中心，抵消或冲淡原来的优势兴奋中心。

4. 当你在坏情绪中苦苦挣扎的时候，深呼吸是一种让自己冷静下来的很好的方法，有助于产生一种自然的放松反应。这种反应是由呼气导致的。当你呼气时，肌肉通常会随之放松。而随之放松的，还有人的坏情绪。一些研究者发现瑜伽也很有帮助，这也是深呼吸带来的效果。听安静的音乐以及肌肉放松练习，同样也能对平稳情绪产生一定的帮助。

5. 可以把坏情绪写出来，用文字表达自己的喜怒哀乐，用文字抒发情绪，并思考如何应对所思考的问题。

6. 常做有氧运动，能有效地处理好负面情绪。在跑步时，整个人会感到十分振奋，那是因为运动时也会释放内啡肽，这种大脑中的化学物质可以帮我们缓解并管理自己的情绪。同时还可以进行一些非竞技性的运动，比如慢跑、游泳或者有氧健身等，在分泌汗液的同时也能把坏情绪排出体外。

7. 运用美食摆脱坏情绪。压力过大时，可以来一块巧克力帮助抑制体内突然出现的应激激素，喝一杯酸奶减少自己的忧虑；无精打采时，选择吃份菠菜沙拉，增强积极情绪；怒不可遏时，饮一杯绿茶，有助于平心静气；闷闷不乐时，全麦面包配以低脂牛奶，补充维生素 D，能让你感觉镇静、放松和快乐。当然，选择自己偏爱的美食，更有恢复好心情的奇效。

8. 懂得预防你的坏情绪。远离悲观的事物，减少看内容消极的图书和文字，多接触积极的事物与人。快乐，是可以互相感染的。别让坏情绪赶走你的好运气。如果可以的话，最好让高兴的时间比不高兴的时间多一些。

生活本身就是一场颇具神秘色彩的旅行，或许称不上多姿多彩，但也不至于只剩下黯淡，因为人生来就是五彩斑斓的，总有一道光愿意停留在你的旅程中，陪你万丈光芒。我记得冰心说过："爱在左，情在右，走在生命的两旁，随时播种，随时开花，将这一径长途，点缀得香花弥漫，使穿枝拂叶的行人，踏着荆棘，不觉得痛苦，有泪可挥，却不是悲凉。"在生命的路上，我总是希望生活可以给自己、给他人一些快乐，用爱点燃生命的火，无怨无悔地去追寻生命的价值；也希望自己的人生可以衬托出生活的美丽，不是因为一帆风顺而美丽，而是因为在经历风风雨雨后明白生活的真谛，仍然存留着热爱生活的初心。坚持着，总有一天，你会站在最亮的地方，活成自己曾经渴望活成的模样。

一个"拖延症患者"的自白与突破

秦佳媛

> 你喜欢打鼓吗?我喜欢,我喜欢打退堂鼓。你喜欢努力吗?我喜欢,我喜欢努力拖延。你喜欢休息吗?我喜欢,我喜欢时刻停下来歇一歇。可这是对的吗?我时常问自己。于是这么一场对于自我的叩问,就此展开。

世界上那些最容易的事情中,拖延时间最不费力。

不知具体从什么时候开始种的"根儿",可能是初中时期吧,久而久之我发现我养成了一个坏习惯——爱拖延。什么事情都喜欢拖到最后期限才赶工,然后再匆匆忙忙地完成。不同于小学每天有充足的时间,初中的课业相对较多了些。但我并不偏科,那时也并不觉得作业很难写。相反,因为多次考试是好名次和老师上课时对我颇多夸奖,我有些飘飘然,我觉得,今天的作业这么简单,我肯定花不了多长时间就写完了,玩会儿再写。

那是个爱玩的年纪。

我的初中学校是全市最大的一个,有一百多亩快两百亩地吧。它不是建在市区而是镇上,教师住宿区还有老师种了菜。我们学校里还环绕着一条河,河水是从教师住宿区那个方向来的。总之,景色十分美丽。因为我们大都是住宿生,所以每天下午放学或者只要有空闲,我和小伙伴们就绕着河走,去爬树、捉虾、追鱼或是去哪个老师的菜园子里捡果子。总之,下午不去校园走走似乎不合常理。到了晚上上晚自习的时间,嗯,好像时间还挺多的,我可能会看看我的抽屉里有什么好看的课外书;嗯,翻开它……"一座火山……在印尼,哇……有趣……"于是时间老人变成了小孩儿,一晃就过去了。这通常会导致第二天早上,我在教室刷刷刷地赶作业。

开始改变的高中生活,让我陷入迷茫。

初中打打闹闹,学业轻轻松松,我在愉快玩闹中迎来了高中。高一刚开始,我依旧像初中那样,喜欢把事儿拖到最后马马虎虎地完成。加上对新环境和学校社团的好奇，学习仿佛成了我的"副业"，我觉得自己依然能轻松搞定。然而第一次期中考试成绩出来，它就给我的生活来了一个下马威，我也是第一次体会到科目不及格的悲伤，和我预想的一点儿都不一样，就像一直能得到糖果的小孩子突然就没有甜甜的糖果了，我开始陷入了迷茫。

逐渐地，我发现高中的学习方式和进程与初中时期完全不一样，我发现我好像不能跟上老师的进度，脑子转得有点慢。我每天都在复习学到的新知识和写作业，但又感觉每天脑子很乱，不知道在干些什么。那时也不怎么懂，只凭着感觉和心情来。高一时一个同桌和我完全反着来，她很适应重高的生活。我每天看着她在我面前刷刷刷地写字、刷题，看着她桌上一堆的练习册。我向她请教她的学习方法，好奇她每天不停地写题不会累和枯燥吗。她弹了下我的脑门对我说，因为她每天都做计划，而且她父母也很关心她的学习，许多习题都是她父母帮她买的，并且督促她按进度做完。她对我说："每天做计划是个好习惯。"

于是从来随着心情做题、随心所欲的我，开始尝试着做计划。列计划表、打钩，按照计划表强压着节奏来。前一两天还好，但时间久了，老师每天都在传授新的知识，我每天的计划就会被打乱。有时想出去放松，但心里又总绷着根弦（计划表中还有没按计划做完的事项），加上周围同学都埋头努力，我也就扎根在了教室。

我是后来才知道：追求绝对的自控，就是对自己各种欲望的封堵。

这种方法不仅对人的要求很严苛，而且会堵得越狠，反作用力越大。这就像大禹的父亲鲧采用"封堵"的方法导致治水失败一样。

而当时的我就像鲧"封堵"治水，堵得越狠，反作用力越大。

曾经信心满满地制订了一份计划，从早上6：30到晚上10：00都安排好了，准备好好学习巩固。但今天老师或社团又补充了什么新任务，你安排好的时间就被打乱了。虽然可以临时根据自己事情的轻重缓急调整一下计划，但你总感觉计划增多了，时间不够用，有时想放松一下紧绷的心情但你又强迫着自己要按计划行事。久而久之，你堵得越狠，越疏通不了，计划失败，你心情沮丧，最终只能放弃计划。

从那之后我不再喜欢列计划，而是按照自己脑子里的想法来，再次恢复到之前那种随心所欲按心情的状态来学习。今天没写完，没事儿，作业后天才交呢，先看一会儿《青年文摘》。

于是，拖延又成为我生活的一部分。从第一次考试不及格的悲伤紧张到后来的淡然习惯，我有种破罐破摔的样子。我每天恰好只能潦潦草草完成大部分的任务，打算等到周末有充足的时间时再好好复习本周的知识与完成其他事情，但，当周末真的拥有这么多空闲的时间时，又想着不放松调整一下似乎不合常理。这个节目好像很有趣，今天又出了新的《读者》和《青年文摘》（我中学时期十分喜爱这类杂志），于是打开手机或杂志，放松调整过了度。

我曾经很羡慕那些有父母在家抓紧/督促孩子学习的同学，因为我父母在我高中时期都不在本市工作，他们也很少关心我的学习，基本上从小我都是处于放养的状态。当我一个人在家时，周围太静了，可能有时会觉得孤独吧。我喜欢看些有趣的综艺、书籍或电视来放空自己。但是后来我发觉，可能这些都是为自己找的借口。

后来的转折，发生在高二时期。

高二文理分科，我们重新分配了班级和老师，宿舍舍友也重新打乱组合。又是一个不同的环境，但我在其中好像找到了不同的自我。

"不盲目追求绝对的自控力，而是允许自己有懈怠的时候。"这句话我第一次听见是我们高二班主任对我们说的。她说虽然高中这一两年是很关键的，但我们也不要每天埋头刻苦只知道读书写题；她说我们也会有计划完不成的时候，这时，不应该盲目追求绝对的自控力，而是要允许自己有懈怠的时间，适当放松。比如，觉得有点累了，那就去打个盹再来学习，而不是强打精神、晕晕沉沉地继续；心里很想看下新获奖的电影，那就适当（偶尔）挤出时间看完再继续学习。而且哪怕因为上面这些行为导致某个计划未完成，也不要整天在心里责备自己，而是要坦然接受这次的计划延误。这种疏导而不是封堵的做法，在快速满足你的欲望之后，反而会帮你释放掉压抑的情绪，从而让你以更好的状态面对学习或工作。

道理是明白，但是我一实践起来就容易懈怠过了头。这方面我就要感谢一下我的高二舍友朋友们了，她们耐心地跟我分享方法心得，帮助我制订有弹性的计划，并且我们互相监督、互相学习。我开始慢慢地找到了些适合我的方法。当时恰好在网上看到一篇文章，里面有一句话："行动是治愈恐惧的良药，而犹豫拖延将不断滋养恐惧。"是的，当你开始有了某个想法并立马行动起来以后，它能暂时帮你解决想拖延的第一步。

那么接下来如何长期坚持做好一件事呢？

挖掘动力。人最好的内在驱动力其实就两个：欲望和恐惧。欲望的动力来自想去争取某些东西，而恐惧的动力则来源于害怕失去。

从动力的即时强度来说，绝大多数时候恐惧都是高于欲望的。

根据心理学的研究，我们对失去感的恐惧强度是获得感强度的10倍。比如，因为害怕被罚钱而按时到公司上班的动力，绝对高于因为有奖励而按时上班的动力。因此，在某些难以坚持的关键时刻，你可以利用恐惧来推自己一把。

人总是会成长的，刚进入大学时，有时遇事我依然会拖延和逃避，但也比中学时期那个随心所欲的我变得自律了许多。在今年疫情隔离的这一长段时间里，我从许多平凡的人身上学到了许多东西。其中我发现，对付拖延还有一点最重要的是——有一颗坚定想改变的决心。我在今年似乎找到了以后我强烈想从事的工作（也可以说是我的梦想）。我开始计划我的未来。曾经认为思维导图没用的我，也逐渐喜欢上了这让人思路简洁清晰的思维导图。

长期坚持做一件事最轻松的方式就是养成习惯。因此，对于你想长期去做的事，在确定了这么做值得后，不要一味想着靠自控力来坚持，而是尝试将它转变为习惯。我现在就在一步步养成习惯。每天早起，合理调配时间，按时完成作业，阅读课外书，拓展兴趣爱好，每天画一份待定计划的思维导图，让自己头脑清晰。当你为了一个强烈的愿望而努力之后，你会发现，改变拖延也许也没那么难。

希望我们都能找到一个明确的目标并且积极地迈出实现它的第一步！

"压力山大"时如何给自己"解压"

闫芹荷

> 现代社会,不论是生活节奏还是学习节奏都非常快,随之而来的各种压力让我们喘不过气来。如何在这个压力大、节奏快的环境中给自己找一个缺口就显得格外重要。对于我自己来说,除了外界压力的影响,我还会给自己额外施压。在不断的挑战和学习中,我找到了自己"压力山大"时,给自己解压的方法。让我们一起看一看吧!

过去几年里,我是一个非常容易紧张、容易给自己施压的人,所以每当遇到各种各样的事情,都会"压力山大"、不知所措、急急躁躁,甚至于面对日常考试都心惊胆战,面对突如其来的事情无法接受,面对面试等直接接触类的交往都会畏畏缩缩。当然,过去的我如此这般与原生家庭的影响密不可分,可是现在我的原生家庭并没有改变,但是过去的自己已然成了我未来人生的跳板。

有人会问,是因为原生家庭给我施加太大的压力,管得太多吗?其实不然,家里人反而从小没有要求我完成什么、做到什么程度。同样,他们也并不善于给予,压力便由此产生了。压力产生于安全感,产生于认同感,产生于存在感。我急需要做好些什么引起家人对我的认同,解决好什么问题来获得在家庭里的存在感,所以即使没有人要求我成绩优异,没有人要求我独当一面、自如应对所有的突发情况,我也这样做着。可想而知,我会逼着自己,给自己施加压力,从而做到那些没人要求我做的事情。刚开始的压力是自己施加的,后来的压力无形产生,防不胜防。

而这些压力对我产生的影响体现在了我人生的每一个节点,初中、高中我都逼着自己做到大家都在做的事情——考一所好大学,从而忽略了自己的基础水平,完全停止做自己喜欢做的娱乐活动,漠视每一个想要陪伴我成长的男孩女孩。喜欢且适合文科的我,只因班上同学说文科学出来没什么可以做的,大部分人都是学理科，理科范围广呀，出来什么都可以做，家里人也没人给我文理选择的建议，我便顺着大流选择了让我水深火热的理科，埋在理科试题中久久缓不过神来。虽然我没有后悔选择理科，但是我后悔我跟着大流，人云亦云。如果我能不给自己那么大的未来压力，仔仔细细地了解和考虑当下自己的特点和学习基础，即便选择了理科也会是欢喜。

因为对分科选择的仓促和鲁莽，我断定自己走的路是艰辛的。我把喜欢且擅长做的事情一概归为阻碍我融入理科世界的绊脚石，最爱的小说不读了改为刷理综题，最爱的吉他不碰了改为数学错题总改，诸如此类。我的压力葬送了我的兴趣。

葬送的不光是兴趣，还有那些在青春路上感受到我的压力想同我一起承担、想帮助我的男孩女孩，他们给我的温暖明明是不求回报的，可是当时的我却觉得如果没有能力回报这种温暖，我就得拒绝这样的温暖。回头看看那时的自己，打着不麻烦别人的旗号自我折磨，冷漠、残忍都是我对待他人的惯用伎俩。

选择大学时，第一次想要把压力与别人分摊，所以询问了家里长辈的意见，选择了中药学这个依然偏理的专业。当我远离家乡踏入大学校园后，我一点期望都没有，我怕有期待，压力就会来。结束了高中紧张的时光，我接受了那个不曾疲惫保持追求我的男同学，但是他的优秀再一次给了我压力。他忍受不了这样拧巴的我扬长而去。大学时光还没开始初恋就这样夭折了，也是从这时候开始很多东西在悄悄改变，总是压力十足的我这次平静地开启了大学生活。毕竟上大学是年少时的压力来源，我想着自己的压力终于消失了，我终于可以真正快乐了。可是在人生漫漫长河里，考上大学又是一件多么小的事情，怎么就觉得人生可以画上句号了？所以新的挑战又来了，全新的大学生活让我很迷茫当下的选择是否是我想要的未来，好在不论是辅导员还是同学都没有放弃冷漠的我，他们对我提出建议：进入大学后还有一次选择的机会，但前提是有真正想改变当下迷茫的状态；可以多向学长学姐请教，通过一年的大学生活做出最正确的决定。这次我没有一意孤行，乖乖照着做了，意外发现了大学生活的另一种风采。

我首先确定自己对中医学的兴趣远远大于中药学，之后向辅导员请教了转专业的相关事宜，开始为此做准备。更重要的是我听取了辅导员及学长学姐的建议，没有因为可能转到另外一个专业而放弃与同学交往，也没有因为转专业对成绩的要求而放弃该有的社会实践，也没有因为学业繁重放弃自己的兴趣爱好。其实压力并没有消失，只是这压力似乎被辅导员和学长学姐分担了去，不单单由我一个人去承担。这也使我明白过去的我为什么被压力压到喘不过气，因为父母从来不会过问，我也不会将压力分担给身边的人。

这便是一个好的开始。学会分享压力，不是让你把压力讲给别人听，抱怨自己有多辛苦，而是多讨教压力之下，如何用最有效的方法解决最施压的事情，更加有条不紊，更加心中有数。

正确的方向是重中之重，不要被压力蒙蔽眼睛，一味想要达到目标，忘了方向在哪里。比如转专业只是一个小目标，成不成功是一种压力，但是不能因为这件事放弃一切的人际交往和社会实践的机会，也就是俗话常说的"别丢了西瓜捡芝麻"，否则就会失败，而且什么都会失去。虽然经过大家的帮助，我成功从中药学转到了中医学，这可能意味着我要和过去班级的小伙伴分离，但是我因为没有患得患失，收获了珍贵的爱情和友情，即使没有在一个班级，感情依然因为曾经的并肩作战而熠熠生辉。

我过去一直把压力当作我的敌人，因为它时常让我痛苦。现在的我把压力当作我的朋友，偶尔的考试督促着我们阶段性地总结学习，不至于一整个学期浑浑噩噩；经常的面试让我摸索到了自己面对人际交往时如何更加自信地表达自己；突如其来的惊喜和惊吓都能淡然消化。这也许就是一个藏在心里的按钮，偶尔按下，很容易惊起大风大浪，让人无法招架，但是当我们总是按下它，按钮逐渐失去了影响我们的能力，我们也能更加从容地面对。说到这里，很明显可以看出这便是心态的转化，压力从敌人变成朋友，从不容易接受的事情变成锻炼自己的机会。

心态有所变化的时候，身体吃不消怎么办呢？中医基础理论常常要求我们以整体观念看待，所以为身体解压就显得格外重要。喜欢运动就每周为自己腾出运动的时间，喜欢写日记宣泄自己的情绪就不要忘记这个好方法，唱歌跳舞听音乐等都是简单且有效的放松身心的方法。如果千千万万种方法都没有什么明显效果，别灰心，心理辅导站有专业的老师和设施帮助你渡过难关，只要你迈出这关键的一步，压力就是你前进路上的助力者。

压力既是客观的，又是主观的。面对同样一种压力，个体可以有不同的反应。这与一个人的个性特征（内向还是外向、敏感与否等）、个人经历和经验、可预期性和控制性、如何解释刺激以及社会支持系统的有无和多少有关。同一件事，每个人感受到的压力是不同的，接受压力的程度也是不一样的。如果你善于降压，也不要嘲笑那些擅长放大压力的人，而是要帮助他们解压，因为这个过程就是你把压力转化为动力的过程；如果你刚好擅于放大压力，也不要担心自己会与别人有什么不同，要相信我们每一个人都是独一无二的个体，差异必不可少，何必纠结差异，还不如想着如何给自己"解压"。

常常会听到身边的人说她一个大学生能有什么压力呀，诸如此类。不必介怀，因为一个积极向上、想有所成就的人，怎么可能没有压力？面对这些大无语事件，拿出我们的必杀技——深呼吸，笑看他人看不穿。

最后，给大家总结了几个对我很有效的解压法，希望对你有所帮助，让我们一起成为压力的主人。1.呼吸解压法：通过深呼吸调整自己的呼吸频率（4-7-8呼吸法——吸气4秒，屏住呼吸7秒，吐气8秒）。2.倾诉：倾诉以后即使事情没有解决，心情也会好一些。3.唱K：不管唱歌好听与否，对着话筒发声，把心中的压抑驱散。4.运动：专注一项运动，把注意力集中在其中，让压力随汗而出。5.吃美食：有什么是一顿美食解决不了的呢？一顿不行，那就多来几顿。6.散心：去亲近美丽的大自然吧！Homie, keep real！ Respect！

告别不安全感与自卑，勇敢拥抱自信

罗林芯

> 告别不安全感与自卑，走出舒适圈，发现自己的潜力与闪光点，勇敢拥抱自信。不要因为曾经的自己不够优秀，就封闭自己、否定自己，变得自卑、焦虑与恐惧。希望你开朗而自信地走出每一步，相信每一个选择都是最佳选择，都是为了遇见更好的自己，遇见最合拍的朋友。当你走出阴霾，你会发现面前洒满阳光，所以不要害怕，勇敢而自信地走下去吧！

我是一个普通得不能再普通的女孩子。为什么这么说呢？因为我真的没有特长。

我出生在一个农村家庭，父母为了我们全家人的生活，不得不背井离乡去外地开店铺。和很多农村留守孩童一样，我从小由奶奶带大，父母一年只回来一次。这也许就是我没有安全感的一个重要原因。再者，与现在大多数人认为的我们这一代大多是独生子女或者家里只有两个孩子不同，我们家里有三个孩子。是的，最小的那个就是男孩子，这就是那个时候农村的状况：一定要生出一个男孩子（现在似乎依然是这种状况）。三个孩子无疑让本不富裕的家庭雪上加霜。农村学习资源本就有限，加上家庭状况不好，我从小到大除了读书啥也不会，不像其他小孩那样会一种乐器或者会画出好看的画、写一手漂亮的字、有一项擅长的体育运动，这些技能在我身上完全不见任何踪迹。小时候还好，没觉得有啥落差感，因为大家都是邻近几个村里的，教育上没有差很多。等到了高中、大学，从乡镇到了县城，再到现在的省会城市，这种落差感愈发强烈。高中时，看着大家开学第一天就开始各方面展示自己的才艺，我每次只能默默地躲在角落的座位上，害怕老师同学们注意到我，让我展示自己。我一直觉得自己除了读书，啥也不会，没有才艺可以展示自己，觉得自己和别人的差距很大，不敢主动和他们交流，害怕暴露自己的没见识，招来他们对我的嘲笑与不屑，更害怕成为别人的焦点，不敢独自去人多的地方。不安全感和自卑一直伴随着我从小学到高中的这十几年生活。

我其实是一个很矛盾的人，我害怕成为焦点，却又渴望成为焦点；一个自卑的人，却一直想要成为自己羡慕的那种阳光自信且开朗的人；害怕和别人交流，却渴望能有很多朋友；没有安全感，很胆小，却要假装自己胆子很大……小时候的我脾气很差，喜欢欺负姐姐，和姐姐抢夺奶奶的宠爱，后面想了想，这可能就是没有安全感吧。因此，身为小孩子的我那时是邻居口中的"坏孩子"。随着我长大，周围的人不再说我任性了，反而说我非常懂事、非常乖。这些改变不仅仅是因为我学习成绩在我们那小乡村里是顶尖的（想不到吧），也不是因为我从小就担任了学习委员、班长这些职务，更多是因为我强装出来的懂事与坚强。我记得那是六年级的时候，我们作为毕业班，要上晚自习。每天晚上下课之后，我都要自己打着手电筒从学校走一段大概800米的水泥路回家。有一段时间，奶奶生病了，送去了县城住院，姐姐在上高中，家里只有我一个人。叔叔伯伯们问我要不要去他们家里睡，我不喜欢住别人家，就拒绝了，说我自己可以一个人睡。我们乡下的房子都是独栋的，有四五层，很空旷。整栋房子就只有我一个人，其实我内心十分害怕，但是我依然逞强要自己睡，就这么一连过了好几天，直到奶奶出院回家。家里人包括邻居都觉得很不可思议，那时候我只有12岁，之后他们对我的印象都是一个很懂事的小孩，不让人操心的好孩子。随着我长大，他们反而觉得我比大了我5岁的姐姐更加懂事。事实上，我到了20岁的年纪，疫情自己在家待着的时候，依然会感觉到害怕。

再给大家讲一个我初中的故事吧。不知道是受电视剧的影响，还是受到奶奶观念的影响，我从来没有经历过叛逆期，自然也没有在初中这个青春期叛逆过，反而表现出了超乎同龄人的懂事与成熟。而农村家庭中，多的是被爷爷奶奶宠坏的叛逆小孩。毫无疑问，这样的我，被他们孤立了，甚至遭受了当时难以想象、现在回想起来却又啼笑皆非的事情。那时候，我是班长，是因为小学担任过，所以老师看到档案之后就直接任命了。我没有同龄人的叛逆，我很清醒地知道要读书，读书才会有出路，要不然只能重蹈老一辈的覆辙：没有钱，也没有时间照顾孩子。我那时很天真，觉得很多人会跟我有同样的想法，哪知道很多被宠坏的青春期小孩将一腔热血放在了打扮上，放在了装酷上，放在了偷偷谈恋爱上，唯独没有放在读书上。我深感责任重大、路途遥远，于是我经常在早读课上对他们进行教育，对他们说要认真读书，不要整天想着玩，强硬地监督他们大声朗读、安静自习。这样的行为毫无疑问是大部分同学所不屑的，我被孤立了，包括我的舍友也孤立我。我却一直觉得这样做是值得的，纵使被大多数人讨厌，我想着他们总有长大的一天，长大了，就会明白我那时候是对的，是真正为他们好的。这个检验过程比较漫长，和他们关系不好的我毕业后基本没有再和他们联系过，无法验证我当时的想法是否正确，也许我早就被他们抛之脑后，反正在初中的三年里并没有看到什么成效。我的舍友也同他们一样，不认可我、孤立我，甚至在某一天，8个人联合起来骂我。具体原因不太记得了，只模糊地记得那个场景。在大概初三的时候，我看到一个女孩子的行李直接被她舍友打包扔出宿舍，对比之下，还觉得很庆幸，至少她们没有把我的行李丢出来。说完了女生，让我带你们看看那时候我们班上的男生，抽烟、打架、逃课都是日常。我从小都觉得每一门功课都要认真对待，包括美术课（虽然我并没有美术细胞，还是个手残党）。那一节美术课，应该是那个男生迟到了抑或是不守纪律（有点忘了），我跟他讲道理，说要好好学习什么的。那个男生也许忍我很久了，"啪"一下给了我一巴掌。我愣住了，因为我爸妈都从来没这么打过我，他们也就在小时候用竹竿打过我屁股，等我大了也就再也没有打过。真是人生中的第一次啊，印象深刻。当然还有第二次，换了另一个男生，我也忘记了是什么原因，也打了我一巴掌。事情大多忘记了，只记得这两巴掌，挺疼的。后面到了初三，大家也许懂事了一些，关系缓和了，但是受过的委屈仍旧记忆深刻（到现在也是）。当时觉得很委屈，除了老师，没有一个人理解我，后面长大了想想，那时候都是幼稚的小孩，包括我自己也是。那时同学们的不认可与各式各样的"欺负"从另一个方面加重了我的不安全感与不自信，让我觉得我越说越错，之后再也不敢说了。

这种不安全感与自卑，在我高三这一年集中爆发。因为我自己没有任何特长，我变成了一个很看重自己成绩的人，逼自己每次考试成绩都要取得高分。高三频繁地考试和公布成绩，让我的不安全感与自卑变成了焦虑与恐惧。我害怕每次考试，却又不得不面对高三频繁下发的成绩单。每一次考完试之后，我总是会对着我身边的同学说：完了，我又考不好了，我肯定考不好的。这种状态会一直持续到成绩公布之前。而在成绩公布之后，我要是对自己成绩不满意就会开启新一轮碎碎念：唉，我怎么考得这么差啊，这题怎么能错呢？有时我会直接在座位上流眼泪。可想而知，面对那样的我，我身边的同学得有多崩溃啊，更别说和我朝夕相处的同桌了。后来，班主任说要重新调换位置，我的那个同桌在我兴冲冲地跑过去说想要和她继续做同桌的时候,毫不犹豫地牵起了另外一个女孩子的手,并吐槽了我的所作所为。那时候我才幡然醒悟自己到底做了什么,那时的我真是让人讨厌死了。之后,我又厚着脸皮拉着另外一个女孩子和我做同桌,并且后面才意识到她和另外一个女孩子是固定同桌,关系比和我好多了。换位置风波之后,我深刻地检讨了自己的错误,对成绩不再那么患得患失,不再表现得那么焦虑,对周围人的影响小了很多,和许多同学的关系也变得更好了。

  从小学到现在,我在不断变得有安全感,变得有自信。刚进入大学时,我依然没什么自信,以至于在面试各个部门协会的时候,毫不意外地被拒之门外。很庆幸的是,我在大学有超级好的室友,有关系很好的同学们,后来有了一个感情稳定的男朋友。他们在不断带着我成长,教了我很多事情,教了我很多方法,让我能够从不断的自我成长中获得比较充足的安全感,逐渐变得自信,逐渐变得勇敢,主动参与活动,主动和别人沟通交流,主动去竞选班委、入党积极分子,走出自己的舒适圈,告别自己的不安全感与自卑,勇敢拥抱自信。我曾经以为我选择这个学校作为第一志愿,浪费了自己的高考分数。遇到了他们,我才知道,一切都是最好的安排。我从入学到现在从未感受过网络上说的大学寝室的可怕、大学同学之间糟糕的关系。如果没有填报这个学校,我肯定碰不到这么可爱的人,在此对他们说一声:谢谢,爱你们!

放下自卑和敏感,我给自己"艾鑫"

艾鑫

> 人生百味,姿态万千,成长的路上我们总是会和负面情绪相遇,它对我们的影响或小或大或深或浅。如何与自己达成和解,放下镣铐学会开心和简单,也许是成长的必修课。在重铸自我的路途中,如果释怀太过困难,那就试着将它抛之脑后。不想,最多停滞不前。希望你我都能成为更好的自己。

当我得知要写上这么一份朋辈心语和大家分享我的故事时,我迷茫了,我不知道我能和大家聊什么。我好像没有做过什么轰轰烈烈的事情,也没有什么天赋异禀、与众不同之处。我只是一个很普通的女生,在一个普通的家庭里被爸妈念叨着学习,催促着长大;写着做不完的作业,抄着不会做的习题,也曾偷偷摸摸地在被窝里打着灯熬夜看小说。如果非要说我有什么显得不那么普通的地方,可能就是我有着一个与众不同的体重这件事情了,用标准的学术语言来讲就是:胖。

没错,我是一个胖女孩,而且是一个算得上从小胖到现在的女生,委婉一点来说就是很有"分量"。在我还是孩童时,拥有一个圆滚滚的身材好像不是什么大事,反而会让人觉得小朋友很可爱很好捏,每个人看见都想捏捏我的脸蛋。可当我逐渐长大,从小学到初中再到高中和大学,拥有一个圆滚滚的身材就不再是可爱了。对我而言,它变成了负担和压力,让我受到无数的指点和嘲笑。而这些嘲笑和指点进入我的视线时,就变成了一种负面情绪:自卑和敏感。现在依旧圆滚滚的我当然有着深陷自卑与敏感的经历。在我渐渐长大开始懂得什么是爱漂亮和爱面子时,在我发现和年龄一起增长的除了我的身高还有体重时,在同学一次又一次地说"你好胖啊。你为什么这么胖啊"时,在朋友出于好意地询问"你有想过减肥吗"时,年纪尚小的我便触摸到了自卑且敏感的大门,开启了一段不是那么美好的经历。

在最开始时,这些话语对年纪还小的我其实并没有什么影响,我也对此不以为然。可当这样的语言成为一种日常，每天都会将我包围时，我逐渐陷入自我怀疑的漩涡中。当耳朵听到的不再是美好与夸奖，眼睛看到的不再是微笑与善意时，我知道自卑与敏感已经在将我一点点地吞噬。德国哲学家叔本华说过："人性一个最特别的弱点就是：在意别人如何看待自己。"自卑让我害怕与人交往，敏感让我在交往过程中多疑，我开始否定自己的一切。负面的情绪使我在面对同学朋友时变得疑神疑鬼。我害怕别人对我的看法，想知道他们窃窃私语的故事主角是不是我；我害怕同学聊天时不经意从我身上晃过的眼神，好像在聊天时看了我一眼就是讲我笑话；我拒绝朋友们的帮助，好像拒绝就是和对方远离。我一直在恐惧，不论是出于善意的提醒还是毫无恶意的玩笑，在被自我选择接受和过度理解后也成了一把把尖锐的刀扎进心里。我开始战战兢兢地和这个世界交往着，试图保护自己那颗脆弱的"玻璃心"。我开始患得患失。这让我感到疲惫。

在成长的日子里，我和《世上没有真的感同身受》这首歌相遇，我喜欢它传达的意思。人的悲欢其实并不相通，就像我的胖一样。就像买衣服时我穿的永远是 L 甚至是更大的码数，逛商场买新衣服对别的女孩来说可能是一种享受和幸福，对我而言却是一种折磨。好看的衣服穿不了，漂亮的裙子没有能穿的码数。或许你可以理解衣服没有合适的码数是什么感觉，可当没有码数的前提是肥胖并伴随着售货员无意的"啊，小了吗？"带来的痛感时，那可能只有小部分人会懂。在这个世上有千万个像我一样体型肥胖的人，或许因为体型我们在某些观点上会有着一样的看法，但因为每个人都是独立的个体，每个人有着不一样的经历，而这些经历和个体独有的生活环境会创造出不一样的思维方式，让每个人都是独一无二的存在，所以没有一个人能够完完全全地感受他人的感受。可也正是因为每个人都是不一样的，而我们不需要也做不到去强求有人能真正地感同身受，但只要有一件事能与同伴达成共识，就足够让人欢喜，才能造就不同的人生，拥有不同的精彩。只是当时自卑敏感的我患得患失，深深地陷在偌大的世界竟没一人懂我的玻璃罩中，隔着厚厚的玻璃放大周围人的行为举止，观察着所有人的情绪，恐惧着却又向往着与人交往。

已经忘记是什么时候想要改变这种高度紧张、每天都过得很累的日子，可能是在微博不经意刷到一个治愈短片的时候。短片里的小女孩在成长的过程中不断地受到来自外界的否定和嘲笑，以及言语和肢体上的欺凌。或许是因为长相，因为身体缺陷，因为性格，所有的一切都让得不到身边人鼓励和关心的她倍感失落。可有一天，阳光轻轻照入挣扎着只剩一道缝隙的心门时，她看到了埋着头时不曾见过的爱和善。因为还向往着光，所以她选择直面自己，接受了一直以来可能不够好的自己，与过去达成了和解。当我看到这个短片时，我觉得自己和那个小女孩相似却又不同。我们似乎有着一样的遭遇和经历，但她的选择是勇敢地接受不完美的自己，而我还没有。我一遍又一遍地播放短片，每每看到结尾我都会愣住，那一瞬间我觉得自己就好像一条在岸上挣扎濒死的鱼，却幸运地遇到一场雨。虽然没有让我直接远离死亡，却给了我休整的时间和空间，给了我喘息的机会和生的希望。我想要改变，想要走出玻璃罩。

我开始填充时间的空隙，接触一切自己感兴趣的事情，让自己没时间胡思乱想。我看到电影《中国合伙人》里面说："年轻的时候，不该什么都不想，也不能想太多。想得太多会毁了你。"我看到电视剧《欢乐颂》曲筱绡对樊胜美说："人活着，应该学会怎么让自己开心快乐，这才是终身大事。"我看到了散文集里冰心奶奶说："如果你的心简单，那么这个世界也就简单。"这些话语传达的道理看起来很简单，但做起来却又格外困难。比较幸运的是我的高中是走班制，除了晚自习是固定班级，其余的每一节课我都需要赶到另一个教室上课，每学期的同学都会发生变化，这让我有足够的空间和机会去尝试交往，从不同的人那里了解不同的课外生活，去做自己喜欢的事情。渐渐地我好像没有多余的精力去注意别人的眼光，我有了自己热爱的事和物，然后不知道从什么时候开始我的身边出现了和我志同道合的朋友，有了和我喜好相似的伙伴，我的世界开始变得简单和快乐。

罗曼·罗兰说："悲伤使人格外敏感。"对我而言因为自卑而感到悲伤，悲伤使我敏感，敏感又让人变得更加自卑，三种情绪相互交织恶性循环。因为敏感，所以总是胡思乱想，有时候连自己都不知道自己在想些什么，要做些什么。因为自卑所以总是陷入悲伤，被负面情绪困扰，焦虑而又难过，做什么都好难。纵观社会，强大的人都有着一颗强壮的心脏，他们不惧怕评论，不惧怕无端的恶意，坦然接受自己。我羡慕那些自信又自在的人，羡慕活得潇洒的人，但我也知道他们的性格不是我羡慕就可以拥有的，他们也是战胜过自己才成就了自己。对我而言走出自卑就是自己与自己斗争的一部分，这也是将自己打碎又重铸、打碎又重铸的过程。这条路并不平坦，它坎坷波折，它泥泞跌宕，它孤独且漫长。在前进的路程中，让自己学会开心，让自己变得简单，是我要做的一点改变。

不想，最多停滞不前；想太多，则如一座囚笼压得人喘不过气。现在的我不再像以前那样感到孤独，不再像以前那样杯弓蛇影，但也没有强大到对外界的声音可以完全不在乎，只是它对我的影响不大了。指点的声音从耳朵进入脑袋，在脑海中逛了一圈后，就被其他事情给挤走。我也不知道我是不是彻底走出了自卑，但我知道我学会了喜欢现在的自己，不管是胖是瘦，喜欢现在的生活，不管是苦是甜。在没那么轻松的生活里能开心地度过每一天也算是我在这段路途中的一种成长。此刻，我期待着并相信我能够彻底走出自卑拥抱自信，成为一个强大的人。

最后我想说，自卑和敏感其实并不可怕，它只是我们还没有消化好的一种情绪。你可以自卑，但别否定自我；你可以敏感，但别矫情。学会和自己做朋友，学会接纳自己。希望有一天你也可以骄傲地说出：Instead of liking you, I think I should love myself first。这段也许会漫长的时间里，你要相信总有人会和你一起前进，变成更好的自己。当然，我也会是你的同伴。

学习心理知识，促进自己成长

李荧荧

> 从接触心理到学习心理，从遇到困难到解决困难，心理健康在成长过程中有着非常重要的作用。生活是不同场所的情景剧，在校园中，在班级上，在宿舍里，我们扮演着什么角色，又会遇到怎样的问题？每个人都有属于自己的成长道路，最终通向何处我们也不得而知。我们要不断去探索道路，直面问题，才能促进成长。

  第一次与心理结缘是在高中，学校在高一时专门设置了一门心理课程，教授相关的心理健康知识。令我印象最深刻的是一次心理老师带大家一起做团辅活动，我们称之为"信任游戏"，即每个小组各自围成一个圈，圈内站有一名同学，其将双手握拳后交叉置于胸前，然后随机向后倒。身后的人要接住他或者将其推向别人。这个游戏考验的是圈中人对其他人的信任程度，只有完全信任才会把自己的后背交给对方。这样通过一个小游戏，就能观察到谁容易相信别人，还能增进成员之间的友谊。后来虽然没有继续开设心理课，但是它却在我的心中留下了一颗种子。

  上了大学后我才知道原来大学校园中也有心理中心和心理辅导站，那颗角落里的种子开始悄悄发芽，我觉得自己应该尝试去加入，机缘巧合之下，我报名且顺利成为辅导站的一名朋辈心理咨询员。在学院心理辅导站担任朋辈心理咨询员至今已有一年之久，在这期间我接受过有关心理咨询方面的培训，自身心理方面的素质得到较大的提升，纠正了我对朋辈心理咨询员职责的片面认识。最开始我认为只需要倾听并且对讲述者有所回应、了解大家的困惑并提供帮助。其实我们不是真正的心理咨询师，咨询不是主要工作，需要做的也不只是这些。

  中医学院心理辅导站朋辈心理咨询员的工作与我原先的预想是有差别的，少了咨询的部分，大多数时间是在举办活动和维持辅导站内部的正常运营，还与班级心委、心理信息员之间密切联系，在消息的传达中起到重要作用。但这都是为了服务于学校的同学们。我们的新生交流会帮助新生了解心理中心，对如何运用心理系统进行指导，活动从策划到执行，场地的布置、场控、上台讲解、配合，都离不开大家的合作互助。举办的各种活动，像彩铅填涂，让同学们在繁重的课业中也能得到放松。"我是演说家"活动，让参赛者们分享亲身经历或感人肺腑的故事。我们向大家征集有关活动的意见和建议。在疫情期间中心也积极举办了线上活动，还制作了"疫情"相关方面的推文，帮助同学们及时了解有关疫情发展的动态。辅导站给我的感觉就像一个大家庭，各有各的分工和职责，但是我们又彼此了解，在一个又一个活动中彼此渐渐熟悉。这一年里，我从了解不深到熟悉辅导站的职能分工，将所学到的心理知识运用到了身边的朋友身上，努力提高人际沟通技巧。这些知识对于我所学的专业也有较大帮助，能够运用在预防和治疗心理方面的疾病上。不只是在心理方面，任何时候当我们帮助一个人，我们都会得到极大的满足。同时，作为朋辈心理咨询员，注意自身的心理健康是必然的，可以通过运动，像跑步、跳绳、做瑜伽等，放松心情，排解压力。今年，我选择继续留在辅导站，心中的那颗种子已经开始发芽，它拥有成长为参天大树的机会。我想这段经历会一直伴随着我，在以后的学习、工作、生活中发挥重要作用。

学习心理知识在帮助他人的同时，对于自身也有着积极的促进作用。在这里我想分享关于自己牙齿矫正的一段经历。相信现在大家对牙齿矫正并不陌生，越来越多人因为口腔问题或对自身容貌的追求，选择去矫正牙齿，但在我小时候这种现象没有那么多。那时候的我和大多数孩子一样调皮捣蛋，爬树摘果，翻墙刨土，有许多小伙伴并且爱笑。但是牙齿矫正加上一些外界因素，使我发生了改变。以前时常看到一些报道说牙齿矫正的孩子往往会变得自卑，我想我大概知道这种感觉。就在刚戴上牙套的时候，我正好转学到了一个全新的班级，刚开始我并没有掩饰自己，很自然地与大家聊天说笑。新班级的同学们大多都是友善的，但还是有那么一两位同学发现我戴牙套后，给我取了个"牙套妹"的外号。许是年少无知吧，那一两位同学不知道，他的话语给当初的我带来了怎样的伤害。从那以后我就再也不喜欢咧嘴大笑了，与人交谈时也不敢放声开口而是用手遮挡住，担心被别人看见甚至嘲笑，渐渐地就变得安静又有点内向，在自己与他人之间竖起了一道无形的屏障。幸而在后来的日子里，我再也没有遇到类似的事情了，并且身边多了几个知心好友。在与她们的交往中，我也明白了不应该被他人的评价所影响。我又恢复了以往的样子，不过安静的性格还是保留了下来。

再来谈谈我是如何克服正畸所引发的这个问题吧。首先要改变自己的心态，无视他人强加在我们身上的标签，也就是不用在意"牙套妹"这个称呼，"哼，你在说什么，我就是听不见"，用平常而淡定的心和灿烂的笑容面对生活的每一份精彩。其次，任何事物都有两面性，不要只注意那不好的一面，而忽视了真正对我们有益的一面。做正畸花费了那么多时间和精力，其结果不就是为了让牙齿整齐健康又美观，为何要因为中间经历的过程平添烦恼，把一件好事变成烦恼呢？最后，对于我来说，最离不开的还是朋友们的安慰和鼓励。成长过程中朋友是不可或缺的，她们有时候是我的解忧信箱，有时候是我成长道路上的指路明灯，支持着我努力成为一个优秀的人。在此附上一段我看到的话："每个戴牙套的姑娘应该用自信来征服世界，而不是用自卑面对生活。自信的笑容才是最美的。作为白天鹅的你在风雨面前要迎难而上，用自信征服世界。每天多笑一笑，即使佩戴牙套你也能笑得最美。"

我一直庆幸自己所在的宿舍，舍友们关系都很好。我们出生开始，就一直处在变幻万千的社会关系里。一个人心理的健康与心情的愉悦有千丝万缕的关系。人类的感情精细而微妙，会产生巨大的影响。谁也不想把坏心情带在身边，不想浪费自己大把的时间在繁杂的感情纠葛中。大家都愿意伴随着愉悦的心情去完成一件事，去认识一个人。

在大学里，矛盾上演的舞台大都是寝室，时间以大一阶段尤为明显。一个宿舍中有来自全国各地五湖四海的人，地域环境、生活习惯、个人理念都不一样。一开始相互之间出现些小问题也在所难免，小到每个生活细节、一举一动都可能会发生冲突。作息的不同，性格的迥异，行为的特殊，当自己习以为常的生活习惯被批判，当听到的意见并不那么让人顺心，本该是最熟悉的舍友之间可能会渐渐产生隔阂。要处理好这些问题，舍友之间必须进行合理的沟通，该说明白的就要讲清楚，还需要一定时间相互磨合，必要时寻求周围同学、朋友或老师的帮助。经历过了大一的磨合，宿舍关系融洽，舍友就会成为我们大学中关系最亲密的伙伴。一个眼神，一个动作，她们就能领悟到接下来要做什么，不需要我们为彼此刻意改变多少，而是相互理解、相互尊重，彼此各退一步，多发现对方的优点。拥有一个"夸夸群"可以保持天天好心情和乐观的心态。

生活好像情景剧，我们在什么样的位置就要扮演什么样的角色，学生、子女、同学、朋友……不管是什么角色，都有一个共同的载体，它们会在我们成长过程中出现或消失，或同时存在。大学时光中与人交往不可避免，让自己与对方的交谈时刻保持愉快。沟通也是门艺术，学习怎样与人交往，培养好心理素质，保持心理健康，终会驱散阴霾，迎来阳光，努力成长。

第五方

九味羌活汤

发汗祛湿，兼清里热

九味羌活汤，发汗祛湿，兼清里热，主治外感风寒湿邪，恶寒发热，肌表无汗，肢体痛楚，头痛项强。这味汤剂主治外感病症。外感病的本质往往是邪气入体，与人体中的正气相抗争，正气盛而抵御，弱而被入侵。在此基础上，身体各处经历了激烈的斗争，或自我抵抗成功，或寻求药物帮助，最后宣告胜利。人的成长也是如此，承载着每个时期的缩影，哪怕有外物困扰，哪怕是自身迷惘，也不要灰心。挫折是成长的必需品，迷茫是成长的衍生物。请勇敢地面对，战胜它们。

这个世界，值得你深爱

南睿星

> 哪怕生活很苦、很难，我们也要微笑着，勇敢去面对它。改变我们对生活的态度，细心一点，你会发现这个世界更多的美、更多的善良。无论我们是闪闪发光的主角，抑或是暗自努力的配角，我们都有自己独特的价值，无可替代。生活中最为珍贵的就是点点滴滴的瞬间，感动我们的亦是这些瞬间。这个世界，值得我们去深爱。

"日子本来就是问题叠问题，要挺胸抬头去面对。"

——《我的团长我的团》

我的生活一直很充实，虽鲜少能够做出亮眼的成绩，但也鲜少有遗憾。每个故事都想挑出来分享，又想埋藏在心底，夜深人静时翻出来反复咀嚼。我习惯了做一个普普通通的学生，一个普普通通的孩子，一个普普通通的年轻人。直到有了些许阅历，我才发现，人潮人海，我是他人的配角，亦是自我的主角。至少因为这份平庸，让我对这个世界产生眷恋，也爱得深沉。

小时候，总以为自己是电视里的主人公，每天上演着与命运抗争到底的经典桥段，抑或父母一方是老总，为了锻炼我甘愿留在农村籍籍无名。后来接触了网络，才知道抱有这些天真想法的人不只我一个，所以愈发觉得自己平庸。我承认自己的平凡，但不代表我自卑，而是和其他人一样，同命运，共呼吸。唯一不同的是，我可能比其他人更爱这个世界。

母亲生我时，不幸出了些问题。所有人都认为我生存下来的概率不大，可我还是顽强地挺了过来，从蹒跚学步到青春当好。当时的我对母亲的苦难并不知情，也是后来听大人谈起才有了印象。或许小时候就对生怀抱极大的渴望，才有了现在对这个世界的深爱。

多次徘徊生死边缘与死神较劲的我，自以为是幸运的。出生于北方农村，我对海有着极大的向往，不满足于家乡小河的狭窄。我总是期盼与大人到更宽阔的汝河游泳。不知天高地厚的我当时只有7岁，浮水技术只够应付没过膝的小河，真正面对那条又长又宽又深的汝河时，我完全没了底气。但是禁不住"水"的诱惑，我还是试探着慢慢接近它，可是暗流如老虎，一只脚没站稳，就被水流冲了下去。不知道喝了多少口水，也来不及呼救，依稀记得被人发现时，我已经被冲到10米开外。邻居家的大哥哥发现后奋起直追，我才得以幸免逃生。

有人说吃一堑长一智，但我并没有这个觉悟。初一毕业，我和朋友再一次来到同一条河流（汝河）的不同水域游玩，利用浮力在水面上仰躺，各自较劲比赛。实诚的我顺流而下躺在水床上，起来时脚已经虚浮在水面上没了知觉，发急的水流又将我卷入其中，幸好水中央的一块石头截住了我的身体。我就这样趴在石头上一动不动，拼命尝试着往回游，却又被水流击退。苦苦挣扎无果，我几乎心灰意冷，但我知道，这都是出于我个人的自作自受。世界极力将我推开，这一次，它终于要成功了吗？

不，不会的。我一直是幸运的，我愿意等待奇迹。终于，我等来了一位好心的大哥哥，他越过重重湍急的河流，来到我身边，把我捞回了岸上。最遗憾的是，当时我尚不懂事，只一个劲地说谢谢，并没有留下他的联系方式，没来得及拥抱他，他便匆匆离开了。自那时起，这段回忆就一直镌刻在我的脑海里。世界是残忍的，它曾想夺走我的生命；世界也是温柔的，它悄悄埋根，悄悄送来一丝丝馈赠。

从初中到高中，我辗转于多个学校。或许是好运气，在每一个阶段，我都遇到了意趣相投的朋友和宽以待人的老师。还记得初三毕业时，因为差十多分我与我们当地高中最好的班级失之交臂。当时班主任刘班对我说："回来吧，我再教你一年，保证让你上市里面最好的中学。"尽管老师耐心地劝导和安慰，我仍因脸皮薄拒绝了这个机会。如今想来，自己是那么残忍、那么固执，老师十几个电话的努力，都被我一一否定、一一拒绝。后来刘班告诉我："你现在不复读，高三依旧会选择复读。"我不相信命运会这样捉弄我，世界是充满戏剧性的，这场人生的剧本，我希望由我自己来书写。

高考后，我彻底放下了一切顾虑，拿着高中三年省吃俭用的零花钱和兼职赚来的微薄的薪水，和女朋友一同出门旅行。"世界那么大，我想去看看。"中学教师顾少强的辞职信深深影响了我。忽如远行客，做一个背包客的日子比想象中自由，比想象中轻松。记事后从没有出过省城的我，从跟团走到踽踽独行，流连于多个城市。田间，山野，海滨；公交车，缆车，游艇，几个月徒步走过祖国的壮丽山河，领略"登高望蓬流，想象金银台"的瑰丽景色，也惊叹于世界的多元，留恋于生活的美好。

或是走出困囿一时的小县城，哪怕在狂欢后迎来戏剧性的滑铁卢，也多了一分难以言说的乐观——高考落榜后，我选择顶着压力回到学校复读。走入班级落座的那刻，我想起刘班的那句话——"高三依旧会选择复读"。原来那个时候他就透过我的灵魂窥探了一丝未来。可我不信命，我必须严肃对待这次重来的机会。在一个陌生的地方从头开始是艰难的，比起学业，更多的是无端席卷的压力。就这样，站在压力风暴的中心，我再次立下了拼搏高考的生死状，为自己定下摘取班级桂冠的目标。

"高四"和高三是截然不同的景致，在学习上，我也对自己失望过、迷茫过。然而我在这时遇到了一位贵人。那是一位专门出租房子的老爷爷，他像一位仙人一般生活，80多岁的高龄竟没有一点服老的劲头，仍挺着依然健朗的身子骨驰骋围棋场。他当过兵，每天定时锻炼身体，不吸烟，不喝酒，栽种了一院子的花草，却任它们野蛮生长，恣意于阳光下。他在世外桃源里观望时间的流逝。他开朗，他乐观，他像一个老顽童一样固执地追求自己的生活。每每得了放假的机会，我便和他宿在一处，听他讲述老一辈的过往兴衰。

那时我也是皮，在学校犯了错不敢和家人兜底，便"派了"老爷爷这位忘年交好友"扮演"家长去接受教育。犹记得老师还批评我道："你爷爷这么大年纪了，还让他来学校，一点也不懂事！"老爷爷听说了，也只是哈哈一笑，借此宽慰我，以舒缓我的学业压力。正是如此，一到成绩出炉，我便提着成绩单上门报告喜讯。漫长的复读日子，因为有人陪伴而不孤单。最终，我以515分的成绩进入了福建中医药大学，虽然没有实现当时孤注一掷的目标，没能摘得桂冠，但这一段特殊的经历，押注全部豪赌一场的感觉，却是弥足珍贵的。它以涓涓细流的姿态不断灌注着我的灵魂，督促我始终向前。而老爷爷自信坚定的姿态，也留在我心底，成为日后我坚持的动力。

我真的非常热爱这个世界，这个世界有一种莫名的魅力，一直吸引着我往前走。我难过过、失望过、迷惘过、大哭过，但我没有一天对这个世界失去过热爱。

"日子本来就是问题叠问题，要挺胸抬头去面对。"这个世界，值得我们深爱。

成长旅程是我全力奔跑的岁月

曾毅虹

> 回忆起自己开始真正独立思考的初二,到现在已经大二,六年时光匆匆而过。六年成长,带给了自己许多收获,也希望能帮助到大家,带给大家些许收获!

(一)时常为自己设定目标是我前进的动力

大家或许有困惑,为何我的成长历程要从初二开始呢?因为,在我的回忆里,初二是我开始全力奔跑的起点,是我开始真正地独立思考并付诸行动的一年。初入初中生活,新的环境、新的朋友,让我蛮愉快地度过了第一个学年。但是,我的成绩并没有多么拔尖,而我所在的班级里就存在着年段第一,她就是我刚开学时的同桌,那个开学第一天就在自己的笔记第一页写着"目标:年段前十"的女孩子,她现在坐在了第一的位置。这让我意识到为什么别人可以,而我不行呢。我想,是我对自己没有足够的信心。最重要的一点是,我没有像她那样明确自己想要什么,我没有想过自己的目标是什么,所以我不知道往哪里努力,不知道应该努力到什么程度。所以,我开始认真思考自己在什么样的位置,我可以通过努力达到什么样的目标,于是我的笔记本上也开始有了"年段前三十""年段前二十""年段前十""年段前五"直至"年段第一"的字眼。我发现,每次更新目标,我的内心都充满激动,浑身充满干劲,尽管随着成绩的进步,我开始有了这样那样的焦虑,但每一次目标的达成,都让我明显意识到自己在进步,学习的过程也使我内心十分踏实而满足。我用自己的实践与努力向自己证实,没有什么是绝对做不到的,只要敢想,只要敢定目标,一步一个脚印,终能攀上自己的高峰。

（二）当你内心焦虑不能自拔时寻求家人、老师、朋友的帮助不失为明智之举

学习的压力、焦虑是很多人普遍存在的，我也不例外，而且因自己的性格较为敏感多虑、太追求完美，初中开始我便时常深陷焦虑之中，常常觉得不能自拔，仿佛总有一块大石压在心口。于是，我开始与老师有了谈话、书信往来，有时选择向家人、同学倾诉自己的困扰。每一次我落入深渊，是他们的聆听和开导与自己的调节将自己拯救出来，重新对明天有所期待。其中，让我印象特别深的是我初中的语文老师，我们时常以书信的方式进行交流。我常常把自己觉得郁闷、担忧的内容写给她看。老师像朋友、大姐姐一般，替我保守一些小秘密，毫无保留地与我分享她的看法。她在我为考试复习而焦虑担忧、害怕的时候，愿意充当我的聆听者，与我分享着她的经历，带我一起看《肖申克的救赎》，让我看到除了自己内心挣扎的小小世界外，外面的世界更广大。时至今日，我都很感谢在过去几年的学习成长中，我所遇到的那些愿意聆听、开导我的老师、同学，以及我的家人。其实，很多时候，我们总是在自己的世界里反复挣扎，别人不会是最终把我们拉出深渊的人，但我们的倾诉、别人的安慰与建议却可以内化为我们内心的力量，让我们的内心重新充满希望与走出困境的勇气。所以，当你十分焦虑、担心害怕的时候，选择寻求他人帮助，或许是个不错的选择！

（三）学会留时间给自己，不要害怕"胡思乱想"，时常反思自己

在初二的时候，我开始思考"人为什么活着""这个世界为什么会存在""世界上有绝对的是与非吗"等等问题。一开始我很害怕自己的这些"胡思乱想"，我觉得这些问题我似乎是找不到答案的，我更害怕这些会影响到我的学习。但当我向我的语文老师倾诉时，她却告诉我，开始思考这些未必是件坏事，这些问题也不一定有标准答案，但思考的过程会帮助我找到自己的人生价值，会早一些帮我确定我在这个世界以及生活中独一无二的位置。所以，我慢慢开始认为自己比别人的多想多虑并不是一件糟糕的事情。因为在初高中阶段的校园生活中，手机等多媒体都是被限制使用的，我有许多与自己独处的时间。当我为学习困扰，为同学朋友之间的琐碎烦心的时候，我会去跑步，让自己的内心平

静下来，思考问题：我现在是否在向着目标奔跑？我现在的努力正朝着我想要的生活而去吗？我在乎别人，我想和别人相处好，可问题出在哪里？我自己做好了吗？时间过去许久，现在回忆起来，我觉得自己的这些思考、独处都让我时刻明确自己的前方在哪，让我不断成长。现在，我需要对我的大学生活加以反思，手机、平板、电脑多媒体的触手可及，让我即便有闲暇的时间也时常花在漫无目的、没有什么益处的网页浏览、观看影视剧上，看似自己支配的时间多了许多，可真正留给自己独处的时间却是少得可怜。所以，我每天才会忍不住因浪费时光懊悔，想着一定要改掉拖延的毛病。我想，正是因为少了对自己的反思，少了对目标的追求，所以少了前进的迫切感，多了难以克制的惰性。

所以，即便在看似拥有更多属于自己的时间的大学生活里，时常留一些时间给自己吧。放下手机、电脑，跑跑步或是就安静地坐着、躺着，想想自己还在追求梦想、达成目标的路上全力奔跑吗？我想要达成什么样的目标，想要什么样的将来，我现在是否该做出调整了呢？我现在是否应当立即行动呢？

与各位共勉！

其实，平凡的生活也是一种幸福

刘亚如

> 生活，只需那么一点点颜色，简简单单，便是幸福。我们拥有着百分之九十的人都拥有的平凡生活，但却幸福依旧。幸福是什么？是家人的陪伴、爸妈的唠叨，是朋友间的扶持、信任，是……只有用心去感受生活的点点滴滴，才会发现：原来，幸福真的触手可及。

其实从小到大我的生活大概可以用四个字来概括，就是：平平淡淡。我从来没有经历过人生的大起大落，仿佛一切都刚刚好卡在中间的那条水平线上，不上不下。

在我印象中，小时候家里条件不算好但也能吃饱穿暖。家里就我和哥哥两个小孩子，爸爸为了赚钱养家，不得不背井离乡。感觉在我的记忆里面从来都没有过爸爸的身影，所以就导致我和爸爸特别陌生，以至于后来我喊不出口"爸爸"这两个字。印象最深的一次就是，我上幼儿园的时候，该过年了，爸爸妈妈也从外地回来了，当他们站到我面前的时候，我却害怕地躲在了奶奶身后。记得当时妈妈喊我："乖乖，来，过来呀！爸爸妈妈给你买了新衣服，还有好多好吃的。"虽然新衣服对我的诱惑力确实很大，但我还是躲在奶奶身后说了一句："奶奶，他们是谁呀？"现在想想，当时爸爸妈妈应该挺伤心的吧，连自己的小孩子都不认得自己。

从那之后，妈妈就一直在家照顾我，而爸爸依旧在外奔波。之后我和妈妈的关系越来越亲近，但和爸爸依旧不亲不近。好像我小学毕业之前喊爸爸的次数都屈指可数，也不知道为什么，在其他人面前可以畅所欲言地说"我爸爸怎么怎么样"，但真正站在爸爸面前的时候就只会说"你"。有时候妈妈为了让我和爸爸多说点话，很多我想要的东西都不给我买，而是和我说"找你爸要去"。但我为了减少和爸爸直接接触的机会，我宁愿选择不要那些东西。后来也可能是因为随着年龄的增长，懂事了吧，也理解了老爸，所以就尽量增加和老爸沟通的机会。老爸可能刚开始也不懂该怎么和我交流，就只会问我缺不缺钱、想要什么东西等问题。后来，时间长了之后，我们俩就会聊各种家长里短了。有一年过年前，老爸还没回来，我们俩每天打电话聊天，有天晚上，我从吃饭的时候就和老爸一直聊，聊东聊西，各种聊，说了差不多一个半小时。后来，老妈都看不下去了，说："你俩还有完没完了，聊一些陈芝麻烂谷子的事干吗？都不睡觉了吗？"然后我就说："咋，你是不是吃醋啦？看我和老爸聊了那么久。"说完我就偷笑起来，当时觉得自己好幸福。

还有一件事就是，自从和老爸的关系亲近起来之后，我和老妈还有哥哥同时在家，老爸从来都是只打我的电话，只和我开视频，聊天也是先问我在干吗，有时候基本上是一个电话两个小时。以至于哥哥一直和老妈抱怨说："你看我爸，有了闺女之后就直接把咱俩给忘了。"真好，有疼爱自己的老爸，有唠叨的老妈，有和自己争风吃醋的哥哥。原来，幸福就是生活中的点点滴滴。

平凡生活里最大的不平凡可能就是我选择了后悔两年、不后悔一辈子的参军入伍了吧。其实回想一下，自己的两年军旅生涯好像也没有什么特殊的，不像别人的两年，又是参加演习又是抗洪抢险的，而我好像真的是安安稳稳地度过了自己的两年。不过也有些许印象深刻的事情，当时班里面有七个同年兵，每天一起干活、一起训练、一起"挨熊"……

我们每天早上都起来得很早，因为我们动作太慢，所以不得不用更多的时间去做一件事情，就像打扫卫生，因为效率太低，所以就只能用更长时间的劳动来弥补。有天早上因为要响起床号了，而垃圾还没扔，也不是很多，刚好赶上打扫厕所的人下去扔垃圾，然后我们就和她说帮忙带一下吧，结果遭到了拒绝。本来就是我们有求于人，别人也不一定非要答应，拒绝就拒绝吧，我们还以为这个小插曲就这样过去了，也没放在心上。中午吃单兵干粮，饥肠辘辘的，饭还没弄熟呢，就被班长给喊了出去，我们七个人面对面地站着。班长让我们想想到底干了什么事，让别的班长跑到她这里来告状。低头回想了半天我们都没想起来我们到底哪里错了。班长问："你们是有多懒，连下二楼去扔个垃圾都不愿意？"我们这才恍然大悟，原来是因为早上的小插曲。瞬间所有人心里都觉得好委屈，心里想着：明明就是帮忙顺手扔个垃圾的事情，再说了，我们最后也遭到了拒绝啊，那么小的一件事情还有必要去找班长说吗？而且我们之前打扫厕所的时候不是也经常帮别的班顺手扔垃圾嘛。我们觉得深深地受到了伤害，当时好几个人都委屈地哭了，其中也包括我，真的是越想越委屈。

后来，班长把我们都喊进了屋，没有再教训我们，而是给我们讲道理，说："你们现在看明白了吧，有时候一件事情，可能你们觉得没什么，大家都互相帮忙嘛，又是同年兵，但是有些人或许就不那么想。你们不能把你们自己的想法强加到别人的身上，哪怕所有人都觉得这样做没错。"这真的是给我的人生上了一堂大课。接着，出现了一声很不和谐的响声，谁的肚子叫了。这时我们都笑了，哭的时候没感觉饿，委屈完了觉得饿得不行，班长加上我们八个人拿着几袋单兵干粮一人一口啃了起来。

当兵第二年的时候就会过得比第一年好很多，因为毕竟也算是将要退伍的老兵了，和很多班长的关系好了很多。第一年关系不太好是因为毕竟一个地方有一个地方的规矩，在部队，就是要严格遵守上下级纪律，所以班长们也不能表现得和我们过于亲切，但是第二年就会好很多。可能是因为我第一年表现得比较好吧，所以我的班长们都挺喜欢我的。第二年的时候我还和我的副班长搭档去带了下一年的新兵，因为基本上都算是同龄人，所以我俩的关系就变得格外的好，也都特别相信对方。晚点名是一个很严肃的场合，一般都是班长在排头，班副在排尾。有次晚点名因为新兵连人比较多，连长也不能看到后面所有的人，队尾有点混乱，连长就有点生气，说了一下，而且还点出了我的名字。关键是我真的很老实地在那里站着，没做其他的事。晚点名结束后，副班长也就是当时我们一起带的新兵班的班长，在楼门口等我。我看了她一眼，她说："你不用说，我知道不是你。放心，我相信你。我会去和连长说的。"然后她还一直安慰我，逗我开心。当时我就感动到了，原来被一个人无条件地相信是一件那么幸福的事情。

什么才是幸福呢？或许就是耳边常响起爸爸的叮咛、妈妈的唠叨；或许就是伙伴间的相互陪伴，一起努力、一起进步；或许就是朋友间无条件的信任以及支持。换个角度，你会发现生活的点点滴滴都是幸福。

请走慢一点，等一等灵魂

武泽滢

> 在生活中，感到疲劳和有压力是一件非常正常的事情，也正是因为有了这样的疲劳和压力，辛苦过后的轻松和快乐才显得更加珍贵。但是，如果在某一阶段你感到身心俱疲、难以维持，那么请你停下来、走慢一点，重新认识一下现在的状态和自己的目标规划，等等自己的灵魂，让灵魂跟上脚步，给予自己的心灵以力量后再重新收拾行囊，带着自己的目标和能量，在追梦的道路上奋力前行，一步一步地朝着自己的梦想前进。

"请走慢一点，等一等灵魂"，这句话是古印度的一句谚语。这句话，让我对生活有了不一样的体会和感悟，让我懂得了要经常放慢自己忙碌的脚步，多回头看看。

在生活中，我们常常听到来自老师、家长的督促和叮嘱，他们总说"你要认真读书""你要找个好工作""你要当学生干部""你要拿奖学金"等等。时间久了，我们就慢慢地被这些淹没，理所应当地认为生活的全部就是读书、工作、赚钱……慢慢地，为了追求这些目标，我们经常会迷茫、会彷徨、会陷入巨大的压力中走不出来。每当这个时候，我们是不是该停下脚步，等一等我们的灵魂？人生的旅途，每个人的起点和终点都没有什么差别，最重要的是沿途的风景、旅途中的经历。值得我们欣赏和纪念的，不只有鸟语花香，也有荆棘丛生，甚至沼泽和泥潭也同样值得我们细细品味。所以啊，在生活中，美好的不只有成功和荣誉，还有路上各种各样的磕磕绊绊，走慢一点，去品味这些生活中的酸甜苦辣，让自己的灵魂体味沿途的种种美好，别让灵魂掉队。

说到这里，大家可能还是充满了疑惑，那我给大家讲一个关于我自己的故事吧。从前的我就是这样一位急匆匆的赶路者。有一段时间，恰好遇到了许多事情，要做的文件多而繁杂，还有必须完成的课程、要提交的作业，而我又太希望把自己的工作做得出色、让成绩更优异，我太想要证明自己的能力，所以有形的学习工作任务不断增加，给自己的无形压力也增加了许多。每天一睁眼就要面对繁多的任务，晚上睡觉闭眼之前，都在回顾这一天有没有做好自己的工作，有没有认真读书，明天还要面对什么样的事情。于是那段时间变得十分忙碌而艰辛，这对本就睡眠质量不好的我来说，更是雪上加霜。那段时间我总是焦虑、彷徨，甚至害怕走进教学楼，害怕听到手机消息的提示音，所有关于工作和学习的事似乎都变成了可怕而让我抵触的事。那时的我时常在想，我明明是做着自己喜欢的工作，读了自己热爱的专业，似乎一切都应该顺理成章地变得快乐起来，而我却似乎深陷一个奇怪的泥潭，想要逃跑，却越陷越深。而那时的我要强又倔强，总觉得再坚持一下就会变得好起来，这是自己应当承担的压力，这些压力像石头一样堵在心底。直到后来，情况开始变糟糕，这些压力让我越来越想逃避学校的生活，睡眠时间越来越少，整个人变得郁郁寡欢。

很庆幸在这个时候，我的一个朋友帮助了我。他察觉出我出了严重的问题，找我聊了那段时间发生的事情。跟他交流和倾诉之后，我的情绪似乎像打开了闸门的洪水一样奔涌而出，所有的焦虑、压力、不安，在那一瞬间全部释放出来，发泄过后我就像泄了气的皮球一样，瘫坐着。他跟我说："你需要冷静一下，整理一下自己的状态。其实你没有必要把自己逼成这样，适当的放空有助于你的学习生活效率提高。"事后我便让自己停下所有的事情，给自己放了半天假，再重新整理思路，整装待发，慢慢开始了工作和学习。当然，最后事情的结局肯定是变得顺利起来，我开始收拾行囊，整理身上的职责、任务。受到他人的帮助，重新出发的那一刻，我是充满力量的，也是充满活力与希望的。那时的我也开始明白，任何事情如果太急于求成，往往会事与愿违。面对压力和焦虑感的最好解决方法，那就是走慢一点，等一等灵魂。

在生活中，感到疲劳和有压力是一件非常正常的事情，也正是因为有了这样的疲劳和压力，辛苦过后的轻松和快乐才显得更加珍贵。但是，如果在某一阶段你感到身心俱疲、难以维持，那么请你停下来、走慢一点，重新认识一下现在的状态和自己的目标规划，等等自己的灵魂，让灵魂跟上脚步，给予自己的心灵以力量后再重新收拾行囊，带着自己的目标和能量，在追梦的道路上奋力前行，一步一步地朝着自己的梦想前进。

当然，"停下来，回头看"也不仅限于忙碌的时候，在日常生活的一点一滴里，我们都应该时时刻刻回头看看，思考、反思一下自己的行为。在如今这个高效快捷智能的互联网时代，思考显得弥足珍贵，反思更是我们当代年轻人缺乏的一种优秀的习惯。在日常生活中，我们的生活节奏也变得越来越快，越来越少的思考使很多事情似乎有了固定的模式和思维习惯，而非自己意愿与情感的表达。那么这句话的广泛意思就可以理解为，生活节奏适当放慢一点，让自己做个勤于思考、善于反思进步的人。相信这样的优良习惯可以帮助我们解决生活中很多困惑。自我思考不是墨守成规，将自己罩在经验的框架之中，而是一种自我修炼的工具。华夏子孙正是凭此培道、育德，深化涵养，积淀出闪耀千年的君子风度，延续了古老的中华文明。我们又何尝不能保留下这份谦和礼让，让唐装的翩翩衣衫拂过史册时，漫开一片懂得自省的德行馨香？

生活中，我们时常会因为很多干扰因素而忘记自己的本心，忘掉自己最开始认真拼搏、立志高远的样子，那停下来思考就变得尤为重要。跟大家分享一个关于齐白石大师的故事。1952年的一天，诗人艾青前来拜访已是88岁高龄的齐白石。艾青还带来了一幅画，请他鉴别真伪。齐白石拿出放大镜，仔细看了看，对艾青说："我用刚创作好的两幅画跟你换这幅，行吗？"艾青听后，赶紧收起画作，笑笑应道："您就是拿20幅，我也不跟您换。"齐白石见换画无望，不禁叹了一口气："我年轻时画画多认真呀，现在退步了。"原来，艾青所带来的这幅画正是齐白石数十年前的作品。艾青走后，齐白石一直愁眉不展。一天夜里，儿子起来上厕所，发现父亲没在房间，正要四处寻找时，却发现书房里的灯是亮着的，走进去一看，原来父亲正坐在书桌前，一笔一画地描红。儿子不解，便问道："您都这么大年纪了，早就盛名于世了，怎么会突然想起来要描红，而且还描这般初级的东西？"齐白石却摇了摇头，不紧不慢地回答道："现在我的声望高，很多人说我画得好，觉得我随便抹一笔都是好的，我也被这些赞誉弄得有些飘飘然了，无形之中放松了对自己的要求。直到前几天，我看见自己年轻时画的一幅画，才猛然惊醒——我不能再被外界的那些不实之词蒙蔽了，所以还要重新认真练习，要自己管住自己。"此后，即便是年龄越来越大，齐白石依然每天坚持画画，从不敢耽误，甚至画一幅画，往往要花上好几个月的时间。也正是因为齐白石这种热爱自省、刻苦钻研的优良品质，使他的每一幅作品都是千载难逢的精品，价值连城。读完这个故事不禁让我陷入思考——勤于思考、善于反思的精神是使人成功卓绝的必要因素。而身为当代中医学子的我们，就更应该具备这种勤于思考的优良习惯，经常停下来回顾一下自己的所学，总结一下每日的见闻，积累临床经验，从而拥有举一反三的能力，这样才能有更大的把握成为一名优秀的医生。

走慢一点，别让自己的灵魂掉队。无论是否忙碌，都要记得给自己休整、调养身心的时间，适当放松自己、及时思考反思，也是一种有智慧的体现噢！灵魂之所以会落在身后，是因为人追求无穷的欲望而忽略了人生的幸福，丢失了人生的单纯。特别是身为当代高速发展的社会中的新青年，我们更应该停下来好好地反思一下自己的追求与欲望，静下来，自己才属于自己。而在学术方面，慢点走，带着自己内心的思考、不忘自己的本心，在学术的道路上坚定前行的同时常常总结，相信你会有不一样的收获。浅草没马蹄是一种闲情，采菊东篱下是一种意境，请带上灵魂赶路，请带上心生活。不妨试一下，生活肯定会变成另外一番景象。

为梦想努力的快乐日子

黄玲珑

> 世界上最快乐的事,莫过于为理想而奋斗。我一直相信,不是命运控制我们,而是我们书写命运。如果你刚好对生活有点丧气,你还在晕头转向,你还在不知所措,来吧,和我一起分解目标,一步一步实现梦想,为美好的人生添上浓墨重彩的一笔!

都说高考是人生路上的一个转折点,是决定一辈子人生轨迹的时刻。我一直不相信,总想着只要撑过高三这一年,迎接我的就是另一个新的起点,接下来只要一直往前就好了。但是当我看到福建省教育考试院预录取信息的时候,我想,我要改变命运,我要改变我人生的轨迹。苏格拉底说,世界上最快乐的事,莫过于为理想而奋斗。

2008年的北京奥运会,我们一家人本可以一起其乐融融地坐在电视机前看直播,但那年的奥运会,我们家却少了一个忠实的观众。爷爷是一个老顽童,遇到什么事情都很乐观,他总和我说,遇到困难不要怕,毕竟,害怕在命运的面前起不了任何作用,只能长"命运"志气,灭自己威风。他特别喜欢看游泳比赛,特别喜欢泡上一杯热茶,备好米糕,和我们一起坐在电视机前,感受那种让人热血沸腾的加油呐喊,感受那种来自老一辈人对中国人奋起直追的快感。他常常和我说,他是看着中国一步步崛起的人。我眼中的爷爷是个英雄,他当过兵,干过建筑师。"为什么一个英雄会被疾病打倒?为什么您要这么早离开我?"小时候的我不明白胃癌是什么,也不知道世界上居然有医生治不好的疾病。医生不是白衣天使吗?白衣天使是什么都能做到的啊。尽管医生们尽力对爷爷进行了积极的救治,爷爷还是在当年7月29日永远地离开了我们。我当时还小,或许站着只到爷爷的腰,现在一想起爷爷,除了大颗大颗的泪珠还有随之而来的潮水一般的回忆。为了守护家人的健康和弥补自己的未知,从那时起,我下定决心要成为一名医生。

时光流转，岁月更迭，我一点点长大，决心也越来越坚定。2016年，福建省教育考试院预录取信息显示，我被预录取了护理学。

我带着录取通知书和行囊走进了护理学院的大门。刚开始的时候，因为不太适应周围环境以及不是自己理想中的专业，竞选班委又落选的我，开始赖床迟到、听课不认真、课后只顾着玩游戏，状态特别不好。虽然我很清楚地知道我在浪费生命，但不知道怎么了，我依旧积极不起来。开学两周，班里统一发了学生手册。那天晚上，我什么也没干，就着循环播放的一首《追梦赤子心》和偶尔漏进耳朵的舍友打游戏的声音，反反复复地看学生手册里的转专业相关说明。那时候我知道这学期我需要更加努力，才有可能接近我的梦想。

为了实现转专业的梦想，我开始这样做，这也一直是我实现梦想的方法：细化梦想，一点一点靠近，时刻给自己打气。把梦想分为一小块一小块的小目标去实现，感受着自己一点点地接近梦想，不断地树立小目标并实现，在追梦这条路上不停地给自己奖赏，鼓励自己前行。于是，我的生命好像重新注入了灵魂，我开始接受周围的世界，开始不赖床，开始复习功课。一颗很小很小、小到微不足道的种子在我心中快速地萌发。我有时候累了，就会看看游泳比赛的视频，想想自己的初心，想想小时候包容自己一切捣蛋行为的爷爷，或者睡一觉到天亮，第二天的我依旧是元气满满的我。那个时候的我，心中有梦，什么都不害怕，什么都想知道，恨不得马上穿上白大褂，变成一名医生。因为我有预感，我离我的梦更近一步了。

结束了第一学年的期末考试，随着考试成绩单一起来的还有同意转出学院的名单，我焦急而又忐忑地点开文件，我的名字出现在了第二行第三个！我兴奋地把截屏发给爸妈，虽然已经晚上10点了，但我还是抑制不住自己想和爸妈分享喜悦的心情。爸妈很开心，从来没有这么开心，感觉一个屏幕都装不下他们俩兴奋的面庞啦！我爸说，付出的努力总是会有回报。话糙理不糙，中华上下五千年，有道理的话总会被提及。我以为我妈会哭着对我说"你终于懂事了"之类的话，但是居然没有。我妈说，就像我高三选文理科的时候说的话，自己选择的路，跪着也要走完。那天晚上，我激动得一晚上没有睡，不是在思考人生也不是在规划未来，我整整打了一晚上的游戏，听了几乎一晚上的《追梦赤子心》。我好像打完了一整个学年应该打的游戏。我承认我爱玩，我觉得人的天性就是玩，没有人不爱玩。但是人并不是生而为玩的，而是为了玩而生，人生人生，重点在生。你只有努力过、奋斗过、拼搏过，才有资格玩，才有资格快乐。

我记得4417教室前的人很多，黑压压的一片聚集在一起，各自做着自己的事，有的在打电话，有的在看自己手上的笔记本，还有的在望着天空发呆。我看着面试顺序表格，教室里每出来一个人就像是一块石子落在我的心上。紧张，是肯定的，虽然之前在脑海里无数次模拟过面试的场景，想过严肃的老师和辅导员、想破脑袋的难题，但是真正到了这里，依旧会有一种未知的恐惧顺着小腿蔓延全身。"请你做一个自我介绍吧。"全身的注意力小球都在不断碰撞着我的小脑袋瓜，一阵一阵地显现在心尖上。在平稳的自我介绍以后，面试老师又问了我几个很平常的问题，这让我因紧张而僵硬的肢体略微有所放松。我们的对话就像老师与学生的闲聊一样，我愿意敞开心扉，说出最真实的自己。"谢谢老师，再见。"出门之后，目送我后面一位面试的同学进入教室以后，我释然了：原来，梦里的大Boss也不过如此。在有准备的基础上，一切的一切似乎看起来都没有那么难，没有学长学姐说的严肃老师，没有刁钻难答的问题。没有想破头的专业知识。我看向天空微笑了一下，我发现天空好像晴朗了很多，空气好像冰凉清澈了很多。果然啊，任何事都要自己去尝试，不可以像"小马过河"那样，只是一味地相信别人的意见，而不亲身实践。任何时候，前辈的话都要听，而听取多少需要靠自己衡量。努力的深浅，也全靠自己决定。

"大家好！我是17临床丙班的黄玲珑，我是转专业进入这个班的。我热爱我们学院，喜欢这个专业。今天算是我上大学的第一天，请多指教！"

是啊，世界上最快乐的事，莫过于为梦想而奋斗。特别是你为了实现梦想跨出第一步的那一天，觉察到梦想临近的那一天，期待梦想变成现实的那一天，都很快乐。我快乐的是我又实现了一个小目标，快乐的是离人生梦想又近了一步，而努力，始终未停止。

来到新的专业的我很快融入了新环境，重新拥有了一年大一生活，也重新拥有了选择部门的机会。我通过面试成为一名朋辈心理咨询员。在老师的培训下，我学习各种心理学知识，接触不同的人，我认识了一个曾经和我一起追梦的男孩子，开始了我和他的故事。

"我觉得他是世界上最干净的男孩子！"他有点胖，有点不自信，有点内向，但是做事很有条理，遇到问题总是能冷静地思考并解决。他告诉我，他从不敢一个人去甜品店点餐，他总害怕店员问那些他一时间回答不出来的问题。我们有共同点也有不同点，我比较外向，总是大大咧咧的，偶尔也会犯一点小错。我高数学得不好,课上听不懂,课下也不愿意自己研究。在我很头疼的时候,他愿意与我分享他的高数笔记,愿意出例题给我做,愿意将他的思路和方法毫无保留地教给我。我总忘记在下课的时候拿水杯,但是在我抓耳挠腮就是想不起来放在哪儿的时候,水杯总会出现在我的自行车车篮里。我妈妈生病了,我向他倾诉。他会逗我开心,告诉我妈妈生病了身体一定很不舒服,我就更不能不开心了,我要让她开心起来,开心才是最好最有效的药。有时候,我做不到的事,他可以。

有一天,他告诉我,他敢一个人去甜品店点餐,并且可以和店员顺畅地聊天了。我特别开心,有一种想冲上去抱住他的感觉!原来性格也是可以相互传递的!与其说传递,倒不如说是影响,这种影响是潜移默化的。心理学中的性格影响分好多方面,有很多因素,其一便是环境,环境对人的性格的影响,需要通过人在环境中的活动得以实现。所以啊,对性格起决定作用的不是环境本身,而是人与环境的相互作用。人的性格就是通过其在社会实践活动的过程中与环境发生相互作用而逐渐形成、发展起来的。不仅如此,他还说,他现在很愿意和陌生人接触,并且愿意主动通过健康饮食和锻炼来减肥,他想变成一个阳光自信的大男孩!慢慢地,我也发现,我身上有了他的影子,我不再丢三落四,不再情绪化处理问题,我也成了一个全新的我。或许,这个时候的我正是爷爷所希望看到的我吧。

我发现,梦想能让我们努力,努力会带来好结果,好结果会在你的人生中熠熠生辉,带来更多收获!但是这个世界光有梦想不够,光会努力也不够,在拥有了前二者之后,你需要一份能让你忙着快乐的工作,一位能让你的一生清澈明朗的挚友。

为了梦想努力的那种感觉很像是演奏人生中美妙的乐章,重在演奏过程,而等待着你的,一定是无数的喝彩声和掌声!来吧,如果你刚好有点丧气,你还在晕头转向,你还在不知所措,那就和我一起分解目标,一步一步实现梦想,为美好的人生添上浓墨重彩的一笔吧。永远要记住,别让命运控制我们,而是我们去书写命运。

生活感悟三则

陈彪

> 我是一个喜欢交流也热爱倾听的男孩子。很多时候我喜欢用行动来交换感受，我觉得自己尝试过后得到的东西，就算是不甜的，也可以铭记于心并且受益一生。不知道是不是从小受到我姐姐的影响，我的思维偏向感性化，但是我并不认为这是一件坏事，至少在很多实践中，我有所感。

做家务真的很舒服

就当下而论，我产生了一个关于做家务的观点。做家务时是启发我思考的一个好时机，在我看来这算不上是一心二用。不管是在家里或者是在学校，打扫卫生是一件让我自己快乐的事情。这个过程可以让我保持一种平常心和前所未有的充实感，更是培养了自己的心性。做家务可以体现一种亲密的家庭关系。简而言之，家务可以保持家庭的温馨，也可以反映一个家庭关系的融洽度。一家人在这个过程中，相互帮助、相互支持，最主要的不是做不做的问题，是在这个过程中，和家人之间的互动增进了家人的亲情。一个家庭也慢慢变得有家的味道了。

可能对于城市的孩子来说，没有深切的体会，但是对于一个农村孩子来说，家务是生活的一部分。做家务或许会让自己疲惫，但是这种疲惫换来的温馨是任何东西都替代不了的，除非你不需要家庭的温馨。这样说来，作为孩子的我们，在空闲时间多做做家务比玩手机确实要好得多。其实很多时候，做家务锻炼的不仅仅是自己的动手能力，更是一种心性，能够耐心地去做自己不是很愿意做的事情，一段时间后，自己的耐性就会慢慢变得更胜一筹。众所周知，一个人最难改的就是脾气和性子，但是有的脾气确实不是我们该留下的。

除性格特别突出外，一般人的性格和缺点是不会短时间就被发现了解的。今年放假，我堂弟在我家待了差不多两个月，刚来的几天，作为一个孩子，他应该说是做得非常好了，知道做饭洗衣服洗碗，日常表现也是开朗的，家人也非常喜欢他。但是过了一段时间，变化就慢慢出来了，他开始少做事偷懒；再过一段时间，做事情开始没有了耐心，喜欢走捷径，但总会弄巧成拙；到最后，开始欺骗，答应的话和行动不一，慢慢地好吃懒做毛病就暴露了。这个过程就好像走向犯罪的过程。其实做事情想一蹴而就是非常不可取的。我知道，我堂弟成这种样子，大部分是家庭教育缺失所致，父母离婚后，他没有一个好的家庭和好的榜样，这也突出了父母的重要性。我挺为堂弟可惜的，可是现在的我却是无能为力、爱莫能助了。年纪小时毛病改起来较为简单，但是需要一个正确的学习榜样，而且得是时常陪伴在身边的学习榜样。长大了再想改就不那么容易了。希望每个人都可以做别人的榜样，也可以做自己的榜样，以自己为荣。

足履实地　静深流

"恒久行善者必得其位，必得其禄，必得其名，必得其寿。"我个人很喜欢这句话。想要做大事成大器，就需要这样的心性。但是世间是多彩繁杂的，总是让人眼花缭乱，总是让人迷失自我。可能每一个读大学的孩子都会有一个迷茫期。太多的美好吸引着我们，让我们着迷。大一的时候，遇到很多新鲜的事情，让我近乎迷失。我对很多事情有太多的向往和期待，开始尝试很多东西，我觉得这种尝试是正确的。作为一个男孩子是需要多尝试，但是我却没有掌握好尺度，所做的事情有时候超越了我的能力范围。慢慢地这种不适合的尝试开始反弹。当自己知道这种尝试开始反弹时再修正自己的错误，其实已经很难了。后来，我花在改正自己错误上的时间不比做那些尝试的时间少。最终我还是缺少了"积跬步"，也就无法"至千里"。可以说这次尝试我是个失败者，但是失败后要让失败有价值。

或许很多人会自信地觉得自己不会失败，但是当自己作为当局者时，确实很难达到那种积跬步至千里的境界。没有扎实的基本功，迟早是会出事的。从身边的小事做起，从点滴做起才可以走得长远。在这期间我遇到了一个女孩子，是那种值得我学习的女孩子，她可以规划好自己的生活，分配好自己的时间，权衡好自己手上的事情什么是轻、什么是重。在这个鱼龙混杂的世界中，她可以算是可以清晰地看到自己想要什么的人。我自认为这一点是很难的。成长的路途中，最难的就是坚持，做一件事可能不是难事，但是坚持做一件事很难。假如自己可以坚持做一件事，那就会坚持做下一件事，但是第一件事情没有坚持下来，后面的事情也就很难坚持下来。所以优秀的人会越来越优秀，自信的人会越来越自信或许就是这个原因吧。

<h3 style="text-align:center">明确目标　砥砺前行　享受生活</h3>

或许每个人都会有迷茫的时刻，有时候不知道自己该怎么走接下来的路。幸运的是我觉得我们学校在这方面是做得非常好的。我们学校会举办很多有助于我们规划未来的活动，比如我们学校举办的职业生涯规划大赛，还会请很多有经验的老师和学长学姐给我们分享一些好的经验供我们参考，而且这些老师和学长学姐们非常热心，不仅仅解答我们知识层面的问题，还会设身处地为我们着想。很多同学在遇到困难的时候，会感到不知所措，但是又因为种种原因，不便和同学说。我们学校是有帮助同学的机构的，就是我们学校的心理辅导站，这是一个温馨的家庭，遇到问题可以前去寻求帮助。当然，当自己迷茫的时候，我们更需要的是学会自我疏导。不管是学习问题还是生活问题和情感问题，有个办法总可以让自己慢慢回归正轨，那就是全身心投入学习，用学习来占据胡思乱想的时间，慢慢地自己会明确自己的目标。当自己的目标明确的时候，生活中的杂碎也就进入不了我们的生活了。

在接下来的生活中，我给大家几个建议。第一，作为一个大学生一定要学好英语，甚至精通英语，它是必修课，很重要，会影响你一生。大学的时光里，我最后悔的就是没有好好学习英语。第二，培养一门很专业的技能，可以是计算机很好，可以是你交际能力很强，可以是你在网店经营方面很成功，培养自己的领导能力等等。只要你愿意，你就可以成功。第三，专业课一定要好好学，学习好自己的专业，以后就算别的做不来，但是还有专业傍身。同时也要学会培养自学的能力。最后，在生活中对与自己亲近的人好一点，包括家人、朋友、恋人。我觉得多给家人打几个电话，多和朋友出去逛街，再谈一场平平淡淡的恋爱也是蛮让人羡慕的。明确了目标，规划好自己。路漫漫其修远兮，好好享受自己的一生。

只要思想不滑坡，办法总比困难多

刘鑫

> 生活并不总是美好的，光鲜亮丽的背后是不为人知的挣扎。也总有那么些日子让你觉得不堪重负、黯淡无光，可是请你相信，我们所经历过的每一件事，和每一段努力却又得不到结果的日子，可能在当下不甚明了，但是它们一定会不断积攒着，让我们慢慢变成现在的更好的自己。

最近上中心的团辅课，在认识自己的主题课上，老师讲了一个"成功事件法"，简单解释就是让我们回想自己大学期间最有成就感的三件事。借此机会我又重新思考了一些自己经历过的事，也有了一些新的感受，在这里跟大家聊一聊，希望能对你们有所启发。

记忆这种东西其实很不可思议，身处其间的时候，好像只有烦恼在无休止地增长，而当我们脱离那段时间再去体会，印象最深刻的大多是对结果的满足感，而过程中的那些争执和委屈都在时间的冲刷下变得模糊不清了。

我呢，用朋友的话来讲就是一直在忙，转专业前忙，转专业后忙，现在都已经大三了，还是在忙。明明是一个把"肥宅"当作梦想的人，却偏偏像被贴了催命符一样，忙七忙八。想必大家都了解我们学校一年一度的太极比赛吧，转专业之前呢，我是护理学院的，护理学院的老师们很重视这个比赛，而我一开始是带着自己班的同学打传统太极，后面去了创意太极，做了总负责人，带着五个班级少半个学院的人去打这个比赛。那段时间，我的舍友吐槽说我日理万机，每天大清早出门，在外头奔波，最后赶着门禁回宿舍。比赛那天，我像叮嘱自己的孩子那样对他们反复强调着我能想到的所有注意事项，像个老母亲一样心情忐忑地在主席台上看着他们打完整场，而最终结果是我们创意太极拿了第二名。那段太极训练的日子里有很多不快乐，也有很多委屈，我也会想着明明自己比他们更累，腿一直抖还坚持着陪他们定动作，也怕训练太久大家会有意见，每次定训练时间都要反复斟酌。那个时候我会时常委屈为什么大家不能体谅我一下。可能是不同的身份就有不同的体会吧，不同的时间也会有不同的感受，现在脱离那个让我崩溃的时间段再去反思，我会觉得既然当了负责人就应该要负起责任，委屈也好，承受压力也好，被质疑、不被理解也好，都是那个身份的附属品。当我们身处一些职位时，不能只看到它浮于表面的荣誉，而要记住它背后应该承担的责任，身为班委便负有班级的责任，作为部长便负有部门的责任。只有学会承担，我们才能真正地成长。

转专业后，我被前舍友拉去加入了辩协（全称演讲与辩论协会），也就开始了我和辩论的孽缘。每天晚上在食堂开会，周末加班讨论辩题也是经常的事，厚厚的本子上全都是质询问题和查的各种资料。亨得麦、河洛、食堂、肯德基都是我们经常出没的地方，背着电脑，查着资料，吃着夜宵，在比赛前一天推翻所有的点，在肯德基通宵写稿……后来大二，我自己做了会长。当了会长后的路依旧坎坷，因为辩论比较费时间，很多纳新进来的学生后面陆陆续续就不来了，最后甚至连一支队伍都凑不齐。那个时候，我觉得整个协会都压在自己身上，副会长也忙着自己的事情。我还得时刻告诉自己要体谅她们，我偶尔也会抱怨为什么所有事情都堆在我身上：要带新会员，要和其他院队联系，要写各种材料，要办比赛，还要和其他学校交流……其实，我一开始并不喜欢辩论这个东西，现在的我可能依旧不喜欢，当时选择坚持下去其实大部分原因是那些和自己没日没夜待在一起的战友。可是事实上，辩协也确实教会了我很多东西，至少我学会了怎么办一场辩论比赛，学会了怎么和其他学院学校交流，不是吗？有时候啊，开始做一件事的起因可能并没有那么美好高端，坚持下去的理由可能也没那么感天动地，但是我相信，当你经历过一些事情的时候，你眼前的风景就已经和从前不一样了。虽然身处其中的时候并不能看得那么透彻，但是那些经验值会不断积攒着，让我们慢慢变成现在的自己。

大二的时候我觉得自己"水逆"了一整年，天真的我相信了我前会长舍友的话，以为自己熬过那一年就好了，结果到现在大三了，我也依旧没能闲下来。团支的工作并不轻松，其他同学也并不能理解你的付出。每天因为不同的理由熬着夜、写着不同的材料、被不同的截止日期催命，导致发际线越来越高，黑眼圈也越来越重，狗皮膏药也越买越多，甚至时不时还有别的工作要来催一催。有时候我也会吐槽为什么自己小小的身体要承担这么多，会拿着一些苦鸡汤安慰自己自我开解。但是啊，我不想忘记自己的初心，我希望在大三见习前的这最后一年，我的班级能够好好的，大家的关系也能够更近一点。既然如此，我就应该为这个想法付出努力。在接下来的日子里，我也会继续坚持。就像乘船时，想要呕吐的时候就呕吐好了，但不管怎样，船还是会继续航行，抱怨之后我们也还是会继续前进。

我其实很幸运，在我学习的每个时期，都能遇到一群可爱的人。上了大学后，随着我们的视野越来越开阔，我们会遇到各种各样的人，有的人只是匆匆一过，有的人却会在我们的人生中留下浓墨重彩的一笔。偶尔想起的时候，心底的那份感动还是会激励自己坚持下去。

在我转专业前，刚进入这个学校，我像其他迷茫懵懂的新生一样，对新的生活充满热情，面试了很多部门，最后也成功地加入了很多部门。我加了校青协、院学生会，做了班委，还加入了一个特别忙的部门——校卫队。2017级以后的学生，可能都没听说过这个部门，因为它在2017级刚入学没多久就解散了。卫队在队的有四十个人左右，算是一个大家庭。因为每周有两次队训、两次组训，还有差不多一两次的值班，所以大家基本上都待在一起。它就像我们的归属地，一个可以暂时忘记其他烦恼的舒适圈。虽然后来卫队被迫解散，但是在队期间，我付出了很多，也收获了很多。卫队的伙伴到现在依旧是我很好的朋友，我们互相陪伴、互相鼓励、一起成长。

大二的时候我加入了心理中心，其实我进中心还蛮戏剧性的。当时刚好丁哥在纳新，我抱着试一下的心情陪着同学一起去面试，结果就像很老土的剧情，我进了，我的同学没进。刚进入中心那会儿，也是辩协最艰难的时候，我一度因为自己很难协调想要放弃中心，但是我很庆幸，我坚持下来了。中心的伙伴和老师们也教会了我很多，帮助了我很多。我们都不是超人，总会有脆弱、想要依靠他人的时候。如果你很幸运身边有可以依赖的人，希望你能够好好珍惜。如果没有，心理中心的老师和朋辈心理咨询员们也都会很愿意陪着你帮助你渡过难关。

我其实不是一个自我效能感高的人，我的大学经历可能在很多人听起来会觉得还不错，能当总负责人打比赛且取得还行的名次，会打辩论还做了会长，也组织举办了那么多场的比赛活动，讲出来仿佛很充实，但是对于这些，我却是越来越麻木。如果不是因为刚好上到团辅课有了重新去思考的机会，我可能依旧会混混沌沌地走下去。所以啊，当我们迷茫的时候，或许"向后看"能使我们更好地"向前走"。

最后，我想告诉大家，我的人生是我的，你的人生是你的，只要你清楚自己在寻求什么，那就尽管按你的意愿去生活，做你想做的事，做你认为应该做的事，成为你想成为的人，珍惜你想要珍惜的人，不被其他人阻挡，去任何你想去的地方。无论过程是坎坷还是顺利，我们总是在前进的。不是吗？所以，亲爱的同学们，我们一起经历吧，不论酸甜苦辣都会滋养你的人生，快乐和成长与我们常在。

并不是所有的美好都能如期而至

蔡艺娴

> 人生在世，总有许多的不如意，并不是所有的期望都能有回响，努力的当下不一定就能达到自己想要的结果。但是，不要轻易放弃，虽然并不是所有的美好都能如期而至，但是用心去感受，你会发现，世间美好与你环环相扣。

"如期而至"的意思是"按照计划或者规律，按时到来"。世间万物，生生不息，周而复始。大部分人的人生都不会是一帆风顺的，每个人的成长过程中或多或少都会有一些挫折。都说"计划赶不上变化"，很多我们预期的事物都不会按时到来。我们所能做的就是努力接近美好，创造无限可能。

"美好"一词出自《庄子·盗跖》，指美丽的东西让人身心舒畅，更好地生活，快乐地生活。可能每个人所认为的"美好"都有所不同，但是相同的是"美好"都使人喜欢，给人舒服的感觉。但生活不全都是美好，还有许多的困难、挫折、不幸等等。我们能够做的就是发现身边的美好，创造美好，然后克服困难，迎接挑战。

同学们的大学生活可能会遇到许多不如意的事情，例如竞选班委落选、不能加入自己喜欢的部门、参加比赛没得奖、考试考得不好……这些不如意的事情可能会让你感到迷茫伤心，但是我们必须勇敢地去面对，因为生活中不只是有这些不如意，可能还会有更多的挫折等着你。纵使一时落魄，也不要放弃，再坚持一下，光明将在前方，不是所有的美好都能像预期的一样来临，但是努力过就不会被辜负，再等等，再努力一点点。生活会欺骗你、打压你，但努力了就会有收获的。虽然不是努力就能成功，但是努力带给你自己的是努力的过程，努力中学到的技能，以及努力时心态的变化。

其实生活中的美好很多，我们要善于去发现身边的美好，虽然有时候可能你预想的美好不能如期而至，但何不换个角度，多多探索一下身边的小美好、小确幸？学习学累了的时候，抬起头，看看外面的世界，看看那一花一草一物，都在各自长大。难过伤心时，想想父母家人老师朋友的关心，会不会就好受一点？当生活一次次打压我们时，我们要一次次地站起来，一次次变得更强。"生活不会按你想要的方式进行，它会给你一段时间，让你孤独迷茫又沉默忧郁。但如果靠这段时间跟自己独处，多看一本书，去做可以做的事，放下过去的人，等你度过低潮，那些独处的时光必定能照亮你的路，也是这些不堪陪你成熟。所以，现在没那么糟，看似生活对你的亏欠，其实都是祝愿！"

《请回答1988》中的金正峰高考落榜了六回，第7次高考，考上了成均馆大学法学专业。他不是不聪明，只是对学习不感兴趣。毕业后，成宝拉已经当上检察官了，正峰依然没有通过司法考试，重复了高考不过的噩梦。但是，剧中的他一直持有积极乐观的心态。他善良可爱温顺，恋爱浪漫且专一，学习内容丰富有趣，生活技能满分，对感兴趣的事物惊人地执着。没有成为宝拉那样的法官、检察官，他去做了自己喜欢的事。他没有其他男生的主角光环，但是我们可以从他身上看到轻而易举的小快乐，一锅拉面、一张邮票、零食中的"再来一包"等等都能让他感到满足与快乐。他身上没有年龄的焦虑、没有成功的盲目。正是因为他去做了自己喜欢的事，所以他感觉一切都是美好的。

所以，当我们遇到不如意的事情时，何不换个角度想想？说不定美好就在转角。还记得刚上大学的时候，我对我的未来一片迷茫，对于自己的专业完全不熟悉，上课时，面对一大堆人体标本，内心总是感到害怕。后来，随着对专业知识的慢慢学习，慢慢了解了自己的专业，也明白了大体老师们的伟大，上课时更多的是敬佩。各科老师风趣幽默的教学方式，让我觉得课堂越发有趣，我也慢慢地喜欢上了自己的专业，对于未来也充满了希望，所以说并不是生活不美好，而是我们没有去发现美好。用心去感受，多体会，生活处处皆是美好。

记得去年暑假，我去厂里打工。刚开始去的时候，感觉每天都是煎熬，一大早就要起来，到晚上很晚才能到家，而且手经常被割破。厂里的环境又潮湿又闷热。每天耳边都是那些大型机器轰隆隆的声音，每天重复着一样的动作。做了几天以后，我慢慢地适应了，也认识了新的朋友。厂里的阿姨都很朴实热心，在我做不完的时候会帮我赶进度，在我手受伤的时候会帮我包扎伤口，在我抱怨的时候会开导我。做了半个月以后，我回到学校，更加珍惜在学校的美好生活。看到工资打到卡里后收到的短信时，虽然钱不多，但是让我心中充满了满足感。付出劳动后得到的人生第一桶金，让我备受鼓舞。

体会过苦难，才更加明白美好的珍贵，更能从平淡的生活中发现不平凡的美好。

不同的人，处于不同的环境，对于他们来说，美好的定义也是不一样的。当一个人在沙漠中口干舌燥时，一杯水是美好，一阵清风是美好，一处阴凉是美好。当一个人在寒风中时，一股暖流是美好，一口热汤是美好，一束暖光是美好。生活处处皆是美好，只是有时候我们未曾感受到。用心去感受，美好总是围绕着我们。

当我们处于人生低谷的时候，不要悲伤，不要心急，忧郁的日子终将会过去。我们要对生活有耐心，对自己有信心，对战胜困难要有决心。现在的一切不如意，都是为以后的美好做铺垫。生活失意的时候，再等等，再坚持一下。生活不会亏待每一个努力的人。

我的父亲在我小学的时候出了车祸，那段时间，家里只有我和姐姐两个人，母亲在市里的医院陪着父亲。至今我都清楚地记得，那天早上我七点多起床，发现姑姑在我家里，我问她母亲去哪里了，姑姑只说母亲很早就出去了，后来才知道父亲昨晚出了车祸。父亲在重症监护室住了一段时间，母亲日日夜夜都守在他身边，惨了我和姐姐，只能自己洗衣做饭。两个人一开始笨手笨脚，饭经常煮不熟，炒的菜也是味如嚼蜡。就这样，日子慢慢地过去，我们也越来越熟练。到父亲出院回家的那天，我们已经可以做一桌子饭菜迎接他们回来。父亲回家后，由于车祸伤的是腿，所以很长一段时间他只能躺在床上，吃喝拉撒睡全都在一张床上解决。小学的我每天早上起来就给父亲打水洗漱，放学后书包还没放下就要帮父亲倒尿壶，这样的日子持续了小半年。后来父亲能靠着拐杖行走了，再后来，不靠着拐杖也可以走两步了。慢慢地，父亲走得越来越熟练，虽然到现在还是跛脚，但好在身体健康。现在回想起来那段艰难岁月，说起来挺苦的，但是苦难中镶嵌着美好，父亲的一次车祸，让我们全家人的心更紧地凝聚在一起。共同经历过苦难的夫妻，感情更加恩爱。以前父亲母亲总是吵架，车祸以后，就很少再听到争吵。我和父亲的关系也变得更加亲密。以前总是觉得父亲严肃，后来他出车祸后，在家里待着的那段时间，一到周末，我们俩就一起看电视、打牌、下棋。父亲教我下各种棋，五子棋、象棋、军棋。渐渐地我和父亲越来越熟悉彼此，在打闹和欢声笑语中日子就这么一天天过去，父亲的伤也逐渐好起来。现在回想起来那段时间，虽是艰苦，但是只要一家人平平安安地在一起就是幸福，我也是从那时候才意识到我在一步步地成长，父母也有脆弱的时候。

多年以后，和母亲说起那段日子，才知道母亲在医院照顾父亲的时候也很不容易，母亲一边要忙着医院的事情，一边要忙活保险赔偿，心里还挂念着我和姐姐。还好现在一切都在慢慢变好。所以当日子苦的时候，再熬一熬，生活不会一直都是苦的，阳光总有照进来的时候。虽然不是所有的美好都能如期而至，但是世界一直都有美好存在。

所以我们在面对生活的苦难的时候，不要轻易放弃，要学会在痛苦中成长，在苦难中磨炼自己的意志，让自己在逆境中成长。坚信一切都会变好的。人生不会一直总处于低谷，而我们要学会在低谷的时候蓄力，待到山花烂漫时，就尽力发挥自己的光彩吧。

世间万物，都有阴阳面，事物有好有坏，"物极必反"是老祖宗留下来的道理，所以黑暗的日子不会一直存在，美好的事物也不是时时都有。虽说并不是所有的美好都能如期而至，但是我们要始终保持对生活的热爱。只要我们的信念是美好的，就一定会等到那虽晚但总会到来的美好。愿世间美好与你环环相扣。

走出迷茫，让自己的生活更加充实

周懿

> 清醒着堕落最为痛苦，痛苦中煎熬最为致命。我慌张地焦虑于大学碌碌无为的我和困于迷茫的我。但在痛苦的日子里，朋友突然向我倾诉与立志的聊天过程中让我燃起了斗志。身为同龄人，我碰到过如同我这般的人。写下这篇文章，希望另一个我能从中有所收获，从困惑、迷茫到有所希望，能看到自己的光……

还没来得及思考，我们的大学生活正在悄然快速离去，思索半天也不晓得自己到底干了什么，只觉得混混沌沌就这样过完了。虽然平常循着步调听课完成作业，参加各种活动，但却像是被无形中推着前进。我时而感叹自己怎么这样，却又继续这般过着生活，既煎熬又无力。煎熬的是自己无所作为，无力的是自己没有向前进的目标动力。清醒中的堕落最为可怕。这是我作为一个普通学生的感受，但是我不知道有多少人像我一样。

这个假期，我和一个从初中起就玩得好的玩伴一起聊天。言语之中，无一不透露着她的无奈。她同我说："我感觉大一上半学期浑浑噩噩就过去了。虽然没有挂科，但是也只是没有挂科，分数并不出彩。在选择这个专业的时候，我认为这是一个纯文科的专业，我可以大展拳脚，事实却并非如此，而且我没有参加学生会也没有参加社团活动，学校安排的课程很多，乱七八糟的活动也很多，把我的时间打散，变得零零碎碎，而且因为任务多，我总是感到疲惫。我没有尝试着去控制自己的时间，感到累了就直接选择休息，因此大一上半学期过去了我也没学到些什么。"看着微信上她给我发的一长串消息，我有点懵，不知道她突然发这些干吗，是不是受到刺激了。我就问了一句："这几小时你经历了什么？"我还不忘顺带一个苦笑。她说没啥，就是反省了一下，好像整个假期在家里反省清楚了，开学心态爆发。我有点震惊，一是没有料想到她会这样想，二是和她一样，我在假期也是这般思考着自己的未来和就业，没有想过居然有同我想法一致的朋友，想得越多就越发感觉惆怅。因为就在前几天另一个高中同学突然说自己在上课好无聊，来找我聊天。当时我是有点生气的，我说好好上课别偷懒喔，要不然就听不懂了。她回复我一句：听了还是不懂。我说认真听怎会不懂。也许是感觉到她心里不舒服就没继续聊这个话题了，我问她考虑过自己以后的职业规划吗。我说我有点焦虑。她说："哈哈哈，就没考虑过，顺其自然呗。"我"嗯"了一声就没继续聊了。所以当我看见这个同伴跟我聊时兴趣就勃然上升。我们俩同为新生，刚刚过完半学期，然而都很迷茫。我总是给自己目标，却没有认真行动过。沉思许久，我问了她一句："想要改变一下吗？"不只是从一方面，还得多方面把自己变成喜欢的样子，初生儿不也总是在不断实践让自己成长吗？发过去之后，许久她回复了一串字："我寝室的室友也非常忙碌，每个人都在完成每天的任务。但是我感觉她们的收获也不怎么样，我不知道她们是不是和我一样是行尸走肉。部分室友喜欢收拾自己，但是我通常都不会特意去收拾啥。我感觉她们都在改变自我，而我在原地踏步，于是我有点焦虑。但我现在想想，我也可以把自己变得更好而且不用伤筋动骨，我可以做一些小小的改变（我会尝试着薄薄地涂点你给我的唇釉），而且我认为大学最终还是学校，学习更加重要，所以我必须要去努力学习，这才是提升自我的道路。"看完这段话，我说对，得改变自己。她说现在她一心想要考过英语四级，因为她是师范类学生，所以她说之后计划去考教师资格证。那天她的话好像格外振奋人心，也格外发自肺腑。她说她感觉大学时间过得很快，特别快；如果她还不能够进入状态就这样浑浑噩噩下去她就会完蛋。

她不能继续这样浑浑噩噩地过下去，即使她定的目标很高，在别人看来很搞笑，但是她真的需要一个目标，总比她现在这样好很多。有同样想法的我看了这些自然不会嘲笑，只感觉崇拜她。我也积极鼓励她。这时候对于我们而言，有一个清晰的目标就好像抓住了混沌中的一根稻草一般。我们像是抱着最天真的想法说自己以后计划好好考上研究生，我们一起努力。第二天，她给我发了一本关于哈利·波特的英文电子书，叫我好好学好四级。我嗯了一句。"上个学期自己坚持在手机上背单词整整一个学期，我发现我不太适合手机背，所以我从网上买了一本单词书，开始了改变。我希望自己能够坚持下去。接下来这几天，她都在努力着。我们没再聊天，仿佛那天的天马行空未发生过。但我内心里好像一阵汹涌，使我振奋。基于长期的目标，我给自己制定了短期的任务，自己要认真规划不至于在模模糊糊中虚度光阴。之前在上职业生涯规划课程的时候，看着人生的时间轴，老师说了一句：其实在我们的人生中，大学阶段，是我们时间最丰富的时候，这期间我们可以无限丰富自己，做自己喜欢的事。我当时就在思考，那学习自己喜欢的并加以利用可不可以帮我变换些有价值的东西呢？用自己的兴趣爱好帮自己赚得一笔钱，那也是很让人值得骄傲的一件事啊。所以我总是在无聊时上网看看有没有适合自己的兼职。然而这个假期回去的时候遇到了一个比我大两届的亲戚，他对我说，大学看起来像一个读书的地方，但其实它是一个平台，我得借助它来丰富自己，同时也要在闲暇时间通过不断训练来提升自己的技能，要知道技多不压身这个道理……他说了许久，我也听了许久。所以拜完年回到家后，我就开始了丰富自己的道路。许是自己喜欢看动漫，受到的影响挺大，对于画画、日语之类的东西特别感兴趣，于是我就参加了学校里绘画打卡的活动，也开始利用手机学习日语，自己也坚持打卡。一旦开始就别结束，对于自己的目标始终贯彻如一，同时要自己学会去主动学习。一切压迫性的学习的效率都不高。要学会主动接纳，建立起自己的兴趣来，这样会事倍功半。生活就像在黑夜中走路，你需要自己摸索，然后找到一盏明灯，指引你前进的方向。

当我们踏入大学之后，体验过了最初的新鲜感，随之而来的就是"迷茫"。这种迷茫，正是因为我们失去了方向。人生的选择太多了，而我们以前从来都不需要去想自己下一步应该怎么做。所以，在大学的时候，找到自己的方向，是首要的目标，是高质量生活的前提。我们的生活总是根据自己的课表安排来走着，还有班委发不完的通知、参加不完的活动，我就像是一个有头有脑的机器人一般。然而我希望的是自己周末能够在图书馆泡泡。我相信有很多人也有这个想法，只是言行不一罢了；或者自己思考一下自己的生活中想要什么，就去努力得到。参加自己认为含金量大的活动，努力去赢得奖项。在学校里面，我们做事情是过程为主，就像社团办一个活动，举办人往往没有能力做到将一个大的活动策划得非常好，所以大家重在参与，结果另论。

其实学习就是一个精进自己的过程，并不是说你要拿着本书，完成老师的作业、考试考高分才叫学习。学习无处不在，学习是为了更好地解决问题，去达到我们的目的。当今互联网时代，有什么知识是自己无法找到方法学习的吗？学习不只要学习自己的专业知识，也要学会其他。大学的时间很短，也很长。现在的小朋友很聪明，但也有短板。我们接受应试教育太久，然后父母以为："看了别人怎么做，你好歹也知道怎么样做啊！"没吃过猪肉，还没看过猪跑吗？我们看得太多了，只是不好好观察，以为那些都离自己太远。据说国外的小朋友，高中就要学会自立。国内高中阶段的我们还在为高考努力，还是爸爸妈妈的好宝宝。大学四年，我们依旧甩不掉奶瓶，以为那是给自己放得最长的一个暑假。所以每一届毕业生在真的毕业前两天才会哇哇大哭不止。这就是代价。前几天我爸不知道是不是喝多了，突然开始跟我聊起了学习工作这方面的事。那天他对我说："学习你就得有方法对不对？你瞧见了别人是如何做的，你自己也得学学别人是怎么做的，对不对？同时，你也得好好努力，切不可过分偷懒，好好练练自己的其他技能。"我听爸爸念叨了许久，也思考了一番。不同人有不同的人生，你得为你的未来做打算。

　　大学四年，切不可浑浑噩噩，要有自己的目标，达到每一个目标，让自己的生活过得丰富多彩，为你的简历多添加一笔色彩。历练许多，但不见风景不罢休，不是吗？

求索：不设限的人生

魏威

> 青葱岁月总在弹指一挥间匆匆逝去。我们总在感叹时间太快，可每个人都有让时间"变慢"的秘密武器。大胆去做自己想做的事儿吧，去另一座城市的街角巷尾走一走，去另一个领域中探索，向自己的内心求索，不为自己的人生设限！

话从哪里说起？

等到你要说话，什么话都是那样渺茫地找不到个源头。

——林徽因

上一次引述这段话时，还是在高考结束的那夜，怀着释然与期待，为我的学弟学妹们留下最后一封信。未曾想时光竟是如此飞逝，似乎年岁越长，年华越匆匆。可再细细一想，真是如此吗？是我们在庸庸碌碌中忘却了时间，还是我们从未认真审视自己的人生，便任其随意流去呢？

作为一名朋辈心理咨询员，我希望分享自己的人生感悟，用自己的实际行动来告诉大家，只要我们努力，很多事情都是可以改变的；要体会人生的美好，人生不设限。

"未经审视的人生，不值得一过"，这句苏格拉底的至理名言，延伸出一个直击人心的问题——你是否想过怎么度过这一生？换言之，你是否已经为你的人生设限？是否有些事儿，你埋藏在心底，想做却不能，又或者，想做却不敢？

当你仍在犹豫不定的时刻，总有人先行一步，抓住转瞬即逝的人生，绽放独具一格的光彩。我也曾胆怯懦弱，但现在，我决定把我的故事说给你听。

走出抖音镜头的你

  今年寒假,我结识了"西安扇子哥"。他响当当的牛气名号,在抖音里人尽皆知。我对他的第一印象,是在夜里零度上下的气温中,他盘坐于街灯之下,倚着灯柱,悠然自得地作着画。另一乖巧幼童,静静地守在他背后,无言相伴。我一向喜爱探索生命中不寻常巷陌,期待生活中的神来之笔,于是便径直莽莽撞撞地上前搭话。这一聊,就是大半个钟头。

  你看得见的,是他的杂发如草,是他的旧衣斑驳,是水沟的脏乱污秽;你看不见的,是他对国学文蕴的痴迷,是他对理想的沉默守护,是他二十年如一日的坚毅简朴。与我同行的两位伙伴,早早便站在一旁,冻得有些焦急,等得有些无奈。可我舍不得离开,从屈膝至蹲坐,旅游走了三十多公里的腿脚确实酸痛。可我还是舍不得离开,想让他尽兴地多说一些,也想听他尽情地多说一些。我想,一个真正鲜活火热的生命,是绝对值得心与心的静对去体悟的,而非仅仅将冰冷的机器伸向他。他的眼眸真挚而诚恳,直直地望向你,通透而真情。我蹲在他面前,也直直地望向他,听他在这冬夜里述说他的生命轨迹。

  他说他从未想过,一直坚持的工匠精神,有一天会成为举国振兴的呼号;他说他从不知道,自己会因为网络而成为书院门的代言人;他说他从始至终,都怀揣着一份渺茫微弱的希望,二十年后居然能得以实现,这时代不一样了。

  看到扇子哥时,我即刻想到早年在香港街巷碰见的油画老人。他不会说英语,他用着脱了漆的诺基亚,他一手举着广告牌谋生一手涂画着街景,他身边有形形色色的过路人。我也是这样蹲在他身边,听他操着一口地道的粤语,尽兴地回顾他的心路往昔。所谓匠人,拥有精湛的技艺无须多言,真正难能可贵的,或许是那几十年如一日的坚持,那颗平凡但绝不平庸的淡然之心。

  扇子哥好像很久没有这么高兴了。临了我提出合影,扇子哥欣然接受,连说了好几句"有缘"。来来往往的路人行色匆匆,惊奇又探寻地瞄了几眼,便急急离去。也许他们并不能理解,在这尘污的水沟旁,有什么值得关注合影留念的。但我想,人生本不该设限,即使被现实摧残得体无完肤,仍应该相信,美梦成真的那一天,会到来的。

  或许有一天,那些抖音屏幕后的人,会真正踏上这片土地,你会真切地与他交谈,然后知道,书院门不仅有一位街边扇子哥,也有一位匠人画家:演庄。

拥抱真正的你自己

很多人说，减肥很难，曾经的我也觉得，减肥很难。18岁以前的我从来不敢想，我能在一年时间内，甩脱46斤脂肪。

2018年的暑假，挤过高考千军万马的我，还是那个两百多斤的胖子。无须任何人的陪伴与催促，我独自冲进了人满为患的健身房，办卡，买课，锻炼。任何一个从小圆润到大的胖子，都曾暗暗幻想过无数次，脱离肥膘的自己究竟是什么模样，在梦里，在浴室的镜子里，在孩童时的嬉闹声里。但我，不准备继续做梦了。

整个8月，我一共上了15节课，也在25天内，减重20斤。而后正式进入大学校园的我，只是一个能进行器械训练，但动作储备及标准度都不到位、能创造热量缺口但饮食计划仍不完善的胖子。好巧不巧，学校正好有一个拳击馆，也有一个守旧派风格的健身房。学校健身房麻雀虽小但五脏俱全，里边儿有的物件比我年龄都大，但好在有一群热爱健身的朝气蓬勃的同龄人。虽然刚开始的我并不好意思主动开口。还记得第一次进去时，面对一众肌肉男，我佯装镇定地办了卡归置了物品，扫了一遍器械，然后低头敲手机，咨询教练应该如何根据现有器械安排训练计划。

而后，我有着自己专属的日程规划，很难被打破，也很难被迁就。每周一、三、五进健身房，二、四、六进拳击馆。拳击由星火拳击协会的学长学姐教学，一群人热情高涨，欢声笑语，其乐融融。而在健身房，刚开始的这段日子，确实有些孤单，自己来，自己练，自己走，自己吃。需要适应的东西很多，比如学校健身房每天的开放时间是固定的，要规划好学业内容、会议讲座、学生工作等事项的时间安排，留足充分的睡眠时间，以确保有时间也有精力完成每天的训练；比如由于训练计划的差异和初入校园的青涩等原因，我无法找到合适的训练伙伴；比如固定的用餐时间和苛刻的饮食计划，让我回避了许多聚餐，也习惯了单独吃饭……现在想来似乎真的有些心酸不已，但其实当时我并没有过多地在意这些问题，而只是单纯地全身心沉浸于这种规律生活的新鲜感中，认真执行"吃练睡"的规划。

今年4月，我加入了学校健身房管理员的队伍。说是管理员，其实应是一群热爱健身的年轻人，他们具备更丰富的知识，为新手小白答疑解惑，也用自己的实际行动，去引导身边人。在这里，我真正解锁了和男生搭练的技能，也拥有了多向的信息交流与低阻碍的共情体会。而更为重要的，是我发现学长学姐们，并不像我一样苛刻地对待饮食与训练。他们不但拥有强健有力的身体，更有一颗豁达明事理的心："时间紧，就少练点；有聚会，就多吃点。来日方长，没什么大不了。"从此之后，我不再囿于自己的健身世界，也能正常社交，正常吃喝，用更包容的心来对待健身。而这时候的我，才猛然意识到，我再也不是那个走几步便气喘吁吁的胖子了，我可以合理地掌控自己的身体，甚至为那些被同样问题所困扰的同学排忧解难。而我，也真正地接受并拥抱了自己。

到后来，我去过很多地方，见过许多风景，但在我的心里，西安那夜的烟花只散不谢，而那熠熠光华也将长随着大唐不夜城的有缘人，年年此夜，人月双清。再后来，我见过很多健身爱好者，甚至见到了世界健美冠军，但在我的心里，初入健身房的满腔热血从未冷却，而对待热爱的最好方式，就是在漫长岁月中，与其相守一生。

不知道正在看故事的你，有没有一处心神向往却迟迟未曾动身的远方，有没有一项惦记许久却未曾拾起的爱好，有没有一些埋藏心田许久却从未破土的念想。如果有，请用这朝气蓬勃的青春年华，大胆书写你的故事吧。因为我们的人生，本就不该设限！

人生路上不需要担心

陈建薪

> 身处现实中的我们，在每一次与人生的博弈中，并没有机会悔棋。若是我们害怕博弈失败，那么很可能也会跳进墨菲定律之中，从而留下失败的人生。所以在人生路上，一定要不断向前，不要害怕失败。

我想询问一下大家是否有过和我一样凑巧的"倒霉"经历：平常不怎么逃课，某一次逃课就碰上老师点名；平常有带伞的习惯，某一次忘记带伞就遇到下雨；排队领快递，好像总是另一队速度更快……

类似的事情你们肯定经历过很多很多，我曾经的类似经历也不计其数。我印象最深的经历便是在高中学习时，凡是一讲粗语俗话，班主任必定出现在我身后。不是其他人，一定是班主任，以至于我的班主任后来都有些习惯了我所称的凡说粗话班主任必现身后定律。

而这些凑巧的事情在心理学上有一种定律可以解释，那便是墨菲定律。相信不少人都听过墨菲定律，在心理学上，墨菲定律又被称为"倒霉定律"，指的是事情往往会向你所能够想到的不好的方向发展。这个心理效应由美国空军基地的上尉工程师爱德华·墨菲提出。有一次墨菲和上司在对火箭进行减速超重实验。其中一个实验项目是将十六个火箭加速度计悬空装置安装在受试者上方。看似平凡的实验，其结果却令人不可思议，实验过程中竟然有人有条不紊地将十六个加速度计全部安装在了错误的位置。后来墨菲对这次实验提出了墨菲定律：如果有两种或以上选择，其中一种将导致灾难，则必定有人会做出这种选择。

我们生活中为什么会出现这些凑巧的倒霉事呢？又或者说为什么会出现墨菲定律？从心理学方面来看，主要是两个因素在起主导作用。

第一个便是我们所熟知且常犯的错误：侥幸心理。众所周知的成语守株待兔就是侥幸心理的典型案例之一：战国时期宋国有一个农民偶然间遇到一只兔子撞在树根上死了，便放下锄头在树根旁边等待，希望再一次得到撞死的兔子。我们每每看到这个故事，总会有一种啼笑皆非的感觉，但其实我们在生活中也经常犯类似这样的错误。

同时，我们听到的一些关于贪污腐败的新闻往往也是侥幸心理的一种案例，还有我上面所提到的"凡说粗话班主任必现身后定律"，心里想着老师也不一定会出现吧，下一秒就"愉快"地和班主任开始泡茶……这些都是侥幸心理的体现。

相信大家一定有过以下类似的经历：需要在指定时间去某个地方处理一些事情，看了时间觉得很充足就先玩了玩手机，结果到时间差不多的时候不是东西找不到了就是有其他急事需要处理。大部分人遇到这类事情都会暗自抱怨一声倒霉，但这其实算不上什么"倒霉"，这只不过是一个人对一件事心怀侥幸心理，没有做好充足的准备罢了。我本人过去的经历就可以当作反面教材，过去我经常因为懒惰又或是粗心大意，处理一件事总是在最后才匆匆忙忙完成，最终的完成质量不怎么样。当然解释的千言万语都若云烟，所幸现在已经慢慢改掉了这种侥幸心理，否则谁也不知道我会不会哪一天因为侥幸心理而酿成大祸。

第二个便是自证预言，也就是我们常说的心理暗示。这又涉及心理学的另一种心理效应：白熊效应。美国一位心理学教授丹尼尔·魏格纳曾经做过一个非常有名的实验：他在一堂心理课上设计了一个实验，要求参与实验的学生们在十五分钟内随意想象，但是绝对不要去想白熊。然而最终的结果是几乎所有的人都无法控制自己不去想象白熊。白熊效应又称"反弹效应"，指的是若一个人总是提醒自己不要回想、不要去做的事情，却往往越会回想、去做。这种反弹现象在自己心烦意乱、疲劳和紧张的时候最为严重。

我们经常把生活中很多不幸的事情归咎于"运气不好"，殊不知，这些不幸并不是概率问题，而是这些事情背后隐藏着一些发生的必然条件。我们过分担忧一件事情的好坏时，往往会暗示自己不要去担忧，却因为白熊效应影响着自己的判断，于是最后担忧的事情往往会成真。

在我的漫漫人生路上，给我最深刻教训的事情便是人生转折点之一——高考。前面我说过，我本人有些粗心大意，因此在平常小测之中经常因为一些简单题目的失分而失去竞争优势。虽然在高考之前我提醒自己不要担心犯错，但收效甚微，考试时遇到简单题还是会担心自己是不是会犯错，同时脑海中又不断提醒自己不要担心太多，在这样不断产生的矛盾下，最终高考还是给我上了一堂印象深刻的课。

即使白熊效应看起来百般不好，但是它还有另外一种打开方式，也就是白熊效应的反利用。白熊效应很难逃避，不要强迫自己不去想白熊，顺其自然，我们可以尝试着从反方向去利用它，比如强迫自己忘记一些自己想做却又因为懒惰没有去做的事情，或许慢慢地你就会开始改变。

因此不论是侥幸心理还是自证预言，两者其实都是我们自己可以进行控制的，只有进行了自我控制才能跳出墨菲定律的怪圈。如果墨菲定律发生在你身上，也许你可以自我审视一下，你自己有没有因为"心存侥幸"又或者"自证预言"从而导致重复犯错。如果墨菲定律发生在你熟识的人身上，你还是可以自我审视一下，是不是自己有意无意的负面语言和情绪对他们进行了无形的催眠，同时也可以引领他们跳出墨菲定律的怪圈。

当然，知道了如何避免墨菲定律后可不要只停留在反思负面影响这个阶段，可以尝试利用这个效应给我们创造正面积极的影响。而在无法避免的时候我们还可以寻找恰当的机会将其转化成一次积极的教训。一个人若有过深刻的经历，都会知道墨菲定律很难避免，因此我们不一定要选择去避免墨菲定律，而是要选择避免墨菲定律的潜在风险，在事情发生之后进行自我总结，而不是选择一错再错。那到底要怎样避免墨菲定律的潜在风险：1. 把任何事情的风险可能放置于最严重的位置，否则往往会出现你认为情况不会再坏，事实上情况反而更坏的情况。2. 不要想着一蹴而就，墨菲定律往往出现在人们想要短时间完成高难度事情的时候，梦想越大，越容易半途而废。3. 保持良好的记录习惯，包括但不限于课堂笔记、重要文件备份等等，这可以降低墨菲定律的潜在风险。4. 若时刻担心别人对你的看法，反而会让人更容易注意到你，因为在担心的过程之中，不自觉的举动就会让别人注意到你，这样你反而会更加缩手缩脚，担心不存在或不可能的事情，相当于放大了墨菲定律的潜在风险。5. 不要担心自己会不会更倒霉了，答案是一定会的，当你把注意力放在这些倒霉的事情上，哪有时间关注其他事情或东西？若这时候加入一点点粗心的"调料"，"运气"这盘菜一定会变得食之无味。6. 经验虽好，可不要"贪杯"。因为经验能使我们在处理事情的过程中提高效率，提升成功率。但若是被经验框住，使我们自身思维僵化，草率地凭借经验去处理事情，不用思考，墨菲定律一定会应验在你的身上。7. 不要认为没有人收集你的信息，按照墨菲定律来看，可能你的信息早已畅游于网络世界。注意自己的个人信息隐私安全。8.用正面信念，代替负面想法，这也是墨菲定律的反利用，若避免不了，试着去接受它。

墨菲定律的极端表述是如果坏事可能发生，那么不论这个概率多小，它一定会发生。但其实，不论什么事情在一个人身上发生的概率只有50%，要么发生，要么不发生。墨菲定律更像是人生的一句感悟和警示，虽然没有可以严格验证的科学依据，但是却在很多情况下给我们提出了有益的告诫，提醒我们避免出现错误。

大家经常听到有因为赌博又或者是贷款而家破人亡的故事。大多数人在听到这些故事后都会认为他们怎么会这么愚昧，但其实他们都是陷入墨菲定律怪圈的人。他们在每一次称不上博弈的博弈中都在害怕输，然而事实往往总是输。而身处在现实中的我们每一次与人生的博弈并没有机会悔棋，若是我们害怕博弈失败，那么很可能也会跳进墨菲定律之中，从而留下失败的人生。所以在人生路上，一定要不断向前，不要害怕失败。

人生没有暂停键

郑泽林

> 生活中似乎事事都可暂停。不管是激动人心的电影还是扣人心弦的音乐,只要按下暂停键,我们就能对当下所进行的活动和行为进行一次抽离和暂停。但是人生海海,我们或许可以驻足于步行道中,流连于目之所及,抽离于种种杂乱无章的烦恼,但是我们终究无法按下暂停键。白驹过隙,韶华易逝,人生不会真正暂停,我们永远行走在前往下一个目标的旅途中。青衿之志,履践致远。在这条上下求索的路上,人生没有暂停键。

我是一名来自厦门的阳光开朗的男生,但是我的成长经历可并不开朗,而是如同连绵起伏的大潮一般。

现在的社会,是高度竞争化的社会。也不知是谁的一声枪响,大家都开始向前不断奔跑。但是人生并非一帆风顺,漫漫长路总有波折和坎坷不平,不可能一直是一片坦途。打小起,我就不是一个让人省心的孩子,家长大人都说我虎头虎脑的,顽皮是我的代名词。上幼儿园起,我就让家里人操心得很,说什么都不去幼儿园,那个陌生的环境让小时候的我感到未知的恐惧。在奶奶的拖拉硬拽下,我才踏上了上幼儿园的道路,而且这路上有着数不清的借口和要求。甚至好不容易到了幼儿园门口,我还会找准机会一溜烟地跑开。至今家里人都说:泽林是被"请"到幼儿园去的。

进了幼儿园之后,也没少让家里人操心,因为小孩子们都有一个屡试不爽的技能——哭。更别提刚开学的幼儿园了,那是哭得感天动地。我进幼儿园奶奶就在幼儿园的窗户外看着,看到我哭心里又痛又急,有一回就悄悄地把我背回家了。这件事现在还是我们家茶余饭后的谈资呢!年岁渐长,我也能够独立地在幼儿园"生存"了。但是新问题又来了,我不爱和同学们说话。老师也很奇怪,因为我和大人就能很顺畅地交流,但是跟同学们就是一个字也蹦不出来。家里人急坏了,说什么都要让我和班里的孩子们说话。在家人、老师的良苦用心下，我终于能和班里的孩子说话了。但是我还是比较孤僻，总喜欢一个人待在角落里，想些自己的问题，看自己的书，不是很喜欢参加团体活动。

一直到小学时期，因为性格孤僻，我跟同学的关系总是很不好，父母因为担心我，还差点闹过退学。辗转了几个学校之后，皇天不负有心人，我终于渐渐迈开了成长的第一步，开始走进了同学的视野中，学会和同龄人沟通。这也要感谢小学时的班主任对我的耐心和细心，是她的循循善诱让我成长的每一步都更加踏实。可是迈入小学的我又遇到了下一个问题，就是成绩不佳，上课爱走神，每天都在发呆，想着脑海里的小宇宙。那时的我总是痴迷报刊，对课上循规蹈矩的内容不是很感冒。还记得班主任总是放学之后耐心地辅导我功课，我感念她的辛劳，慢慢懂事了很多，开始努力学习，在小升初的时候考上了厦门的重点初中——双十中学。

到了初中后，我终于渐渐地成熟起来，但是学习环境中清晰可见的压力和竞争，让我冒了不少冷汗。而我正如大多数那个年纪的小孩一样，爱上了看书，特别是接触了《明朝那些事儿》、金庸武侠小说等各类小说之后我更是手不释卷，没日没夜地看，幻想着自己是书中某个救世济民的大侠，在他人落魄潦倒时施以援手，行侠仗义。我也喜欢辩论，在学校老师的支持下创立了一个辩论社，举办了好几场班级内部的比赛。但是自从上了初三以后，这样的活动就渐渐让我力不从心，后来导致我还不错的成绩渐渐一落千丈。家里人急得上蹿下跳，怕我上不了重点高中，以后的前途会因此大受影响。但是我在初三的那个寒假默默努力，在学海里举步维艰，经过努力拼搏，我的成绩从全校末流不断进步。我在坚持中看到了方向，更看到了希望，我没有放弃自己。选择了安逸舒适，就不必羡慕别人的精彩；选择了惊涛骇浪，就无须向往岁月静好。不同的选择给予你不同的生活路径。只要认定你内心真正想要的，并为之持续努力，每个人都会是自己的人生赢家！

自己的埋头苦读终于守得云开见月明，以全市前五百名的成绩，升上了厦门双十中学的高中部。当时父母高兴坏了，本以为成绩不理想的孩子居然还能如愿升上双十中学高中部，甚至还进了重点班，这变成了父母逢人就说的大喜事。

到了高中之后，面对来自全省各地的顶尖学生，我每天都沉浸在紧张的竞争氛围中，我的心在高压的学习环境中无处安放，每天在紧张的学习生活中都无法呼吸，唯一能让我放轻松的，就是放学后或者是体育课上打打网球。加上从小我就参加了网球培训，高中良好的网球设施成为我寄托身心的地方。我常常在放学后，和网球同好们一起打网球放松身心，更是参加了网球队。每周两次的训练成为我学习之余的精神支柱。我和队里的队友们都成了一生的至交，我们课上一起解决课业难题，寻求进步，课后一起切磋球技，努力变成更成熟的网球业余球员。在大家的努力下，我们赢得了厦门市网球业余比赛团体赛第一名的好成绩。在给予大家信心和勇气的同时，高中的时间迅雷不及掩耳地溜走了。大家都来到了高三这个沉重的时间点。与此同时，繁重的课业下，大家的身影却仍然活跃在球场。但是好景不长，高三的重负下，我们的身体都不堪压力，队友们接连不断地受伤，而我也在一次失误中旧疾复发，最终伤势不可逆转，酿成了无限期休学的恶果。

得知这一消息的父母如五雷轰顶，一时间无语哽咽，我更是后悔莫及。休学期间左腿动了一次大手术，浪费了可以说是人一生中最宝贵的时间。自己的青春，自己的十八岁。罗翔老师说，每个人的人生都是一个剧本，你永远不知道接下来自己要怎么演，也永远不知道自己接下来要拿到的是哪一份剧本。我想，这是对高中时期的这场闹剧，甚至是悲剧的最恰如其分的注脚。戏如人生，人生如戏。我最爱的网球给了我最意想不到的伤害。我在这期间一度自闭，因为我在一瞬间丧失了一切。但是就算全世界都放弃了我，我还有自己，还有身后的家人、老师、好友。我心中的火焰燃烧了，我将医生预言的两三年康复时间硬生生地缩短到了一年，并在一年后回到了学校，每天拄着拐杖穿行在教学楼和临时租住的房子里，拼命苦读挽回这一年丢掉的知识。结果又遇上了新冠肺炎的疫情，我的体力严重不支，在返回学校后几周就得了急性阑尾炎。再次进医院让我万分沮丧。面对只有一个月就要到来的人生中最大的挑战，我退缩了，不敢选择大手术，而是保守治疗，每天去医院开药、打点滴。我的情绪极端低落。但是在这个过程中，我从未放弃过自己。看着白发慢慢爬上发梢的父母，脸色越来越憔悴，我暗暗想一定不能让他们失望。也许就是念念不忘，必有回响，我幸运地考上了福建中医药大学，成为一名医学生。回望过去，不禁有些后怕。但我相信，就是这样的坚持，让我在人生这场长跑中没有放弃自我。我想，就像村上春树大学毕业后在酒吧后厨误打误撞成为妇孺皆知的小说家一样，我也误打误撞地过上了还不错的人生。在自己的坚持锻炼下，我已经可以抛弃拐杖，成为可以正常走路、跑步的正常人。

人生本就没有暂停键，就算我们偶尔停下来欣赏路边的风景，流连于目之所及，这都是暂时的。人生海海，我们永远行走在前往下一个目标的旅途中。如果不愿迈开前行的脚步，我们就永远无法到达最美的地方；不放下暂时的安逸，就得不到自己心中的安宁。作为年轻人，只有破除心灵的藩篱，才能一步步走出自我的小天地，走上更大的舞台。我相信，在破晓前，一定是令人窒息的漫长黑夜。但是，这都只是黎明前的黑暗。

每个人都会有一段异常艰难的时光，生活的窘迫、工作的失意、学业的压力、爱的惶惶不可终日。挺过来，人生就会豁然开朗。鲜衣怒马少年时，不负韶华行且知。成长是一场永不设限的远行，步伐轻快而又无比坚定，而少年时期，便是我们一生中最美的时光。只要我们坚持不渝必定会守得云开见月明，发现荆棘之下潜藏的朵朵玫瑰。

谢谢你，在世界的角落找到我

张丽雯

> 你不愿意种花，你说，我不愿意看见它一点点凋落。是的，为了避免结束，你避免了一切开始。如果因为害怕受到伤害，就筑起心墙；害怕被抛弃，就拒绝开始的机会。害怕失去而拒绝拥有会错过很多。与其纠结于你所失去的，不如珍惜你所拥有的。总要允许有人错过你，才能赶上最好的相遇。

如果痛恨所处的黑暗，请你成为你想要的光。

都说人生就像坐火车。车到中途，上上下下是常事，多少人彼此擦肩而过之后便老死不相往来，只有爱你的人一直陪你走向人生的最后一站。人生不会事事如意，世界不会处处悦心。总有一些事，让我们不顺心；总有一些人，让我们不满意；总有一些路，让我们走不通；总有一些理，让我们悟不透；也总有一些时光，让我们不快乐。

没有谁的人生可以一帆风顺，每个人都会经历磨难，仿佛磨难是成长的必经之路。在初二的上半学期突然有一个陌生的女孩来班上找我。她只是告诉我离她朋友远点，就走开了。后来她口中的朋友来找我道歉，我才知道是课外班不太熟悉的同学罢了。本以为事情就这样结束了，但是她每天都会来找我一次。起初我以为说声对不起就结束了，但换来的是一次次的骚扰。她来找我的理由总是千奇百怪，我印象最深的是因为她和朋友生气了所以来找我。我明白她把我当作她发泄的工具，把我当作一个泄愤娃娃。每次在学校碰见她，她总是和她的朋友阴阳怪气地嘲讽我。我觉得十分丢人，所以尽量待在教室里避免和她碰面。我的忍让却换来了她的变本加厉。她开始肆无忌惮地嘲讽我："你以为你长得很好看？你以为大家都喜欢你？就你这可怜的人生也配？你是不是不知道自知之明怎么写？"这些话印在我的脑海里，一遍遍地重复播放。

后来事情闹得越来越大，几乎全年级都知道我们的事情。我也了解到被她找的女生不止我一个，她是一个学业上很优秀的人，但我并不觉得学业上优秀就是她欺凌别人的资本。我很自卑，只能在晚上偷偷地哭泣。我的幸运也在这段乌云密布的日子里慢慢降临。朋友们知道我的事情后纷纷都来安慰我。同学也告诉我："一班是你的后盾。"后来只要她出现在班级附近，同学便会把门关上。事情也就这样慢慢结束了。我觉得我是幸运的一个，因为我的身后还有很多支持我的人。但言语造成的伤害，好比拿钉子钉在墙上，即使过后把钉子拔出来，疤痕也依然留在那里。著名心理学家马歇尔·卢森堡说过："也许我们并不认为自己谈话的方式是暴力的，但言语，却常常引发自己和他人的痛苦。"良言一句三冬暖，恶语伤人六月寒。她高高在上的样子无时无刻不在提醒着我的无用。

  在那段黑暗的时光，朋友给了我很多安慰。他们总是一下课就聚在我桌前给我讲身边发生的趣事，体育课时总会偷偷地一起去小卖部买很多零食，然后围在操场上一起分享。小时候练习舞蹈，我最喜欢的就是帮着老师给别人做示范。可是现在的我一在人多的地方说话就会脸红，语速加快。我很怕说错什么会被大家笑，也很怕做不好自己的工作。朋友总是和我讲："未经你的同意没有人能使你自卑。"经历过磨难并不是你懦弱的理由，在朋友的鼓励下渐渐地我可以在大家面前竞选班委，可以去我一直期待的主持人队面试，可以在接电话时大声地说话。现在的我可以站在舞台上主持节目，也可以作为一名朋辈心理咨询员为他人排忧解难。朋友就像是我成长海洋中的一座灯塔，给我带来了光明，给迷失在浓雾中的我指引前行的方向。朋友就像是一双睿智的眼睛能够看穿我，能够明白了解我的一切，包括所有的斑斓与荒芜。那双眼睛能够穿透我最为本质的灵魂，直抵我心灵深处那个真实的自己。

  自我调节也是我度过黑暗时光的秘密法宝，那段时间我天天在纸上写：你可以的。我明白一直沉浸在伤心难过中并不能改变现状，即使自我麻痹终究还是有面对现实的一天，要学会控制自己的情绪。每当心情极差想与他人吵嘴时不妨想想钉满钉子的墙，吵嘴时说的每一句话就钉在墙上的钉子。有些话说出来会造成弥补不了的伤害，就像拔掉了钉子，无论如何都会在墙上留下伤痕。小时候和父母吵架，总是觉得自己受了天大的委屈，却忘了无论争吵多么激烈，父母总会按时做好饭等你。我们往往把最好的一面留给陌生人，却把最坏的脾气留给最亲的人。是因为我们知道他们不会拂袖而去，但我们却忘了最亲的人也会难过也会受伤。好好说话是人生的必修课。一句话可以让一个人的心情跌入谷底，一句话也可能惹下无边风波，一句话可能葬送你多年经营的美好前程，但一句话也可以让一个人重振力量。我们总是对自己拥有的有恃无恐，认为所拥有的都是应该的。

其实很多时候都是自己和自己过不去。刚上大学的时候，每天我都会躺在床上回顾这一天发生的事情。每当我回忆到今日做得不好的事情时我都会暗自懊恼，觉得自己怎么这么冲动，觉得自己毁了完美的大学生活。焦虑的种子便悄悄在心里种下。随着时间的推移，我一直想着失败的结果，这颗种子便悄悄地生根发芽，长出消极的果实。如果我们能够放宽心态，今日的事情尽力去做了，无论结果如何，都应该高高兴兴地上床睡觉，那么我相信没有什么困难能够阻挡你。凡事尽力便无愧于心。与其纠结于你所失去的，不如珍惜你所拥有的。总要允许有人错过你，才能赶上最好的相遇。

磨难，多么简单的一个词。经历磨难，多么清晰的一个道理。人要经历多少磨难才能成功？贝壳之所以玲珑乖巧，是因为它经历了浪花无数次的淘洗；青松之所以翠绿挺拔，是因为它经历了无数次风霜雨雪的击打。生活是一面镜子，你对它笑，它对你笑；你对它哭，它对你哭。很多人在经历磨难后，喜欢筑起一道心墙。外面的人进不去，里面的人出不来。这些人总是喜欢将自己伪装得十分强大，不需要别人的帮助，所有事情都想一个人扛下来。会对他人产生很强的防御心，把自己紧紧地裹在自己的内心世界里。他们在外面表现得像一堵坚硬的墙，但内心是柔软的，害怕被伤害。

人都害怕失去，尤其是珍贵的东西，所以想要牢牢地抓住，由不得一点放松。然而事实却是，生命中太多的东西如同手中沙，攥得越紧，失去得越快。相反，给它一定的空间，让它能够自由呼吸，它会因为自在而不舍得离去。初中的时候，因为好朋友与我同桌顺路，我便介绍她们认识，方便一起回家。后来我发现她们的关系越变越好，自己与她们走在一起就像是个局外人。我觉得我失去好朋友了，开始找她大吵大闹，哭着让她选择一个人。我的纠缠让我真的失去她了。后来的一段时间我都没有交过朋友，也不喜欢和别人说话。后来妈妈告诉我："如果因为害怕失去而拒绝拥有会错过很多。"就像是顾城的诗中所说："你不愿意种花，你说，我不愿意看见它一点点凋落。是的，为了避免结束，你避免了一切开始。"不能因为有人离开过你，就认为所有人都会离开你；不能因为有人背叛你，就认为所有的人都不能相信。

现在的我已经18岁了，在这个最好的年纪里我拥有父母的疼爱，拥有朋友的关心。是时候好好经营自己了，现在的我应该清楚地了解自己的定位，增长见识与涵养，培养独立判断和成长的能力，要学会对自己的人生负责了。一个空洞的、乏味的、世俗的脑袋，无论在怎样的时代，在怎样的环境下，都不会导向优秀。在雾里狂奔时最无力、最耗神，等你跑出来，也许前方依旧很辽远，但你会觉得有奔头、有未来。梦想就像是北极星，指引着你前进的方向。

人生疾苦，有你即甜。在后方默默支持你的爸妈，在身旁陪伴你的朋友，每个人都有自己的甜。小时候总是缠着爸爸妈妈讲故事。长大了想吃夜宵，爸妈也总是深夜下厨。生病时，父母投以忧心的目光；返校时，父母投以不舍的目光。虽然爸妈总是抱怨这次放假的时间太长，但听到我预订好机票的消息还是流露出不舍的神情。还记得考试周复习一天后和好友一起散步，各捧一杯甜甜的奶茶，仿佛一天的疲惫都已散去，有的是你总结一门科目、我总结一门科目的交换科目的喜悦。记得我和朋友学到一半，便一起跑去便利店买零食，一边互相吐槽体重，一边寻找好吃的店铺。我也想起在生日时收到好看的手链，第二天再收到一个秤的惊喜事件。细细想来，人生因为有你们，所以人间值得。感谢你们走进我的生命，谢谢你们，在世界的角落找到我。

再多的幸运、再多的不幸都是曾经，都是过去。一如窗外的雨，淋过，走了，远了。曾经的美好，留于心底。曾经的悲伤，置于脑后。学会忘记，懂得放弃。人生总是从告别中走向阴天，走向自己。一切皆如此，一切也终将过去。你值得世间所有美好。

愿你成为自己的太阳，无须仰仗谁的光芒。

用奋斗点亮幸福的灯

黄久军

> 其实我一直想好好静下来，写写自己已经挥霍了五分之一的人生。或许是因为文笔过于浅陋，抑或是因为回首的往事里潜伏了太多的不堪，迫于自己心中卑微的尊严，以至于我从来没有为自己的过去写下过任何东西。恰逢此次朋辈心语给了我这样一个机会，所以，我想趁着这个机会认认真真写一些自己的过去、一些体会。如果能有机会分享给更多的人，那么我也真诚地希望我的这些体会能够帮助到和我一样的人。

在记叙那些过去之前，我想抛给读者一个比较沉重的问题：人生到底怎样才算有意义？许多文学家都曾对人生做过简洁而形象的比喻。有人说人生像一场旅行，有人说人生像一片海洋，也有人说人生像一列车，而我最认同的是哲学家对人生的描述："人生是人的自然生命在意识支配下的社会旅行。"因此，它也留给我更多的思考：究竟怎样的意识才能够支配得起一场有意义的社会旅行？

时间回到我的中学时——那时的我每天都沉浸在欢声笑语中。由于我本身性格比较开朗活泼，所以刚踏进初中的我没多久就结交了很多朋友，但就是在这活泼的性格下我发现了另一个我，一个对人情世故比较敏感的我，一个容易冲动的我，凡事不懂得冷静，所以难免有时候会惹是生非。冲动让我吃了很多亏，也让我明白了很多做人做事的道理，至少在过了那个年纪以后直到现在我再也没有和别人发生过争执。由于平日里贪玩，差点让自己的人生轨迹改变了方向。让我及时醒悟的是一次数学测验，那一次数学测验给我印象最为深刻。我还记得那次考试的内容是关于三视图的。做试卷的时候心情复杂极了，想起以前每一次大大小小的考试都从未遇到过今天这样的情况，以前最多就是几道题不会做，可是现在我会做的题目并不多。后来成绩下来了，果不其然，我只考了57分。之所以说这一次考试对我的改变很大，是因为经过这次考试我开始设想自己的未来，是选择任其发展，继续贪玩，还是做出改变，打破这种局面。

后来的我一直庆幸自己在两者之间做出了至少我现在认为正确的选择：我积极利用好上课的45分钟，聚精会神地听老师讲课；老师布置的作业我也会认真踏实地完成，这也造就了我的依赖式学习。语文和数学老师要求严格，所以到了期末，我的语文和数学成绩一下就冲到了年级第一。相比之下，英语老师非但不严厉而且很不得人心。当然主要还是因为自己，那时候总觉得学英语没啥必要，以至于现在英语都仍是我的一个痛点。直到中考这一天真正来临的时候，我才发现英语不行我真的不可能考上一个重点中学，虽然当时并不能理解重点中学意味着什么，就像我不理解大学对我来说意味着什么一样。后来也确实如此，我中考的成绩并不理想，因此我选择了我们本校的中学。可能就是从那一刻起我觉得我埋葬了我的青春。

中考过后，往日的朋友大部分辍学，一部分去了一中。当然，更优秀的就去了更好的重点中学。然而一开始我并没有觉得这有什么不好。在哪儿都一样，只要自己努力就不会差。直到那种日子一天天逼近，我才开始慢慢后悔！

我自高中一入学就已经有了很高的觉悟。当然，这里我所谓的觉悟仅仅是指学习，其实在很多方面我还是不太成熟。高中真的是一个让人蜕变的阶段，改变起人来悄无声息，我慢慢感觉自己像变了一个人，变得敏感、变得孤独，甚至班上一个同学的眼神都可以深深地刺伤我。我第一次感到孤独和悲悯。很快高一上学期就结束了，而我的成绩却不容乐观。我也深刻感觉到高中的学习让我有点力不从心。首先是高中的知识不像初中那么容易理解，其次是高中对知识的理解与灵活运用非常讲究，最后还需要你是一个比较细心沉着冷静的人。尽管我感觉自己在不停地学习，但是面对那些题目我依然束手无策，有时候一道题一看就是一节课。我也不明白自己是哪儿没弄明白。课本上该看的都看了，那一刻我终于理解了为什么成绩不好的同学抱怨学习好难，其实谁一开始不是一个好学生呢？之所以后来出现差距是因为当困难出现时有人放弃了，有人在坚持，然后当下一个困难再出现的时候，之前坚持的人中可能又有一部分人放弃了，如此循环往复筛选，最后留下的就是学校所谓的尖子生、同学所谓的学霸，而最先淘汰的便被称为学渣。我的高中便是在那种想要学却又学不好的无奈与无助中煎熬过来的。我尽力弄懂自己能理解的东西，弄懂最基础的。每当又开始犯糊涂的时候我就合上书听听歌。有时候我静静地坐着看着窗外发呆，看着风将书一页又一页地吹起，突然想能否也来一阵轻风将这无味的日子迅速吹走。我恨这日子不能像翻书一样快快过去。再后来我开始喜欢跑步，慢慢地跑步成了我的一种爱好。之所以会喜欢上跑步，是因为它能让我在汗水中暂时忘记平日的烦恼，它能让我在奔跑中宣泄自己的情绪，它能让我在挑战极限中磨炼意志。我一直觉得自己很能吃苦，但是后来我慢慢发现我只是能吃体力上的苦，人这一生又何止体力上的苦，独立思考的脑力苦、忍耐克制的自律苦、独自学习的寂寞苦、点头哈腰的尊严苦，但凡我能将吃体力苦的精神用在这四种苦中的任意一种上，我都不会是现在这样。生活如果总是在熬日子，你就会发现它过得远远比你想象的慢。就这样我终于又苦熬到了高三，终于等到了高考，但是却没有盼来一个像样的大学。我高考成绩比平时还要差，又想去稍微好一点的学校，所以我的志愿全部滑档。补录也只是被一个不起眼的学校录取。我本想就去这所学校，但是想了想那所学校高昂的学费，我便退档了。熬了三年是这样的结果，我想无论是谁都会觉得难以接受吧！爸妈劝我复读，但是我一想到这几年的苦，立马拒绝了。自己一个人想了很久，过了好几天，我一个表哥也来劝我复读，并且给我找了一个学校。那天晚上我一夜没睡，天快要亮了的时候，我望向窗外那座大山，太阳就在它身后，它仿佛也在为了挣脱这黑夜的束缚而艰难地向上爬。时间一分一秒地过去，最终它成功地摆脱了黑夜的束缚，将它的光芒洒向了大地。我想：复读吧，其实 10 个月很快就过去了。一想到这儿，胸中不知从何处涌来一腔热血，脑海里已经浮现了一个清晰的目标。

　　对于复读我做了详细的计划，我也确实在认真履行我的计划，而且当我思考的东西不再那么复杂，也许真的是思维摆脱了约束，又或许真的是心态改变了许多，我感觉整个大脑变得清晰了。毕竟我有一定的基础，所以学习起来感觉没那么吃力了，而且换的学校老师也都挺好。听一个优秀的老师讲课你会觉得是一种享受，新老师侧重点强、目标清晰，让我的目标也渐渐明朗。老师很负责、专业知识也很强，不仅教给我们知识，还教我们怎么分析问题、怎么运用知识。有时候我在想，假如高一开始我就遇到这批老师，或许我就不用受这三年煎熬了。

　　复读的时候我坚持每天 6 点起床跑步。以前可真是做不到，特别是冬天的时候。但是复读的时候不同，无论天气再冷、我再困，我都一如既往地坚持 6 点起床跑步，每天叫醒我的不是闹钟也不是梦想，而是心中对命运的愤愤不平和从前。仿佛那一年我将从前所有的不愉快都抛在了那个跑道上。我也看到自己的努力得到了回报，我每一次考试的分数都在往上涨，虽然涨得不多，但是是每一次都在涨，从没有例外。哪怕只是进步一点点，我还是会感到欣慰。偶尔累了我会掏出那陪了我3年的MP3，它除了让我享受音乐，还带着我那3年的痛苦回忆鞭策着我。同时，复读期间我结交了几个朋友，大家相互鼓励、学习、关心。最后，我们都弥补了2018年的那个遗憾。

尽管现在我的专业并不是我喜欢的，但是我仍没有放弃。就如我的一个朋友对我说的："我们每个人走什么样的路并不是我们这些人所能确定的，我们普通又平凡，有一个健全的身体就已经是万幸了，怎么还敢奢求事事如意？"其实只要你愿意，每条路都能走得很精彩，关键是你要用一颗怎么样的心去走。

最后，我也明白了一些道理：人如果不曾亲身经历过绝望与痛苦，那么他就根本不会懂得珍惜眼前的希望与幸福；如果不曾尝试过失去的滋味，也根本不会懂得拥有的可贵；如果不曾点亮过幸福的灯，也肯定不会明白阳光从何处而来！每一个成功的人背后都有一个故事，或悲或喜；那一定是他坚持不懈、一路向前的动力来源。

成为一个能爱自己、能爱别人、快乐生活的人

陆婳

> 大学期间，很幸运也很感恩能够在班级、社团、学生会、心理中心任职，在体验不同身份的同时，各个方面的压力也接踵而至。旅游、阅读、追星……我通过不同的方法释放压力，消化各种经历与经验，从而获得成长。在寻求解决方案的同时，我慢慢发现，自己失去了"爱自己和爱别人"的快乐能力。

去年观看心理中心"我是演说家"的比赛时，听到一句令我印象深刻的话："年轻的时候，别人跟我说，前面有一个坑，不要走。我就不，结果掉下去的时候才发现：嘿！还真是个坑！那又怎样，我们年轻啊！"

但，为什么？为什么是"年轻"？年老就不行吗？年老就不能老当益壮从坑里爬起来吗？都说年轻是资本，那年老资本岂不是更多？

5月份，是每年最兵荒马乱的月份。半期考、"5·25"心理系列活动、跆拳道大学城交流赛、表彰大会、优干评选、传统太极的教学和创意太极的编排……我实在分身乏术，就算尽心尽力，也难免顾此失彼。朱亚文说："我不是因为疲惫才休息。"但我真的是疲惫，但又真的无法休息。最难受的是，在你情绪崩溃以后不能就颓废地坐在凳子上发呆，等待伤口慢慢愈合，而是要继续工作，强打精神，假装自己没事。因为待办事项就像嗷嗷待哺的雏鸟等着我。

所以，我为什么要坚强地假装坚强？

无论如何，黑夜过后总会是黎明。言外之意就是——暑假来了。

在可能是我最后一个完整的暑假，我打算和一位小姐妹进行一场广东自由行。临行前，父母长辈百般阻挠、恐吓、劝说、循循善诱、唠唠叨叨，软硬兼施。我当然知道所有的一切都是出于爱与保护。的确，我自己也对未知的旅途充满了担忧。

但是，难道因为害怕就不去做吗？难道要一辈子当缩头乌龟坐井观天吗？

生活真的不会因为你害怕就不让你去经历。人的一生本来就是一个逐渐得到又逐渐失去的过程。经历了这个过程，才是一个完整的人生。人生就是历经世事依旧拿得起、放得下。

不论过程，结局反正是我平平安安、毫发无损地回来了。虽然欠妥，但依然想吐槽：天下本无事，庸人自扰之。

万里路行完以后，万卷书自然也要跟上。在后来假期的酷暑天里，我基本就窝在家里看朋友五十推荐的《优秀的绵羊》，探讨大学、大学生与大学生活。五十说："有时感到作者的很多语言是在煽动我，但是愿意被煽动！"深以为然，在此分享几个我深有感触的片段。

"作家拉帕普笔下形容的自我疗伤的那个伤口永远不会愈合，因为我们自身将永远不会回归到当初纯净的无意识状态。每个人在大学期间真正需要培养的是反思的习惯，即拥有从变化中成长的能力。"我曾经做过一个"洗澡反思"，即每晚在浴室淋浴时回顾一整天的事情，做一个小小的复盘。虽然学校生活日复一日，其实并没有太大区别与乐趣，只是给自己一个交代：今天是这样过的啊，时间都去这些地方了。

"大学的使命是成就一个更有意思的你。这个使命的前提是，你认为成为'有意思的人'对你最重要，而且你认识到你将是陪伴自己终其一生的唯一人选。"《千与千寻》中说，人生就是一列开往坟墓的列车，路途上会有很多站，很难有人可以自始至终陪着你走完。当陪你的人要下车时，即使不舍也该心存感激，然后挥手道别。虽然很难过，虽然不想承认，但是，自己确实才是自己一直以来能够依靠的那个人。所以，大量阅读，习惯思考，放缓脚步，投入深度对话，为自己创建一个丰富的内心世界。

"核心问题是，我们如何寻找属于自己的使命呢？……选择做一些自发纯粹的事情，就如同你小时候那样；选择做一些即使没有外在奖励，你也会选择做的事情；选择做一些你可以废寝忘食地专注去做的事情；做你最喜欢做的事，不是你认为自己喜欢或者应该喜欢的，而是你的真爱。"很奇怪的是，当我回忆儿时，一直在做的事情就是——好好读书。没有人逼迫或者奖励，就是觉得自己应该要作为榜样名列前茅。更奇怪的是，我自己也没有特别用功读书，好像保持在踮一踮脚能够到的成绩就永远不会想去跳。所以，很长一段时间，我根本不知道自己真正喜欢的是什么，眼前有一层薄膜覆盖，在隐隐约约中透露着什么却还是看不清。因此，一上大学我就开始"疯狂"地尝试新事物的行为，就变得有据可循且情有可原，而如今回忆"痛苦"的大学生活时，它又变得意义非凡。不是忆苦思甜，是真的痛得有价值。

因为万幸的是，我找到了自己内心的挚爱。

除了让身体和心灵"在路上"以外，作为一个"追星小阿姨"，在这么两个月的时光里自然要"务正业"。也许，很多人对追星不以为然、无法理解甚至嗤之以鼻，但是"存在即合理"，本来就没有感同身受，所以，大概只有当你真正身临其中才会恍然大悟吧。

当我迷失方向、疲惫不堪的时候，看着我喜欢的艺人们，真的就像夜空中闪烁的明星一样，让我坚定自身，无论艰难险阻都能够义无反顾地继续走下去。下面是我喜欢的艺人张艺兴说过的一段话：

> 人的一生，可能有一个永恒的命题，
> 就是找到自己。
> 过去的我一直用努力点亮自己的人生，
> 希望因为努力而获得认可，
> 从某种程度来说，我满足了；
> 某种程度上来说，我又觉得哪里不对。
> 人生，也会有一些神奇的时刻，
> 发生一些意想不到的变化。
> 你对世界和自己的看法，
> 突然变得清晰了……
> 我忽然明白了一件事，
> 我不快乐。
> 而这不快乐的原因，
> 是因为我所有的努力，
> 是为了认可，是为了对得起那些喜欢我的人。
> 而我没有足够喜欢自己，
> 所以我不快乐。
> ……
> 比如，放飞一些表达；
> 比如，拒绝那些不想做的工作；

比如，真实面对自己的脆弱和不勇敢。
因为可以面对它们，
我就勇敢起来了。
都投票给自己，
哪怕因此被人不喜欢。
因为我正学着喜欢自己。

今年努力的目标：
"成为一个能爱自己、能爱别人、快乐生活的人。"

对自己负责

钟滨

> 光阴似箭,岁月如梭。不知不觉我们也长大成人,脱离了父母的照顾,来到陌生的环境。越来越多的事情要我们自己来决定,但很多人还没有意识到选择的重要性以及选择在生活中发挥的重要作用。漫漫人生路,不同的选择会带来不同的结果。我们要认真对待每一件事,创造属于自己的辉煌。

众所周知,人的一生会经历无数次选择,而每一次的选择都会有不同的结果,可能是通往成功的道路,也可能是通往失败的桥梁。选择的人终究是我们自己。例如,在高考结束后,专业和学校你会先选哪一个?你对现在的学校满意吗?你对所学的专业了解多少?鱼和熊掌不可兼得,必然要舍弃一方。我们大可不必羡慕别人,重要的是自己应该做什么。

高考之前,我们都知道高考是人生的转折点,我们要认真对待;高考结束后,我觉得高考不过是人生旅途中的一个小山坡,只是爬得比较辛苦。进入大学后,很多人就放松下来,身边没有了父母的念叨,彻底放飞自我,沉迷于游乐。临近期末,想努力却没有干劲,专业课知识错综复杂,想一两天消化,是不可能的事情,结果就只有挂科。有的人说:"这是本科现状,大家都这样,我为什么不?"在我们本应该奋斗的时候,选择安逸度日。想要奋斗的结果而不要奋斗的过程,拥有最宝贵的时光却保持着随遇而安的态度,到真正有事情时便忙不过来,引发一系列连锁效应,烦恼便随之产生,影响个人的精神状态。你会感觉很焦虑、烦躁,情绪不受控制。我们虽然不能控制事情的结果,但是我们可以选择事情发展的起点。

时光来到金秋九月,我们来到了新的环境,结交了新的同学、老师、朋友,周围各种事物也是焕然一新。在大学里,没有亲人的陪伴、班主任的管教,基本上是自己对自己负责。你可以做你想做的事情,聊天、打游戏、通宵、去网吧、谈恋爱等等,无拘无束,也不会有人说你哪里不好。白天待在宿舍,晚上去外面逛街，无节制地放纵，这可能是大部分同学刚来大学生活的样子。当然，也有人十分努力，刚入学就做好规划，努力学习，保持着较高的学习热情，不松懈，朝着理想前行，适当娱乐，和同学一起出去玩。这也是我们向往的大学生活。然而也只有极少数人能坚持，并且坚持到最后。其实不能坚持是常态，并不是你一个人不能坚持，毕竟坚持需要坚强的毅力，而我们很容易受到周边环境的影响。当今世界飞速发展，手机、电脑、游戏、动漫，都在不断吸引着我们的注意力，我们可能会坚持一个或者两个小时学习，但很难坚持不去触碰它们，可能玩起来就是一天，一两个小时的学习作用微乎其微，你觉得呢？你有足够的毅力吗？不过我相信，你如果能下定决心去学习，没有什么是坚持不了的，一切取决于自己的选择。

用心去学习，成就真本领。大学学习与高中学习截然不同。高中学习是基础学科知识不断积累的过程，杂而不精。大学学习更偏向专业化，更加需要沉淀。例如，大部分人都会选择去图书馆或者教室学习，学习一个上午或者一天，你也这样做，学习也努力，花在学习上的时间也很多，可是期末成绩却不是很好。别人去图书馆学习和你去图书馆学习的差距，归结起来就是效率问题。我们很多人去图书馆，却不知道今天要完成的任务是什么，可能只是带着本书去，错误地认为换个好环境会激发自己学习的热情，翻了几页书，逐渐感觉疲惫，接着拿起手机，不知不觉就刷了半天手机，时间马上到了晚上，没有办法就只好回去。这可能是大部分同学都犯过的错误，无论是在初中、高中还是大学，越早弄清楚问题所在，就越容易事半功倍，对于提升往后学习和处理事情的效率都有很大帮助，自己也容易产生成就感。对于每一件事都需要认真对待，不能按部就班，每天重复一样的动作、一样的事情。要善于发现自己需要什么、自己能够获得什么，在自己的能力范围内做到最好。尽可能发挥长处，来填补短板，全方面发展，利用自己的优点争取更多东西，比如时间、精力，甚至是金钱。你也可以去完成更多没做过的事情，或者为自己增添新本领，让你自己变得更加优秀、更棒。你可以去尝试，去挑战新的东西，跳出自己的舒适圈，选择拼搏。不执着于眼前的安逸，眼光放得更加长远。或许你会发现新的目标、梦想、职业，都需要不断摸索。不要甘于等待，机会是留给有准备的人的。你没有准备，你可能连机会都碰不上。

尊重选择，勇于追梦。在高考填报志愿时，大部分人是不是都比较迷茫？小时候老师问你长大后的梦想是什么，你的答案可能是警察、军人、教师或科学家。等到真正长大了，你真的能实现原定目标吗？或许是为了之后更好地发展，你选择的专业可能更加适合自己的能力，即使不是心中理想的专业；或许你根本不知道该做什么，完全是在父母的安排下，学习工作绝大多数父母都会遵从我们自己的选择，不会进行过多的干预，也会为我们出谋划策，他们总是在你身后默默付出。当你高兴地和同学分享你的梦想时，他们可能会说这个职业的弊端，之后会有哪些不好的事情，劝你放弃它，这时候你又陷入被动状态，心里也有些许犹豫不决。这时你可以把同学的话当成建议来倾听，把问题弄明白，最终决定权也掌握在自己手上，后果当然也由自己承担，与其他人没有什么关系。别人怎么想是别人的事，而怎么做是你的事，别人也不会帮你去办事。你可能会觉得别人的建议很不错，设想也可以，但能不能行得通又是另一回事。我们更需要培养自己的主见，坚定自己的思想，不能像墙头草一样左摇右摆，风往哪边吹，就往哪边倒，这都是非常不可取的，就好像别人能左右你的事情一样。主要还是自己要有主见，别人的意见是辅助就好。也有人会说："这是我尝试过的，方法很有帮助，对你肯定也好。你放心，听我的准没错。"我觉得每个人都不一样，可能完成同一件事，用相同的方法，不同的人做出来的结果也是不一样的，其中没有对错之分。可能一个人做事途中发生什么事情耽搁了一下子，没有按原来计划进行，而导致不一样的结果。谁都猜不着事情会怎么发展，只有当事情发生后才知道，发生了才能改正。这件事你可能是非常不情愿做的，但迫于亲情、朋友的期待，为了所谓的面子或者所谓的成就，被迫去完成这件事。旁人把事情好的方面都灌输给你，不好的方面闭口不提，你自己则逐渐放松警惕，慢慢走入"圈套"之中。旁人说你这样做了之后会怎样，别人所获得的成就你也可以，你难道还在犹豫，没有一丝丝的心动吗？绝大部分人都会心动，我们多半会自觉代入，设想美好未来。而认清自我的人，会知道什么是自己需要的、什么是不需要的，不需要的就可以拒之门外，在事情开始前就结束它，没有任何的后续，更不用去抉择，来烦恼自己。

  为了更好地发展，我们需要各方面的协调，能力、性格、态度等起到不同的作用。对自己负责任，不要决定了才后悔，到时候事情也发生了，想改变是很困难的。我们能够做的就是考虑清楚，不要盲目从众，不要随心所欲，更不要幻想自己做不到的事情，要根据自身条件来决定。那些你未曾走过的道路，只有你走了才知道一路上的风景是美还是平平无奇。俗话说"磨刀不误砍柴工"，多加考虑会有好处的。听别人说可能不起作用，只有实践才能得到真理。增加自己的判断能力，勇于去拒绝，勇于坚定内心，勇于挑战未知，不放弃，不消沉，自己的事情取决于自己，不用过多纠结于是否听从别人的建议，坚定自己内心的选择。

感谢岁月塑造了更好的我

司静宇

> 煎和熬是让生活变得更好的方式,加油也是!在成长的过程中,我们不断地失去,也在不断地学习。岁月会把我们身边熟悉的事物带走,同时给我们带来陌生的挑战。我们也能从中学到一些东西。

岁月浅浅,五味杂陈,亦似璀璨烟火。在变幻的生命里,岁月,是最大的小偷。但是岁月并非轻轻地毫无痕迹地从我们生命中走过,每次它经过总要和我们交换些什么。岁月带走的很多,岁月给那些坚韧的人留下的也很多。岁月正在联合着痛苦密谋着一场能让我们成长很多的计划。

岁月送给我苦难,也随赠我清醒与冷静。

从古至今人们一直赞扬苦难对人的磨炼。关于苦难的名言比比皆是,所以我们要清醒地认识苦难。因为有了苦难,我们才能得到历练,从而不断完善自我。如果一个人的一生没有什么波折,没有经过苦难的历练,那他肯定不是真正的强者。但是苦难需要的是感同身受地面对和克服,而不是站在苦难之外的感动和共情。我们应该赞扬的是伟人面对苦难不屈不挠的精神,而并非去赞美苦难本身。因此我们要从古人历经苦难的事迹中学习我们面对苦难时如何保持应有的状态,我们应当竭尽全力去消灭苦难、创造幸福。人的一生不可能一帆风顺,总会遇到大大小小的苦难。有的苦难可以一跃而过不留痕迹,有的苦难却让某些人止步不前痛心疾首。但只要我们能保持乐观的心态,淡然面对苦难,那么苦难之后的胜利的果实一定属于我们。

每个人从出生的那一刻起,就注定不平凡。而我,现在的话痨,以前竟然是个彻头彻尾的结巴,说话总是口吃,从来没有在别人面前说过一句完整的话。因为我讲话总是很慢,当我脱离了爸妈的保护,和同龄人在一起的时候,总是没有人愿意听我把话讲完。慢慢地我变得内向、敏感、自卑,变得孤独,我和大家都不太一样。我不爱讲话,课堂上被老师点名回答问题,我也总是哑口无言。后来我在口吃训练中心做了许多练习，慢慢地开始和身边的人主动讲话，大家脸上偶尔的不耐烦情绪并没有让我像以前那样退缩。那段时间我默默努力、在黑暗处野蛮生长，也因为有了那段经历，才会有不一样的我。苦难自有它的价值，苦难像是一种试炼，苦难改变我们，苦难塑造我们，苦难让我顽强自信，苦难赋予了我一种别样的"黑色生命力"，让我怀疑自己的时候，有了对抗苦难的底气和信心。

　　岁月送给我伤痕，也随赠我坚强与刚毅。

　　海明威曾经说过："生活总是让我们遍体鳞伤，但到后来，那些受伤的地方一定会变成我们最强壮的地方。"岁月又像丛生的荆棘，布满了人生，潜伏在我们成长的路上，自黑暗处袭击我们，给予我们一个又一个意想不到而又深刻的伤痕。我们没办法抵挡岁月无情的侵袭，我们只能未雨绸缪，伴着伤痕的恢复我们可以变得更加坚强与刚毅。在我漫长的求学生涯中总是充满了意外，不知道什么原因，突然就有那么一段时间，我的眼睛总是感觉不舒服，看人不太清楚，而且总是干涩发红，略微重影。这种痛苦的感觉折磨了我很久。在得悉病因后，医生说我不得不接受手术。后来我一个人穿着病号服进入手术室，躺在冰冷的手术台上，手脚和眼睛都被固定住。这肃穆的气氛让我紧张。我有点害怕，我怕我会失明。我有点怕本该在阳光下肆意昂扬的青春却充满了无边无际的黑暗。

　　但是岁月并没有那么残忍，现实并没有想象的那么残酷，仅仅是我的眼睛上会有永远的切口，这给我以后的生活带来了极大的不方便。我的眼睛会很敏感，风沙异物甚至是一滴水都会伤到它，有时候会莫名地泪流不止，进水之后会有眼珠被揉碎了的痛苦。每天的眼部保养和痛苦的清洗眼睛的过程及日复一日的检查弄得我苦不堪言。现在，我的眼睛已经和以前一样，可以正常使用。寒不累时，则霜不降；温不兼日，则冰不释。

　　岁月送给我离别，也随赠我盼望与珍惜。

　　"你姥爷患的是尿毒症。"耳边不停回响着妈妈的话，虽然妈妈只说了一次，但是才15岁的我还是没办法承受，这超出了我能接受的限度。小时候的我心里藏下了许多感动与决心，来自姥爷格外的关爱让我立志要加倍回报姥爷，可是现在我的大脑一片空白。我曾以为以后的时间还有很多，以为以后的路还很长，我可以慢慢长大，可一不小心就变成了世事无常。这就好像一块块石头被连续不断地砸到水面，我的心也泛起层层涟漪，久久不能安静。也许姥爷只是去了另外一个地方。我能清晰地记得当时的心情,心里总觉得不安稳,每天都是忐忑不安,就像一段不平整的山路,上面有许多辆车不停地来回碾压,几近麻木。

岁月对于每个人都是公平的,光阴流转间,带走了些许,也换来了些许。人与人的相遇真的很奇妙,前一秒你不知道会遇见谁,下一秒你不知道又会失去谁。在的时候浑然无感,失去了才顿感怅然若失。总是希望每一次离别可以是下一次重逢的开始,可多少期许终究成空。青春转瞬即逝,似乎都等不及一勺砂糖融化,后悔的苦涩,便是那证据。泰戈尔说:"生活以痛吻我,我却报之以歌。"这世间最珍贵的,不是已经失去的东西,而是你现在所拥有的一切。大海广阔无垠,因为它珍惜每一条小溪;群山连绵巍峨,因为它珍惜每一块砾石;树木枝繁叶茂,因为它珍惜每一缕阳光。人生在世,有许多需要珍惜的东西,但是,人们往往在拥有时不懂得珍惜,在失去之后,才觉为时已晚。

岁月带走了我最喜欢的人,带给我一眼望不到头的盼望,一种没有希望、没有尽头的永久的盼望,岁月让我更加珍惜眼前人,我爱的人,爱我的人。但是伤感和悲叹注定不是人生的主旋律,在人生的画板上,积极乐观才是最主要的色调。我开始不再沉闷,不再低沉。我意识到这并非我可以改变的事实,我开始向前看,我开始时刻关注以前从未关注过的细节,关注身边的亲人,珍惜身边的人。

岁月送我挑战,也随赠我自信与上进。

有一句这样的名言:一匹马如果没有另一匹马紧紧追赶并要超过它,就永远不会疾驰飞奔。显而易见,马需要挑战,而人更需要挑战!虽然我们都期待生活无忧无虑,但事实上我们一直未能如愿以偿。岁月总是会给我挑战,这些挑战对我来说是其实是一种动力。在我们的生活中每时每刻都要面临挑战,挑战现在,挑战未来,更主要的是挑战自己。挑战自己,就要放飞我们的生命。也许高处不胜寒,也许前方很渺茫,即使是黄昏,也必然布满歌唱的流霞。所以,只要战胜自己,就会取得胜利。"呼呼呼",呼啸的风从我的脸庞吹过,在我看来风不仅充满了寒意,也充满了对我的嘲讽与漠视,仿佛在说:"你倒是跳啊!"我看着周围人的眼睛里塞满了笑容,仿佛都要溢出来了。但是我还是迟疑,平静的水面虽然让我心态轻松,但是这漫长的坠落过程让我的腿不自觉地打战。我一遍一遍地告诉自己:没事的,没事的,你可以的,有绳子呢,怕什么啊!同行的朋友也在旁边鼓励我,我终于鼓足勇气,一步一步地慢慢蹚到尽头，看到了一个标语"why live on the edge when you can jump off？"我闭上眼，将半个脚掌放到铁皮板外面。我紧张得有点语无伦次，想要说话，但是没有声音。他们让我张开双臂做泰坦尼克状，一路上风都很大，大到眼睛都睁不开。不过这次，风的态度一改从前，这次没有了嘲笑。人生本来是单调的，但是，挑战自我就能给我们空白的人生涂上最美丽的色彩，或绚烂，或平淡。给人生一个挑战，也许你的人生会绽放出美丽的芬芳。

每个优秀的人，都有一段至暗时光。岁月给我们苦难、伤痕、离别，岁月给我们的很多。有了岁月的磨炼，我们以后面对困难的时候会更加从容、更加处变不惊。人生固有悲剧的一面，对之视而不见未免肤浅。当然，我们要注意不因此而看破红尘。我相信，一个历尽坎坷而仍然热爱人生的人，他胸中一定藏着许多从痛苦中提炼的珍宝。

站在苦难的对岸来生活

司静宇

> 人生说短也短，说长也长。我的妈妈曾经说，开心是一天，不开心也是一天，那干吗要不开心啊。的确，生活就像一幅画，上面填满了各种各样的色彩。我们不能被苦难给羁绊，我们要远离悲伤烦恼，我们要站在苦难的对面来生活。

我是一个乐观开朗、积极向上的男孩，喜欢各种运动，喜欢尝试各种新鲜事物，喜欢反复思考自己的经历并从中获得感悟。我的大多感悟来自生活中的苦难。其实也谈不上全都是苦难，于我而言，不顺心即苦难，人都是环境的产物，不好的环境更能塑造不一样的人生。

纵有疾风起，人生不言弃，是我总放在心上，时刻对自己说的话，每当我遇到苦难时，我总是先鼓励自己，我总是认为苦难从另一个角度来说是上天给予你的财富，是你优于别人的台阶。独立地克服一次困难，就多了一份克服困难的勇气、决心和方法。我总是认为苦难或者生活中不顺心、不如意的事情的本质并不全是麻烦，我们也要看到它们的价值。

我小学时有一次和同学在操场的高台上打闹，然后失足从高台上跌落。同学把我扶起来的时候，我眼睛都没办法睁开，整张脸都在淌血。当时整张脸全部都被擦破了，整个脸上全是伤痕，就像很久没下过雨的干旱的土地。老师把我送到了医务室。放学回家之后，我妈看到我的脸之后的表情是我见过最恐怖的。当天晚上，我的脸像火烤一样痛。在镜子里看着自己的脸，我都没认出来自己。我跟我妈说："我不想去学校了，这个样子我怎么出去啊？"我妈当然不同意啊，她用强硬的态度回绝了我的提议。我躺在床上不停地想着：我这个样子怎么去学校啊，这也太丢人了吧。会不会有很多人觉得我很难看？会有异样的目光一直看着我，或者会有人在我背后嘀咕？我在脑子里模拟了很多第二天早晨可能遇到的情况。我感觉很真实，心里就更恐慌了，以至于我根本没感觉到脸在痛。想了很久，我还是睡不着。在床上翻来覆去了一段时间之后，我坐了起来，穿上拖鞋，提着凳子，上到我家楼顶，对着皎洁的月亮发呆，慢慢心里竟然有了些坦然和无畏。我告诉自己："没什么的，不会有人注意到你的。你最需要克服的是自己的病态心理。这是一个脱离敏感多思的好机会，你应该好好把握。不必行色匆匆，不必光芒四射，不必成为别人，只需做自己。"

读初中的时候，我的成绩名列前茅，班主任对我也很重视。不知道从什么时候开始我身边多了一群不一样的朋友，他们上课看小说，下课打闹，晚上的作业从来没做过，都是第二天早上来得特别早，借别的同学的作业抄，但是他们在一起很快乐。我很羡慕他们。伴随着这种心理改变，我每天放学回家的第一件事从做作业变成了到处乱逛。当时我就读的初中算是我们那边的重点初中了，尤其是我们学校，在整个地区是以作业多而出名的。我永远忘不了那段机器人一样的生活，放学回家刚好是饭点，吃完饭之后在台灯前坐着写作业能写到12点左右，后来慢慢变成凌晨1点多了。我有小学同学在别的地方读书，他们告诉我有时候他们晚上都没作业，有的话也是一点点，老师也没占用过体育课什么的。我实在是厌倦我自己的这种生活了。我那段时间开始去网吧，上课的时候不回教室，躲在厕所或者别的地方，或者就是上课和不好好学习的同学一起玩，传纸条、扔粉笔头，早上来得特别早，去操场打着手电筒抄作业，没做的话就骗老师丢在家里了。老师或许是信任我，也或许是不想拆穿我，这样的把戏耍了几次还挺有效。我沾沾自喜，不以为然。那段时间我妈经常来学校，可能每周也就比我少几次吧。期间班主任和其他科老师都找我谈过话，但是我并没有放在心上，还是浑浑度日、吊儿郎当，成绩每况愈下。

直到初三，我们班主任和化学老师强迫我每周日去她们家补习，别的老师放学后也在办公室单独教我。清楚记得有一天晚上，老师一直在办公室帮我补习，那天下雪，雪在地面铺了厚厚的一层，天上还飘着雪花，地面特别滑。我推着赛车一路走回家，鞋底压着雪发出的沙沙的声音第一次让我感到这么孤独。虽然身边很多朋友，但我这种感觉比以前还强烈。我逐渐意识到我该好好学习了，不止是为了自己，也为了老师。我的努力不能没有收获，我这么多的付出必须要值得。马行千里，不洗尘沙，我现在要做的就是只把心放在学习上。过程就不详细说了，最后中考我考到了我们那边最好的高中。身边的人都对我有很多期望，当这些期望恰好是我想要努力的方向，且我有能力做到的情况下，我就要拼命努力，即使明天天寒地冻，山高水远，路远马亡。我相信最丰厚的回报总是会给最努力的人。

读高中的时候，班上藏龙卧虎，学习成绩好的同学比比皆是，我失去了在初中时受到老师重视的那种感觉。我本以为我的高中生活会和以前一模一样，但是意外却总是会在你松懈时悄无声息地来到。我妈总是告诉我和同学好好相处、互相包容，不要闹矛盾。高一刚刚入学没多久，我和同宿舍的同学发生口角，然后有点小摩擦，导致我被停课一周，也导致了班主任对我有长久的且不可改变的糟糕印象。老师从心里觉得我这种坏学生不该有好成绩。停课一周回到学校以后，我在学校的学习状态是最差的，每次考试我都在班里垫底，这样的情况持续了很久。在学校组织的一次期末考中，我的成绩突然变得很好。老师把我叫到办公室，我现在仍然可以记得那冷冰冰的语气："这次怎么考的，找谁抄的，是怎么作弊的？"我当时听完这句话，只觉得空气仿佛都烧着了，烫得人耳根发红，我气得连理智都丧失了。我准备离开办公室，边走边说："我没作弊，不信的话您可以查监控，我在第八考场。"回到教室之后，我痛定思痛。我开始想为什么会这样，难道就因为我之前的错误，老师就对我的人品有怀疑？一个人犯过的错误并不能定义一个人品行的好坏，衡量一个人的品德要看行为，在这一点上我真的觉得老师做得不对。我开始努力学习，是为了证明自己有能力可以学好，也是因为觉得自己真的该好好学习了。当时正好是高二升高三，那段时间我印象深刻，我都变得不认识自己了，我从来没有任何一段时间像当时那样可以那么专注，那么自觉地投入学习。我向管理教室的同学借到钥匙，凌晨五点当舍友还在睡觉的时候，我已经到教室开始背英语。中午十二点十分放学，我还会留在教室学习。晚上十点四十放学的时候，总有我陪着教室的灯光直到十一点。就连睡觉前，我的脑子也不自觉地想到白天所学。别人的喧闹始终和我无关。每次有集会我也总会带着小本本争分夺秒学一会，我只想弥补以前的空缺，我的书桌上写着"愿你在冷铁卷刃前，得以窥见天光"。我的成绩从年级一千七稳定升到二百。你所有的努力都不会被辜负，你所做的努力可能无法在当下对结果产生改变，但是一定会在未来看到结果。量变引起质变，你努力的时候可能还无法判断到底产生的是量变还是质变而已。我从来不相信努力无用论，奋斗的意义很多时候不仅仅在于结果，更在于你完成了自我救赎和自我超越。汗水从来不骗人，我们因此而超越平凡，证明我们曾来过这世界，不需要别人承认。因为我早就感受到了这世界。

人生，苦难重重，有些人在苦难中浴火重生，有些人在苦难里堕落沉沦；有些人经历苦难后给别人带来温暖，有些人经历苦难后给别人带来劫难。因为，有些心灵是清泉，苦难使清泉更加清澈；有些心灵是荒滩，苦难使荒滩更加荒芜。海明威说：生活总是会让我们遍体鳞伤，但到后来，那些受伤的地方一定会变成我们最强壮的地方。如果你不幸遭遇了一些苦难，那也请勇敢面对，在苦难过后，我们会更容易发现身边美好的东西。苦难，只会让人更加珍惜今天的幸福，更有勇气面对未知的明天。让你艰难的日子，总会让你变得有几分不寻常。人的一生，未必都波澜壮阔、荡气回肠，左右我们如何活着的往往是那些每天都在上演、都在谢幕的生命场景。在阳光下细碎如微尘般翻飞跳跃的，恰似我们的一生，只是，有的人拼尽全身力气把微尘舞出了光芒。

归零，你会发现更好的自己

刘心语

> 每个人都需要重新清楚地认识自己。无论你以前是否优秀，重要的是现在的你究竟如何，给自己一个新的定位。优秀的你将充满信心继续向前。若底子较差，就诚实地给自己定位低一点。莫要欺骗自己，默默努力往上走才是对自己最好的答复。没有人能够回到过去，但是谁都可以从现在开始。归零，让懊悔的过去不阻碍无限的未来，优秀的过去不能成为懒惰的借口。努力，就从你此刻迈出的第一步开始。

过年回家时，亲戚的"亲切问候"总是不会迟到："小刘啊，上大学没，在哪里读啊？""那亲戚家的孩子谁谁谁考上985、211啦。"……结果就是我被迫知道了一堆同龄人的去向。"诶，你们好像以前成绩差不多呀。"我又被迫躺着中了一枪。可不止亲戚，手机中的朋友圈、以前的班群，都在分享着曾经的同学们丰富的大学生活，都使你不得不生活在无尽的比较中。

当看到曾经差不多甚至成绩很差的同学如今却遥遥领先，心里有股说不出的酸楚，但是我知道这是他们付出了比我更多的努力才得到的。

小学出类拔萃，中学平平无奇，大学碌碌无为。每当聊到过往的话题时总能听到这样的喃喃自语："想当年我也曾是一个学霸。"这似乎是很多同学的写照，而我也可以说是这个过往怪圈中的一人。

我小时候乖巧懂事、成绩优秀，仿佛老师们手里的掌中宝，也成了父母亲戚口中的别人家的孩子。然而等上了初高中，父母的束缚减少了，我便如脱缰的野马，开始玩了起来，对待学习也只是应付了事。尽管这样我在初中时成绩其实还算是可以。那时候我的老师给了我一句评语："你太爱玩了，到哪去都只能是中上水平，所以我希望你努力一下去更好的学校。"后来我因为中考冲刺100天时贪玩，中考不出意料地失利了，高中进了一个二级校。然而进入二级校的我并没有因此而改变什么，仍然是开开心心地混日子，成绩处在中上水平。一直到高二下学期,在高考的冲击下,周围好像换了一个氛围,大家都明白了高考的意义,逐渐收起了玩心,开始认真准备复习,一股前所未有的压力弥漫在整个年级。而我这时候也终于懂得了,高考很有可能会决定我以后的职业与未来生活,对于一个没有背景、没有家业的普通家庭的学生来说至关重要。同时我也悲惨地发现,我们学校考上985、211的人,历届合起来也只有几个人,一本率也只有可怜的百分之十左右,以我现在的水平根本上不了一本。虽然知道了难度,但是我依然觉得自己能够像曾经一样拔尖,就算现在只剩一年了,只要我认真起来还是能够考上的。而后来开始复习时,我才发现自己的基础究竟有多么差。重新开始背基础知识,基础知识虽然能背,但是思维已经没有时间再培养了。在后面刷题时,不知道解题思维,感觉到被什么东西限制住了一样。应有的知识点你都有,题目却做不出来,而一讲解却又能懂了,但是题目一灵活变个形式还是不会做,如同一个死循环。无论怎么努力,甚至从早上六点到晚上十二点不停做题也无济于事,到最后就感觉像是在背题,特别是物理和数学。眼睛说"我懂了",脑子说"不,你不懂",简直就是那时候的真实写照。

就这样过了一年多,我总算是明白了,是我的天赋有限,我已经错过了最好的时候。是的,在初高中最需要学习锻炼思维的时候我选择了玩,选择了游戏,选择了小说,选择了娱乐。本就天赋不高的我早已错过了一次又一次的机会。再后来就是焦虑、失眠、迷茫,一直到省质检,两次质检都没有上一本线。最终我崩溃地放弃了刷题。

写到这里,应该有很多怎么努力都感觉有上限的人跟我有同感。高考前的迷茫、恐惧、无助几乎是每一个人都会经历的成长之路。结果就是有的人可以调整过来,正常发挥乃至超常发挥,而有的人就一蹶不振,在考场中失利,去了自己不喜欢的学校学着不喜欢的专业。而我这时候觉得等待着我的可能也是这样的结果。我一边这样想一边停下了刷题。过去已然无法改变,而困难就在面前。我能多背几道题,但我不能背到高考题。我能不顾身体熬夜到凌晨,但是我不能换个学霸的脑子去考试。我既无法战胜,更无法逃避。我束手无策,大局已定。我无论做什么,在十几天后我都得以这个水平走上那个考场,亲自去面对那场考试。那我到底在焦虑什么?有什么可焦虑的呢?我的水平就是如此,而这个结果正是符合我的实力的。你付出了多少努力,自然能获得多少回报。明白了这一点后,我不再刷题,焦虑也离我而去了,心态变得平和。复习着积累的基础知识与题型，我变得明朗，不再迷茫，如拨云见日，然后很平常地上了考场考完了高考，最终成功上了一本线。

从那时候我就明白了，重新认识自己是重要的第一步。以前优秀也好，不优秀也罢，重要的是现在的你究竟如何，其实也就是要给自己一个清楚的定位。你以前优秀，那你的起点就比较高，你就可以继续保持或是进一步上升。你底子比较差，就诚实地给自己定低一点，不要欺骗自己，默默努力往上走才是对自己最好的答复。

一切归零，以新的定位为起点重新开始努力，走出过往的漩涡。这样自己就不会被过去绊住脚步。当你清楚地给自己做好定位后，焦虑、紧张或许就与你没有什么缘分了。因为你明白你的付出是与你相匹配的。

后来在曾经的班群里与昔日的同学聊天，得知有的人已经考上了985、211甚至是全国前几名的名牌大学，然而我也不会再去羡慕别人，因为我不仅看到了他们的结果，也看到了他们背后付出的努力。

从新的起点开始学习，努力是最重要的。我一直很庆幸，尽管我没有能够很好地定位自己，但是我依然努力了，在我迷茫的时候也未曾停下脚步，而这给了我更多的选择。有些人常常说没有目标，不知道怎么安排，以方向不对只会白用功为理由而心安理得地颓废。而我只想说这只是你的一厢情愿的懒惰罢了。无论你的学习方法是否高效，还是其他的什么原因，只要你愿意去努力，你必然能有所收获。说得再多不如先行动，这也不行那也不行只是你懒惰的借口，空谈的也只是不可实现的幻想，而适于你的方法、计划、目标，只会出现在你努力前进的道路上。

在高考之后，出于对数学物理的不自信，我并没有去选择思维活跃的理工类，而是选择了更偏于积累的中医学。其实进入大学时我还是没有属于自己目标，就跟大多数刚踏入大学的同学一样，对大学生活充满未知与向往，对自己未来的规划也没有任何想法。但是我也没有怎么迷茫，当你不知道做什么的时候，锻炼自己就是最好的选择。于是大一，我参加了校社联、青协，参加各种社团，认识了很多优秀的学长学姐、志同道合的伙伴，参加各种各样的活动，知晓了各种各样的事情。同时，我也认真完成学业，拿到了奖学金。在这一年里我不断地探索，不断地锻炼自己，收获越来越多，对大学生活的看法也逐渐清晰，这同时也是在给自己更多的选择。慢慢地，我发现我喜欢中医，找到了自己的目标，对自己的未来也有了规划。更加投入地学习，尽早进入临床积累就成了我最初的目标。虽然我并不闪耀，也不拔尖，但是我能为自己的每一点点改变而喜悦，我觉得这就足矣。我相信在未来的某一天我也能成为心里梦想的那个自己。

重新定位自己，开始努力，就是我想说的走出怪圈的方法。其实也不仅仅只是学习。人生的道路千千万万，无论哪一条都是如此。

没有人能够回到过去，但是谁都可以从现在开始。归零，让坏的过去不影响未来。努力，就从你此刻迈出的第一步开始。

在时间流逝中等待，全世界有人爱着你

黄燕琳

> 时光总在不知不觉中缓缓流走，在浅浅的思绪里留下痕迹。我们在这时光碎片机之中，经历了迷茫，经历了挫折，经历了悲伤，经历了幸福。无论怎样，都要在时间流逝中等待，全世界有人爱着你。

时间一滴一滴地流逝，我在时光长河里奔跑了这么久，很多时候找不到自己，觉得自己就只是一粒细沙，无人在乎与关心。当我经历了2020年，在大浪淘沙中翻涌过，我意识到在时间流逝中等待，全世界有人爱着你。

小时候，我就像一只被放养的小羊。爸爸妈妈不像别人家的父母对自己的孩子那么上心，多少次孤独的夜晚，我一人抱着被子度过。上了初中，印象中除了家长会爸妈很少来看我。我看着舍友的妈妈天冷了给她们送被子、送汤，我除了羡慕还是羡慕。我也期望着有一天我的妈妈可以来看我。这个期望持续了六年，直到高中毕业这个期望还是期望。初一那年，我生病了。刚离开家的我，哭着打电话回家问我该怎么办，我多么希望爸妈就在我身边。而我得到的安慰却是："生病了就自己去医院，我们陪不陪你，都一样，都是去医院然后找医生看病拿药。你要学会自己处理事情。"我心里可难受了，为什么这样对我？我的爸爸妈妈真的不愿意关心一下我吗？把我一人扔在学校，连一句关心的话都没有。我就是在这样的环境下长大的，觉得自己没有任何的价值。

步入高三后，我的目标是什么呢？是不是一味地学习，提高成绩就可以了？家人说："认真读书，考个好大学，以后考个公务员或教师，有个稳定的工作就很好呀！"可是，这不是我想要的生活，我明确地说我不想。爸妈也不强求。但我也不知道自己的远方在哪里，我该去向何处。直到去年的那个冬天，我在家中备战高考，也一直关注着疫情，看到无数的白衣战士前往疫区，为了人民的安全而奋斗。而我被保护着，可以放心地在家中备考。家人也一直关注着我的生理心理健康，我是被爱着的。爸妈的爱可能不太善于表达出来，可我在那个寒冷的冬天却格外真实地感受到了。也正是因为这个冬天，我找到了我的目标，坚定了自己的方向。做一名医生是我的追求，我将为这个目标努力。最后我实现了目标，来到福中医。来到大学后，接触到了各类朋友。虽然有许多不可避免的磕磕碰碰，但是收获到的温暖与感动更值得珍惜。从一开始的懵懂害怕到后来的无话不说，我们知道彼此包容真的很好。2020年，我也许不得不暂时放缓脚步，和家人待在一起的时间也意外变多了，大家都在努力地治愈彼此，用语言、用食品、用歌声。我很珍惜一路上遇到的各种帮助，也有信心抵御各种意外，这是自然规律，也是成长的必需，所以我学会了感恩和自我疗愈。

　　记得在一次部门举办的演讲比赛中，每位选手都在台上讲述了对自己稿子中提到的相应的事件的理解和得到的收获。有一句话深深地刻在我的心里："当微笑和泪水被戳穿成是一种伪装的坚强后，我才发现，我对温暖，从未淡忘，我对温暖，一直用心地凝望。"当听到这句话的时候，我想起了之前的点点滴滴，这说的不正是我吗？当时，泪水润湿了眼眶，至少还有人懂我，还有人也跟我一样，在寻找爱和温暖的途中坚持。其实我们都很渴望得到爱，只是有时不懂怎么表达，只能傻傻地等待。可是要清楚地知道，就算世界荒芜，总有一个人，他会是你的信徒，在时间流逝中等待，全世界有人爱着你。听完这位选手的演讲，大家都不由自主地鼓掌，她的一字一句都深深地戳着观众的心。我除了赞叹，更多的是感动吧！回到宿舍，躺在床上，我回想着这句话，慢慢地品味。每想一遍，都会有不同的收获。也许我很迟才听到并记住这句话，可我相信，它会一直陪着我走过未来的每一段时光。我也非常感谢这句话的到来，让我不再孤单，相信世界上有人爱着我；让我不再自卑，知道我有很大的能力可以展现；让我不再迷茫，坚定方向一直勇往直前。在无形之中，其实我已经得到来自各方面的爱与温暖。

　　我有太多朋友不太理解为什么要一直等待，一直等待不也就意味着会逐渐失去更多，更别说获得什么了？可青山刚昌曾说过："我不怕等待，因为等待的时间越长，等到之后就越幸福呢。"我同意这句话，因为，一花一世界，一叶一追寻，一曲一场叹，一生为一人。我从不觉得等待是一种消极行为，虽然在等待的过程中，我可能会心慌、会困惑、会失望，但是等待却可以磨炼我的毅力，让我在等待中寻找自己最适合的目标与道路。在这个快速发展的时代，每个人都过得很匆忙。学生为了考试，抓紧每分每秒；建筑工人为了城市的发展，创造了一个又一个速度奇迹；快递行业为了让每位客户的物品更快地到达，建造了令其他国家望其项背的物流线。谁都不愿意慢下来，生怕慢了就赶不上这个时代了。可是真的是这样的吗？不是的，不管我们身处哪一个时代，我们都应该慢下来，体会一下慢生活，这样既不会给自己太大的压力，也有助于提升接下来做事的效率。慢下来，等一等，等休息好了，再开始拼搏；等思考清楚了，再开始下一阶段；等心灵沉淀了，再开始义无反顾地追梦。我始终坚信，等待可以收获很多，这个收获是一点一点凝聚的。等到凝聚成一个强大的力量，自己不管从哪个方面就会提升很多。

  这段时间，和很多许久未见的好友聚了一聚。每个人的变化都挺大的，特别是心智上都成熟了很多。经过了大学的一番磨炼，我们的眼睛充满的是光亮，心中有自己想要去的远方和自己的梦想与目标，我们不再是高中时期眼睛里透露出疑惑与迷茫的我们，不知自己所归何处、该向何方。我很喜欢现在的我们，我们可以聊自己的学校，听闻不同学校的不同特点。阅览不同城市不同的风景。可以把自己不同的经历与感受都告诉对方。虽然我们身处不同的城市，身处不同的大学，学着不一样的专业，但我们有着一样的目标，就是成为更好的自己，让自己变得更加强大。

  有一位好友说，她读的专业是个很冷门的专业，读这个专业的大多数学生毕业了以后，不会从事与这个专业有关的工作，都是各奔东西。可是她说："我当初选这个专业就是有兴趣。这个专业确实很难找到相关的工作，但是我愿意用我的真心去对待它，我可以一直等待。这个专业的前景并不是那么好，但我相信，总会有那么一天，它会越来越好。那天到来的时候，我的等待就是值得的。"我很佩服朋友说的这句话，也很佩服她的决心。我们也相信，她真的可以做到。还有一位朋友，高考发挥失常，想去自己最喜欢的师范院校读书，可是只能走定向生，她去了。她认为，不管未来要去哪个地方，工作多少年，选一个自己喜欢的学校，读自己喜欢的专业很重要。"定向的时间确实挺长的，但如果把这个时间当作磨炼自己的机会，在等待中就不会觉得难受了。等待的时候也会觉得很快乐、很满足、很安心。我在等待自己去向更好地方的时候，这段等待的时间是给我最好的礼物，静待时光，花会再开。"朋友说。再说说我的偶像——张杰。喜欢上他呢，是因为他的歌声真的很治愈。他的歌声，真的激励了许许多多的追梦人。他之前也是一路坎坷，可他从未想过放弃唱歌，他坚信终有一天他会站在更大的舞台上唱歌、在鸟巢开演唱会、开世界巡演。为了实现这些目标他走了 14 年。他做到了！他在这 14 年间，去音乐院校学习唱歌，为增强肺活量加量运动，为每一张专辑认真准备，为每次演唱会拼尽全力。在时间流逝中等待，这个"等待"不是说一事无成地等着，如果这样，那么梦将永远只是个梦。"等待"一定是一个蓄力积累的过程，不断提升自己，在关键时刻拥有足够的能力，奋力一搏。

《少年的你》中有一句话："路上总会有阴影，抬头就会看到星光。"这很像当时的我的境况，那时我感受不到周围给我的爱，一个人走在黑暗的小路上，地上有路灯照射出来的影子，再看看周围的枯枝落叶，凄凄惨惨的风刮过侧脸，显得我格外孤独。可当时我忽略了，抬头就可以看到无尽的星光，它正指引着我向前。这也正像我说的，在时间流逝中等待，全世界有人爱着你。等待是无尽的坚持，它可以让渺小的自己变得更强大。

现在的等待，也许不会马上有结果。可是坚守自己的等待，一定会有绽放的时候。因为，在时间流逝中等待，全世界有人爱着你！

06

第六方

甘草干姜汤

散寒止痛，温肺复气

　　甘草干姜汤，散寒止痛，温肺复气，主治伤寒误下后，四肢厥冷，咽干烦躁吐逆；虚寒肺萎，咯吐涎沫，清稀量多；胃脘冷痛，肠鸣腹泻，行经腹痛。这方汤剂仅仅由两味药组成，即甘草、干姜，却可以治疗一系列的寒症。同样地，若我们摆出人生态度，自我潇洒地活着，许多潜藏的困难便能迎刃而解。只有看得清自己想要的，才能对症下药，止住痛点，顺利厘清自己。

待人以宽，责己以严

许仕英

> "你无法要求别人，你只能要求自己。"这一句话贯穿始终。责己不意味着束己，这是一种更高的人生追求。它不仅仅停留在法律层面，更是从较高的道德层面出发，以此来把控自己。宽容也不意味着视而不见，它有着法律的底线，底线之上的是是非非皆不是唯一的标准能予以衡量，所以"大条"反而是中庸的处事之道。

"大条"在闽南语中常用以形容事情程度增加，是一种中性形容词。不过，在我的心理世界，我更愿将"大条"释义为对不该自己插手的事"神经大条"地对待，宽以待人待事。就像是前段时间看的一篇文章中的一句话："你无法要求别人，你只能要求自己。"这便是我在这一年多时间里收获最大的一个为人处世理念。

韩愈有云："古之君子，其责己也重以周，其待人也轻以约。重以周，故不怠；轻以约，故人乐为善。""待人以宽，责己以严"，是古人的一种思想智慧。现如今，构建和谐社会，创建人文世界，拓展修养道路，必须以"待人以宽，责己以严"为一切行为准则之首。待人以宽，责己以严，还是待人以严，责己以宽，这个文字游戏看似浅显，仅仅是文字的重新排列组合，其实不然，其中含义更是相差甚远。现如今有着太多太多"闲人"喜欢指责别人，总爱鸡蛋之中挑石头，总是不肯原谅别人哪怕是一点小小的差错。而他们对于自己则过分"宽宏大量"，就算"捅破天"的失误也不算什么大问题，即所谓"对人马列主义，对己自由主义"。很多人从来不扪心自问，想想自己做了什么。他们一旦看到网络之上有风吹草动，无论真相如何，往往都是群起而攻之，铺天盖地的漫骂声不绝于耳。能有多少人还记得吾日三省吾身？批评和自我批评，中国共产党这一优秀传统怕是早已被丢弃、淡忘了，取而代之的是表扬与自我表扬，坐井观天，过分固地自封，遏制自我前行之路。

给大家讲个故事。Bread 是我八年的好友。刚认识她时，自信、痞气、青春、快乐洋溢在她的脸庞上。那时她有着热闹的人际交流圈，身边不乏追求者。她总是拽拽地对我说，"嘿，走，打球去"，"嘿，走，小卖部"。就这样，我们快乐度过初中来到了一中。高一，我们俩前后经历了初中铁三角中另一个朋友接二连三地有违道德的伤害，只能两人互相抱团取暖。高三，Bread 恋爱了，但是由于之前的事情，她变得敏感、多疑，而且此时有一个 Bread 未分班前的朋友介入他们之间的感情，这使得 Bread 很抓狂，常常来找我谈心。在学业压力很大的高三，我们两个互相开导，我倾听她的烦心事帮她分析，她教会我如何舒服地拒绝人。自此我们两个之间的友情有种变亲情的趋势。我很依赖她，她也很依赖我。后来 Bread 去了很远的地方读大学，我们的交流少了许多，渐渐我变得没有安全感起来，总是希望自己还是 Bread 的第一顺位朋友。自此我内心开始困惑。之后在朋辈心理咨询员的工作中我渐渐明白，要求 Bread 将我作为她朋友里的第一位，这是一种强求。于是每次我都会给自己做心理暗示："每个人都只能陪你走一程，她会有自己新的朋友圈，新的好朋友，新的世界。"后来我慢慢地释怀，与自己和解，也找到了两人友情的平衡点，最终我真正领略了"待人以宽，责己以严"的真正意义。

正所谓"人无完人"，生而为人难免犯错，而宽容他人换句话来说就是善待自己。一个人胸襟的宽广代表的是他的度量，是他的容忍度，也是他的风度。长久以来一直有一个令人无语的以讹传讹："量小非君子，无度不丈夫"竟然被很多人说成了"量小非君子，无毒不丈夫"。这显然不会是偶然的口误，它反而恰恰代表了多数人内心的真实想法。有"度"的是真君子，有"毒"的是真小人。令人唏嘘的是，许多人宁愿当小人也绝不做君子。指责别人或许是容易的，而反省自己确实有着双重困难！很多人选择的不是"待人以宽，责己以严"，而是"待人以严，责己以宽"。他们总是用显微镜来反复搜寻他人的缺点，而对自己的种种错误则往往是视而不见。这是一种非常不好的社会风气。身为新时代的青年人，我们还是要努力倡导待人以宽、责己以严的好传统。

或许你曾经听过"玫瑰少年"的经历。玫瑰少年名叫叶永志，是台湾初中三年级的男孩。在妈妈的眼中，他是一个每天帮自己按摩做饭的乖孩子。在邻居的眼中，他是一个体贴到让人妒忌的小男孩。但最后，他却因为"喜欢女孩子的东西"，而在学校遭歧视霸凌致死。同学们时常在他去洗手间的时候，脱掉他的裤子"检查"他是不是女生。为躲避同学们的欺凌，他只能在上课的时候、在没有人的时候偷偷去上厕所。直至某一天，他被发现倒在洗手间的血泊中。据说是因为在下课前五分钟去上厕所时，身体不适突然晕倒，导致头部遭到重创，最终不治身亡。

有人说，叶永志间接死于性别刻板印象带来的暴力与欺凌。因为如果他不需要在没有人的时候去上厕所，或许就可以得到更加及时有效的救治。

故事的最后，"玫瑰少年"叶永志的母亲说道："觉得他这样不正常的人，本身就不正常。"当我们重新理解"性别"，不再贬损他人的性别表达、影射他人性取向、嘲弄他人性格特征、嘲笑他人的性别认同与众不同的行为，是不是就不会再有这类霸凌发生？如果我们都能宽以待人待事、严于律己责己，是否就能避免类似悲剧的再发生？

《黄帝内经》提及"任物者谓之心"，意思就是说心主要接受外界的刺激，并且负有认识与分析外来刺激之职。是故我们皆拥有高度分辨是非的能力，拥有极高的思维分析能力，那其中的孰是孰非怎么可能分辨不清？我们在面对这种情况时，一定要禁止自己成为施害者，也避免自己成为所谓的帮凶，我们一定要去帮助受害者。与此同时，面对他人的"特立独行"，我们要用善于发现美的眼睛去欣赏、去看待，拒绝用自身的条条框框去束缚他人。

有人曾经说过："不会宽容别人的人，是不配受到别人宽容的。"人各有优点，各有不足。每个人都要多看别人的优点和长处，多想自己的问题和不足，多进行自我批评，不断地加以改进和克服。只有这样，才能得到长足的进步和不断的提高。在生活中我们每个人也应该拥有一颗宽容之心，应该努力做到待人以宽、责己以严。

对我们学生来说"责己以严"是一种严谨求实的学习态度，是一种积极向上的精神，"待人以宽"是一种谦谦有礼的风貌，是一种胸怀宽广的品质。要做到严以律己，就要控制自己的思想、自己的行为，要求自己做有利于学习的事情。有的学生在学习中有懒惰的思想，不能很好地做到复习、预习，要努力改正这些缺点。同时，在学习中我们还要保持一种积极向上的心态，严格要求自己，给自己定一个高的目标才能在学习中责己以严。待人以宽则要求我们学会换位思考，宽容地对待他人。别人怎么对待你，是人家的事，你如何对待别人就是你自己的事了。如果你善待了别人，人家怎么会恶意地攻击你？在学校里我们对同学要像对兄弟姐妹一样，不要因一件小事就反目成仇，待人宽容才能班级和谐、校园平安。如果每个人都能从我做起，都做到了"待人以宽，责己以严"，那么我们就能杜绝校园暴力，我们的校园就会成为理想中的和谐校园。

责己以严，你的能力会越来越强；待人以宽，你的运气会越来越好。带上它们，一起奔赴"大条"未来。

化缘的女孩子

张博宇

> 缘分是人与人之间难以言喻的隐线,所遇之人皆缘,所遇之事皆缘。很多事情我们没法选择,但是我们可以用乐观的心态去面对缘起缘灭。用快乐的心去面对苦难,以积极的心态去度过每一天!

每个人都不一样,雅兰生在幽谷,隐菊立于南山之前,青松傲于断崖之上。虽然每个人都有属于自己的特点,但是微笑都一样灿烂。作为一名爱笑的女孩,我希望能把温暖的阳光洒进你的心里吖!

许多人都说我的名字很男孩子气。曾经我也很疑惑,为什么别人家女孩子名字都那么文静,叫起来甜甜软软的很可爱?我曾几度想改掉自己的名字。后来父亲告诉我:"在你出生之前我就知道你是女儿了,取这个名字是我深思熟虑的。你的名字有两种意思,一层是:'博'取博学多才之意,'宇'则是取上下四方之意,归结起来就是我希望你周围都是博学多才的人,正如那句'谈笑有鸿儒,往来无白丁'。另一层含义是一种禅意:'博宇'是佛教的'钵盂'的谐音,万事万物相聚或离散均是一种缘分,你来到这世上,也是来化缘的,化一段又一段的缘分。"所以,各位施主,我们相遇都是一种缘分,很开心我拾得一段你们读我文章的缘。

佛说,万物皆有情,在有情的岁月里,我们每个人,都可以做真实的自己。世俗给你我的,不过是一件朴素或华丽的羽衣,我们可以装扮得更加妖娆,也可以褪去所有光环,做一个明心见性的人,以清醒自居,以淡然自持,这样才可以更好地放下执念,让不舍得成为舍得,让不快乐成为快乐,也让一无所有成为拥有所有。

我没有什么特别励志的故事,也没有传奇的人生,写这篇文章是想说:要有一颗坚强的充满阳光的心。我的家庭和别人不一样,我三岁的时候父母就离异了,父亲带回来了一个老师,让我喊她妈妈。虽然是离异家庭,但是我小时候得到的爱并没有因此减少。我们家没有重男轻女的思想，也没有童话中恶毒后妈的剧情。我的小妈比我爸年轻很多，心思总是很细腻，与生母相比少了一分血缘的羁绊，但是她的勇敢、她的接纳让我很敬佩她。在几年的相处中，我渐渐地长大，她的青春年华无声无息地流走。小妈待我也算好，如果说相处中对我和她的女儿完全没有偏爱，那是不客观的。我早就意识到这一点并且平静地接受了这一点，因为我得到的爱的总和并不会因此减少。我原谅她纯粹的母性偏爱，我更感谢她对我的照顾，而且小时候我的爷爷奶奶也很宠我。总之，在关爱中，我渐渐长大了、懂事了。经常有人问我：小时候有没有因为父母离异被嘲笑过？那当然了，在那少不更事的年纪，大部分孩子说话都是比较直白的。小学的时候，有个男孩子说我没有妈妈，然后我就打哭了他。随着渐渐长大，我接纳了所有事实，也变得平和了很多。我开始可以心平气和地和别人讲述我的家庭，我开始淡化别人这些话对我情绪的影响，因为花总是要盛开的呀，因为我的一切都是我，因为我过得很幸福。原生家庭不可能对一个人没有影响，但是原生家庭不能是一个人偏执倔强的理由。

　　缘分就是这样，我的爸爸二次离婚后，现在又找到了他的幸福。包括我的父亲在内的很多人会问我的态度，我说：父母的幸福就让父母去追寻，无论发生什么，我都深爱着我的父亲，没有什么能够改变这一点。相信有很多离异家庭的子女也希望自己的父母幸福。要知道每个人都有走错路的时候，每个人都值得被深爱，每个人都值得被呵护。我超级喜欢我现在的生活，喜欢我周围的人，毕竟没有什么苦难能成为你一直不开心的理由。

　　那一年奶奶的去世给了我很大的打击。当我站在重症监护室的外面，看到奶奶身上插满了各种管子，我什么也不能做，什么也做不了，就只能看着死神一步步地来，亲人一步步地离我而去，一种深深的无力感油然而生。一直没有确立的方向，在这一瞬间拨开了重重云雾，显现了。我填写高考志愿的时候，填的是清一色的医学院校，因为我觉得能解除人的病痛，是一件非常快乐的事。人的成长需要很多契机，我也是这样，一颗种子种在了心里，渐渐地抽芽、发枝。在进入医学院校之后，我又进入了心理中心。在学习工作中我逐渐体悟，解除人躯体上的痛苦固然重要，做一个能让人温暖开心的人更加重要。在值班期间，我帮助求助的同学，在倾听中我提供力所能及的建议与陪伴，在倾听中我共情，没有身受却有感同。快乐来源于帮助，在安抚别人心灵的时候，同时也是对自己的治愈。这些让我更加热爱生活，体悟生活的美丽与绚烂。心灵上的健康，也是健康的一部分。我很喜欢纪伯伦的一首诗：

> 如果你的心灵有通往神圣的完美阶梯，
> 你就像真理花园中的百合花，
> 无论你的芳香消失在空中，
> 或消失在人们身上，
> 它消失在何处，
> 就在何处永存。

进入大学的第一年，我因为志愿调剂进入了护理专业。很多同学进入大学都会面临被调剂的困扰，那我就来分享一下如何平复自己的心态。首先要正视调剂这个事实，不要埋怨任何人事物。虽然当时我没有被录取到心仪的专业，但是我还是很开心我能来到福中医，在这方面任何怨言都是没有意义的，不能因为没有被录取到喜欢的专业就哀伤。所有的一切都是缘分，是冥冥之中的安排，是为了让你遇到现在周围温暖的人。再者如果有转专业的想法就不要飘忽不定，从一开始要给自己合理的定位，不能因为一些坎坷而自暴自弃。任何知识都是有用的。在护理专业的一年中，我学到了很多的知识，认识了很多有趣的人，这是我一生中一个不可抹去的片段。很久之前我一直以为护理这个专业不是特别有技术含量，可是在这一年的接触中我更加理解这个专业，更加尊重那些可爱的护士，她们在一遍又一遍的练习中为我们提供最好的医疗服务，为我们的健康保驾护航。我也从中收获了五分钟的铺床基本操作，练到三分半的成就感。抛开这些专业知识不谈，我收获的最重要的东西是一种共情，是一种南丁格尔精神洗礼下的爱心。

很多人都说自己不太会和父母交流，其实只要自己打开心扉和父母交流，父母也会渐渐地开始表达自己的情感，渐渐开始诉说自己的思念。

作为一个北方的女孩子，从河南到福建离家那么远，会想家吗？答案是：当然。我一直以为我不是一个特别恋家的人，直到我跨越了中国的南北，来到这座城市上学。有一次我给我爸爸打电话，打了一会儿之后，爸爸说："挂了吧不打了，打电话的时间越长，爸爸心里越难受。"当时一瞬间我的眼泪就从泪框里涌出来了。我发现不想家是不可能的，父母也会很想你，只是不善于表达。曾经我的爸爸很腼腆，我也羞涩于表达自己的情感。后来有一段时间，我开始做出改变，我会跟爸爸说："我爱你。"在我的带动下，我的爸爸也渐渐开始表达自己的情感。每次和爸爸分开的时候，我都会主动和爸爸拥抱一下。久而久之，这变成了我们之间的一种习惯，哪怕我只是离开一小会儿，我也会习惯性地和爸爸拥抱一下。爸爸每天都会看我的微信步数，然后判断我那天有没有活动，然后会给我点那个唯一的步数赞。有一次，我在空间发了照片，但是没有给爸爸发，他就打电话过来："没事，就是想你了，以后也多给爸爸发点你的照片吧。"从那以后，每次活动我都会把照片发给我爸爸，和他分享一天中的所见所闻所感，问他我不懂的事。

在茫茫的大千世界里，每一个人都会有一个温暖的小世界。今年初秋时分，转专业进入新的班级以后，我收获了新的同学，收获了超级温和的辅导员，还收获了超级好的室友。前一段时间我出门查寝的时候，不小心从楼梯上跌倒摔了下来，扭到了脚，趴在地上没有办法站起来。我给室友打电话，室友马上就过来把我从地上捞回了寝室。真的想说你们对我真的超级好，所以我也要努力变得优秀，更加好好地照顾自己。日常生活中，我是一个爱笑的女孩，爱祖国、爱学习、爱吃美食、爱喝奶茶、爱玩游戏。我喜欢唐宋的诗词，弯月下打开一册关于宋朝的书卷，试图寻找一阕简洁的词，梳理流年。这枚新月，无论经历多少朝代更迭，都长不出沧桑的模样。在读书的时候能感到心情的宁静，每当我有一些烦恼，我便习惯性地打开一本诗词。在积淀的文化面前，所有的烦恼仿佛都化烟散去了。我要努力向前奔跑，抓住自己的青春，用开心去"化缘"。

且将新火试新茶，诗酒趁年华。感谢大家的阅读与倾听，很开心与大家分享属于我的心语。

我不要"不平凡"

黄莉珠

> 红尘俗世,熙熙攘攘,目光是别人的,期许是别人的,所谓的"不平凡"也是别人的,但平平凡凡的生活才真真切切是自己的。发自内心地享受生活,享受每一次的选择和自我探索才是自己人生的真正不平凡。在平凡真切的人间烟火里,从始至终都是浪漫满山、时光静好、内心坦然。

这二十年来时间似乎总在催着我们向前,儿时争做"乖宝宝",少时力争名列前茅,现在争做别人眼中的优秀人儿。这一路我们风尘仆仆,"耀眼""璀璨"成了这一路来我们最在乎的词,也成了二十年回忆里挥之不去的样子。

每个人的人生都是独一无二的,每个天使都是自己人生的主角,在这场电影中,当代人似乎被按了2倍速的快进键。所有的场景似乎都是剧本里所描绘好的,而剧本的编剧权本应在自己手中,但时间太匆忙,市场压力太大,爱之心切的父母、亲戚、朋友早已帮你想好了如何出演。激烈竞争的社会像催化剂,在倍速催着自己快些和这个社会产生化学反应,超前完成该完成的任务。这一路有太多的不自主,所有的不自主的出发点都是为了自己"好",为了让自己成为"不平凡"的那个。然而在倍速的播放器里,太容易让人模糊了自己,目标也太容易被同化,这样的"不平凡"让人容易失去自我。虽侥幸获得了"不平凡"的样子,自己却比谁都知道这样的"不平凡"有多少的无奈和深夜的泪水。

自小我就是一个被父母、亲戚、老师、同学贴着标签长大的女孩。这些爱着我和我所爱的人站在最善意的角度纷纷给我贴上了一个又一个标签,努力让我成为人群中"不平凡"的那个。他们总爱用鼓励性、夸奖性或是教育式的样子对着我说:你应该要、也应该会是一个非常非常听话的乖宝宝,努力、温柔、听话、上进、勇敢都是你要有的,也是该有的,你一定会成为我们的骄傲,会成为我们所期待的"不平凡"的样子。他们认为这样的"不平凡"的样子，会让我人生的这场电影以倍速快进，出演的本人也会非常愉悦与享受，这场电影的观众也会门庭若市。在二十年前的每一天里，乖宝宝式的我对于这一切都未曾想过反抗，也未曾想过去表达内心所需所求，一味地接受成为前四分之一人生的主调。自打懂事以来，记忆中的自己总是非常听话。幼儿园时为了博得父母的夸奖，满足父母的期待，我乖乖地在开学第一天就自己跟着隔壁姐姐一起去上学，即使那时自己的内心也想像别的小朋友一样有父母接送。但所有"不平凡"的期待在告诉我，我这样子是不可以的，这样的我会让他们失望，这样的我是成不了他们眼中"不平凡"的样子的。小学时，对体育热爱的我，因为父母的一句"不合适"，我选择了放弃体校生活，放弃了喜欢的跑步，因为我害怕看到那些爱我的人眼里的失望。初中时，青春懵懂的心开始拨动，开始对学习以外的各种事物充满好奇和求知欲，但老师所期待的"不平凡"的我不是这样子的，于是我又告诉自己，我应该乖乖的，一心读书才可以成为"不平凡"的那个。在这种模式下，到了大学，我开始不自主地自己给自己贴上了曾经别人给我的标签，我开始强迫自己成为那个"不平凡"的人，我努力地给生活按下了 2 倍速的快进键，用各种不知所以然的活动填满生活，以为这样把时间填得满满当当的就会成为"不平凡"的那个，就会成为曾经别人期待的那样。然而随着时间推移，我开始疲惫了，我开始问自己一切的一切真的是这样子的吗？但长时间被按下倍速键的我似乎失去了回答这个问题的能力，只能盲目地点头告诉自己好像是这样子的来麻痹自己。

但这一切后来都发生了改变。

在这些"不平凡"的日子里，别人眼中的我和我眼中真实的自己真的会一样吗？在这场"不平凡"里，别人眼中的我是那么的温柔、努力、坚定和开心快乐，然而当深夜里只有自己孤身一人的时候，打开心扉的我内心是犹豫的，甚至有时接踵而来的是遗憾、不悦和深夜的泪水。

后来的自我和解和改变都发生在疫情期间。2020 年是非常独特的一年，这一年里有的人被按下了超级快进键，有的人被按下了 0.5 倍速键，也有人被上帝亲吻着按下了永久暂停键。这段时间里许多百姓的生活节奏开始变慢，慢节奏的生活，让时间催促的脚步似乎慢了些许。这段时间里我的世界里的一切似乎都变慢了，没有了学校生活，没有了同学朋友的现实社交，也没有了亲戚的各式攀比与催促，这些暂停似乎让曾经贴在我身上的标签暂且被取了下来。就在被取下标签的这段时间里，我才发现"噢~真正的我原来在这里，真正的我原来是这个样子的"。当没有了那么多所期待的"不平凡"的标签时，似乎一切都可以成为自己人生每个片场的"不平凡"了，每次的自我尝试与自我探索都成了平凡日子里最美好、最打动人心的时刻。我开始主动向爸爸妈妈提出我的请求与欲望，也不再想着一味地接受，接受那些我喜欢或是不喜欢，认可或是不认可的所谓的"不平凡"的期待。也开始尝试着对身上的标签说"no"，我不要"不平凡"，平平凡凡的我才最真实、最快乐。

或许是这场关乎生命的疫情时光，开始让我第一次那么真真切切地感知到了生命的存在，被生命的力量那么有力地冲击到。每一次新闻的报道，每一次微博的热搜都在冲击着我那长期被按下倍速键而已有些麻木的心。被冲击过后的心，开始变得更真实了。

当生活开始慢下来的时候，其实心也就随之静了下来。静下来的心是有力的，它有属于自己的独立世界，在那里从始至终都浪漫满山，也只有它才知道在这或长或短的几十年的时光里自己的所需所求。

红尘俗世，熙熙攘攘，目光是别人的，期许是别人的，所谓的"不平凡"也是别人的，但平平凡凡的生活才真真切切是自己的。如若有一颗肆意张扬的心那就去闯荡天涯海角，给自己一场无悔的青春。如若有一颗安定恬静的心，那就来一盏清茶、一把摇椅和三两好友。人生的片场里自己才是主掌话语权的那个人，走的每一步都只有自己说了算数。不要去满足别人的期待，所谓的"不平凡"终会成为几十年生命里的枷锁，锁住了自己的真，锁住了生命最美好的样子。

当生活里我过成了别人期许的模样时，那时的我并没有发自内心的快乐，这些表面的欢乐其实更多的是来自那颗从小被种下"不平凡"的心所获得的满足感，而当我摘下那张从小被强加的面具的时候，我真真切切感知到和明白了原来生命真的只属于我自己，生活也是自己的，快乐也是自己的，这一切的一切都与旁人无关。

平平淡淡的生活里最真实的自己才最好，才最幸福。每个天使都可以做个不完美的孩子，不需要去满足所有人的期待，只需要做自己。

愿你在平淡的日子里主宰着自己的人生，莫让别人的目光与期许束缚住前进的步伐。

心态积极，拥抱一缕阳光

刘鑫文

> 借时光之手，暖一束花；借一方晴空，拥抱一缕阳光。心态是藏在深处相对比较恒定的东西，它是影响心情和时间的内在和决定性因素。当你处在人生困境时，你会用什么样的心态去面对它？以阳光的心态看待失意，漫天撒下萌芽种，伫看他日结果时。

心理学上有一个名词，叫"瓦伦达心态"。瓦伦达是美国一个著名的高空走钢丝表演者，在一次重大的表演中，不幸失足身亡。他的妻子事后说，她知道这次一定要出事，因为他上场前总是不停地说，这次表演很重要，绝对不能失败，绝对不能。而以前每次成功的表演，他只想着走钢丝这件事本身，去享受每次表演，不去管这件事可能带来的一切。后来，人们就把专心致志做事而不去管这件事的结果，不患得患失的心态，叫作"瓦伦达心态"。

美国斯坦福大学的一项研究也表明，人的大脑里的某一图像会像实际情况那样刺激人的神经系统。比如当一个高尔夫球手击球前一再告诉自己"不要把球打进水里"时，他的大脑中往往就会出现"球掉进水里"的情景，而结果往往事与愿违，这时候球大多都会掉进水里。这项研究从反面证实了瓦伦达心态。事物的法则就是这样：如果太注重成败，结果往往会失败。只要你注重事物本身的特点及规律，专心致志地做好它，你就会收到意想不到的效果。所以，我们常说："心态最重要。"

心态不是心情。心情是一种难以自控的情绪反应，具有多变性，很容易受外界影响。任何人都有好心情与坏心情的交替变化，这是正常的。心态是藏在深处，相对比较恒定的东西。它是影响心情和时间的内在和决定性因素。心态不好的人往往会具有以下共同特征：1. 消极悲观。心态不好的人往往在遇到问题的时候会朝着事情发展的最坏结果去想，让负能量占据上风，缩手缩脚，越不敢做判断，事情就会变得越来越坏，形成恶性循环。2. 自卑，不自信。心态不好的人总会觉得自己比不上别人，处处不如人，这样往往会产生自卑情绪，久而久之就会变得不自信，没有积极性了，在干事情以前总是先给自己找一大堆理由和借口。3. 怨天尤人。心态不好的人总会有各种各样的抱怨，抱怨上天的不公平，抱怨自己没有一个好背景，抱怨自己事事不如意……4. 易做情绪的奴隶。心态好的人内心充满阳光，是情绪的掌控者和支配者。心态不好的人往往会因为芝麻大的事情而沮丧不悦。他不懂得怎么样去控制情绪，易受外部事情的影响做情绪的奴隶。心态好，遇到困难就能面对，遇到挫折不会气馁，遭遇不幸能承受，受到冤枉不会憎恨，对生活永远充满希望，爱自然爱人类。

在今年七月中旬，我像往常一样下班回家，过斑马线时祸从天降——遭遇了一场车祸，一辆小汽车正面撞向了我，在经过空中720度旋转着地后，失去了意识。恢复意识后，强烈的疼痛感第一时间侵袭我的神经。我被送到了医院，诊断结果是双手暂时丧失屈伸功能。心态差的人遇到这种事肯定会对肇事者破口大骂，心态崩溃，不停抱怨。但是我却没有那样，虽然在这将近一个月的时间里，我体验了一番没有双手的人是如何生活的，了解到残疾人的生活多么不容易，他们的心态是多么坚强。在休整期间，积极的心态给了我巨大鼓励，让我积极配合治疗。拆除包扎后，我的双手依然无法弯曲。我尝试借助外力让双手弯曲，争取让双手早日恢复，生活也能尽早回归常态。从遭遇车祸到现在，我没有怨恨过司机，因为我了解到他当时也是因为着急送朋友去机场赶飞机，开得比较快，没能及时刹车，并且在出事的第一时间他就把我送去医院并报警，积极配合警方的工作。

心态是一个人的灵魂，它左右人的一切言行。有什么样的心态，就有什么样的结果。今年刚开学时，我面临五门考试。因为疫情的原因，大家都是在家自主学习的，学习效率都很低，再加上一个暑假，学的东西都基本忘光了。我没有放弃，抓紧时间学习，不敢松懈，最后如愿以偿地通过了大部分学科的考试。人生需要用积极向上的阳光心态去面对生活。你要活下去，还要活得幸福快乐，就必须用良好的心态去挑战困难，迎接生活。

在同样的环境下，有的人能处事不惊，踏实工作，不计名利，最终获得成功。有的人心情浮躁，为名利所累，虽说有时也很风光，但后来还是失败了。这是为什么呢？因为个人的心态不同。一个心态本来就不平稳的人，想要在如今这个竞争越来越激烈的时代，顺利地实现自我价值，创造人生的辉煌，那是相当艰难的事情。从心理学的角度来研究，人的心态是复杂的，是因人而异的。心态不好的人，表现出的问题很多。就拿恶劣的心情——愤怒来说，这是一种很有杀伤力的心态表现，是对自己和他人都会造成严重影响和后果的不良心态。

　　心态不好如何自我调节呢？第一种是倾诉法：当你恐惧、害怕或抑郁的时候，可以找人倾诉。找个信任的朋友、家人或专业心理指导人士细细聊聊，有些事情越隐瞒心情越差。要学会倾诉自己的烦恼。第二种是发泄法：当你处在愤怒期时，可以通过发泄的方法让自己得到放松和释放，比如，可以去唱歌、去打拳、去购物、去运动出汗、大哭一场等。第三种是转移法、暗示法：比如换个生活环境、去旅游、重新布置家具、学一门新技能，或者常常对自己进行心理暗示"这没什么""我能挺过去""我现在很好"。第四种是豁达放松法：这种方法是通过故事、游戏等方式让人拥有豁达、放松的心情。有一对兄弟，一个患有大肠癌，一个患有肺癌，结果两人确诊后积极配合治疗，心态放松豁达，之后还活了近40年。第五种是改变认知法：以上几种方法都只是外在的，最关键的还是要改变自己内心的认知。学会多角度看待一件事，既看到不好的方面，也要看到好的方面。要多去看生活积极的方面。我们也应该做好心理准备，迎接最糟糕的结果。这样就可以既不因估计过高而沮丧，也不因出现糟糕的结局而失去自信。学会心理按摩。心理按摩的方式很多，开怀大笑就是一种十分有效的方法。俗话说"笑一笑，十年少"。科学研究表明，人在发笑的时候，大脑通过改变化学物质刺激，不良的情绪会得到缓解，幸福感增强，免疫功能提高。除了开怀大笑，还有听音乐、做操、散步、垂钓、爬山等都是十分有效的方法。在参加这些活动时，注意力被分散，紧张情绪被缓解。越是处在竞争性强、生活节奏快的环境中，越要注重心理按摩。

　　阳光心态主要是靠自己形成的。首先，自己要明确人生的伟大意义，知道为什么生，有人生的理想和追求，并愿意为实现这一追求付出努力。其次，要有活到老学到老的孜孜不倦的学习精神。从书本上学，开拓自己的思维，增长知识；从实践中学，增加个人阅历，总结社会生活的常识，升华自己驾驭事务的能力。别让欲望占据个人的心理，不求大富大贵，只图有吃有喝生活富裕；不攀不比，只求活出自我，展现真实的自己。诚实做人，公正做事，言行有德，处事有品，用正能量，惠及周围的人。拥有这样的心态，你就是一个阳光的人。人生失意时须寻找一条出路，以阳光的心态看待失败，漫天撒下萌芽种，伫看他日结果时。

漫长的岁月里，我学会了取悦自己

柯小玲

> 都说，人越长大，就越难快乐。我们从小的时候开开心心做自己，逐渐变成别人眼中开心的自己，再到后来，我们变成了怎么都不再快乐的自己。故事不断上演，每个人都在各自的世界里兵荒马乱。快乐仿佛是那么简单，却又那么困难。人生路漫漫，请你和我一起，学会取悦自己。

我真是一个没有故事的人。

中奖的人群里永远不会有我的身影，被老师记在小本本上要表扬的人里也不会有我，啤酒盖永远凑不到可以兑换的整数。所有的小概率事件好像都不会发生在我身上，作为一个专业的老分母，我做过最牛的事情，就是20年前在一场游泳比赛中拔得头筹，来到了这个五彩斑斓的世界上。

那或许是一个平淡故事的开始。

小小的村庄里多了一个爱乱蹦乱跳还很会到处瞎跑的小姑娘，会挨家挨户串门看电视讨糖果吃，逢年过节会小心翼翼地兜着为数不多的零花钱带着一众"小弟"去买蜘蛛炮炸鱼，时不时还会被敬爱的爸爸沿着村里的羊肠小道追着打……

用我爸的话来形容，那就是——"狗都比你讨喜"。

姑且把它当作称赞吧。

后来，爸爸也不能随时随地管着我了，他和妈妈出了趟远门，为了一个叫作"生活"的物什奔东走西，而我被爸爸妈妈依依不舍地送到奶奶家里暂住。年纪尚小的我不明白他们突如其来的温柔意味着什么。奶奶抱着我在一旁边安慰边解释："爸爸妈妈要出去赚钱，要很久才会回来……"我眼前一亮，迫不及待地跟他们说："拜拜！"

当时爸爸妈妈的脸色已经记不太清了，我只记得他们出门前反复撸着我的脑袋，嘴里念叨着："你要乖……"

乖是不可能乖的，我最多做到不变本加厉。

那是我人生当中最快乐的一段时光，没有了束缚的我就像一匹脱缰的野马，现在想想，都还令我羡慕不已。起码现在，我不会因为漫无目的地狂奔就感觉到快乐，不会因为抓到一条小鱼就高兴地四处分享，不会没完成别人交代的任务还能理直气壮地说"我跑出去玩啦"……

这大概是我骨子里自由和洒脱的由来，这是我人格形成的萌芽，名字叫作快乐。

太阳东升西落，冬夏不曾停留。为了让我受到好一点的教育，爸爸妈妈带着我离开了熟悉的小村庄，到了隔壁城镇上学。

我开始了漫长的12年含泪苦读之旅。

作为一个张扬到嚣张的野丫头，我不止一次被人质疑过性别。有次和课代表一起抱着作业本去教师休息室的时候，小姑娘歪着脑袋看着我，头上精致的小辫子一晃一晃的，很好奇地问："小玲，你到底是男孩子还是女孩子啊？"我没忍住，跟着她晃动的小辫子一起晃了晃脑袋，一本正经地告诉她："我上女厕所的，我当然是女孩子了。男孩子要上男厕所的！"小姑娘更好奇了，指着我的头发："那你的头发为什么这么短？"她又指了指我的裤子："还穿着男孩子的裤子？"

这个问题难住了我，于是我恼羞成怒，转身往教室跑去："自己交作业去吧你！"

我委委屈屈地回到家，瘪着嘴问我妈妈："妈，为什么我是短头发，人家都说我是男孩子……"我妈比我更委屈："我给你绑一次辫子，你就连辫子带头发剪得一干二净。"

我真是从小就是个狠人呢。

于是，我开始自己绑辫子。平时上学要被妈妈叫三四遍才起床的我，后来每天都会起个大早，然后用花花绿绿的小发圈绑花里胡哨的辫子。有的时候两边的辫子绑不对称，我还会急得掉眼泪，酸软的双手执拗地一次次去重新绑。我不仅给自己绑，我还买了一堆五颜六色的发圈给妹妹绑。年纪尚小的我手上常常不知轻重，扯得她头皮生疼。每当她想哭不敢哭的时候，我就会恶狠狠又很坚定地告诉她："要想美，就得付出点代价。"

我或许不是真的喜欢绑辫子，只是觉得女孩子都要绑辫子，所以我也很喜欢。

果不其然，我又恢复了原本的自信和快乐，每天叽叽喳喳地盘旋在好朋友周围，班上的各种活动我永远是最积极最卖力的那个。终于，在六年级的时候，我得到了班主任的夸赞。他在班会课上，当着全班同学的面，激情澎湃地称赞我："男孩子，就要有柯小玲那样的气魄。"

我上扬的嘴角逐渐僵住。

好吧，姑且也把它当作称赞吧。

这大概是我经历的最懵懂的一段时间。周围的人可能会告诉我，该绑什么样的"辫子"，而我为了得到夸赞和认同，哪怕扯着头皮委屈得直掉眼泪，也会把"辫子"绑上去。这是我性格转变的开始，名字叫作迷茫。我觉得我很快乐，但不确定那是不是快乐。

初中就读的学校离家里很远，我申请了住宿，每周只有周末才能回家。学校刚开办，我们是招收的第一批生源。设施还未完善的学校，到处都是少男少女发展小集体拉帮结派的温室。同学们之间相约进行"武艺切磋"的地点，不是小树林，而是顶楼。于是校园里常能见到一群人晃晃悠悠地走到一个小同学身边，然后戳戳他的肩膀，说声"顶楼见"。我的同桌常常和我说些"江湖"上的事，比如某某班的班级氛围真好，男孩子打群架，女孩子还会给他们买面包买水送药送邦迪。

我十分羡慕，好一阵子都在幻想我和一群人切磋武艺的时候，后面的小迷妹为我欢呼加油，还往我身上扔面包。

羡慕的人不止我一个，老实本分的学生们每当看到有人被保卫科请去"喝茶"，都流露出难以形容的神情。仿佛进去之后出来的人就不是普通人了，而是一尊镀着金身的佛像。

瞧，多有故事啊这些人。

融入新学校之后，没有爸妈管着，我更是撒了欢地玩。学校人不多，不讨喜的我很快就成了大姐大们的眼中钉。一次班级之间的拔河比赛之后，隔壁班一个高高大大的女孩子带着她的小姐妹气势汹汹地来到我们班前叫我出去。我们班的男孩子们为了彰显班级凝聚力和帅气，主动替我交锋，率先和对方开展口舌之战。双方交战之间，我方言辞狠厉地指着我对对方说："你敢碰她一下你试试……"对方显然没怕，摸了摸我的衣角以示挑衅："我就摸我就摸！"

我：……

好嘛，故事还是你们的，我只拿了重在参与奖。

我在心中对自己从五年级开始就没再长过的身高进行了深刻检讨,然后弱弱地开口:"英语老师叫我晚自习上课前去帮忙改考卷。你们要整就整快点。"

大姐大累了,恢复了正常的样子,恳切地拜托我:"帮我看一下我考了几分,谢谢。"

为了吵架而吵的这场架就这么莫名其妙地结束了。作为前排最佳观影座上的观众,我顺风顺水地度过了盛夏初秋,迎来了寒冬。

大概当时的我,怎么也想不到,第一个约我上顶楼的,是前两天还跟我拉钩约定好要做最好的朋友的人。

那段经历到现在都无法用轻松的语气说出口。只记得我在顶楼承受了人生中除了父母外的人给的唯一一个巴掌,不重,但我很难过,因为那天围观这一巴掌的人,都是我认为和我关系很好的朋友。他们就像在看一场戏,而他们作为看戏的人,用沉默表示了立场。那天让我最难过的事情,大概就是我意识到,我没有朋友了。

原来我一直是一个,不被喜欢的女孩子。

这只是开始。这个女孩被安排坐在我后面的位置,从那天起,我的校服背后永远是墨水的痕迹,上课站起来回答问题时永远要留意脚边的椅子是不是在原位,还要忍受后方传来的源源不断的难听的话。连我的同桌都有听不下去的时候,她常常问我:"她说得那么难听,你为什么不反抗?"

我没有回答。因为我不知道,反抗之后换来的是我的解脱,还是她的变本加厉。

我可真怂。

我的性格一下子收敛了起来,仿佛被磨平了棱角,说话做事永远只担心别人会不会不开心,努力让自己做个滴水不漏的人。寄宿,从一件脱离爸妈掌控的快乐的事情,变成了一件煎熬的事情。好在,寒假很快就来了,我终于在压抑的日子里找到了喘息的机会。

可是寒假太短了,很快我就又回到了让我抗拒的校园。万幸的是,这次我没有再受到她的白眼与谩骂,因为她不知道经过谁的点化,从立志做一个大姐大变成了做年级第一。每天晚上,她都会挑灯夜读,学习到深夜,往往在大家都睡着了的时候她还开着台灯刷题。老师夸她进步特别大,让大家向她学习;她还有了要好的朋友,每天都过得很开心;甚至于,她还会捧着习题集过来问我问题,眼睛睁得大大的,一副开朗天真的样子,仿佛之前从来不曾给予我那段不堪经历。

走不出来的好像只有我,又仿佛只有我的阳光被人抢走了。

我没有过得不好。在这之后,我全力以赴地在学业上拼搏,好像又回到了之前有很多朋友的样子,偶尔也能放声大笑,聚餐的时候谁都不会忘记我。初中毕业前夕,我参加县一中自主招生考试,提前进入了高中。

初中的经历让我在高中拥有了合理建交的本领。周围的同学都是之前各个学校的佼佼者,他们自信、张扬而有魅力。我才惊觉,我被初中的小学校困住了,宛若一只井底之蛙,失去了大大方方的能力。没有人会在背后说你坏话,因为大家都有各自的舞台,无暇顾及你。我比初中成熟很多的交往技巧换来了别人"小玲脾气真好"的评价,但我依旧没有朋友。

这比承认我懦弱还让人难过。

这大概是我经历的最难忘的一段岁月。这几年,让我对建立良好的社交关系产生了深刻的恐惧。这或许是我人格里自卑的起始点,我开始意识到自己的懦弱和不完美,又害怕自己不合群。我伪装自己很快乐,但我知道,我不快乐。

后来,我是怎么一步步形成现在的性格的呢?我好像也不太清楚了。书上总说,要学会释然,要和自己和解。前半句话我不太认同,毕竟我到现在都无法释然,但后半句话着实有道理。漫长的岁月里,我学会了取悦自己,以前是环境影响我的喜怒哀乐,现在是我为自己制造快乐。

要论其中的奥秘,大概是确认了自己是真切地被一些人爱着的吧。

如果能有一架时光机让我回到过去,我一定会回到十几岁的时候,然后抱抱那个不快乐的自己。告诉她,人生总是充满起起落落,而你才十几岁。你有的是时间让自己快乐。

大家好,我叫柯小玲。万万没想到,我写完了。

最可怕的不是后悔，而是我本可以

赖华盈

> 每个人的一生中会经历很多大大小小的事，有快乐的，有悲伤的，也有后悔的。当我们遇到自己没有做到的事时，时常会感到后悔，而事实是，其实这些最可怕的不是后悔，而是我本可以，本可以做到，本可以完成，本可以成功。对于一些自己想做的事，我们大可以尝试去做，万一成功了呢？在有限的一生中，尽量减少遗憾以及后悔的空间。

尹惟楚曾在《和这世界温柔地对抗》中说："尝试在泥泞中抬脚，总好过深陷此中不愿自拔。"遇事总要处理，怯于尝试，总是要比失败更糟糕。其实，尝试，不是适可而止，而是对事物的一种勇于行动。都说"看见汪洋就说没有陆地的人，只是拙劣的探险者"，既然决定了，那就勇敢去做，把目标设在终点，伸手抓星星。有些事情看起来难，成功者甚少，有些人还未尝试，却开始望着成功者羡慕。因为看起来难却不去尝试，最终使自己后悔，也许本可以完成的事却因从未开始而结束。我想说，有些事情就要尝试去做，正如伸手抓星星，就算抓不到，也不会落得满身泥土，既然决定做那就不要适可而止。马云说过："梦想总是要有的，万一实现了呢？"借此言，可以说尝试总是要有的，万一做到了呢？

在知乎上看到一个很有共鸣的回答，问"最让你后悔的一句话是什么？"答："最让我后悔的不是我不行，而是我本可以！"就我的一次经历来说，第一次和父母爬山的时候，听说山顶的风景很美，于是我提出想去那儿。那一次是与父母还有父母的朋友一起去的，那天的阳光很温暖。刚出发时我憧憬着以及无数次想象着终点的美好，同时非常迫不及待。然而才刚开始爬山没多久我便感到很累。又过了一些时间，我的期待转而变成了对爬山的累的体验，当时不想爬山的念头逐渐强烈，后来我就闹着不想爬想回家了。由于我太过于倔强，父母也无奈地和我一起回去了，父母的朋友还是继续爬山。后来回到家几个小时后，父母的朋友们也回来了，他们说那天的风景真的很美，还拍了照片给我们看，看了之后发现真的美极了。我的心里感到些许后悔，因为那是憧憬了许久想看的美好，当时还想本可以再坚持一下，没准就成功了呢，但是这些都只是本可以。之后我便明白尝试着坚持这一点真的很重要，即使是后悔，其结果也很难改变。我们总是在提出有关某件事情的计划时信心满怀，然而却很容易输在三分钟热度上。其实，华丽的想法固然重要，可是最重要的是实际的行动。这世界上从来不缺闪耀的想法，想让想法真的实现，就不能让想法这个高楼大厦长满白蚁。

记得2020年伊始是疫情刚开始发生的时候，也是我快面临高考的时候。由于疫情的原因，我们不得不在家隔离上网课，而在家我的心思常常不在学习上。可当时即将高考的我按理必须将心思放学习上，这使我时常会有些焦虑与慌张。然而上了一段时间的网课后，我对学习更不上心了，因为除了上课，有很多娱乐吸引着我。很快，寒假便过去了，这时我才真正开始慌张，后悔寒假为什么没有好好学习。再然后呢，高考延期了一个月，也就是寒假结束后距离高考还有三个月，那时我决定试着努力一番，在那三个月里尝试静下心来将重心放在学习上。当高考成绩出来的那一刻，我没有特别开心，也没有失望，更没有后悔，因为我知道那是自己平时的水平，最后也考上了自己觉得满意的学校。我很庆幸，我做到了，没有让本可以做到却没有做到的事情发生。这世界上，有人会因成绩不满意而后悔当初的不作为，这是一个常见现象。如果当初尝试着认真准备，我相信结果一般是不会让人失望与后悔的。也许你我都走在平凡的路上，眼前的道路铺满了艰险的张狂，也许会有陷阱、荆棘和悲伤，也许会有迷茫、彷徨和徘徊，但我们必须尝试迈出步伐。只敢留在原地的人是没有希望的。尝试迈出第一步，尝试走出许多步，才可能有不一样的结果。

人生有许多大大小小的事，每个人都面临着做与不做的难题。依然记得刚进入大学以来，所面对的事物有新鲜的，有未尝试过的，也有未挑战过的。进入大学后不久，便有班级班委竞选、社团部门招新。这些都是以前我没有尝试过的，于是我决定尝试去挑战一番。起初演讲及介绍的时候，我非常紧张，而一紧张我的语速便会加快，甚至还会忘词。后来我又去了几次部门纳新的面试，几次之后便渐渐地不再紧张了，而是更加从容，这让我感觉改变了很多。第一次面试的时候其实我并没有太大的信心，但本着尝试的态度，提前准备了些许，几天后，我收到了成功的短信，当时的心情是无比激动的。这次尝试没有让我后悔，我也更有信心进行下一次尝试。加入部门后，我结识了很多新朋友，也挑战了一些此前从未经历过的新事物。而这半年来，蓦然回首，当初的决定是正确的，自己也着实成长了许多。当时只有一个想法，那便是，想做的事便尝试去做，只有尝试才能不后悔，不尝试怎么知道会不会成功呢？现在看来，我做到了。杨绛先生说："人最大的痛苦就是读书太少，想得太多。"其实，人更悲催的是想得太多，顾虑太多，便不去尝试。要知道，很多恐惧和顾虑都是从别人口中说出来的，别人说的不一定适合自己。自己不去尝试，就永远不知结果如何，不知是否会使自己后悔。很多人都在纠结自己到底喜欢什么，其实大可不必，因为自己喜欢什么很难去量化，与其纠结自己到底喜不喜欢，还不如迈出第一步去尝试。我相信，结果大都不会让自己失望。喜欢就坚持，不喜欢就放弃，你也没有什么损失。

  人的一生都在不断地做选择，从每天最平常的选择吃什么到选择读什么大学什么专业，甚至于跟谁一起生活。有的选择会影响今后的方向。生活中常常可以听到"我本可以考上个好大学，就是没有尽到十分努力""我本可以有情人终成眷属，就是没有好好珍惜曾经的那个有缘人"这样的话。可是在结果面前，这些话却显得苍白、毫无说服力。真的，人生最令人后悔的莫过于"我本可以"，我们还年轻，长长的人生可以受一点风浪。所以我们在做选择的时候一定要思虑清楚，选择好自己的方向，并为之努力前行，不断重组修正，走出自己想要的人生。倘若跌倒了就爬起来，倘若想放弃了就一定要坚持，倘若懦弱了就一定要勇敢起来。想想自己的初衷，让那一句"我本可以"渐渐减少。

  在我看来，不要轻易说"我本可以"，红皇后效应证明了一个观点：当你在为自己的一点努力沾沾自喜时，你没发现比你更努力的人还在继续努力；当你认为你只要比平时更努力一点点就可以超过他人时，你会发现，你在进步，大家也在进步，不能为自己的一丝丝努力而骄傲自满，而是要一直努力下去，坚持奋斗，等到达终点时就不会说"我本可以"，即使结果不尽如人意，也可以无悔。我很喜欢冰心说的一句话："聪明人，抛弃你手里幻想的花罢，她只是虚无缥缈的，反分却你眼底春光。"有梦想自然是好，但不付诸行动，一切都是纸上空谈，所以我们应尝试着去做，不惧失败，也许就做到了呢。

  一句"我本可以"似乎充满了无限的感伤后悔，我希望所有的"我本可以"，都能通过实践转化为我可以。"抱怨身处黑暗，不如提灯前行"，就从现在开始去尝试被否定的事，不要害怕失败，我们还年轻，长长的人生可以受一点风浪。

简简单单的生活，简简单单的快乐

林薇妮

> 当困顿于生活的琐碎时，人们总会情不自禁地感慨自己的不幸、苦恼快乐的难觅。但是人生不如意之事十常八九，与其被低落的情绪所禁锢，不如关注那一二成的如意和快乐。你会发现，快乐就在简单的生活中，微小而动人心弦。

人生的幸福很多时候是得自于看起来无甚意义的事。

——林清玄

生活对你来说是什么呢？是做不完的作业、诱惑你的游戏，还是一堆杂乱无章的烦心事？于我而言，生活是一本平淡但偶有波澜的书，是夏夜的一缕清风，是院子里袅袅升起的炊烟。

从小我便被周边的人说，身上总带着一种不紧不慢的悠闲感，无论是面对什么样的状况，总是一步一下，那种急迫焦躁仿佛从未在我身上看见过。

童年的时候，我是和外婆住在一起的，黄色的土路，绿色的大铁门，夹杂着黑犬的吠叫声充斥着我童年的记忆。早晨会有犬吠夹杂着鸟鸣的声音，唤起还在沉睡的我。简单的清粥小菜摆在棕色的木桌上，我慢吞吞地拿着勺子吃完后，便溜到后院，小跑到院子里的一棵大树下。我也不记得那棵树有多少年了，反正从我有记忆开始，它就一直伫立在那。树下绑着一条健硕的黑犬，它会在陌生人来的时候不停地叫唤，而看到我时，却是"汪"的一声，摇着尾巴，好像想要我抚摸它。但我却对它生的一条小黑狗更感兴趣。它生的其余的小狗都送人了，只留下这一条，小小的，非常黏人。我总爱带着它到处闲逛，小黑（它的名字）遇见其他人总是凶狠地叫几句。带着它就像带着个小骑士一样，我的心中充满了豪情。可惜，它有一天不见了，不知是不是被人拐了。那一段我总觉得心里空落落的，我的小骑士不见了。不知过了多久，外婆搬家了。新的家，院子里有好几棵夜来香，夏日的夜晚总有一股香味，伴随着外婆躺在椅子上拍打蒲扇的声音。那时我最大的烦恼便是蚊子太多，睡不着觉，以及怎么样逃避外婆给我榨的胡萝卜汁……

上了小学，我离开了外婆，离开了那安静却充满生活气息的小院子，搬到了城市里来。黄色的桌子，绿色的黑板，丁零零的上课铃声，我开始了需要写作业的生活。上学的新鲜劲儿很快就散去了，随之而来的是微不可察的恐慌和孤独。离开了家人，进入了全新的环境，性格较为安静的我怯于主动去交朋友、与同学聊天，总是一个人在本子上画着画，然后期待着放学铃响，直到闺蜜的出现。她和我性格截然相反，开朗大方，情感丰富，做事果断。她喜欢我画的画，一次美术作业的通力合作让我们相识相交，从此二人形影不离。

那时候跳皮筋是很受我们女生欢迎的游戏，但是判断犯规出局时却容易爆发争吵，我和一个女生便是如此。她是个性格十分高傲的女生，很难接受自己出局的事实，两三次的耍赖，连我都有些生气了，后面的剧情就可想而知了。当时的我委屈得不知道要说些什么，就这么放弃又有些不甘心，这时闺蜜站了出来。那一刻我笑了，连那位女同学在说什么都没注意听，有一种膨胀的幸福感在我心里炸开，充满了棉花糖般的甜蜜。我拉了拉闺蜜的手，冲她摇了摇头。闺蜜恨铁不成钢地看着我，简直要指着我说"榆木脑袋"。大半天下来，由于心情不好，我都没什么精神认真听课，她也郁闷着，嘀嘀咕咕的。但看着她气愤难耐的样子，一股油然而生的"不值得"在我脑海里浮现。是的，不值得，我为这件事感到生气，但不值得让生气影响我，更不值得让这份并不美好的情绪停留在我喜欢的好朋友心里。放学后，我买了五角钱的麦芽糖，让老板分成了两份，像棒棒糖一样，裹在小木棒上，感受着嘴里甜滋滋的味道。闺蜜终于笑了，如朝霞透过云雾一般温暖明亮。糖果的甜美，着实惹人心动。也许就是从这一刻开始，我下定决心，不再让那些负面的情绪影响我太久。

闺蜜最开始也有些好奇，毕竟有时候情绪不好，她的语气总是会强硬些的，而我却总是不紧不慢的，好像打在了一团棉花上。我也认认真真地解释过一番。说不生气，那也是不可能的，人都有一些小脾气，只是那些负面的情绪在我心里不会占据太长时间。可以生气，可以难过，但我将为这份情绪划定一个时间，不能让它影响我的朋友，影响我的学习和生活。归根到底，难受的是自己，而我不愿意在体验过难受的事后，再去体会难受的心情，毕竟双份的包袱更沉重。

也许班里总是会有那么一两个滑溜的男生，嘻嘻哈哈的，常惹得女生忍不住生气。还记得初中的时候我所在的班里便有几个这样的男生，玩笑般地捣乱、怼人，虽说没有什么影响，却也有些恼人，而那时的我则是常常被同学拉出去解决矛盾的人。当时的我总是有些摸不着头脑，而朋友却总一脸自信地说着："你去是最合适的啦，没人会和你吵起来的。"这种毫无头绪的情况持续到了同桌主动坦白我才明了，"你说话总是温声细语的，就算生气也只是自己闷在一边，过一会儿，你又莫名其妙地不生气了，实在不好意思和你吵。"同桌说着也有些无奈，毕竟他也是嬉皮男生中的一员，"看到你来，有时候不自觉地都放低声音了。"就这样，班里经常出现一些奇怪又让我哭笑不得的场景，男生们争执时悄悄避开我，女生们想和好却没有台阶时，就拉着我，形成奇怪的三角。但不得不说的是，比起争执，还是友好相处时更快乐，不是吗？有人帮你午餐排队总比孤家寡人好吧。

　　这份决定的高光时刻就是高三了，那是众多学子十几年寒窗苦读的决胜阶段，"头悬梁锥刺股"形容这时候不要太贴切，每个高三学生都仿佛头顶达摩克利斯之剑，看着黑板上的倒计时，和死亡的倒计时也没甚差别。我看着下课期间倒下的一个个头颅，乌泱泱的一大片，黛色的青黑基本成为每个人的必备妆容。"我觉得我已经是国宝了"这句话不止一次被同学们反复提起。数不清的试卷，上不完的课，争分夺秒的休息时间，每个人都像张被拉满的弓，空气中弥漫着火星，不知道什么时候就爆发。在这样的环境下，我就显得突出了，认真是认真，但却没有其他人脸上"世界末日"要降临的沉重表情。"太奇怪了，你就没有压力吗？我感觉都要喘不过气了。"班上一个玩得好的女生这么问，拿着复习资料的她感觉把这辈子都气都叹完了。"不是不紧张，也不是没压力，只是这不妨碍我找一些快乐弥补我的不快乐。"我说着，很有行动力地拉着她买了一小块奶油蛋糕，又撺掇她买了一大杯珍珠奶茶，加了冰激凌球还加了奶盖。"你现在快乐吗？"她看了我一眼，猛吸了一大口奶茶："快乐了，但我的钱包不怎么快乐。"她笑出了声："所以我决定报复一下。"然后她偷偷摸摸地把奶茶带进班级，在其他同学面前快乐地吸。太"狗"了，但是我喜欢。这样做的后果就是一系列连锁反应，从班级到一整个年级，心照不宣地偷运奶茶进教室，老师一来便以迅雷不及掩耳之势藏起来。每当看见午餐时间背着书包或是穿着宽大的校服进出校门的同学，大家总会意味深长地对视一眼，默默感叹一句："今日份的'走私'依旧很猖狂啊。"这份"走私"活动，也给高三昏暗的天空，打了一束明亮的灯，至于体重的增加，那是没办法的事，快乐总是需要一些小小的代价。

人们总说快乐很难找，但你是否听过清晨的鸟鸣，是否看见过猫咪懒洋洋地梳理自己的毛发，或是凝神注视着房檐的雨滴一滴滴地往下落？自然是神奇而治愈的，而你早已置身其中。清晨拉开窗之前，便有声声幼鸟的啼叫，清脆婉转，带给我初醒的轻快喜悦；小路上偶遇的猫咪，会漫不经心地梳理自己的毛发，瞥一眼路过的我，舒展着身子，发出惹人怜爱的声音；淅淅沥沥的雨是我独坐在窗前时偏爱的观察对象，它们井然有序地向下跳落，落在窗沿，滚落在叶子上，从肉眼难见的细条，变成圆滚滚的珠子，而后溅起一小片水花。

自然的韵律总是会给人的心灵以慰藉，那是夹杂着青草和泥土的清甜气味和生命律动的欢喜，或许也是我能够微笑着面对每一天的原因。

沉浸于烦恼、忧虑、后悔是无甚意义的，它们并不能带给你欢喜。总有些事，比这些情绪更难让你幸福。人生不如意之事十常八九，扣除八九成的不如意，至少还有一二成是如意的、快乐的、欣慰的事情。常想那一二成的好事，你就会感到庆幸、懂得珍惜，不至于被八九成的不如意打倒了。

愿人间没有忧愁，只有清欢。

人生没有白走的路，每一步都算数

李冰枝

> 人生就像一条曲线，在每一阶段都会遇到不同的事情，自己的看法、情绪、性格与选择等都有所不同，而这每一步都是我们走向现在的自己的成长过程。在这个过程中，我们不要自卑，不要太在意别人的看法，更不要弄丢自己。在不伤害别人的前提下，去开心地生活，接受自己的不完美，努力变得更优秀。如果想要克服自卑，那就多尝试；如果想要改变不自信，那就多努力；如果想要安全感，那就变强大。

也许你也和我一样，曾经自卑到连自己都不喜欢自己，也许你曾经很在意别人的看法，也许你曾经为了别人而丢了自己，那你不妨看看我的故事。

童年里，我很顽皮

我小时候的个子很小，看起来很乖，却很调皮，像男孩子一样好强，大嗓子喊一声能从街头传到街尾，爱当整条街的孩子王。放学后，写完作业便和一群男孩子掷玻璃珠，不赢绝对不回家；和男孩子打架就算哭得泪水和鼻涕混为一体也不认输；放假时带上七八个伙伴去河里抓鱼、去山上摘捻子、去烤红薯、玩过家家、打游戏等等；爸妈不让我出门时，我便爬墙出去，被狗追得一边叫一边跑，甩掉狗之后还有心思冲着远处的狗窝扭屁股。因为顽皮，我经常被罚跪搓衣板或挨鸡毛掸子。但我也有乖的一面，我会很自觉地完成我该做的事，也很勤快，除了做家务，还经常带上弟弟一起打扫家里，爱玩布娃娃、爱跳绳、爱看电视剧，一点也不闹。

自我七岁起，我妈就告诉我，我不是她亲生的。刚知道这件事情的那段时间，我常常躲在被子里偷偷地哭，害怕爸妈不要我了，幻想亲生父母长什么样子，疼爱我的爷爷奶奶知不知道，害怕别人知道我不是亲生的会嘲笑我，总是东想西想。后来妈妈总是问我:"你眼睛怎么红了?"我想她应该知道我偷偷哭了。再后来,我便不太在意这件事了,因为爸妈挺爱我的,知道我挑食严重便经常给我买我爱吃的菜,经常买钙片和"生命壹号"等给我补充营养,允许我闹小脾气,宽容我的臭脾气,关心我的点点滴滴……

长大之后,我经常回想以前的点点滴滴,我觉得我很幸运,因为我有个快乐且无忧无虑的童年,我遇到这么爱我的爸爸妈妈,把我当亲生女儿一样对待,教我道理、教我做事、教我礼仪,等等。虽然在我小时候,妈妈有些许偏心,但还是挺爱我的,我想也许是她当初不懂如何对待我和姐姐,也许她内心也有些纠结和害怕吧。

我在爸妈的爱护之下无忧无虑地长大,一切事情都顺心如意,也有很多有趣和开心的事。在这样的环境下长大的我很开朗和积极乐观,而这样的我在高中便慢慢不见了。

高中是我害怕的回忆

高一分班后,高二开始,我担任班里的英语科代表。我很认真地为同学服务,因为我觉得,既然我担任了这个职位,我就要认真负责。当时听说这个班级的英语年级排名从未离开过倒数第一,学习积极性很差。英语老师懒得改作业,而且他的上课方式和很多老师不一样。班里很多同学不积极听课和写作业,经常不交作业的人有二三十个。除了重要的试卷外,老师很少讲评作业和试卷。我看着班级的英语成绩一直位居年级倒数第一,很多同学学习英语的积极性都降低了,我开始每天催他们交作业,给同学们听写和改听写,给同学们检查作业,改作业测试卷甚至作文,然后把情况总结好给老师,让老师给同学们评价。班主任看到班级英语成绩这么差,找我了解同学们学英语的情况,后来规定英语作业一定要在规定时间内完成,制订了比较严格的规定。有时候我真的被同学气得要哭,偶尔忍不住吼几声让他们读书,后来我在同学面前的印象就是凶和严厉。同时也因为班主任的这些规定,很多同学对我有意见。到期末考时,班级英语成绩从年级倒数第一变成了前五,我哭了,比老师还高兴。从那时起,我们班英语成绩便没有倒数过,也因此部分同学蛮支持和理解我,而那只是部分。

我读的高中在县城,学生来自各个乡、镇县或者隔壁市。正所谓林子大了，什么鸟都有。我记得，第一次听到这句话是从我高三室友的口中，她说她们村里，正所谓林子大了，什么鸟都有。那时，我很羡慕地说："哇，那是不是各种各样好漂亮的小鸟都有？好想去看看。"她说："你太单纯了，那不是鸟，是人。"一年半后，我想起这句话，也明白了这句话的意思。

我很不喜欢聊别人的八卦或者说别人的坏话，因为我觉得，我不是别人，我不理解他们，也不知道这些事的原因，讨论别人会让别人难受，也会让自己心里过意不去。高中的班级是拉帮结派的，但也有少部分是不参与的。我不喜欢拉帮结派和在背后聊别人的八卦。高三时我办了晚外膳，晚上不在学校吃饭和洗澡，因为在那段时间，宿舍不仅挤，更是别人聊八卦的时间。从那时候开始，我便每次到了响铃时间才回宿舍，我慢慢开始独来独往。没和我一起玩过或者不是我们宿舍的人，她们都不懂我，或者对我印象不好，因为她们觉得我是个凶巴巴的科代表。高三，因为每月考一次就换一次位置，换位置后的同桌都和我说过一件事，她们说，一开始对我印象不好，觉得我不好沟通，接触后才发现我并不凶，而且很勤快、爱笑、友善。其实，待人友善是修养，独来独往是性格。

我还记得在高三时，有些人整天聊我八卦甚至制造舆论，这些人让我感受到了舆论暴力。那时，我喜欢上一个男生，因为我当科代表，很多人不理解我，而那个男生能理解我并且愿意主动听我倾诉。有些人便经常讨论我的八卦，甚至制造很多舆论，也导致很多人对我的误解更深了。这些舆论，一些是我无意中听到的，一些是室友告诉我的。知道这些之后的我深受打击，内心像有一万张嘴想要解释却没有机会，好在室友们是信我、理解我的。有件事我永远也忘不了，因为我觉得太委屈了。我喜欢的那个男生和某个女生很好，班里有传言说我误会那个女生，并且还说那个女生的坏话。这些事我从来没想过，也不知道那个女生为何在宿舍申诉她被冤枉和欺负，而这整件事是我室友告诉我，我才知道的。因为喜欢他，为了让他理我，我向那个女生为我从未做过的事道歉。每次想起这事，我都很委屈甚至生气。

高三时，班级的舆论太多了，发生的事情也太多了，学习压力也很大，每天我的情绪都很低落，晚上失眠严重。一模二模三模，一次不如一次，心态不好，状态不好，考前十天发高烧，后来断断续续头晕。在这个状态下，高考考不好是必然的。高考成绩出来后，我很不甘心也很难过，也因为高三的事情，所有事情加起来，我像丢了魂一样，做什么事都没有心情，茶饭不思，就连笑也笑不出来。我一直想当一位医生，当看到志愿被调剂之后，我想，2018年已经够倒霉了，我这么努力，凭什么结果这么狠，就连志愿也被调剂了。我几乎两天彻夜不眠，茶饭不思，一直搜索转专业的信息。我去复读了十天，在家人和亲人的百般阻挠和劝说下，同时也是因为我内心没有那么强大，我接受了去上大学的建议。

开启大学生活

大一刚开学那会儿，我很开心。但一两个月后，我又沉陷回高中舆论暴力的阴影中，我又慢慢变得不开心，甚至为了让高中的他们不讨厌我，而开始自卑自责自黑，像丢了魂一样，脑海里总想着不开心的事和讨厌自己。在那段时间里，我特别不好，像得了抑郁症。后来寒假过年时，在家人的爱护下，我慢慢意识到，原来，在我的身边，爱我的人很多，而我却为不喜欢我的人一直自卑自责自黑，变成自己都不喜欢的人。我觉得我不应该那样，我找过很多理由去说服自己不要在意他们的看法，可是那却是一个不断重复挣扎和释放的过程。后来我把目光投放在未来去观看过去和现在，终于，我放下了他们的看法和曾经的舆论。我也明白了，他们只是出现在我的过去，对我现在以及将来的意义不大，我又何必让他们的看法和舆论折磨自己？凭着这些信念加上不断自我开导，我慢慢地走出了阴影，我又慢慢爱笑了，又慢慢过得开心了。从这件事中，我也明白了，不要为不喜欢自己的人而活，要为自己活，更不要因为别人的不好来改变自己。

事情没有绝对的好与坏，很多时候决定于自己的心态

由于志愿被调剂，当时的我心态波动很大，我想抛开一切，尽量不想那些烦心事，专心为转专业努力。一开始我就想好要转专业。我想，想转专业的人很多，他们肯定很优秀，我得比他们付出更多努力。由于课程很多，我每天坚持去图书馆学习，平常我会参加一些活动。同时，我也加入了个部门和舞蹈队，这两个部门的活动都很多，合起来每周差不多要花十几二十个小时。由于课程多，所以剩下的时间我都合理地安排在学习上了。虽然每一天都很忙，但却很充实。一年下来，看到结果的时候我很激动、很开心，心里觉得很安稳。

我转专业成功了,而且我也坚信我能转成功,因为我真的很努力。于是我发现自我调节的努力更能让自己信服,自己选择的路也能走得更顺畅。

这些事情过去很久了,我也从以前走出来了。现在的我,感觉生活充满色彩,而且多了几分快乐和自信,该学习的时候学习,该玩的时候玩,课余也和室友一起去兼职,自己的生活自己主宰,无须太在意别人的眼光,这样子真的很快乐。

我也想送一段话给大家:随心所欲不逾矩,不要为了所谓的合群而丢了自己,接受自己的不完美,才能活得洒脱。

接受不完美的自己

刀瑞

> 真诚面对生活和学习，会让自己的世界变得更加宽阔。尝试着去了解、去接受并不完美的自己，会让我们的生活变得更加有意义。因此，跳出束缚住你的逻辑，往外看，你会发现不一样的自己。

都说越长大越孤单，回首过去，有没有觉得自己和以前不太一样了呢？或许你觉得没有什么改变，或许你觉得改变了很多，然而当我们将手放在心上，问问自己的心："你喜欢自己吗？"或许有人说不喜欢，因为这并不是最好的我；或许有人说，我喜欢，因为这就是我，是不一样的烟火。

那再换一个问题："你觉得有完美的人存在吗？"我觉得可能有，也可能没有。"人，更多的是在与自己对话，遇到难处，自己思来想去找对策，累了痛了，安慰安抚自己，稍做休息继续上路。说服自己，鼓励自己。人生无非咬牙继续，接受现实，接纳不完美的自己，和形形色色丑陋的扭曲的人性，还有平凡的外表下深藏一颗纯净、善良、美好的心的路人。"而对于我来说，我并不是一个完美的人，我粗心大意、丢三落四，但我愿意去接受这样不完美的自己。

说到女孩子，不知道你们会想起什么样的形象，可能大部分人心中会想起大长腿、小细腰，有着秀美长发，长相秀丽，文文静静的形象。可能大部分人觉得这才是一个女孩子应有的样子。可惜我偏偏在长歪的路上越走越远。我既不高也不瘦，长相普通，头发绝对不秀美。更没办法的是，我还是一个充满"暴力"的女孩子。但那又如何，这就是我啊！曾经，我心中对于个子矮小的事实，也感到无比自卑，不愿意接受这件事。当我被自己给自己设定的框架限制住的时候，我陷入了不愿提起、心里又不自觉地想起而导致难受的死循环中。

不知道为什么人们总是喜欢用一些标准来衡量自己或者给别人下定义，往往用这些所谓的条条框框限制束缚自己，也限制别人。还记得小时候，看着电视上又高又瘦的小姐姐，我都止不住地会去想：以后我也会长那么高吗？也会有那么漂亮的脸蛋、那么瘦的体态吗？但很可惜，我最终长成了既不高也不瘦、长相一般的人。从小到大，不少人对我的身高体重提出了不少看法。"小矮子！""再蹦高点啊！""你怎么会那么矮？"诸如此类的话我已经听过不少，曾经我也很介意这样的说法。都说一个女孩子的身高年龄体重是不能问的，我心中也是这么觉得的。对于一个女孩子来说，尤其是对我来说，身高就是私密，别人问了就是触犯我的底线。在很久以前只要有人问我类似的问题，我就很容易生气。还记得印象最深刻的一次，那是在中学的时候，值日时轮到我擦黑板，为了能擦到最上面，我在那里不停地蹦跶，却无意中戳中了班级里其他同学的笑点。"再蹦高点啊，马上就能碰到了。""下来吧，你根本擦不到，你太矮了。"诸如此类的话在我听起来就是针，狠狠地扎入了我的心里面。或许是天性使然，也或许是羞愧愤怒的情绪充斥了我的大脑，我转身将黑板擦丢向了阵阵嘲笑声中，大步走向了我的位置，趴在桌子上陷入难过的漩涡中。难过、不甘和委屈的情绪一拥而上。我怨恨自己的不冷静，也怨别人说的话语，更因为自己长得矮小而感到自卑。但当我趴在桌子上静静消化难过的情绪的时候，我看到我的桌上写了一句话，或许是前几届学长学姐留下的："我只是我，无论如何世界只有独一无二的我。"看到这句话，有一个想法在我大脑中一闪而过：其实没有人比自己更加在意自己的缺点了，如果我不能接受这样的自己，又如何让别人能够接受我？是啊，如果连我自己都不能够去接纳这样的自己，那又如何让别人去接纳这样的我？从那以后，我不再抓着自己长得矮这件事情不放，而是尝试放开自己的心胸，甚至还和别人一起调侃自己的身高，最终发现原来从前的自己也只是庸人自扰罢了。

"祝我们班，长得最小巧最可爱的你永远开心快乐！"这是临近毕业季时我所收到的来自同学的祝福。从那以后，我更加明白，永远没有别人对你的敌意，只有自己对自己的困扰。之前的我活在自己营造出来的阴影中。当然，迄今为止，当看到高处的书我拿不到也会沮丧，当看到长得又高又有着大长腿的美女姐姐也会羡慕，当看到漂亮的裙子但由于不够高、身材不合适而穿不出气质也会感到难受。但那又怎么样呢？位于高处的书我拿不到可以请人为我代拿，说不定还会引出一段连自己都没想到的相遇。至于又高又有着大长腿的美女姐姐，我不一定要像她们一样，但看着她们也可以大饱眼福。漂亮裙子穿不上我可以换又舒适又适合自己的裤子，我可以让自己过得更舒心更开心，为什么要用别人或者自己的框架框住自己呢？

说实在的，我很庆幸自己变成了如今的性格。身体外表上的欠缺是我所不能改变的，与其一直因为无法改变的事实而使自己深陷自卑中，还不如大大方方接受这原本就不完美的自己。想要让自己变得更加优秀、更加完美，不该否定自己，而应该更进一步地认识自己、了解自己、接纳自己。身体上的欠缺我没有办法改变，但我可以通过其他方式来丰富我的内在。譬如说我热衷于看书，尤其是喜欢了解一些历史故事和奇闻轶事，从小就爱看一些相关的书籍来丰富自己的知识。我觉得我变高了，这种高超越了心中对于高的定义，我觉得自己就像是站在巨人的肩膀上俯瞰世界、了解世界，让自己混乱的脑子变得更加清晰。到现在为止，也有人对我的身高提出过非议："你是不是一名初中生啊？""你长得好小啊！""小短腿跑快点！"像这样的句子或词语在我的生活中仍然挥之不去。说完全不在意是不可能的，当我看到自己与别人的合照时，看到矮小的自己，我仍然会暗暗叹口气。但面对这样的情况，我往往会回答："对啊，这样我以后肯定抗老，显年轻。"不要脸地说一句，是不是很机智？

其实在漫漫一生中，生活在人类社会的我们必然会受到别人的非议，但关键是我们如何去面对这样的非议，关键是我们如何在非议中接受自己。我想在这个世界上，没有人是十全十美的。或许我这句话说得并不准确，但至少，我们每个人对自己身上所具有的特点、优点、缺点相对于别人是更为了解的，那为什么我们不先去接受并不完美的自己呢？不知道有没有同学有这样的感觉，觉得自己不够好，不够完美，不能让别人去喜欢，不知不觉间戴上了面具，隐藏了最真实的自己，渐渐地连自己都不知道自己究竟是什么人了。有人甚至拼命改变自己，只为了去迎合别人，但往往这种做法更加让自己觉得难受。对我来说，改变自身是为了自己变得更好，变得更加优秀，更加适应这个社会，而不是为了某个人而做出改变。我愿意运动也喜爱运动，但绝不愿意为了得到别人的赞赏而去运动；我爱吃美味食品，绝不愿意为了迎合别人的审美减肥而放弃美味。我接受这样并不完美的我，因为这就是我，世界上独一无二的我。

带着真诚去面对生活和学习，会让自己的世界变得更加宽阔；尝试着去了解，去接受并不完美的自己，会让我们的生活变得更加有意义。就像心理咨询师武志红在他写的《感谢自己的不完美》一书中说的："阴影是我们自己的一部分，我们的天赋就沉睡在阴影里，当我们发现它、接受它之后，我们的生命就会苏醒，我们就会从阴影走向光明。"我们如果无法改变缺点，就不要受缺点摆布。从泥淖中挣脱出来，试着去接受它，只有自己内心的强大才是真正的强大。当你不再惧怕缺点时，你会发现自己过得很快乐。我们的心情，有欢喜，还有忧郁；人生之路，有甜美，也有汗水；生活给予你的，有精彩，更多的是平淡。人无完人，接受不完美的自己；生活无常，无须抱怨心中的苦痛。善待人生，善待生活，善待自己。我们都不是很完美的人，但我们要接受不完美的自己。我们要以完美的心，接受并不完美的人生。

和自己和解

张丽雯

> 每片海沉浮着不同的景致，翻滚着各自的危险。生活也是，人的欲望也是。以前以为可以节制或者用逻辑框住欲望，甚至掩耳盗铃地掩藏住才是最好的方法，然而无论如何，欲望终究永远在那里躁动起伏。要懂得接受自己的起伏，接受每片海之间的距离。

很喜欢杨绛先生的一段话："我们曾经如此渴望命运的波澜，到最后才发现，人生最曼妙的风景，竟是内心的淡定和从容。我们曾经如此期盼外界的认可，到最后才知道，世界是自己的，与他人毫无关系。"在这个功利浮躁的社会，我们太需要学会适时地放空自己。

那么到底什么是和自己和解呢？心理学家说与自我和解是成长时期的重要任务，它和你未来的成长与努力同时存在，并且在生命中所占的比重会随着年龄增加而提升。百度词条显示，与自我和解实际上是一种技术，是指你能对自我心理结构中的内容，如内在价值感、情绪、行动，以及不被自己喜好的部分进行妥善处理，以实现紧密、合作的"我我关系"。我觉得自我和解是学会适当地放手。在每个人心中，都有很多需要我们面对和处理的东西：有待满足的成就感和价值感、需要管理和安抚的情绪等生命中那些你不喜欢但又确实存在的部分。

在这个似乎颜值身材至上的时代，不仅仅女性被"身材歧视""外貌羞辱"，就连动物都因被贴上丑陋的标签而得不到应有的救助。现在越来越多的女生特别容易有身材焦虑，说减肥就是励志、胖就是堕落。越来越多的"挑战"风靡网络，如反手摸肚脐，锁骨放硬币。好像有一条条标签被贴在人们的身上，有无数双眼睛看着你。我也有身材焦虑，为了减肥尝试了许多奇怪的东西：女团水、瘦身汤、代餐粉蛋白饼干、GM轻断食。直到看到一个博主的视频我才停止了不健康的减肥方法。她一直坚持节食加运动，从刚开始朋友夸赞她变瘦变美，到后来朋友说她太瘦了没有以前好看。而她却觉得自己还是很胖，觉得说自己没有以前好看的朋友是嫉妒她。直到有一天她从病床上醒来发现自己全身都插着管子，被诊断为厌食症。母亲为了照顾她辞去了工作。看着母亲担心的身影，她后悔了。在积极的治疗下，她身体好多了，但还是无法恢复到过去的状态。她把自己的故事剪辑成视频，希望能够帮助到更多的人。近年来，不论是影视作品还是网络广告，明星带货，甚至各种美妆推荐中，"教你如何变美变瘦"都是比较单一的美的呈现，"外貌焦虑"这四个字越来越频繁地出现，但是我们真的只有一种美吗？我们大多数人照镜子的时候都在质疑自己，"我怎么这么胖"或者"我怎么长痘了"，对自己的外貌总是不自信。尤其是女生，承受了过多的不公平待遇，被随意品评和外貌羞辱。我们总在希望自己的外表更"美"一点，却最终失去了判断能力。希望所有因此焦虑的人都能自信起来，坦然接纳自己，接纳自己的身体，不再有外貌焦虑，爱自己，和自己和解。

分享我在网络平台上看到的一段话："你不必站在五十岁的年龄悔恨三十岁的生活，也不必站在三十岁的年龄悔恨十七岁的爱情。我们不能站在后来的高度，去批判当年的自己，这不公平。如果重来一次的话，以当时的心智和阅历，你还会做出同样的选择。试着和自己和解吧，去接受每一个时期的自己。如果你现在开始努力，最坏的情况也不过是大器晚成。"要懂得和自己和解，接受每一个时期的自己。一味地纠结于过往的错误往往是徒增烦恼，长大就是要学会不断地和自己和解、和生活和解。

刚过青春期的我们，还无法自给自足，却要开始对自己的人生负责了，于是焦虑和迷茫随之而来。随着时间的推移，我发现大多数的痛苦都来源于对抗和挣扎，所以成长其实是开始学会说服自己去接受那些遗憾和不满。海藏不住，也圈不住，最好的方法就是让每个人自己去寻找和他人相处的方式。每片海沉浮着不同的景致，翻滚着各自的危险。生活也是，人的欲望也是。以前以为可以节制或者自己用逻辑框住欲望，甚至掩耳盗铃地掩藏住才是最好的方法，然而无论如何，欲望永远在躁动起伏。要懂得接受自己身上起伏的每个部分，要活得更真实，也更诚实。成长的过程中要学会欣赏各种欲求及人性的丑陋与美丽，找到和它们相处的最好方式，找到和每片海相处的最佳距离，找到欣赏它们的最好方式。

总有一段时间会觉得很累、很丧，对身边的一切感到厌烦，开始不想说话，不想面对，只想一个人待着，极力压制自己的情绪，不去影响身边的人。我渴望成为一个乐观、每天充满阳光活力的人。我积极努力地展示自己的阳光面，但也时常无法控制负面情绪。后来我慢慢发现很多时候突然的烦躁，大都是对自己失望、气恼却又无能为力的表现。我时常反思自己，我知道自己是一个敏感、爱多想的人。在我消极的时候，我又害怕孤独。曾经看过一段话，令我印象深刻，大概意思是：大部分人都害怕独处，因为在独处的时候，总是会听到那个内心深处的声音。那个声音不断地逼问自己：你这样做得对吗？它一遍遍地帮我们回忆那些耿耿于怀的过往。当这个声音不断逼问我、不断质疑我，我会觉得烦躁、焦虑。因为耳边始终有这个声音，人们往往会选择逃避。所以人们总喜欢堵住耳朵说"别说了"，但当这个声音安静的时候你又会感到空虚。所以人在独处的时候，容易陷入焦虑、迷茫、空虚。大部分的人选择拒绝倾听，用忙碌来对抗这种声音，通过娱乐、工作、放纵等来应对。但当你真正能够回答你内心深处的这种追问时，你才能够享受独处，你才能够享受宁静，但这是很难的。很多时候面对这个问题，我感觉有答案，只是这个答案，我不愿意告诉大家，这是我自己心里的答案，但是我希望我能够笃定。我觉得这段话将孤独剖析得十分透彻，成长就是学会孤独、享受孤独。

独处往往是一个人成长最快的时候。日常生活中我们要照顾朋友，照顾身边的人。而独处的时候，我们只需要专注，有时候一个人才能更好地从不同的角度看世界。学会平静，学会独处，人的一生只有忍住寂寞、耐住孤独，才能守得住繁华。学会独处才能更好地和别人相处，学会独处才能学会和自己和解。以前烦躁的时候喜欢说出来，似乎得到身边人的一句"没事儿，不用担心"的安慰就会豁然开朗一般。但这并不会对现实世界产生任何影响，其实这都是在给自己找借口逃避。慢慢地随着不断长大，我学会了隐藏，自己消化。我开始发现有些小事自己慢慢也就想通了，与其遇到事就去找朋友诉说，不如冷静下来，这样才能更快地找到解决的办法。有人说，长大就是不断地和自己和解的过程。我在一步一步期盼着往前走，虽然我不够好，有时候也会情绪崩溃，但我会一直努力寻找合适的方法排解。希望早一点找回那个自信的女孩。要接纳和善待自己，要以温和的心态理解自己的失败，接纳而不是逃避带来的后果，与自己和解。

在生活一帆风顺时，奖励和放松自己；在生活陷入困苦挣扎时，放过和宽恕自己。都说时间会抚平一切，但能够治愈你的从来都不是时间，而是你心里的格局。你可以消沉、可以抱怨甚至可以崩溃，但不能丧失自我治愈的能力，要学会及时止损。人生不一定要赢，但绝不能输给过去的错误和愚蠢。爸爸从小就和我说："人不怕慢就怕站。"勇敢向前，才能到达远方。人的一辈子很短，要好好爱自己，你的优秀要遇到识货的人，你的真诚要遇到珍惜的人，你的善良要遇到感恩的人。无论身在何处、陷于何地，都要向下扎根、向上开花，不负生活，不负自己。

别再被自我否定绑架

薛丹

> 你是不同人格的合体,也是你思想的掌控者。一颗蓄力待发的子弹在冲出枪口后,认真、负责、努力地冲刺。不要再自我否定,不要再自我阻挡。不必在原地设想前方的荆棘,最大的阻碍并不是未发生的困难,而是脚下你为自己拴上的链子。你尽管大胆地往前走,生活自会给你答案。

我是一位在公共场合会不顾形象咧嘴大笑的女孩子,但私下也是一位在亲近朋友面前会因为烦心事而号啕大哭的女孩子。我自认为是一位十分感性的人,以至于有时身边人某句话或某个举动碰撞到我的内心,就会让我的思绪越发敏感,我正努力构建我的理性思维。

许多次我在难过时,会听到一句话:"你这大大咧咧的,能有什么事?××不就好了。"一直以来我想说,朋友,谢谢你在我难过时来看望我,但是我不愿意接受你这一句安慰的话。因为它不能安慰我,且会让我感到受伤。我确实大大咧咧的,但也可以拥有难过的时刻,请让我全身心地去拥有这一份悲伤,你不必替我如此毅然决然地赶走它。

也许你和我有同样的经历,偶然一次在听到某首歌时,感觉这首歌是为你量身定制,说的主人公就是你,让人十分有代入感,然后深深地陷入其中,听起来像极了肥皂剧男女主角一见钟情时的心动感,哈哈。假如这首歌是悲情旋律,忧伤涌上心头,你可能会和我一样流几滴泪,这感觉就像是体会到了触动你内心深处的情节而久久不能平复。

有位歌手发布了一首有关抑郁症群体的专辑《好想爱这个世界啊》,不知是当下充斥着丧文化的氛围,还是鄙人正在经历着人生中思想成长的暴风阶段,当听到这首歌时,内心五味杂陈,"被压抑的情绪不知如何表达""无论我在这里,在那里,仿佛失魂的虫鸣"。那一刻,我觉得十分委屈,谁说"小孩子年纪轻轻,烦恼些什么?""你大大咧咧的,打局游戏就没事了。"不,不该是这样的，孩子的内心也有很多搞不明白的疑问，也有很多烦恼；大大咧咧的人难过时打完游戏之后心里还是一样的空虚……

在自我的思想"觉醒"之前，我经常做自我否定的事情，这听起来并不是很棒，你且试着听我说一说：小的时候，总有不太熟悉的各种亲戚来拜访，爸妈总是将我拎出来，"秀"一些新学到的儿歌，颠两步电视里的"巴啦啦小魔仙全身变"，骨子软一点，还可以为他们劈个叉。咱也不知道哪来的勇气，只知道这么做了，围观的人总会笑嘻嘻地看着，爸妈也会自豪地看着我。我只清楚，站在人群中这么手舞足蹈，在场的人都会很开心。长大一点，有了些羞耻心，知道自己歌唱得并不是很好听，更别说不知从哪里模仿的花样舞蹈。但我扭扭捏捏"表演"完之后，依旧会得到掌声。受到夸赞后，我十分羞愧，感觉自己像是一个"冒牌货"。渐渐地我明白了，别人的赞赏也许只是出于礼貌，并不是你真的优秀。明白这个道理后的我，不再那么自信。小学考试与班级的学霸并列第一时，我只是觉得自己的运气好，并不认为我有能力完成那套试卷。体育课上与朋友们一起玩跳皮筋时，没有掌握好技巧，总是难以成功，心里就会有个声音："你看，你就是不行，别再骗自己了。"

让我感到自我否定最强烈的时候，应该就是备战高考的那一年。都说寒窗苦读，每一位学子为考上一个好大学拼尽全力，可往往在你努力上进的时候总有一段平缓期，分数不上去，排名也不稳定。一次次的月考市考统考，成绩排名忽上忽下。每每面对不稳定的成绩，内心无比煎熬。我担心的不仅仅是可能又要考砸了，更是难以承受当前不稳定的状态，心里再也招架不住。周末从学校回到家，餐桌上总是会有各式各样熬好的补汤，母亲大人坐在餐桌前看着我吃着她精心准备的晚餐，喝完汤的最后一口，最熟悉的话来了："这次考试考得怎么样呀？""××没考好。××来不及做。""哎哟，你怎么回事？"她是那么关心我，带着她期盼、渴望的眼神，听到我的回应，又是那么失望。可我也很无奈，该做的努力，我相信每一位认真备考的人都做了，熬夜刷卷子，整理错题本，但总有最头疼的物理题，解不开，没思路。"别人怎么可以做得出来，我就不信你有那么笨。是不是太累了，考试的时候睡着了？"在我"努力"做到能做到的事之后，我还是在怀疑，究竟是还不够努力，还是我真的笨。我多想听到她说："一次月考在生命轨迹里根本决定不了什么，你已经做得很棒了。""下次再努力。"可这些确切的、肯定的赞许我很少听到，这实在是遗憾。在事实的打击面前，每一个因承受打击而陷入自我怀疑的人，都只能经过时间的淬炼，重新认可和接纳自己。

  步入大学，我迷茫、空虚，又焦虑，长期的自我否定慢慢演变成自我怀疑，不知道自己是谁，不知道未来在哪，不知道如何平衡"做自己"与"守规矩"。准确地说，我没有完成一个人生发展任务：实现自我认同。在不断地自我否定之下，我为自己制造了一个问题："我是谁？"我开始尝试"找自己"，这条路就像是一个游戏关卡，如果你通过这个关卡，你眼前便多了一条路；如果未通过，仍会继续停留在混乱的漩涡之中。在寻找自我认同感的过程中，有幸，我听到了自己的声音，我得到了"自我的反馈"。我在浑浑噩噩中看到一句话：想在生活中做出改变，最重要的一点不是在意是否完美完成了习题，而是每天检验对书中方法的践行情况和课后实验的完成情况。不要因为它太难，而不选择开始。不要因为它太难，而认定你无法成功。要知道，当你选择迈出第一步时，就离成功更近了一步。大一第一次打跆拳道实战时，上场前心里上万个"我害怕"。开始的指令响起，我晃动着身体，为了增加灵动性，我必须这么做。如果唯唯诺诺、一副软弱的样子，就是增别人气势、打压自己，而你完全有理由不这么做。只要你主动迈出一步，不再有多余的无用的担心，就能勇敢地打出你的气势。要知道，进攻就是最好的防守。

  我认真地反思令我发愁的原因，我认真地追溯着让我"心里不太舒服"的缘由，我甚至在书里发现了许多宝贝帮助我通过难关：自我否定的根源可追溯到童年时父母与我们的交互方式，也许是因为我们经常受到父母的打击和谴责，也许是因为我们对爱的渴望没有得到满足。作为我们人生早期最重要的人，父母对我们的态度和行为，都塑造着我们的自我认知。值得警惕的是，不止我的父母，许多长辈评价孩子时也喜欢以偏概全、小题大做。他们与我们的交谈中，存在着一些不容易识别的"暴力"。长辈们看不惯我的某些生活习惯时就会数落我，但数落的时候，不会具体说哪个习惯不好，而是很喜欢小题大做，从我的一个错误行为中总结出我性格、能力或人品上的缺点。就比如我没有做好整理桌子这项小任务，在妈妈的眼里，这个行为反映了我的冒失和能力缺陷。最初，我多多少少会受到长辈们的"评价影响"，怀疑自己的能力。但当我心智更成熟一些，我才发现，其实，我的问题没有那么严重，反而是长辈们对我的行为认知出现了偏差：将一个错误的行为归结于性格或能力上的某种缺陷。发现了没有？这种认知习惯，和"我在这件事上失败了，我的人生就完蛋了"的自我否定多么相似。所以，当我们的内心出现了一个否定的声音，不妨仔细地辨别一下，这个声音最初来源于谁。

最后，我想说，对自己下判断是一件很容易的事情，但后果也许很严重。你很可能就因为认为自己是一条咸鱼而放弃努力，所以，别再轻易地自我否定，试着寻找自己，试着大胆地迈出一步。也许在寻找自己的路上没有终点，但我们没有必要为了快一点抵达而焦虑不安，因为人生很长，你不用急，也不用慌，该来的都在路上，请大胆地向前走吧。

请你记得爱自己

张煜晨

> 爱自己是终身浪漫的开始。如果走累了，停下来也无妨，收拾好自己再出发。愿你经历风雨，归来仍是爱自己的少年！

"过去的已经过去，未来的不可预料，唯有现在才可抓到，我们应该立足当下，活在当下。"这是现在倡导的观念。这话一点毛病都没有，只有现在是抓得到、摸得着并且正在经历感受的。但有时这一观念却使一些人困在了当下，做出了无法挽回的选择。

人生百态，五味杂陈，谁没经历过点事呢？谁没有过当时感觉死活过不去的时候呢？但是大多时候等你回头看时，你惊叹于自己现在竟然好好的，甚至更好，原来要死要活不知道在干吗！所以啊，也别太把现在当回事，不然现在也会成为摧毁你的过去。在如今这个浮躁的社会，免不了有一些走极端的人，而极端行为大多是在情绪并不稳定的情况下做出来的，情绪确实是挺让人摸不着头脑的东西。但是无论你此时在经历什么，处于你觉得多么糟糕的境况，你都要告诉自己一定不能做傻事，你还有着世间最珍贵的东西——生命！有那么多人拼尽全力只为活着，而你现在便拥有属于自己的时间和生命。生命是一切的起点，没关系，你可以慢慢来。通过不断地给自己心理暗示，增强这一信念，就会在一定程度上减少你在情绪不稳定时做出过激行为的可能性。

不知道当你们看到电视新闻上说哪里某某因为什么选择轻生自残的时候是什么感受，我觉得"人间不值得"——人间什么事情都不值得你如此对待最珍贵的自己！世间不如意的事、不如意的人太多了，如果你有在医院急诊室待过一天哪怕半天，或许你就会觉得，可真是人间不值得。除了生死都是小事，到了一定时候连生死都是小事。你的状况也没有糟糕到无路可走，只不过还需要努力再努力，或许需要很久，可能也会很累，可起码你还有着别人拼尽全力想要拥有的生命！你还有希望啊，那些没有希望的等待和前行才痛不欲生。

想想大饥荒的时候，死亡是多么轻而易举的事情，活着多么痛苦难熬，可是为什么大家还是绞尽脑汁地想活着，甚至到了人吃人的地步，只为活着！命即根。或许你会说那个时候大家吃饱穿暖就是最大的幸福，现在不一样了，现在都是追求精神上更富足的快乐！对啊，可是你连根都想要丢掉，还谈什么精神层面？换言之，就是俗语常说的知足常乐！一个懂得知足常乐的人，是不会失去对生活的向往、对生命的尊重的。

现代高压浮躁的社会中，很多人忘记了自己真正想要和真的需要的，他们只顾着往前走，却常常忘记了为什么出发。他们突然停下或者遇到事情的时候，就会对自己产生怀疑，觉得自己不行、不好。这种情况如果出现几次，他们可能会陷入一种不能自我接纳的状况。而一个不能自我接纳、无法自治的人，无论在哪里做着什么事情，内心总是充满矛盾的，好像无时无刻不在自我挣扎斗争。在别人看来很简单的选择，在他那里都要纠结好久好久，甚至还会被人说没主见、矫情。这些或许无心的话语会加剧他们的斗争，让他更加讨厌自己。"为什么在别人那里从来不是问题的问题，在我这里却这么艰难？为什么别人都可以我却做不好？"这些常常是无法自治的人的内心独白，他们一有事情就喜欢找自己的问题，恨不得把自己像洋葱一样一层一层剖开看，结果却往往无果。哪怕条理清晰，所有条理都表示与己无关，他们也还是习惯性地怪自己。而这一切，更多的都只发生在他们的内心世界，别人只能看到所谓的"没主见、矫情"。如果看到这里的你，不巧是他们中的一员，我想告诉你的是，真的没关系的！就算别人不懂你，也完全不用在意，因为他们是别人啊，是不懂你的人啊，你根本不需要在意他们，更何况他们讲的话，还是他们自以为的事实。你不需要他们懂你，你自己要知道你是为什么、你怎么了。你要告诉自己："我只是暂时地遇到了点挫折，觉得自己过不去、做不好，情绪状态很低落，以至于觉得自己啥都干不好！想想看，我之前什么是完成得很好的，什么是很受大家肯定和喜爱的！"想一想那些还不错的事情，哪怕是生活中你助人为乐的事情，那都是最美好的东西呀。你可以的，只是需要些时间。要知道成功的人都是相似的，失败的人各有各的不足。而你现在最大的问题就是要重新学会接纳自己、爱自己！多给自己些时间，慢慢来。多做些自己拿手的事情，找回原本属于你的自信，收拾好心情，再出发！

我相信，没有人不想向光生长。不论你是出生在一个条件不好的家庭，还是有不尽责的父母，还是自身有缺陷，还是现在正经历着你觉得多么了不起的事情等等，这些都不足以成为你选择离开的理由。它们只是暂时的当下，而你还有很多种未来，前提是活着。

生而为人，不可避免地会遇到不顺意的事情。如果你在当下的处境中有些迷失，走不出来，或许可以通过书本和纪录片等多看看更广阔的世界，了解更多无限的可能。正所谓没有做不到只有想不到，你需要有更多想得到的可能，才能付诸实践。

这里有些推荐可供参考：一是《舌尖上的中国》《老广的味道》让你知道原来还有这么多的美味你不曾知道，更别说吃过。有句话说得好，有什么事情是一顿美食解决不了的，不行就两顿。当你胃里充盈的时候，你就会莫名地觉得踏实很多（反正我是这样，所以肉是最实在的，全在你身上）。二是《美丽中国》《地球脉动》让你知道原来这个世界这么大，有这么多的美景我都没有看过。大自然这么神奇，是不是一定程度上会激起你好好努力，想出去走走的斗志呢？三是《王朝密室》《河西走廊》带你穿梭古代，回顾历史。要知道古代不论职场、官场还是民场，想要活下去、活得好，比起现在可真的困难多了，可是大家还是很努力地在生活。古人的智慧会让你有所感悟的吧。四是《人间》《生门》这些有关医院的纪录片更是一绝，每一个看完都觉得：活着，真的是最大的幸福了。说明一下，我这可不是有意要给各纪录片打广告，毕竟也没个广告费。但是，这些纪录片真的可以让你看到人生百态，而不仅仅是你身边的一亩三分地。当你知道人生可以这么宽广时，眼下的问题或许就有了答案。

有个小小的温馨提示：看了世界的无限，你可别觉得自己更加一无所有了呀。要知道你看的可是世界，而且要知道一无所有就是啥都可能，不设限。少年需努力！在你成长逐梦的路上，希望你可以学着和自己做朋友，让自己成为自己最忠实的伙伴，一起前行！更重要的是，发自内心地爱自己！

做个坦坦荡荡、知足常乐、爱自己的战士吧！做了就不要后悔，做了就拼尽全力！不断前进追寻更好的同时也不忘珍惜身边所拥有的！美好的祝福送给美好的你们。

认识自己，是一门终生必修课

伍吉欣

> 在我们的人生经历中，总会有那么一段暗淡的时光，感到非常迷茫、无措，甚至抑郁，觉得自己很矛盾，自己也不明白自己到底是一个怎样的人。其实，人生中每个阶段的自己都是不尽相同的，需要我们不断地进行自我探索——去观察自我的行为习惯反映出的性格特点，去体会不良情绪产生的根源，从而更好地认识自己、接纳自己，遇见更好的自己。让过去的一切都有迹可循，未来的一切都有明确的方向。

不知道大家有没有过这样的感受，当身边的人关心问候你，你总是会习惯性地说"我很好"，即使内心深处并不开心；喜欢附和他人的观点，缺乏或者不善于表达自己的见解；总是小心翼翼，害怕说错话，渴望成为焦点但又害怕成为焦点；当别人问你的喜好，你要反应很久才吞吞吐吐地回答几个似喜好又非喜好的答案；搞不清楚自己真正想要的东西是什么，觉得好像什么事情都可以妥协、什么事情都无所谓……如果你也有以上这些情况的话，那我们就一起接着往下看吧！

①与生活碰撞——开始认识自己

很久以前曾看到过这样一句话："'自己'这个东西是看不见的，撞上些别的什么，反弹回来，才会了解'自己'。"第一次看到这句话的时候，我不以为然，只是觉得这句话好深奥；第二次看到这句话时，已经别有一番体会。

我们一起来看一个故事吧！一个18岁的普通女孩，刚上大一不久，便撞上了失恋加疫情。第一次失恋的痛苦加上疫情期间的恐惧，让女孩的内心受到了巨大的冲击。和许多失恋的女孩一样，她整天以泪洗面，好像终于明白为什么都说女生都是水做的了，因为原来眼泪真的可以源源不断地流那么久。各种铺天盖地的信息、生活上的各种不顺意，被"恶狠狠"地反弹回来，被大脑所接收，让女孩逐渐开始去思考一个问题：我到底是一个怎样的人？

女孩思索了好一会儿，心想："我大概真的是一个很难懂的人吧！以前一起去吃饭的时候，我说得最多的就是'随便'；别人关心问候我的时候，不管舒服不舒服，我都会习惯性地说'我很好'；我好像总是很难打开真实的自己，总是让别人捉摸不透……"

毫无疑问，这个刚进入大学不久、略显青涩的女孩就是我，或许，也是每一个经历挫折的你。

诗人尼采曾说过这样一句话："生命中最难的阶段不是没有人懂你，而是你不懂你自己。"生活中那些逼迫我们的麻烦，其实恰恰是我们更好地了解自己的契机。所以，我始终愿意相信，世界上没有哪件事情的存在是没有意义的，即使它给你带来了巨大的痛苦。在你慢慢走出痛苦的过程中，你已经开始了一场自我认识的变革。而我，也正是在这场与生活的"碰撞"中，开始慢慢明白认识自我的重要性。

②积极探索自己，接纳自我，并欣赏自我

明白了认知自我的重要性，那就开始积极地探索自我吧！认识自己，是一个漫长的过程。我一直很庆幸的是，当初的自己并没有因为眼前的不顺意而选择堕落，而是继续选择和生活发生碰撞，去勇敢地迎接挑战。后来的我开始尝试通过阅读、做美食、写日记、学习新技能、参加各种线上活动来转移注意力。当然，也非常感谢那些一直陪在我身边的亲朋好友，你们的鼓励，让我有了前行的力量。我开始去思考这些现象：我总是习惯性地说"我很好"，是因为不想让关心自己的人担心，害怕给他们增添麻烦；在点餐时习惯性地说"随便"，是因为我总觉得吃什么都可以，并没有去留意、在乎自己的真正喜好，又或者是想把点餐机会留给其他人，或许，还可能是另一种心理在作怪，因为在大多数人眼中我都是一个乖乖女的形象，所以我也想继续保持一个乖巧懂事的形象……种种现象都指向我是一个有些自卑、不敢展现真实自我的人。

认识自己后，还需要我们学会与那个"不太完美"的自己相处。很多时候，当我们意识到认识自我的重要性，开始了解自己的时候，可能会发现自己身上有一些不太完美的东西，比如说自卑、拖延、粗心等等，所以很抗拒接受

这样一个不太完美的自己。或许，这是由于完美主义心理在作祟，我们每个人都渴望事情能够做得很完美，对自己要求很严格。一旦事情没有达到预期，就开始自责。但其实，这世上哪有什么十全十美的人呀，总是要容许自己有一些不完美，我们才会有进步的空间；总是要允许生活有一些裂缝，太阳才能照进来呀。所以，我们都应该学会接纳那个还不太完美的自己，然后和它共同成长，迎来更好的自己。如果你发现自己是个自卑的人，不要害怕，每天起床对着镜子多笑一笑，多给自己一些积极的暗示，学会欣赏自己，鼓励自己去尝试一些新的事物，勇敢地战胜自我。现在的我，能够正视自己的内心，能大方地展现真实的自己，能够欣赏自己身上的优点，也能认识自己身上的不足。当我们开始认识自己、接纳自己、欣赏自己时，目光所至，皆温柔。

③人生最好的姿态，就是认识自己

你知道吗？其实，心理咨询的过程，也是一个不断认识自我并接纳自我的过程。如果在此之前有看过我推荐的《蛤蟆先生去看心理医生》，或许你对心理咨询的过程会有一定的了解，你会发现其实心理咨询并非你所想象中的那般严肃，而是一次次有趣的、有意义的自我内心世界的探索。也正是因为看了这本书，我跟着蛤蟆先生一起做了一次心理咨询，开始深入剖析自己。跟着书本，试着在童年经历中去寻找自己的不快乐根源，更加深入地了解自己，你会发现，原来自己也能做自己的心理医生。你向内探索得越深，你越能感受到所有的烦恼其实都是与自我的摩擦。往往很多时候，解决问题的根本办法并非求外，而是向内探索。

从另一角度看，如果我们能早些意识到认识自己的重要性，那我们是不是可以早些与自己和解，去接纳自己，去拥抱自己，是不是在一定程度上可以减少这些心理疾病的发生呢？我想你的回答会是肯定的。

人生最好的姿态，就是认识自己。古人云："知己知彼，百战不殆。"但在我们的现实生活中，其实大多数人都先败在了认识自己上。因为不够了解自己，所以不明白自己的情绪为何会突然爆发，自然也就很难做"情绪的主人"；因为不够了解自己，所以对自己并没有一个很准确的定位，因而错失了很多机会……认识自己是如此的重要，那么我们又该如何认识自己呢？这里给大家总结提供了一些方法，或许会对你有帮助哦。

1. 基于当前具体的某件事来认识自己。静下心来，和自己对话，可以就当前让你烦恼的事情，来一场与自我的心灵对话，感知自己内心最真实的感受。

2. 基于过去的经历来认识自己。其实，我们现在很多的行为、情绪都跟我们的童年经历有关。从过去的经历中寻找行为产生、情绪波动的根源，有助于我们更好地认识自己、理解自己以及调节自己。

3. 基于他人评价来认识自己。单纯靠自己一个人探索来认识自己是不够全面的，容易忽略掉一些东西，这时我们可以参考亲朋好友对我们的客观评价。相信你会从他人的评价中，看到一个不一样的自己。

4. 通过阅读、学习来认识自己。当我们现有的知识无法描述、解释我们的某一行为或者心理现象时，那就去图书馆充充电吧。书中自有颜如玉，书中自有黄金屋，相信你的困惑都能从书中找到答案。

5. 将你所认识的自己拼凑起来，正确认识自己。通过初步的自我探索，我们应该逐渐明晰了自己的三观、梦想，找准了自己的定位与价值，全面地认识了自我。

认识自己，是一门终生必修课。如果你问我已经把自己给认识"透"了吗？我的回答是否定的。因为只要我还在与生活发生碰撞，认识自己的路就还在继续。成长的过程就是一个不断认识自我、打破自我的过程。所以，朋友们，如果你也正处于与生活发生碰撞，感到非常迷茫、无力的一个时期，请你不要害怕，就让它成为我们不断认识自我的一块"垫脚石"，然后缓慢且坚定地走向我们各自想要的生活，成为我们想成为的闪闪发光的人。

内向没有错，美好的东西要打开门才能看到

陈浚哲

> 内向，是我们最常听说，也是让许多人最为苦恼的问题。对于内向者而言，这个性格就像一扇门，把你紧紧关在了一个房间里，与外面的美好无缘。但这仅仅只是一扇门，打开它的钥匙就是勇气加上努力和方法。只要打开心中的这扇门，一定会看到那些美好的东西。

内向，是一个听起来就让人感觉不舒服的词。在生活中，很少有人会说这是个好性格。不论是在身边还是网上，我们都能看到或听到许多人因为所谓的内向导致不擅于与人交流，甚至因此有着自卑的心理。也许大家都有过这样的体验吧：和玩得特别熟的朋友在一起，你一口一个话题根本停不下来；但如果周围换成一帮陌生人或只是点头之交，没说几句你就会陷入尴尬的迷之沉默里。而且在平日里，也总是那些外向的、善于交流的人更受欢迎。那么，内向一定不好吗？

首先，我们要明白，内向从来不是一种缺点，它只不过是众多性格中的一种。在心理学上，内向是指气质中指向性的一种，人的言语、思维和情感常指向于内者为内向，表明神经系统的兴奋过程占优势。艾森克个性问卷对典型的内向性格描述为：安静，离群，内省，喜欢独处而不喜欢接触人；保守，与人保持一定距离（除非挚友）；倾向于做事有计划，瞻前顾后，不凭一时冲动；日常生活有规律，严谨；遵循伦理观念；做事可靠；很少有进攻行为，多少有些悲观、焦虑、紧张、易怒还有抑郁。而家庭背景和封建的社会观念往往是造成内向性格的主要因素。

过去的我也是一个在别人眼里很内向的孩子。小时候，我的奶奶患有重度的抑郁症，她总是抱怨生活对她如何不公，总是在各种地方给家里人挑毛病。白天，家里充斥着各种各样的吵架声；晚上，则是奶奶的哀号声与捶床声。邻里四周都知道这情况，也都曾尝试来帮忙调解家庭关系，但因为奶奶的缘故，

许多想来帮忙的人都被她给赶走，甚至是她曾经最好的朋友。久而久之，年幼的我在上下学的路上时常能听到周围人这样的声音："那家里面有个疯子，很凶，以后还是别跟那家人走太近了。"那时还在上幼儿园的我在听到这些话时，虽然心里难受，但也不知该说什么，只能沉默着快步走回家。慢慢地，我总觉得别人看我的眼神怪怪的，似同情，似嘲笑。本就话不多的我开始变得更怕和别人接触，小区里的同龄孩子在楼下玩的时候，我也只是在楼上呆呆地看着……尽管奶奶之后过世了，但这影响一直伴随着我。

记得在我初中时，有一次跟父母到他们朋友家做客，就有人对我爸爸说："这孩子书是念得挺好的，就是性格太内向了，都这么大了，还不喜欢和别人交流的话，以后肯定跟成功没关系的。"具体的一些细节我记不清了，但这段话却一直扎在我的心里，而且这也不是我最后一次听到类似的话。每次听完后，我的内心总是悲愤交加："为什么所有人都认为内向的人是不可能获得成功的？内向一定是错的吗？"当在他人眼中，一个人的性格可以决定一个人未来的时候，我的心里，开始将内向的性格当成了我的一大耻辱。

在那之后的很长一段时间里，我的内心一直是很矛盾的。一方面，我希望能向所有人证明，内向的人也能获得自己的成功。另一方面，我又想方设法地尝试改变自己，想让自己成为一个外向的人。

但我无论看了多少相关方面的书，看了多少视频，到了现实里，我依旧害怕与陌生人说话，和人交谈前要反复思考。在遇上热闹时，我就在别人不注意间躲到角落一声不吭。在同学聚会时，大家侃侃而谈，而我总是那个傻傻的听众。

一直到了高二，那时，语文老师在每节课前都有个"课前五分钟"环节，要求我们每个人把自己近日里收集的好句好段或新闻素材分享出来，附上自己的感想并且脱稿，平均每两周就有一次站在讲台上的机会。那时的学业本就繁忙，因此我一直是每次上台前一晚才去准备，第二天早上五点起来慌忙背稿子，然后课前站在讲台上，强装镇定，机械微笑，眼睛时不时地从教室的一端扫到另一端，害怕看人，心里总是感觉挺糟糕的。

然而有一天，一个同学放学后问了我一句："我感觉你好厉害，那么点时间就能准备得那么熟练，而且感觉你在台上好自信，你怎么做到的？"这句话令我打开了我心中那扇名为内向的门。

曾经有问题不敢直接问老师，结果问后感觉收获颇丰；觉得无法胜任的工作，硬着头皮去尝试后竟然得到了认可；担心没办法交流的陌生同学，在主动接触后居然成为朋友……渐渐地，这些事情让我意识到，即使我的性格不去刻意改变，也可以做到那些所谓外向者才能做到的事，内向的人也能成功。从那时起，我不再想着一定要变得外向，不再觉得内向的性格是我的耻辱。

  直到现在来到大学，我尝试着进了院学生会，来到了心理辅导站。当我因为工作或人际需要，在很多人面前表达自我时，我似乎已经忘记了自己是个内向的人。而当我孤身一人，没有特别的安排时，我又会变成曾经那个不善言谈的闷葫芦，安安静静地享受独处的时光。

  也许很多和我曾经一样内向的人，总是习惯性地抵触人群，害怕交流，结果让生活变成了恶性循环。但其实越害怕与人沟通就越拒绝沟通，结果自然是怀才不遇、处处碰壁。

  虽然荣格早在1921年就提出，内向和外向从来没有优劣之分，两种特质的区别只在于心理能量指向的方向。但是，在大众的意识里，外向型性格就是比内向型性格更受欢迎、更吃香，也更容易获得成功。也正因如此，现在社会上依然还有许多人在为自己的内向性格感到苦恼，也像过去的我一样尝试去改变。在我看来，要彻底改变自己不能说做不到，但真的很难很难。我们要做的是认识到内向并不是一种错，性格不能决定成功，你的努力才可以，只是不同的性格有不同的成功方法罢了。以前我曾读过一本名为《内向者沟通圣经》的书，作者珍妮弗·康维勒在书中向我们介绍了4P法，并用例子向我们证明了内向者也可以解锁成功之道。我个人认为颇有帮助，在此分享给大家：

  第一是准备：计划越充分，应对越自如。为人际交往互动做准备是最好的行动之一。许多内向者总是羡慕外向者能够热情而迅速地与他人建立关系，沟通自如。实际上，如果内向者做过充足的准备，在人际交往领域一样可以很优秀。就像我在高中时准备课前演讲一样，倘若做好准备，一样可以表现卓越。我们不得不承认，内向确实会影响交流能力，但并不能决定一个人的交流能力。内向只是说明一个人不喜欢交流，而交流能力是锻炼出来的，与人交流是种艺术，并不是话说得多就代表交流能力好。

  第二是展示：赢得好感的技术。内向的人，比如从前的我，总是会认为，如果自己做得好，别人一定会看得到。如果别人没有看到或者不够认可，那一定是自己做得不够好。然而实际上，如果没有用行动积极地展现自我，人们就很难对你产生深刻印象。

第三是推动：要走出自己的舒适区。就像我第一次主动去找老师问问题时，心里一直很慌张，总怕老师说我上课不认真，会批评我。可当我和老师交流之后，我发现老师会很耐心地为我讲解，自己的内心也很平静。爱默生曾经说过："去做你最害怕做的事。"每一天都在面临变化，今天走出舒适区，推动自己去努力，让别人看到你的优秀，未来就能有更多的舒适区。书中的一句话说得好："你毕竟想知道自己在这个世界上能做些什么。"

第四是练习：创造机会，不断提高。练习会让你精通某项技能。每个冠军每天都在做的事情就是练习。如果我们想提升自信，最好的办法就是勤于练习。练习可以让我们不断尝试和试验与人交往的不同方式，进而让我们具备更多的自信、更强的技能。

如果能很好地利用这个4P法，相信一定会收获颇丰。但如果我们害怕麻烦，不去挑战自我，只想着性格是天生的，内向性格的人做不到很多事情，那成功也无从谈起了。

调查显示，成功者中内向者所占比例大大高于外向者。世界上70%以上的成功者其实都是性格内向的人，例如爱因斯坦、比尔·盖茨、沃伦·巴菲特、斯皮尔伯格、村上春树等，都是内向性格。因此，无须羡慕外向者，你唯一需要做的，就是做好自己，勇敢地打开这扇名为内向的门，找到独属于内向者的优势。要相信，你的内向，自有力量，也自带光芒。

内向虽然不是缺点，内向者有着内向者的优势，但我们仍需要主动做出改变、自我提升。一个人如果不努力，拥有再好的能力也会慢慢消退。每个人都有自己的弱项，却也可以通过不断努力变得更强。敢于突破、不断练习，也许有一天，你会发现，自己的弱项可能正是难得的优势。正所谓，美好的东西总是需要打开门才能看到。

忧虑未知，不如走好当下每一步

林凡越

> 你还在为自己的未来而忧虑吗？虽然忧虑未来人人都逃不过，但关键在于你如何选择面对忧虑的态度。我们不应该把美好的时光用来杞人忧天，不应该在忧虑不安中荒废了当下。如何减少忧虑的情绪，如何踏踏实实走好当下的每一步，如何画出属于我们的人生画卷，才是我们要思考的。珍惜当下的时光，为所当为，你的人生画卷定会更加绚丽多彩。

我是一个有点不自信的女孩，可能是因为我总希望事情能如我所愿，十全十美。这个习惯让我总是处在一种未知的忧虑中，悲观消极。我意识到了这一点，努力地想改变这种状态，把忧虑化为走好当下每一步的动力。接下来大家就一起来看看吧。

在我们身边总会有一些人，总是忧虑着未知的事物。我们作为大学生，所忧虑的自然是和学习生活有关的问题，比如这学期的专业课较难，期末考能考好吗，或是社团有件事情安排给自己负责，但那是自己从来没有办过的，自己能处理好吗，等等。

高三那年，几乎所有人都会在复习备考的过程中，学着学着就开始担忧自己的未来："我会不会没有大学读啊？""我要是优势科目发挥失常了怎么办？""要是作文写一半发现自己写跑题了该怎么办？"……这样的忧虑对高三学生的备考是很不利的，既分散了注意力，又使本来就大的压力增加了。我努力地不去忧虑这些问题，但是没有办法，这些想法就像烦人的小蚊子一样萦绕在耳边，挥之不去。我也想过把自己的忧虑讲出来，或许就能好受点。向自己的亲朋好友倾诉后，得到了他们暖心的安慰和鼓励，但其实我内心的忧虑并没有得到缓解，因为我仍然没有解决自己内心所纠结的问题：自己到底能不能达到所预期的目标？最后我想出来一个办法，我把所有知识薄弱点和考场上可能发生的突发情况全部都列在一张纸上，并想好了所有可能会发生的最坏的结果，并写出了解决的办法和应对措施。慢慢地，我变得不那么忧虑，而是开始积极地实施应对措施，比如我忧虑的是这一块的知识点我掌握得不够熟练，我应该把书再过一遍，错题再做一遍，并且用便签暗示自己，自己已经尽自己所能了，无愧于心，不要忧虑。就这样，我顺利度过了高考这个人生关卡。

  进入了大学，我的老毛病又犯了，又有新的需要忧虑的问题。作为一名医学生，自然希望自己将来成为一名医生。现在医院的招聘条件都是硕士及以上，所以考研成了必经之路。我就开始为自己能不能成功读研而忧虑，想着毕业了能不能找到心仪的工作，如果我考不上研究生又找不到工作该怎么办。我又想到现在的社会是快节奏的，我们都将步履匆匆穿梭其中，努力地生活下去，奋力工作的同时忧虑着自己的前程和家庭。我们渴望把事情做得尽善尽美，但是生活充满不确定性，到最后事情往往不尽人意……这正是我们所忧虑的。每当我在网络上看到由于生活压力而崩溃的例子，心里都会涌上一股酸楚，仿佛看到了自己未来的样子。这些问题比高三单纯的学习状况更复杂。大学的出口就是社会。当我们步入社会，不确定因素更多，涉及面更广。我深刻地认识到想要减少忧虑的情绪，改变自己的态度才是关键。

  虽然这些关于自身未来发展的问题都是我们在学习生活成长中必须要考虑的，在学习生活中总归还是要有一个自己的未来规划和目标。但是如果每天都忧虑自己能不能得到一个好的结果，不仅不能为自己的未来增光添彩，反而会把自己弄得很沮丧，满满的负能量。所以我们应该改变自己的态度，让自己满满的正能量！林清玄说："快乐活在当下，尽心就是完美。"我认为，对一件事情持忧虑态度，说明我们对这件事很重视且对这件事情的结局和转归充满未知，所以我们应该思考的是如何尽心尽力地把事情做好，即把忧虑的情绪转化成专注解决事情的动力，而不是做无谓的忧虑，从而影响自己的心境，使事情无法得到解决。

  给大家讲两个故事：曾经有人请教过一位禅师何为活在当下。禅师回答："吃饭就是吃饭，睡觉就是睡觉，这就叫活在当下。"在这位禅师看来，你现在正在做的事情是最重要的，"活在当下"就是需要你把现有的精力集中在现在正在做的事情上，全心全意地投入和体验。杨澜曾经在采访迈克尔·乔丹时问道："你很多年来在各个方面都取得了成功，你的动力是什么？自此以后，你的目标是什么？"乔丹回答："我不知道，我活在当下。眼前的事每天都会发生变化。"禅师和乔丹的故事告诉我们：不能在忧虑不安中荒废了当下，因为忧虑未知除了自我折磨，没有任何意义。每天的事情都会发生变化，你永远不知道明天将会发生什么。所以，何必忧虑未知的事物呢？请用心走好当下的每一步，相信未来的某一时刻总会给你回馈或惊喜。哪怕结果不尽人意，但我们已经尽心尽力，也就无怨无悔。

想到我在上大学之前从未体验过社团生活，在大一的时候对加入大学社团十分期待，于是，我认真地填了报名表，准备参加面试。面试是按照现场交报名表的顺序先后进行的。在面试教室外，我担忧自己会因为紧张而表现得不完美，担忧自己的经验不足而被淘汰，我担忧这担忧那，唯独没有静下心来去好好准备面试的相关事宜。看着一个个同学进去后又出来，看见面带微笑的同学，我就开始幻想我要是被录取了该多好；有些同学一脸失望，我又想要是我没被录取是不是说明自己很差呀。就这样我在面试的教室外面想入非非、局促不安，不敢交报名表，等到面试快结束了才匆匆交了表进去面试，就这样带着忧虑的情绪收到了被刷的结果。事后，我想我应该准备充分，自信地去面试，把自己最好的状态展现在面试官面前，自信大方地和面试官谈论相关问题，哪怕没有被录用也是无憾的，因为我尽力了。

生活中，我们最不希望当下明明拥有可以变得更好的机会，可是却在担忧中错过或者没有把握好。所以，不要把美好的时光用来杞人忧天，如何踏踏实实走好当下的每一步，才是我们要思考的。首先，忧虑是一种对我们不利的情绪，我们可以试着甩开它，让自己融入积极乐观的氛围，把忧虑的情绪转变为积极向上的情绪；其次，我们也可以利用忧虑，把你害怕出现的事情作为自己今后行事的反面教材，鞭策自己；最后，我们也可以拥抱忧虑，直面并接纳忧虑，把导致你忧虑的元凶找出来，不断地修正你的人生之路，总之，不能放任忧虑这种不良情绪影响到我们的学习生活。我曾经看到过一句很有意思的话："生活就是一地鸡毛，你要努力地把它扎成漂亮的鸡毛掸子。"鸡毛能不能变成鸡毛掸子，取决于你自己的想法和做法。如果你为之后的生活可能会不顺意而忧虑，想象着自己未来的悲惨，而不把精力放在改变现状上，未来将会是你所想象的悲惨；反之，二话不说开始把鸡毛扎成鸡毛掸子，为所当为，全神贯注，鸡毛自然会变成漂亮的鸡毛掸子。

当然，大家都不是圣人，谁都逃不过焦虑，谁都会为自己的未来担忧。虽然我们逃不过忧虑，但是，我们可以选择面对忧虑的态度，是选择继续忧虑，还是走好当下每一步。拿破仑·希尔是世界上伟大的励志成功学大师之一，他认为成功的关键在于心态。成功者拥有积极的心态，积极的心态会调动人的大脑不断思考，从而做出正确的选择。如果失败的人转换了自己的想法和做法，走好当下每一步，那结局就会和之前大不相同，人生走向也将彻底改变。

柴静在《看见》里写道："我就生活在这里，没有完美新世界，没有需要等待的未来，没有要向外界索求的理解，也不需要通过跟谁比较才能判断自己，要做的就是此时，就在此地，就是此身。"在社会的光明与黑暗中，我们以坦然的态度来面对人生，对自己的现状做出力所能及的完善，不去和其他人做无谓的比较。我们可以憧憬和幻想未来，但我们根本没办法预测未来，所以要真实地活在眼前、活在当下，踏实地迈出脚下的步伐。

我们的生活就像是一张空白的画纸，最后会成为什么主题的画作，创作出的效果如何，都是由我们的内心所决定的。所以，一笔一笔地用心描绘你所希望的人生吧，哪怕所画与所想不同，至少你用心地画过，总比因为担心下一笔会画错而不下笔，最后留下遗憾来得好。

与人相处，换位是一门学问

拓雨欣

> 众所周知，大学就如同一个小型社会。我们要想在这个"社会"中立足并且过得舒心，正确与人相处是不可或缺的。人际关系是在彼此交往的过程中建立和发展起来的。你若想拥有一个良好的人际关系，学会下面介绍的换位思考的方法，或许将助力你成功！

人际交往向来是人们关注的热点话题，我们曾经以为只要在人生最美好的时光里遇到对的人，从此便会无忧无虑，幸福一生。但长大的我们最终会明白，所有的美好都有可能会败给时间。人与人之间相识一场很容易，但要长久相处却很难！今天我就借着这个机会和大家唠唠如何正确地与人相处。

"横看成岭侧成峰，远近高低各不同。"苏轼的这句诗告诉我们，每个人所处的位置有差异，角度不同，看到的景色自然也不一样。人与人的相处也是如此，假如仅仅只相信自己所看到的，那我们对他人的评价一定不是全面的、完整的。我们的家庭背景不同，生活方式不同，经历不同，思想认知自然而然也是不同的。要想创造发展良好的人际关系，就要在与人相处的过程中进行换位思考，认识到要站在他人的角度去想问题。

《道德经》中讲："上善若水，水善利万物而不争。"这句话说明了保持善心极为重要。每个人都想寻求他人的理解和宽容。我们虽不能做到真正地感同身受，但我们需拥有同理心。与人相处，理解方能感触。一头猪、一只羊和一头奶牛被关在同一个畜栏里。有一天，牧人将猪捉出了畜栏，只听猪大声嚎叫，激烈地反抗。由于它的声音太过聒噪，绵羊和奶牛埋怨道："我们也经常被牧人捉去，哪像你这样大呼小叫的？"听了这句话，愤怒的猪回应道："抓你们和抓我的境遇完全不一样，他只是想要你们的毛和乳汁，但是抓住我，却是想要我的命啊！"这也就印证了《了不起的盖茨比》里的一句话："如果你想要批评任何人的时候，你就记住，这个世界上所有的人，并不是个个都有过你的那些优越条件。"还记得网上有这样一段话："我们都在同一片海域，你在一艘豪华的大船上，船上美食、美酒、娱乐设施应有尽有。而我抓着一块可怜的浮木努力漂荡，海浪汹涌，波涛不断，随时都有被大海淹没而葬身鱼腹的危险。你还问我：为什么不抽空看看海上美丽的风景？"是不是很好笑？你认为你的生活不过平平淡淡，但可能是别人一辈子都难以获得的奢望。正如列夫·托尔斯泰所言："你不是我，怎知我走过的路，心中的苦与乐？"因此，对于他人的种种困难处境，我们不能只是肆意批判、冷眼旁观，而是应该学会以心换心，设身处地地了解，继而尽力帮助他们解决问题，这才是人与人之间最基本的相处方式。

与人相处，是需要我们用心去交换的。孔子曰："己所不欲，勿施于人。"短短八个字，却道出了最深刻的人生道理。如若你不想受制于人，换来不公平的糟糕待遇，做自己不乐意甚至讨厌的事情，不妨先想一想，自己有没有以这种方式去刁难过别人。很多人尤其是我们年轻人总是不明白这个简单的道理，常常犯相似的错误：总是想用太过严格的标准尺度不断去苛求别人，却从不认真反省自己。在大学生活中，寝室内舍友相处不和也是许多同学比较烦心的一个问题。一个宿舍的同学来自天南地北，生活习惯和脾气因人而异，可能会大不相同。这时候，相处时同学之间的换位考虑就显得尤为重要。比如舍友已经睡觉了，而你手中的游戏还没有结束，寝室的灯还亮着，游戏的声音在安静的室内显得异常突兀。那你就应该想想，当你睡觉的时候，其他人玩游戏大声吼叫时，你会有什么样的感受。以此换位思考警示自己，从而规范自己的不良行为，避免给他人的生活带来烦恼和麻烦。要维护寝室大家庭的和睦相处，只有彼此理解、真诚相待。

与人相处，需要我们严于律己、宽以待人。世界很大，但每个人都是独一无二的特殊存在。与人相处，要求同存异。"世界上最宽敞的是陆地，比陆地更宽敞的是天空，比天空更宽敞的是人的胸襟。"人际关系良好的人，必然有宽阔的胸襟，不执着攀比，不挑唆离间，更不会戴着有色眼镜去看待周围的人。人生无常，总要面对各种人和事。人非圣贤，孰能无过？我们要明白的就是不论在什么情况下，先做好自己才能问心无愧。当别人刻意诋毁我们时，放弃愤怒辩解，选择平和宽容，相信清者自清；在别人无礼欺侮我们时，无须担心提防，引用事实道理证明。我们只需做到用真挚的感情对待身边的每一个人，包括你不喜欢的人。宽以待人，学会从对方理解的不同角度去思考，宽容别人，即在宽容自己。

与人相处，须让"良善"成为你的闪光点。孟子有言："正人莫大乎与人为善。"崇尚"与人为善"，是我们中华民族优良的传统美德。"勿以善小而不为"这句话在与别人交往时依然适用。自古雪中送炭君子少，落井下石小人多。一个真正善良的人，常怀悲悯之心，当别人有困难时，他会尽最大努力去相助。即使是一个小小的善举，别人也会感受到你的那份心意。俗话说，风水轮流转，谁能保证自己一定一帆风顺？种善因，收善果，与人相处，互相帮助上进，如此得双赢局面，何乐而不为？我个人认为，人性中最大的善良就是懂得换位思考为别人着想。善始善终方得善果，以诚相待可得人心。在与他人共事时，要和善待人、和衷共济。能做到换位思考的人，一定拥有一颗仁慈的心。在与人相处交往的过程中，不但可以守住道德底线警戒规范自己，还能立即果断不加犹豫地向他人伸出援助之手，赠人玫瑰，手留余香。我相信这样的良善之人，他的人际关系一定不会差。

与人相处，换位思考是一种难能可贵的智慧。小的时候，母亲在缝制衣服时让我将剪刀递给她，我随手递过去，把剪刀头放在了她手中。这时母亲就严肃地对我说："递一样东西给别人，要仔细想想怎样拿着放到人家手里方便使用。如果像这样把剪刀头递过去，先不说别人还要把它倒转一下才能使用，锋利的刀刃还极有可能划破人家的手。笔刀剪这类的物品都是如此。以后可绝不能这样做了。"正是母亲的这番话点醒了我，很好地教育了我。在点滴小事上如此，在与人交往中也应该像这样，凡事设身处地，及时调换一个正确的角度为他人着想。这本身就是做人的一种基本道德修养，是一种必备的个人素质，更能体现出一个人的情商。人心是相互的，相处都需要互相体贴与付出。不要总是抱怨别人不够了解你，也不要以为自己有多么了解别人。有多少曾经关系亲密的朋友只是因为一件小事没有解释清楚而矛盾激化，自以为足够了解对方而不做过多解释，最终彼此失去信任，关系归于淡泊。要与他人平等相处，给予彼此相应的尊重一定是排在第一位的。哪怕别人做了你难以理解的事情，也不要轻易站在制高点上贬低。毕竟，善待他人就是善待我们自己。多一些设身处地的善意考量，我们与他人的相处之路也会变得更加舒适平坦。

从古至今，在我们的人际交往过程中，换位是一种理解、用心、包容、善良……是一种交往的智慧。我越来越认可一个理念，即智慧多了，烦恼就会少。凡·高曾说：每个人的心里都有一团火，路过的人只看到烟。由于不同的生活处境，我们很难清楚地了解别人到底正经历着什么，但我们只需做到将心比心，善待他人。生命，是一种爱的回声。与人相处，只有真心才能换取真心，付出的善意终会得到回馈。

　　相处时的换位思考是一门很深却又很简单的学问。能做到用简单的人际关系，面对复杂的生存环境，这就是智慧。那么本期我的分享就到此结束啦，希望这篇文章可以让同学们有所感悟，好好生活，好好学习。愿你们与身边的人相处愉快，情谊长存！

一路向阳而生，美好终会不期而至

侯婷婷

> 一路向阳而生，将事情往好的方向规划，你选择以什么样的心态面对生活，就会拥有什么样的人生。一路向阳而生，是一种积极乐观的态度。学会不抱怨、懂知足，会让我们离幸福的生活越来越近。你只管向阳而生，美好终会悄无声息降落，世间美好将与你环环相扣！

不知道大家会不会有这样的经历，出门玩的时候，总会碰巧错过前面的一班车或者地铁；或是花了很长时间打扮了一番却天公不作美；再或者是出门逛街却突然肚子疼而四处寻找厕所……正所谓"人生不如意之事十之八九"，我们的生活节奏很快，在这熙熙攘攘的人群中行走，每个人脸上都会有或多或少的辛酸。这个时候，你是选择冷静还是选择急躁呢？

没错，怨天尤人是没有用的，最多也只能用"这不是我的错"安慰自己而已。与其这样浪费自己一天的好心情，不如换个角度看——错过公交，就放下紧凑的步伐，看看身边的花和草，看看湛蓝的天空，再看看周围的人和事，你会发现一种"慢节奏"的美。打扮好了，不能出去，那么就在宿舍，自己欣赏自己。也许，你会猛然发现，原来好久没有认真看过自己了。再或许你可以找舍友们看看，也许，她们会发现你的化妆技术进步很大。突然间的肚子疼，一味地埋怨是不是中午吃坏了是没意义的，最重要的是冷静下来想想厕所在哪里，解决了之后才能"轻装上阵"，更好地玩耍。换个角度看问题，也许那些问题都不是问题。向阳而生，将事情往好的方面去想，建设自己的内心。也许有的人会觉得这样做没有正确看待问题，过于理想化了，但今天还未过完，又何必着急担心未至的明天呢？明天本是一个未知数，你只需大致懂得所属范围，至于求解，就留给明天的自己吧！活在当下，让当下的自己快乐才是快乐的根源。一路向阳而生，将事情往好的方向规划，才能更加积极地去面对生活。人生本难，但生活的五味杂陈是自己而定，那么何不向阳而生？

道完处事，那处人又怎么向阳而生呢？熙熙攘攘的路人，处得舒服的人才是对的人。不知道大家是否有过这样的困扰——和某个朋友相处的时候，也许在她需要你的时候，表现得很殷勤，在不需要你的时候，表现得却很冷淡。我想说的是，人生就是一辆城市公交，每个时间段上上下下的会有很多人，一路向阳，把眼界放宽一点。你的人生不会只有她一个朋友，她的人生当然也不会只有你一个人而已。既然相处得不舒服，既然三观不匹配，既然已经让你觉得困扰，不如就退一步而求之，发现生活里的其他人，打开自己沟通的窗户。也许你会猛然发现，世界真的很大，身边的人也可以有很多，而她或他，也许就只是你的一个过客。

　　一路向阳，这样的为人处世态度，并不是指现在所说的"渣男""渣女"，只是说，在某一件事上，既然自己内心经过深思熟虑之后，觉得会困扰，会令人不适，再去向阳而生。这对自己是一个解脱，对别人也许更是一种释然。就像常说的，这世界永远不缺乏美，只是缺少一双欣赏美的眼睛。如果一味地把自己困扰在迷局里面，只会缺少对世界美的欣赏。前一阵子，在学校某网上看到有些许抑郁倾向的同学，我很想对那个现在拥有不好情绪的"你"说一句——不是你不够努力，你已经做得很好了，如果某件事还在困惑着你，你可以退一步，不用非得出某个结果才是理智的做法，退一步才是智者的选择。也许很难，但相信你可以做到，你的背后有我们，有心理中心所有关心你的我们。只管向阳而生，美好终会悄无声息降落，世间美好与你环环相扣！

　　一路向阳，是一种积极乐观的态度。爸爸妈妈从小就教育我，遇到事情哭是没有用的，想办法解决才是最重要的。虽说哭没有用，但我依然会选择用哭的方式来宣泄，宣泄完了之后再想解决的措施。一路向阳，遇事简单化，学会笑着面对困难，是爸爸妈妈给予我的最宝贵的财富。人们总说爱笑的女孩，运气总不会太差。是的呀，换个角度看，哭完之后的我，会更加清晰地知道当下什么才是自己需要的，什么才会是好的解决方法，再笑着面对生活，生活才会有意义，才会有生的希望。热爱生活的人，才是真正懂得生活的人。你说，这样的人，会有人不喜欢么？他的运气自然而然也就不会差！就拿自己来说，在爸爸妈妈教育下，虽然不能说自己遇到任何事情都能第一时间笑着面对，但也比较积极向上，遇到困难哭完之后就会从头再来，获取力量；看待很多问题也都比较正能量；也会带动周围的人一起大笑。在自己过去二十多年的生涯里，回想起来，也都是一些开心、搞笑的回忆；也会觉得自己很幸运，有老师的青睐和帮助，有朋友的指点和牵引，有家人的陪伴和导向……在踏入福中医的第一天，丁老师就送了我六个字——越努力，越幸运。那么，我就改编一下，送给热爱生活的你们——越努力生活，越热爱生活，就会越幸运。人生不易，生活更不易，微笑面对，幸运也会随之降临。

说完过去、当下，那就来聊一聊未来吧。未来如何一路向阳？有一种植物，每天清晨都朝着太阳升起的方向，再逐渐转向太阳落下的方向，大家知道是什么吗？没错，是我特别喜欢的一种花——向日葵。向日葵的一生都围绕太阳生长，直至最后结果。人应该也是这样，一路向阳生长，积极乐观地发展自己。比如可以练一些乐器，在自己疲惫的时候可以放松放松。就我自己而言，我在疫情期间自学了尤克里里，它带给我的不仅仅是疲惫后的放松，更带给了我自信。所以，大人们的话其实真的是对的：多学一点，让自己充实，才能让自己的成长道路遇见更多美好。

你选择以什么样的心态面对生活，就会拥有什么样的人生。唐朝陆象先曾经说过这样一句话——天下本无事，庸人自扰之。我们无法选择命运，但可以抉择过什么样的人生。一路向阳，乐观看待事情，即使生活再不易，也会有得到馈赠的一天。乐观看事情的例子在我们身边其实有很多。前段时间，中国科学院的工学博士黄国平的故事被广为传播。他从小生活在偏僻的山村，家境贫穷，家人接连逝去，他面临的困境简直可以说超出了我们的想象。但他没有放弃生活，他没有选择抱怨，取而代之的是他对未来生活充满希望。很喜欢网友对他的一句点评——他的世界本无光，而他却活成了自己的光。一个积极乐观的人，才能将生活当中的各种苦难和困境作为砥砺前行的动力。网上还曾有过这样一个例子，面对同样的半杯水，有的人会庆幸自己还有半杯水，起码不是什么都没有，而有的人会抱怨怎么只有半杯水，想要整杯水或者更多的水。当你真的觉得自己身处困境的时候，不妨停下脚步，与周围人对比、反思，看看身边其他人的不易，你就会发现自己其实已经拥有了很多。学会不抱怨、懂知足，会让我们离幸福的生活越来越近。

最后，我想说，一路向阳而生，只是一种态度，而实行的方式各种各样，每个人都有属于自己的方式。也许我讲的这些不适合在看这篇文章的你们，但希望你们看了还是能有所启发。你若盛开，蝴蝶自来。一路向阳，美好终会如期而至！

后 记

《朋辈心语》是福建中医药大学心理健康教育指导中心主办的一个心理健康类栏目，学生朋辈在此分享个人成长故事及心得体会，每周一期通过微信公众号推送。连载至今已轮换了几个春秋，两年时间匆匆，许多原作者或在校，或实习，或毕业，早已各奔东西。

我们想都不敢想，这些文章会再次交回自己手里。的确，原作者的二次修改往往比半路出家的学生朋辈审核要原汁原味，本就是体现自己思想的东西，强行灌上他人的写作方式，难免违和。但得到消息，不免惊喜非常：一个小小的栏目，忽然成长为一本书，如一粒无名的芽，承载着无数人的期望与诉说，落地生根，经过学校心理中心丁闽江、王凯旋两位老师与朋辈们的灌溉，它逐渐抽出枝条，长成一株向日的葵花。

现在，该丰收了。

只是，恰巧暑期撞上了实习，我们之中有二十几位原作者刚结束大三，提前到各个点见习，他们只能抽出休息时间，看看以前稚嫩的文笔，或再次走进自己的文章，用略显生疏的方式同以前的自己对话。

很有趣的形式。哪怕没什么写作经验，哪怕笨拙地组织文字，很多人还是愿意把经验拿出来讲，甚至扒开自己的不适应与不愉快，扒开自己不堪的过去。正是如此，成就了如今这么一本书。我们有些原作者可能不愿露怯，在审核途中，不会组织文字，一堆错字，甚至发出拷问：这样的文章也能放在纸质书里吗？

可为什么不能？我们需要的是一颗足够愿意分享故事的心，文字可以加工润色，一段段故事是特殊的，它的雕琢可能需要经历一周、一年，甚至十年。无法正视的，是没有态度，是得过且过，是走马观花式的修改，囫囵吞枣般过目"修改要求"。态度都不对，谈何成就大事？当然，此类现象只是一小部分人的无奈，我们已然沉浸在快节奏的学习、工作氛围中，对于文章发表无所谓，甚至文章本身就是一段黑历史，想摒弃，又自己找上门。因此，我们也不由得思考：这本书真的是半路出家吗？到底能不能打动人？能不能产生共鸣？能不能鼓励更多人站出来讲述自己的故事？

我们似乎不约而同地选择了同一个答案，叫做"我可以"。我们必须承认每个人都有每个人的追求，但当初写下这篇文章的初心依旧。我们首先是一名朋辈心理咨询员，再是一名编委。哪怕文章写得磕磕绊绊，没事的，笨拙的文字也能钻入人心。我们以过来人的角度叙述过去，以口语化的叙事风格分享经历。读它，如同与我们对话，深入朋辈们的内心宇宙。读它，文字不会晦涩。它通俗，它是闲暇时的小记，深夜里的思考。你只需读，其他什么都不用管。摊开它，一下午发着呆，时间过去了，也无碍。

可以肯定，本书的社会价值，远比文学价值高。八月中旬，最终的审稿员把邮箱里的文档一篇篇插入文稿，形成了近三十万字的文档。审核员尝试了不少排序模式，最终选定了我们福建中医药大学的特色——中医药。我们尝试用一味中药替代"情感"、"成长"等概括性词汇，但效果不佳，一味药难以把亲情、爱情、友情同时描述清楚。

没有合适的中药名，可以用方剂名，我们开始收集富有韵味的方剂，后来还真的拼拼凑凑出如今的模样，不算没结果。有想法，不会写，翻来覆去改了几版介绍，最后躺平。或许用最简单的文字描述清楚方剂名的来意，比扯出一堆漂亮文字更重要。于是，我们提交了初稿，但各方意见不一。我们认为方剂名可以形成中医学子出版书目的特色，专业人士认为通俗易懂的分类或许更能走入人心。服从于专业，又想跳出专业。所幸，"采用方剂做章节名的想法"最终还是被保留了下来。

第一章的主题是"情感专栏"，择取了曲麦枳术丸，它主治饮食伤脾，痰阻气滞，心腹满闷不快。情感是慢性良药，是年复一年的累积，不如肝气暴升般大喜大恸，更多是脾气不升清的满闷，堵在心理酸胀不已，恰与曲麦枳术丸理气健脾、消痞化痰的功效相联系。

第二章的主题是"热点话题"，择取了陈夏六君汤，健脾益气，燥湿化痰，主治痰湿上蒙清窍之内耳眩晕。痰湿，中医向来对此头疼，病程较长，缠绵难愈。而一个词的分量，说重不重，说轻谈不上轻，用一篇文章说不完一个词的方方面面。它往往代表了一个话题、一类人、一种社会现象。每个词存在于社会中，皆有它的意义。我们要做的，是认清它，不被粘滞的湿气所绊倒，不被缠绵的病程蒙蔽双耳。日子很长，我们都在慢慢对抗。

第三章的主题是"大学生活"，择取了橘皮竹茹汤，降逆止呕，益气清热，主治胃虚有热，气逆不降，呃逆或干呕。橘皮味苦，竹茹味甘，大枣味甜，生姜味辛，甘草味甜，人参味苦。一方汤剂，凑齐了几种口味，恰如大学生活，免不了酸甜苦辣咸，免不了机遇与挫折。我们要做的，是把握机遇，理顺自己的精气神，勇于面对困境，平息不安与恐慌，对抗外界的压力，用积极向上的人生态度，享受美好的大学时光。

第四章的主题是"心理问题"，择取了犀地清络饮，清气凉营，开窍通瘀，主治热在气营，邪闭心包，身热心烦，甚则神昏谵语。心理问题往往困顿在内心，长期闭塞，若没有及时疏泄，甚至会出现严重的生理反应与心理不适。当焦虑、抑郁等情绪统统找上门，不要尝试封闭内心，不要躲进人群不敢发声，勇敢地站出来，正视自己的心理需求，疏通自己的思绪，或积极寻找他人帮助，及时排解体内的拥堵，赶走不良心理问题，跨越心理障碍，与琐碎的明朗干杯。

第五章的主题是"人生感悟"，择取了九味羌活汤，发汗祛湿，兼清里热，主治外感风寒湿邪，恶寒发热。这味汤剂主治外感病症，外感病的本质往往是邪气入体，与人体中的正气相抗争，正气盛而抵御，弱而被入侵，在此基础上，身体各处经历了激烈的斗争，或自我抵抗成功，或寻求药物帮助，最后宣告胜利。人的成长也是如此，承载着每个时期的缩影，哪怕有外物困扰，哪怕是自身迷惘，也不要灰心。挫折是成长的必需品，迷茫是成长的拷问题。请勇敢地面对，战胜它们。

第六章的主题是"人生态度"，择取了甘草干姜汤，散寒止痛，温肺复气，主治伤寒误下后，四肢厥冷，咽干烦躁吐逆。这方汤剂仅仅由两味药组成，即甘草、干姜，却可以治疗一系列的寒症。同样地，若我们摆出某种人生态度，自我潇洒地活着，许多潜藏的困难便能迎刃而解。人生追求往往能在困境时拉我们一把，只有看得清自己想要的，才能对症下药，止住痛点，顺利理清自己。

一路走来，磕磕绊绊，终于是定下了稿子。我们都松了一口气，转而是满满的期待。在两位老师的努力下，我们发现，原来有一天，朋辈们不仅能集结到一起工作、服务同学，还可以共同将所获经验凝结成一本书。一百篇文章里，还有不少文章尚未发表在公众号，待电子版草稿成为纸质版图书，仔细阅读过去没能深入的文字，或许有意想不到的惊喜。

编委会

2021 年 9 月 16 日